KB047749

헌법과 생명

BIO CONSTITUTIONAL LAW

엄주희

박영사

머리말

바야흐로 생명의 시대이다. 디지털 시대, 4차 산업혁명 시대, 데이터 시대에 이르기까지 우리 사회의 현실과 흐름을 정의하는 표현은 많지만, 유전자 염기서열을 분석하여 개인별 맞춤형 치료를 하고, 코로나 팬더믹 사태로 인해 바이러스 치료제와 백신 연구가 활기를 띠고 있으며, 인공지능과 로봇 기술 등 과학기술의 융·복합적인 진화와 더불어 오가노이드, 합성생물학과 같은 바이오 연구 발전으로 인공 생명체 개발까지 성공한 작금의 사회는, 과연 생명의 시대라고 부를 정도로 생명의 논의가 풍성하다. 생명 현상을 지닌 물체를 생명체라고 정의할 때, 현대 과학에서는 생명체를 물질적 형태를 지니고 항상성을 유지하기 위해 대사 작용을 하며, 자기복제와 진화를 하는 특징을 가진 존재로 정의하는 게 일반적이다. 과학계·의료계에서는 물질적인 관점을 중심으로 연구하는 반면, 인문 사회과학에서는 생명을 삶의 질 논의의 대상이며 고유성을 가지고 있는 개체로서, 국가와 사회 공동체 안에서 의미를 지니고, 모든 존재의 근원을 의미하는 것으로 철학적·윤리적·사회적인 관점을 함께 다룬다. 헌법학에서 다룰 수 있는 생명의 논제는 물질적·생물학적 생명과 철학적·윤리적·사회적 생명을 아우르는 다학제적 생명 논의를 포괄할 수 있어야 하고, 이에 대한 이해가 선행될 필요가 있다. 헌법이 국가의 최고규범으로서 국민의 생명과 안전을 위시한 기본권을 보장한다는 목적을 지니면서 국가 통치 체계의 근간을 되는 근본 규범적 틀이고, 헌법의 목적이자 지향점인 기본권의 출발선이 생명과 생명권이기 때문이다. 생명과 관련된 헌법적 이슈를 발굴하려면 과학기술과 의료 관련 지식이 뒷받침되는 것이 좋다는 접근성 때문인지, 헌법에서 생명 논제를 다루어야 할 필요성이나 그 중요성에 비하여 학계 관심은 크지 않았던 것 같다. 그동안 생명과 관련하여 헌법학에서 다루는 주제들은 유전자 조작·생명 복제와 같은 생명공학과 관련한 헌법상 기본권 문제나, 낙태죄, 사형제도, 안락사 문제를 다루면서 생명의 시작점과 종기에 관한 기본권으로 인간의 존엄과 가치와 생명권 문제를 다루는 정도였다. 반갑게도 법원과 헌법재판소에서 생명 이슈에 랜드마크가 되는 몇 가지 결정과 판례들을 내놓으면서 법학계에 헌법적 논의가 더 깊어질 수 있는 계기를 만들어주었다.

이 책은 그간 저자가 학술 저널에 게재했던 것 중에서 헌법과 생명이라는 주제에 맞는 학술논문들을 한데 엮어 편집·보완한 것이다. 박사학위 논문 주제가 생명과 관련이 있었던 계기로 인해 이와 관련된 주제의 연구를 확장해 나가면서, 의료와 과학기술의 영역을 넘나들며 헌법학에 녹아들어 있는 생명 논제를 따라왔다. 한국연구재단의 지원으로 첨단과학과 법학의 접점에 관한 연구를 지속할 기회가 주어진 덕분에, 그 연구 중 일부를 책으로도 묶어낼 만하게 되었다. 이 책은 총 5장으로 구성되어 있다. 제1장은 '생명·기본권·헌법'이라는 제목으로 생명과 시작과 마지막의 기본권 문제로 촉발된 헌법적 이슈를 다루었다. 삶과 죽음의 경계선에 있는 의료로서 연명의료 중단의 문제와 의사조력자살을 헌법상의 권리로 인정할 것인가를 두고 법원과 헌법재판소에서 격돌한 사건들을 살펴보았다. 우리나라뿐 아니라 미국, 독일 등 해외에서 생명에 관하여 헌법적 문제를 판단한 사례들도 다룸으로써 비교법적으로 살펴볼 수 있도록 하였다. 제2장은 '생명·입법·정책'이라는 제목 하에 영아 유기 문제와 헌법재판소의 낙태죄 헌법불합치 결정을 둘러싼 헌법 논의를 살펴봄으로써 태아·영아의 생명에 관한 정책적 시사점과 제언을 담았고, 제3장은 '코로나·생명·헌법'이라는 주제로 2020년부터 2021년 현재까지 전세계를 휩쓸면서 수많은 생명을 앗아가고 일상을 바꾸어버린 코로나 팬데믹 사태와 관련한 헌법 문제를 살펴보았다. 제4장은 '생명 법제'라고 명명하여 연명의료결정법(「호스피스 완화의료 및 임종과정에 있는 환자의 연명의료결정에 관한 법률」)과 디엔에이법(「디엔에이신원확인정보의 이용 및 정보에 관한 법률」)에 관한 입법 평가와 헌법재판소 판례 평석을 담았다. 디엔에이(DNA)에 대해서 규율한 법률을 생명 법제의 범주에 넣은 이유는 디엔에이가 생명의 정체성을 결정하는 핵심적 기능을 하고 있기 때문이다. 마지막 장인 제5장에서는 뇌신경과학과 인공지능 등 첨단과학의 대표주자들이 생명체의 확장과 재해석을 촉발시키며 헌법적 쟁점과도 맞닿아 있는 현상을 담아, '첨단과학과 생명 이슈들'이라는 소제목 하에 놓았다.

도무지 끝을 알 수 없는 학문의 세계를 헤매면서 저자가 되기에 아직 이른가 하는 마음도 있었지만, 여전히 아직도 가야 할 학문의 길을 계속 나아갈 용기를 얻기 위해서라도 출판을 통해 하나의 매듭을 짓는 의미를 가져보기로 했다. 생명이라는 관점에서 헌법과 법학에 접근하는 방식도 있다는 점을 후학들에게 보여주는데에도 이 책이 쓰임이 있을 것으로 여겨진다. 생명의 관점을 통해 법학을 공부하면서 규범학의 정치(精緻)하지만 지루한 느낌보다 새로운 생동감을 가질 수 있게 되기를 바라고, 헌법 안에서 생명 이슈를 발굴하고 기존의 기본권 질서를 재해석하는 논증을 통해 진화·발전하는 헌법의 역동성과 개방성도 발견할 수 있게 되기를 바란다. 헌법과 연계할 수 있는 생명 이슈의 광범위한 스펙트럼을 모두 담아내지 못했다는 한계로 인해 아쉬움이 많다. 이 책에 다 담기지 못한 내용에 대해서는 독자들의 궁금증을 해소해주거나 오류와 미진함에 대한 지적을 받으면서, 다음 출판물에 더 많은 내용이 보충되고 더 나은 모습으로 세상에 나올 수 있을 것이라 믿는다.

학위과정의 긴 여정을 마무리하는 것만으로도 버거워서 박사학위 논문에는 미처 감사의 표시를 남기지 못했다. 이 지면을 통해서 박사 졸업 때 남기지 못한 감사에 더하여, 책이 나오기까지 많은 도움을 주신 분들에 대한 감사의 말씀을 전하고 싶다. 학문의 세계에 발을 디딜 수 있도록 이끌어주신 스승이신 연세대 법전원의 전광석 교수님, 비슷한 듯하나 조금씩 다른 길을 가면서 격려가 되는 학계 동료·선후배들, 학문의 길을 힘 있게 걸어갈 수 있도록 문을 열어준 건국대학교와 좋은 동료 교수님들, 이 책으로 만나게 될 후학들, 이 책의 모태가 되었던 원고들을 심사해주심으로써 글의 완성도를 높이는 데 도움을 주신 논문 심사위원들, 부족한 책을 볼 만한 책으로 만들어주시느라 편집과 디자인 마감 등으로 많이 애써주신 박영사 정수정 선생님, 장규식 차장님을 포함하여 출판사 관계자들, 연세대 법학 박사 학위과정의 막바지 마무리에 바쁜 중에도 원고 교정을 도와준 정영석 군, 생명의 위대함과 삶의 가치를 깨닫게 해주는 가족들, 그리고 지금까지 인도해주신 생명의 근원 하나님께 깊은 감사와 영광을 올려드린다.

2021년 8월
상허 광장이 내려다보이는 연구실에서

엄주희

차 례

제1장 생명 · 기본권 · 헌법

제1절 생명권의 헌법적 근거와 연명치료중단에서의 생명권의 보호범위 ·················3

  Ⅰ. 서론 ···3

  Ⅱ. 생명권 논의의 범주 ··4

    1. 생명의 시작 ··4

    2. 생명의 끝 ··7

  Ⅲ. 생명권에 관한 헌법조문의 헌정사적 변천 ···11

    1. 인간의 존엄과 가치 규정 ···12

    2. 신체의 자유 ··13

    3. 열거되지 아니한 이유로 경시되지 아니한다는 규정 ··················17

    4. 소결: 생명권의 명문화 필요성 ··17

  Ⅳ. 생명권과 연명치료중단 ···18

    1. 국가의 기본권보호의무와 생명권의 보호범위 ·····························18

    2. 연명치료중단에서의 생명권의 보호범위 ······································20

  Ⅴ. 결론 ···23

제2절 의사조력자살에 대한 헌법적 고찰 ···25

  Ⅰ. 서론 ···25

  Ⅱ. 생애 말 의료에서 의사조력자살의 헌법적 의미 ·······································27

    1. 일반적 자유권과 적법절차 원리로부터 도출하는 헌법상 의사조력자살의 권리 ·····28

    2. 평등권의 문제 ··29

    3. 양심 · 종교의 자유의 문제 ···32

    4. 열거되지 않은 권리, 인간의 존엄과 가치 및 행복추구권, 자기결정권으로서의 의사
      조력자살의 권리 ···34

  Ⅲ. 미국의 의사조력자살에 대한 헌법적 판단 ···34

    1. 의사조력자살의 헌법적 권리 불인정 ···34

　　2. 주 대법원의 의사조력자살 허용 ································46

Ⅳ. 독일에서 의사조력자살에 관한 헌법적 판단 ················48

　　1. 연방헌법재판소 결정 내용 ································48

　　2. 결정에 대한 평가 ··50

Ⅴ. 미국의 의사조력자살 법제화 추이와 분석 ················51

　　1. 미국의 의사조력자살에 관한 법안 제출과 법제화 ·······51

　　2. 미국의사협회(AMA) 지침 ································52

　　3. 오레곤 주 존엄사법 ··52

　　4. 워싱턴 주 존엄사법 ··56

Ⅵ. 결론 ··58

제2장 생명 · 입법 · 정책

제1절 영아의 생명권을 위한 규범적 고찰 -베이비박스에 관한 영아유기 문제를 중심
　　으로- ··63

Ⅰ. 서론 ··63

Ⅱ. 규범적 고찰 ··65

　　1. 베이비박스 이용행위에 대한 법적 평가와 현실 ·······65

　　2. 국가의 생명권 보호의무 ································67

　　3. 영아의 생명과 복리를 위한 사회보장 ·················69

　　4. 혼인과 가족의 보호 ··70

　　5. 친생모와 자녀의 기본권의 충돌과 그 해결 ···········73

　　6. 현행 법규의 문제 ··74

Ⅲ. 해외 베이비박스 법제 현황 ····································75

　　1. 독일 ··75

　　2. 체코 ··77

　　3. 시사점 ··80

Ⅳ. 결론 ··81

　　1. 친생모의 자기결정권 보호를 위한 제도와 법적 근거 마련 ·······81

　　2. 영아에 대한 급여방식 개선을 통한 개별적인 보호 조치 ·········82

　　3. 공공의료기관을 중심으로 한 익명출산의 제도화 도입 ···········82

　　4. 기타 ··82

제2절 낙태와 관련한 자기결정권의 행사와 그 한계에 대한 재조명 ·····················84

　Ⅰ. 서론 ··84

　Ⅱ. 낙태와 관련한 자기결정권의 행사 ···87

　　1. 자기결정권의 헌법적 의의와 성격 ···87

　　2. 낙태에서의 동의권 행사의 의미 ···88

　　3. 낙태에 관한 자기결정권 행사 방법으로서 비교법적 검토 ·······89

　Ⅲ. 낙태와 관련한 자기결정권의 한계 ···91

　　1. 자기결정권의 내재적 한계 ···91

　　2. 태아의 생명권과 낙태에 관한 자기결정권의 내재적 한계 ·······93

　　3. 기본권 충돌 상황의 해결 ···95

　Ⅳ. 생명 보호의 헌법가치를 지향하는 입법 개선 방향 ·······················96

　　1. 생명 보호를 위한 최소한의 규범적 안전장치 ·······························97

　　2. 생명 존중의 가치 위에서 설명 동의권 실현 ·································97

　　3. 동의권 행사의 실효성 제고를 위한 사회적 여건 마련 ···············98

　　4. 숙의 민주주의 절차로 규범적 해결방안 모색 ·······························99

　Ⅴ. 결론 ··101

제3절 생명 보호를 위한 합법적 입법 제한 ···103

　Ⅰ. 서론 ··103

　Ⅱ. 낙태죄에 관한 헌법재판소 결정의 의미와 문제점 ·······················105

　　1. 태아의 생명권 확인 ···105

　　2. 과잉금지원칙에 따른 임부의 자기결정권 실현 판단 ·················105

　　3. 결정가능기간을 설정한 의미 ···106

　　4. 22주가 태아의 독자적 생존 가능 시기인가: 독자적 생존 가능성 기준의 불합리성 ···107

　Ⅲ. 입법의 가이드라인과 법률안 제안 ···108

　　1. 태아의 생명권과 친생부의 책임 명시 ···108

　　2. 일률적인 낙태죄 적용이 아닌 사회보장적 접근 ·························108

　　3. 사회경제적 사유 허용이 아닌 신중한 숙고를 위한 절차 규정: 태아 생명보호 상담 ·109

　　4. 낙태 시술 거부권 보장, 낙태 가능 의료기관 지정 및 정부의 관리감독 ············110

　Ⅳ. 결론 ··110

제3장 코로나 · 생명 · 헌법

제1절 코로나 통제에 따른 기본권 제한과 국가의 역할 ·······························115
　Ⅰ. 서론 ··115
　Ⅱ. 빅데이터 활용에 의한 기본권의 제한 ···118
　　1. 방역과 자유권의 제한 ··118
　　2. 방역에 있어서의 알 권리와 모를 권리 ··120
　Ⅲ. 코로나 사태에서 국가의 역할과 권리구제 ······································123
　　1. 방역과 국가의 기본권 보호의무 ···123
　　2. 자료제출 요구 및 역학조사의 권력적 사실행위로의 성격과 자유의 제한 ·········126
　　3. 행정권과 손실보상 및 피해보상 ···129
　Ⅳ. 결론 ··130

제2절 코로나 팬더믹 사태(COVID-19)에서 빅데이터 거버넌스에 관한 공법적 고찰
　···132
　Ⅰ. 서론 ··132
　Ⅱ. 코로나 팬더믹 사태에서의 빅데이터 활용과 보건의료 ·················134
　　1. 빅데이터의 개념과 활용 ··134
　　2. 빅데이터 활용에 관한 공법적 쟁점 ···137
　Ⅲ. 코로나 팬더믹 사태와 빅데이터 거버넌스 ······································145
　　1. 법적 근거 ···145
　　2. 거버넌스의 형성 ··147
　Ⅳ. 결론 ··149

제4장 생명 법제

제1절 연명의료결정법에 관한 사후적 입법평가 ·······································153
　Ⅰ. 서론 ··153
　Ⅱ. 연명의료결정법 내용과 쟁점 ··155
　　1. 법률의 위상 ···155
　　2. 법률의 구성 및 체계 ···156
　　3. 법률 내용상 쟁점 ··156
　Ⅲ. 입법평가의 기준 ···164

　　　　　1. 입법의 지도 원리 ·· 164

　　　　　2. 사회보장제도와 헌법질서 ······························ 165

　　Ⅳ. 입법 평가와 향후 과제 ···································· 166

　　　　　1. 실체법적 원리에 의한 평가 ··························· 166

　　　　　2. 조직법적·절차법적 원리에 의한 평가 ············· 170

　　　　　3. 사회보장적 헌법 원리에 의한 평가 ················· 173

　　Ⅴ. 결론 ·· 174

제2절 유전자 프라이버시와 적법 절차—헌재 2018. 8. 30. 2016헌마344에 대한
　　　평석— ·· 178

　　Ⅰ. 서론 ·· 178

　　Ⅱ. 사건 개요 및 결정요지 ···································· 180

　　　　　1. 사건 개요 ··· 180

　　　　　2. 결정요지 ·· 180

　　　　　3. 반대의견 요지 ·· 181

　　Ⅲ. 유전자 프라이버시 논의 ································· 182

　　　　　1. 디엔에이의 존재적 지위에서 기본권 논의 ········ 182

　　　　　2. DNA 수집, 데이터베이스화에 관련한 문제들 ·········· 192

　　Ⅳ. DNA에 적용되는 적법절차원리 ··························· 195

　　　　　1. 무죄추정의 원리와 범죄예방·해결이라는 공익 사이 ······ 195

　　　　　2. 영장절차에서의 엄격성과 당사자 구제절차 ······ 197

　　Ⅴ. 결론 ·· 198

제5장 첨단과학과 생명 이슈들

제1절 4차 산업혁명 시대의 과학기술 발전에 따른 공법적 과제—신경과학의 발전과
　　　기본권 보호의 지형— ··· 203

　　Ⅰ. 서론 ·· 203

　　Ⅱ. 4차 산업혁명 시대의 신경과학기술 발전 양상 ······· 205

　　　　　1. 인간과 과학기술의 공진화 ··························· 206

　　　　　2. 생활 속의 신경과학, 4차 산업혁명의 생활화 ······· 208

　　Ⅲ. 신경과학기술과 기본권과의 연관성 ······················ 210

Ⅳ. 신경과학의 발전이 불러오는 기본권 보호의 지형: 정신적 · 인지적 측면의 새로운 기본권
　　보호의 필요성 ···211
Ⅴ. 결론 ··217

제2절 인공지능 의료와 법제 ···219
Ⅰ. 서론 ··219
Ⅱ. 인공지능 의료의 발전 ···221
　　1. 한국에서 인공지능 의료에 대한 관심과 도입 가능성 ······························221
　　2. 코로나에 소환된 인공지능 의료 ··223
　　3. 인공지능으로 인한 의료와 법제의 패러다임에의 영향 ·····························224
Ⅲ. 인공지능 의료에 관한 공법적 논점 ···227
　　1. 의료 인공지능의 인격권의 문제와 자기책임의 원리 ································227
　　2. 의료 빅데이터 활용으로 인한 데이터 보호에 관한 문제들 ······················231
　　3. 인공지능 의료기기의 허가 ···237
　　4. 인공지능 의료와 건강 불평등 ··239
Ⅳ. 결론 ··241

제3절 인간 증강에 관한 헌법적 고찰: 군사적 목적의 인간 증강과 기본권 ········243
Ⅰ. 서론 ··243
Ⅱ. 군사적 목적의 인간 증강의 시도와 개발 현황 ···245
Ⅲ. 군사적 목적의 인간 증강에 관한 윤리적 · 법적 논점 ···248
Ⅳ. 군사적 목적의 인간 증강과 기본권 ···251
　　1. 생명권 ···251
　　2. 신체적 완전성, 고문이나 비인도적인 대우를 받지 않을 권리 ·················255
　　3. 사생활의 자유, 사상 · 양심 및 표현의 자유 ···260
　　4. 증강된 군인을 민간인 사회로 재통합하는 측면에서의 문제 ····················264
Ⅴ. 결론 ··267

색 인 ···271

제1장
생명 · 안전 · 헌법

제1절 생명권의 헌법적 근거와 연명치료중단에서의 생명권의 보호범위

I. 서론

　과학기술과 의학이 발전하면서 인간 생명의 시작과 끝의 경계가 불분명해짐으로써 생명권의 주체로서 보호받을 수 있는 경계선에 관한 논란이 발생하였다. 체외수정 기술의 발달로서 과거에는 생명으로 취급할 수 없었던 배아나 인공호흡기로 대표되는 연명치료 기술의 발달로 식물상태의 환자나 뇌사 환자의 경우와 같이 의학적으로나 사회적 인식상 생명의 시작과 끝의 경계가 모호해졌고 이 생명의 경계선을 규범적으로 어떻게 해석할지 문제가 되기 때문이다. 헌법은 생명의 시작과 종료시점을 구체적으로 명확하게 규정하지는 않으며 규정할 수도 없다. 그러나 생명권은 헌법상 기본권 중에 기본권으로서, 생명권과 관련된 입법에 있어서 헌법이 지도 원리이자 기준을 제시할 수 있다.

　헌법재판소는 생명의 시작에 대해서 2008년도에 태아의 생명권 주체성에 관한 결정을, 초기 배아의 생명권 주체성에 관해 2010년에 결정을 내린 바 있다. 그리고 생명의 끝에 대해서도 2009년도 연명치료 중단에 대한 입법 부작위 확인 결정을 내렸다. 2009년도 결정은 우리나라 최초로 이른바 '존엄사' 내지 연명치료중단에 대한 인정 여부를 다룬 것이었다. 세브란스 병원에서 폐종양 조직검사 중 식물상태에 빠져 인공호흡기로 연명하던 70대 환자의 가족들이 환자에 대한 인공호흡기 등의 연명치료를 중단해 달라는 민사소송을 제기함과 동시에 '연명치료중단에 관한 기준, 절차 및 방법 등에 관한 법률'의 입법부작위 위헌확인에 관한 헌법소원 심판청구를 제기하였던 것이다.[1] 그 후 2009년 5월 21일 대법원이 연명치료중단 청구를 받아들인 원심판결을 유지하는 상고기각 판결을 선고함으로써 2009년 6월 23일 환자의 인공호흡기는 제거되었다. 이 사건은 연명치료 중단에 관한 법안 발의에 큰 영향을 주었고 2013년 7월에 대통령 소속 국가생명윤리심의위원회에서 연명치료 중단에 관한 입법 권고안을 발표하기에 이르렀다.[2] 사회적 합의를 바탕으로 생명의 끝에서 생명권을 보호하는 데 대한 법적 기준이 제시되었다는 데 의

1　헌재 2009.11.26. 2008헌마385 결정.
2　"무의미한 연명치료 중단 제도화 본격화 생명윤리위, 특별법 제정 권고안 마련… 복지부, 하반기 입법안 마련 계획", 『헬스코리아 뉴스』(2013.8.2.).

미가 있다. 이와 같이 우리나라에서는 2000년대에 들어서야 법원에 연명치료중단 청구가 제기되었던 것에 비해, 외국의 경우 1970년대부터 일찌감치 연명치료중단 과 의사조력자살 등 생명의 끝에서 생명권을 보호받고 존엄하게 삶을 마무리할 수 있도록 하는 소송과 입법이 활발히 이루어져 왔다.[3]

본고에서는 우리 헌정사에서 생명권을 도출할 수 있는 헌법 조항들의 변화 및 발전과정을 살펴봄으로써 생명권이 차지하는 위치와 의미를 살펴보고자 한다. 이 를 위하여 우선 생명과 시작과 끝의 관점에서 생명권의 제한과 침해가 논란이 되 는 사안들을 볼 필요가 있는데, 생명의 시작에서는 초기배아 문제, 생명의 끝에서 는 연명치료중단, 의사조력자살을 둘러싼 논의를 살펴본다. 그리고 9차에 걸친 헌 법 개정 속에서 생명권을 도출할 수 있는 헌법 조항이 도입된 시기와 조항의 변화 추이를 분석하여 생명권 관련 조문의 변천 과정을 살펴봄으로써 생명권의 헌법적 근거를 헌정사 속에서 구명(究明)하고, 생명권에 관한 헌법 개정 논의와 최근 생명 의 끝에 관해 생명권의 보호범위를 논하기로 한다.

II. 생명권 논의의 범주

1. 생명의 시작

의학·과학기술의 발달로 체외수정의 기술이 향상되어 임신에 사용되지 않은 초기배아를 대상으로 한 연구의 효용성이 증가함에 따라 연구과정에서 초기배아가 손상, 파괴, 폐기될 수 있다는 점에서 윤리적인 논쟁과 법적 규제에 관한 논란이 제기되었다. 수정 후 자궁에 착상할 때까지(대략 수정 후 14일 전) 초기배아와 자궁 에 착상한 때부터 출생할 때까지의 태아도 생명권의 주체가 될 수 있는지 여부, 초기배아와 태아의 법적 지위 인정 여부 등이 논란의 중심에 있다.[4] 초기배아의

---

3 대표적으로 미국은 이미 1975년에 Quinlan 사건을 필두로 1970년대에 연명치료 중단을 쟁점으로 하는 사건들이 각 주(州) 법원에 쇄도했고, 1997년대에는 의사조력자살이 헌법적 권리인지 여부를 다룬 2개의 사건들이 연방대법원에서 다루어졌다. Washington v. Glucksberg, 521 U.S. 702, 117 S. CT. 2258 (1997), New York State v. Quill, 177 S. CT. 2293 (1997).

4 독일 연방헌법재판소가 초기배아와 태아의 생명권을 인정하고 있는지 여부에 대해서 논자에 따라 의견을 달리한다. 독일 연방헌법재판소는 판례에서(BVerfGE, 39, 1(27)) "생명은 독립된 생물학적 인식에 의하면 수정 후 14일부터 성립한다고 보고, 출생 후에도 이 생명의 성장은 계속한다고 보아 생명이 어느 한 순간에 완성되는 것이라는 견해를 배척하고 태아에 대한 생명의 보호는 원칙적으로 수태시부터 시작되나 늦어도 착상에 의해 완전한 형태로 나타난다고 보아야 한다"고 밝히고 있다. 이에 대한 해석으로, 생명의 기원을 수태 후 14일이 지난 태아부터라고 보고, 인간은 수태 후 14일

법적 지위에 대해서는 배아가 단순한 세포덩어리로서 인간성을 인정할 수 없으며 물질로서 소유자의 이용과 처분에 따른다고 보는 견해, 초기배아에게 인간의 지위를 인정하는 견해, 그리고 이 두 견해의 절충적 태도로서 착상 전 초기배아는 인간이 될 잠재성으로 인해 다른 신체조직보다는 더욱 존중되어야하고 잠재적 인간존재로 성장하면서 점진적으로 법적 지위를 획득한다고 보는 견해로 나눌 수 있다.[5]

첫 번째 견해의 논거는 초기배아는 자기존중의 능력이 결여되었다는 점, 자신의 이익을 실현할 능력이 없다는 점, 자유롭고 이성적인 자기결정의 능력을 결여했다는 점 등 때문에 인간성을 인정할 수 없다는 것이다. 또한 인간배아를 이용한 줄기세포 연구가 난치병 치료와 파킨슨질환을 비롯한 각종 치료에 큰 효과를 가져올 수 있는 의학적 유용성이 있다는 점을 들어 초기배아를 인간개체로 볼 수 없고 배아를 연구나 치료용으로 사용하는 것이 정당화된다고 주장한다. 두 번째 견해는 수정시부터 인간으로서의 법적 지위와 기본권 주체성을 인정해야 한다는 것으로서, 그 논거는 인간의 생명은 수정된 때에 고유하고 완전한 인간유전자가 존재하므로 새로운 인간의 생명으로서 정체성과 개체성을 가지며, 잠재적 인간으로서 존중받아야하므로 단순한 세포덩어리로 취급하여 인간을 도구화할 수 없다는 점이다.[6] 또한 초기배아도 모체에 착상 이후 성체로 발달하기까지 연속선상에 있고, 원시선이 수정 후 14일 경에 비로소 나타나는 것이 아니라 그 전부터 형상화되어 오다가 점차 뚜렷해지는 정도의 차이가 있을 뿐이고 수정 후 14일을 전후하여 본질적인 변화는 전혀 없으므로 원시선이 나타난 시점을 기준으로 인간인지 여부를 구분할 수는 없다는 점[7]과 배아를 이용한 연구로서 배아복제의 허용이 결국 생식 목

이 지난 태아부터 사망시까지 생명권을 가진다고 보는 견해(홍성방, 헌법학(중), 2010, 21쪽)가 있는 반면, 독일 연방헌법재판소는 명시적인 대답을 미루고 있으나 배아에게도 인간존엄과 생명권의 기본권주체성을 인정하는 것으로 해석하는 견해가 있다(정문식, "독일에서의 인간의 존엄과 생명권의 관계– 배아줄기세포연구에 있어서 배아의 인간존엄과 생명권 관계를 예로", 『공법학연구』 제7권 제2호, 2006, 283–284쪽).

5 정현미, "배아의 생명권: 착상전 진단의 생명권 침해여부와 허용범위", 『비교형사법연구』, 통권 5권 2호, 2003, 262쪽 이하, 최두훈, "생명권의 헌법상 제한원리", 『법학논문집』 제30집 제1호, 2006, 263–264쪽.

6 박선영, "인간의 존엄과 가치, 그리고 배아 – 생명윤리및안전에관한법률 제1장을 중심으로", 『헌법학연구』 제13권 제1호, 2007, 402쪽.

7 사람이 성장하면서 어느 한 시점에 갑자기 성인이 되는 것이 아니라 서서히 성장과정을 거쳐 성인이 되는 것과 마찬가지로, 인간 배아는 수정된 때부터 이미 인간유전자가 존재하는 인간생명체이며 수정체에서부터 완전한 인간의 형체를 갖추기까지의 과정 동안 연속성을 가지므로 어느 한 순간에 인간이 되었다고 평가할 수는 없다는 것이다. 조덕제, "한국의 생명윤리법", 『생명윤리상담사과정

적의 복제로 이어질 수 있다는 위험성을 경고하는 미끄러운 경사면의 논증[8] 등이 태아와 마찬가지로 초기배아의 법적 지위를 인정해야 한다는 견해의 논거가 된다.

마지막 절충적 견해의 논거로는 수정란이 세포분열을 하여 약 14일이 된 때로부터 원시선이 생기면서 인체의 근본이 되는 척추가 형성되며 각종 신체기관이 형성되기 시작하므로 그 전까지는 세포더미에 불과하고 인간개체로 볼 수 없다는 것이다. 따라서 원시선이 생기는 14일 이전까지는 배아연구를 허용해야 하고 배아연구를 제한하는 것이 정당하지 않다는 견해이다. 우리 헌법재판소는 초기배아와 태아의 법적 지위를 다르게 보고 있는 절충적 입장으로 볼 수 있는데, 2010년 결정[9]에서 초기배아의 기본권 주체성을 인정하지 않았다. 그 판단 근거로 출생 전 형성 중의 생명에 대해서 헌법적 보호의 필요성이 크고 일정한 경우 그 기본권 주체성이 긍정된다고 하더라도, 초기배아는 수정이 된 배아라는 점에서 형성 중인 생명의 첫걸음을 떼었다고 볼 여지가 있기는 하나 아직 모체에 착상되거나 원시선이 나타나지 않은 이상 현재의 자연과학적 인식 수준에서 독립된 인간과 배아 간의 개체적 연속성을 확정하기 어렵다고 봄이 일반적이라는 점, 배아의 경우 모태 속에서 수용될 때 비로소 독립적인 인간으로의 성장가능성을 기대할 수 있다는 점, 수정 후 착상 전의 배아가 인간으로 인식된다거나 그와 같이 취급해야 할 필요성이 있다는 사회적 승인이 존재한다고 보기 어려운 점 등을 들고 있다. 반면 태아에게는 출생하지 않은 형성 중인 생명으로서 인간으로서의 지위를 인정하여 생명에 대한 권리가 인정되어야 한다고 하여, 태아에게는 생명권의 주체가 된다고 판시하고 있다.[10]

인간생명의 시작의 논의와 인간의 생명으로서 보호할 가치가 있는가의 문제는 사실적 측면에서만 측정할 수 있는 문제가 아니라 법과 윤리의 영역에서의 규범적 가치결정의 문제이다.[11] 생각건대, 초기배아의 생명을 완전히 인간과 동등한 존재라고 볼 수 없더라도 인간으로 성장할 잠재성을 가진 존재로서 보호받아야 하므로

가을학기 자료집』(성산생명윤리연구소, 2012), 117쪽.

8 이인영, 『생명의 시작과 죽음: 윤리논쟁과 법 현실』, 삼우사, 2009, 90-91쪽.

9 헌재 2010.5.27, 2005헌마346 결정.

10 헌재 2008.7.31, 2004헌바81 결정.

11 이인영, 앞의 책, 105쪽, 헌법재판소도 "출생 전 형성 중의 생명에 대해서 헌법적 보호의 필요성이 크고 일정한 경우 그 기본권 주체성이 긍정된다고 하더라도, 어느 시점부터 기본권 주체성이 인정되는지, 또 어떤 기본권에 대해 기본권 주체성이 인정되는지는 생명의 근원에 대한 생물학적 인식을 비롯한 자연과학·기술 발전의 성과와 그에 터 잡은 헌법의 해석으로부터 도출되는 규범적 요청을 고려하여 판단하여야 할 것"이라고 하면서 초기배아의 법적 지위 문제를 규범적 가치판단의 문제로 보고 있다(헌재 2010.5.27, 2005헌마346 결정).

아무런 윤리적·법적 지위도 갖지 않는다고 주장하는 첫 번째 견해는 타당하지 않다. 초기배아를 치료와 연구 목적으로 활용해야 한다는 의학적 유용성을 주장하는 견해에 대한 반론으로 초기배아만이 치료 연구에 유일한 수단이 아니라 성체 줄기세포, 역분화 줄기세포 등 배아 실험으로부터 발생할 수 있는 윤리적·법적 문제를 대체할 수 있는 수단들이 존재하고 초기배아보다 임상적 안정성이 입증되고 기술적으로 우월한 대안이 발달하고 있다.[12] 따라서 초기배아와 태아를 차별적으로 취급해야 할 합리적인 이유가 존재하지 않기 때문에 태아에게 생명권의 주체성이 인정되는 한 초기배아의 생명권 주체성도 인정되어야 한다고 본다.

2. 생명의 끝

누구나 맞이하는 죽음, 곧 생명의 종착점에서 환자 본인의 의사에 따라 인공호흡기 등과 같은 의료장치를 거부 또는 보류하는 것을 연명치료중단이라고 일컬으며, 의료인의 조력을 받아 적극적 의료행위를 개입함으로써 생명을 종결하는 것을 의사조력자살이라고 부른다.[13] 의학이 발달하기 전에는 말기환자에게 인공적인 연명치료의 개입이 발생하지 않았기 때문에 생명권 침해 논란이 생길 여지가 없었지만, 현대의학에서 연명치료 기술이 보편화된 후에는 연명치료중단이나 의사조력자살이 생명권의 침해인지 여부와 생애 마지막 시기에 생명권 보호범위가 문제가 된다. 다음에서 그 구체적인 내용을 살펴보기로 한다.

(1) 연명치료중단

연명치료를 중단한다는 것은 주된 병적 상태를 개선할 수 없는 불가역적 사망의 단계에 접어든 환자에게 죽음의 과정이 진행되는 것을 인위적으로 막아 두었던 것을 중단하는 것이다. 그러므로 연명치료를 중단한다고 해서 사망에 이르는 것이

---

12 조덕제, 앞의 논문, 122-126쪽.

13 엄주희, "환자의 생명 종결 결정에 관한 연구: 입법적 실천 방안을 위한 미국과의 비교법적 모색" (연세대 박사논문, 2013)에서 연명치료중단, 의사조력자살, 호스피스 완화의료의 3가지로 헌법적 근거와 판례 그리고 입법 현황과 실천방안을 상세히 연구하였다. 호스피스 완화의료는 임종기 의료의 핵심이 되는 중요한 치료이고 의사조력자살을 대체할 수 있는 수단이면서, 임종기 환자의 삶의 질 문제나 생명권 침해 논란, 미끄러운 경사면 논증(Slippery slope arguments)과 보건경제학적 관점 등에 의한 반대 논거를 극복하고 임종기에 환자가 선택할 수 있는 생명 종결 결정 중의 하나로 다루어진다. 이와 같이 환자의 생명 종결에 관한 결정 이슈는 연명치료중단, 의사조력자살, 호스피스 완화의료로 압축될 수 있다.

아니라 원래의 질병의 진행에 의해 사망에 이르는 것이다. 연명치료의 중단은 전문 의료기구들이 생명을 연장하기보다는 오히려 죽어가는 경험을 연장하는 것일 뿐인 상황에서 비상조치로 동원된 의료수단을 철거하고 자연의 섭리에 그 경과를 맡기는 것이다.[14] 연명치료중단은 소극적 안락사와 유사해 보이는 외형을 가지고 있으나, '안락사'라는 용어는 사람의 생명을 인위적으로 단축시키는 의미가 포함되어 있다는 부정적인 어감으로 인해 생명을 경시한다는 논란을 불러일으킬 수 있으므로 안락사 와는 구별하여[15] 과도한 의학적 치료를 그만두는 것을 의미하는 '연명치료중단'이라 는 용어를 사용하려는 것이다.[16] 또한 존엄사라는 용어를 사용할 경우에 연명치료 를 중단하는 것이 곧 존엄한 죽음이라는 가치를 부여하게 되어 연명치료를 계속하 려는 환자에게 본인의 의사에 반하여 연명치료의 중단을 묵시적으로 강요할 수 있 는 위험이 있기 때문에 '연명치료중단'이라는 용어를 선호한다.[17] 한국보건의료연구 원 주최로 2009년 7월에 의료계와 종교계 법조계, 사회단체 등 각계 인사 22명이 모여 3차례 공개토론회를 거쳐 '무의미한 연명치료중단'에 대한 9개 기본원칙을 도

---

14 이길찬, 『쉐퍼의 생명윤리』, 솔로몬, 2011, 146-147쪽. 복음주의 신학자인 프란시스 쉐퍼는 1979 년 저술한 "Whatever happened to Human Race?"에서 이러한 연명치료의 중단이 진정한 존엄 한 죽음이며 안락사에 대한 조작된 완곡어법이 아니라고 했다.

15 대한의사협회에서 2001년 11월에 발표한 의사윤리지침에 의하면 제50조에서 안락사 금지, 제59조 에서 의사조력자살을 금지하고 있고, 제30조 무의미한 치료중단을 규정함으로써 무의미한 치료중단 은 안락사와 구별되는 개념으로 보고 있다. 세계의사협회도 2005년 5월 프랑스에서 열린 제170회 위원회에서 1987년 10월 스페인 제39차 세계 의사 집회에서 채택한 '안락사에 관한 선언'을 통해 질병의 말기 단계에서의 연명치료중단은 자연스러운 사망의 과정이라고 정의하면서 안락사와는 다 르다는 점을 확인하였다. 이 안락사에 관한 선언은 "안락사는 환자의 삶을 의도적으로 종결하는 행 위로서, 이러한 행위는 비록 환자 자신의 요구나 가까운 친족의 요구라 하더라도 비윤리적인 반면, 질병의 말기 단계에서의 자연스러운 사망 과정을 따르려고 하는 환자의 소망을 존중하려는 의료인 의 활동을 방해하지 않아야 한다."고 천명하고 있다. 안락사와 구별된 개념으로서 질병의 말기 단 계에서의 연명치료중단을 자연스러운 사망과정에 따르는 행위로 평가하고 이를 찬성하고 있다. 세 계의사협회 홈페이지(http://www.wma.net/en/30publications/10policies/e13/index.html 검색일: 2013.11.1.).

16 사회 일반적으로는 안락사라는 용어가 주는 어감은 작위 또는 부작위에 의한 살인행위를 의미하는 것 이라는 부정적인 인식이 강하다고 하면서, 불가별적으로 파악되는 무의미한 연명치료중단이라고 하더 라도 의사나 환자가족의 입장에서 상당한 심리적 부담으로 작용하여 연명치료를 계속하게 되는 원인 이 되기도 한다는 지적이 있다. 신현호, 『삶과 죽음 권리인가 의무인가』, 육법사, 2006, 121-122쪽.

17 '존엄'이라는 용어는 모든 문명국가에서 최고의 가치로 인정하는 개념이므로, 존엄사라는 용어를 쓰면 이미 당연히 허용되어야 한다는 가치관이 담겨있게 되고(이석배, "연명치료중단의 기준과 절차-대법 원 2009.5.21. 선고 2009다17417 판결이 가지는 문제점을 중심으로-", 『형사법연구』 제21권 제2호 2009, 149쪽) 존엄사는 안락사를 아름답게 포장한 개념에 지나지 않는다는 (2009.7.8. 천주교 주교 회 기자회견) 등의 논거를 들어 '존엄사'라는 용어를 사용하는 데 대한 비판적인 견해들이 있다.

출하여, 같은 해 10월에 '무의미한 연명치료중단을 위한 사회적 합의안'을 제시하였다. 이 합의안에 의하면 '존엄사'가 '의사조력자살'로 비칠 수 있기 때문에 앞으로 '존엄사' 대신 '무의미한 연명치료중단'으로 통일해서 부르기로 합의하였다.[18]

연명치료 중이던 환자에 대해 환자의 보호자가 의사의 지시에 반하여 퇴원을 요구하자, 환자 보호자의 동의를 받고 퇴원시킨 후 환자가 사망한 데 대해 담당의사와 환자 보호자에게 살인죄와 살인방조죄로 유죄가 선고되었던, 이른바 보라매병원 사건(1997년) 이후로 회복불가능한 말기환자의 연명치료중단에 관한 논의를 촉발되었다. 그 후 환자의 보호자가 환자의 연명치료중단을 청구하여 환자가 회복불가능한 사망의 단계에 진입한 것으로 평가함으로써 국내 최초로 연명치료중단의 허용기준을 제시하고 연명치료중단을 허용한 대법원 판결[19]과 연명치료중단의 자기결정권을 인정한 헌법재판소 결정[20]이 내려진 전후로 연명치료중단 인정의 근거와 연명치료중단이 허용될 수 있는 절차와 범위에 대한 입법 논의가 활발하게 진행되었다. 우선 대법원과 헌법재판소가 연명치료를 인정하는 헌법적 근거로는 환자가 죽음에 임박한 상태에서 인간으로서의 존엄과 가치를 지키기 위하여 헌법상 자기결정권의 한 내용으로서 연명치료중단을 결정할 수 있다는 것이다. 이러한 연명치료중단이 헌법 제10조 인간의 존엄과 가치에 부합한다고 보았다. 학계에서도 다수는 연명치료중단의 권리는 환자 본인의 의사에 반하여 의학적 처치나 치료를 거부할 수 있는 치료거부권을 포함한 포괄적인 치료결정권이 헌법상 자기결정권으로부터 도출된다고 보고, 이를 헌법상 자기결정권의 일종이라고 이해한다.[21] 이 견해에서는 치료거부권으로서 연명치료중단의 자기결정권을 인정하였을 뿐, 연명치료중단의 영역에서 독자적으로 생명권의 보호범위를 논한 것은 아니므로 이에 대해 검토할 필요가 있어 후술하기로 한다. 또한 일설에서는 죽음을 생명의 부정이라는 점에서 생명과는 독립하여 죽음에 관한 자기결정권으로서, 존엄하게 죽을 권리를 주장한다.[22] 이미 사망이 임박했음에도 불구하고 연명치료에 의해 고통스럽게 생명

---

18 "'존엄사, 연명치료중단으로 용어 바꿔야' 각계 9개 원칙 합의", 『동아일보』 2009.7.30.
   2009년 9월에 대한의사협회, 대한의학회, 대한병원협회의 '연명치료중지에 관한 지침 제정 특별위원회'에서 발표한 '연명치료중지에 관한 지침'에서도 존엄사, 안락사라는 용어를 피하고 연명치료중단(또는 중지)이라고 쓰고 있다.
19 대법원 2009.5.21. 2009다17417 전원합의체 판결.
20 헌재 2009.11.26. 2008헌마385 결정.
21 이석배, "연명치료중단의 기준- 서울서부지방법원 2008.11.28. 2008가합6977 판결이 가지는 사회적 함의", 제8회 이화생명전문가 세미나, 2007, 6쪽. 전광석, 『한국헌법론』, 집현재, 2013, 262쪽.

을 연장하기보다는 스스로 그 기계적 장치의 제거를 요구하고 죽음을 선택할 수 있게 함으로써 인간으로서의 존엄을 유지하도록 하자는 것이다.

(2) 의사조력자살

의사조력자살(PAS, Physician Assisted Suicide)이란 적극적 · 자의적 안락사의 한 형태로서 의사의 조력을 받아 환자 스스로 삶을 종결하고 죽음에 이르는 것을 의미하는 것으로, 의사의 조력에는 치명적인 약물을 처방 또는 제공하거나 자살할 수 있도록 정교한 장치를 만드는 등의 행위를 예를 들 수 있다.[23] 의사조력자살(PAS)은 의사조력사망(PAD: Physician Assisted Dying)으로 불리기도 한다.[24] 의사조력자살 또는 의사조력사망의 옹호론자들은 안락사라는 용어가 일반인들에게 인위적인 죽음이나 생명의 박탈을 떠올리게 한다는 부정적인 이미지가 있으므로 적극적 안락사라는 용어는 회피하고 그 대신 의사조력자살이라는 용어를 사용한다. 환자의 자기결정권 행사 여부에 따른 판단 기준에 의하면 의사조력자살은 자의적 안락사이면서 직접적 안락사의 특징을 가진다. 말기환자의 연명치료중단이나 통증완화를 위해 행한 처방이나 처치로 인한 부수적인 결과로 사망하는 것은 의사조력자살에 해당되지 않는다.

말기환자의 연명치료를 중단함으로써 존엄하고 자연스럽게 사망에 이르도록 하는 것이 '존엄사'라고 이해되고 있는 우리나라와는 달리, 미국에서는 대체로 의사조력자살을 존엄사라고 부른다. 오레곤주(1997년)와 워싱턴주(2008년)의 경우에 「존엄사법」(The Death with dignity Act)이라는 명칭의 의사조력자살에 관하여 규정한 법률이 통과되어, 현재 이 법률들에 의해 의사조력자살이 합법적으로 시행되고 있다. 미국의 경우 '존엄사'라는 용어의 의미는 처음부터 "죽음에 직면한 환자가 품위 있는 죽음을 맞도록 하기 위하여 생명유지조치를 중지한다."는 개념이 아니라

---

22 이준일, "대법원의 존엄사 인정(대판 2009다17417)과 인간의 존엄 및 생명권", 『고시계』, 2009, 101쪽.

23 Lisa Yount, Physician-Assisted Suicide, N.Y : Facts on File, 2000, pp.38-39.
1973년 네덜란드에서 Greertuida Postma라는 의사가 말기환자인 자신의 모친의 요청으로 모친에게 치명적 약물을 처방해줌으로써 사망하였고 이 의사에게 살인죄가 인정되었지만 집행유예가 선고된 사건이 발생한 이후로 의사조력자살에 관한 논의가 최초로 시작되었다.

24 호주의 경우 의사조력자살에 관한 법안의 명칭으로 의사조력사망(PAD) 이라는 용어를 즐겨 사용하는 경향이 있다. 예컨대, 빅토리아주에 2008년도 발의된 의사조력자살에 관한 법안의 명칭은 'Medical Treatment (Physician Assisted Dying) Bill 2008'이다.

'회복가능성이 없는 말기의 환자가 의사의 조력을 받아 생명을 적극적으로 단축시키는 의사조력자살'을 의미하는 개념으로 출발한 것이다.[25] 이는 사망이 임박하였을 때 의사의 조력을 받아 평화롭게 삶을 종결하는 것이 존엄하고 인도적인 죽음이라는 관념을 내포하는 것이기도 하다. 스위스에서는 1941년부터 의사조력자살이 합법화되었고, 네덜란드와 룩셈부르크에서도 의사조력자살에 관한 법률이 2002년부터 시행 중이다.[26] 호주의 노던 테리토리주(Northern Territory)에서는 의사조력자살에 관한 법률이 1996년에 제정되었으나 6개월만에 폐기되었다.[27] 세계의사협회는 1992년 9월 스페인에서 열린 제44차 세계의사집회에서 '의사조력자살은 고의적이고 의도적으로 한 사람의 생명을 종결시키는 것으로서 비윤리적'이라고 선언함으로써 공식적으로 의사조력자살을 반대한다.

III. 생명권에 관한 헌법조문의 헌정사적 변천

생명권에 대해서는 제헌헌법부터 현재 헌법까지 명문 규정으로 존재하지는 않는다. 그러나 생명을 보호받는 권리로서 생명권은 기본권의 가장 본질적이고 핵심적인 보호 영역이면서 모든 기본권의 근원과 전제가 된다.[28] 생명권은 자연법적 권리로서, 국가로부터 침해를 배제하는 방어권이며, 생명의 보호를 요구할 수 있는 자유권이다. 생명권은 우리 헌법에 명시적으로 나타나지는 않지만, 생명권을 도출할 수 있고 근거로 삼을 수 있는 규정들이 존재하는 바, 인간의 존엄과 가치, 신

---

25 노동일, "치료거부권, 죽을 권리 및 존엄사에 대한 재검토: 헌법적 관점에서", 『공법학연구』 제10권 제2호, 2009, 15쪽; 김명식, "미국 헌법상 안락사와 존엄사에 관한 연구", 대법원 헌법연구회.한국헌법학회 제56회 공동학술대회 〈인간의 존엄 가치와 생명권〉 발표논문, 2009.11.7., 29~30쪽 참조. 미국에서 '존엄사'라는 명칭이 처음 사용된 때는 1972년으로, 오레곤 주의 주지사였던 맥컬(Tom McCall)이 의사조력자살이라는 새로운 개념이 주의회와 지지자들에게 심리적 거부감을 주지 않게 하기 위하여 '식물상태로서의 사망'에 대립되는 개념으로 '존엄사'라는 명칭을 제안하였다고 한다. "인간이 존엄사를 계획함으로써 신의 영역에 침범하는 것인가, 아니면 지난 100여 년간 갖가지 약과 의술을 개발하여 인간의 수명을 2배나 연장한 인간이 이미 신의 영역을 침범한 것은 아닌가"라는 질문을 던지며 존엄사라는 명칭을 사용하면서 죽을 권리를 인정해야 한다고 주장하였다고 한다.

26 Economist Intelligence Unit, "The quality of death : Ranking end of life care across the world", Lien Foundation, 2010, p.18.

27 Lisa Yount, Right to die and euthanasia, N.Y : Fact on File, 2000, p.51.

28 전광석, 앞의 책, 260쪽; 성낙인, 『헌법학』, 법문사, 2013, 466쪽; 헌재 1996.11.28. 95헌바1 결정. 모든 기본권이 생명이 있음을 전제로 하여 비로소 의미를 가지는 것으로서 생명권은 모든 기본권의 근원이 되는 최고의 기본권이다.

체의 자유, 열거되지 아니한 권리가 경시될 수 없다는 조항 등이다. 아래에서는 이 조항들이 도입된 헌법 개정의 역사와 학계의 이론적 논의를 탐구함으로써 우리 헌정사에서 생명권이 가지는 의의를 살펴보기로 한다.

1. 인간의 존엄과 가치 규정

제헌헌법은 국민의 권리의무 장(제2장)에서 평등권의 보장(제8조), 신체의 자유를 포함한 기본권에 대한 조항(제9조~제27조), 헌법에 열거되지 아니한 이유로 경시되지 아니한다는 조항(제28조)을 규정하고 있으나 인간의 존엄과 가치에 대한 명시적인 규정은 없었다. 인간의 존엄과 가치에 대한 규정은 1962년 제5차 헌법 개정에서 제8조[29]에서 신설되었다. "모든 국민은 인간으로서의 존엄과 가치를 가지며, 이를 위하여 국가는 국민의 기본권 인권을 최대한으로 보장할 의무를 진다."고 명시함으로써 포괄적인 기본권 존중주의를 선언하고 있다. 10·26 사태 이후 유신헌법의 몰락과 새로운 민주적인 헌법을 갈망하는 국민의 공감대를 바탕으로 탄생한 1980년 제8차 헌법 개정에서는 인간의 존엄과 가치 조항에 행복추구권이 추가되고 불가침의 인권이 강조되었다. 즉 "모든 국민은 인간으로서의 존엄과 가치를 가지며, 행복을 추구할 권리를 가진다. 국가는 개인이 가지는 불가침의 기본적 인권을 확인하고 이를 보장할 의무를 진다."[30]고 규정하여 이 조항이 현행 헌법까지 개정 없이 존속되고 있다. 이 규정은 우리 헌법상 기본권 존중과 기본권의 천부인권성을 강조하면서 모든 기본권규정을 해석하는 근본원리로 작용하고 있다. 헌법상 명시적으로 규정되지 않은 생명권의 헌법상 근거로서 이 인간의 존엄과 가치 규정을 들 수 있다. 구체적으로는 생명권의 헌법상 근거가 인간의 존엄과 가치 규정, 신체의 자유, 헌법에 열거되지 아니한 이유로 경시되지 아니한다는 규정이 모두 해당된다는 견해[31], 인간의 존엄과 가치에 대한 규정이 있기 때문에 인간으로서의 생존의 가치가 인정되어야 한다는 견해[32], 생명권이 신체적 완전성 및 신체활동

---

29 1962년 제5차 헌법 개정, 제3공화국 헌법 제8조.

30 1980년 제8차 헌법 개정, 제5공화국 헌법 제9조.

31 권영성, 『헌법학원론』, 법문사, 2010, 410쪽; 성낙인, 『헌법학』, 법문사, 2013, 466쪽.
　 열거되지 않은 자유와 권리의 보호(제37조 제1항)가 생명권의 헌법적 근거라고 보아야 하지만, 열거되지 않은 자유와 권리를 인식할 수 있는 내용적 표지가 규정되어 있지 않기 때문에, 헌법의 최고 구성원리인 인간의 존엄과 가치 규정을 내용적 표지로서 열거되지 않은 자유와 권리 보호 규정과 더불어 생명권의 헌법적 근거라고 보는 견해도 있다. 계희열, 『헌법학(중)』, 박영사, 2007, 273쪽.

32 김철수, 『헌법학신론』, 박영사, 2010, 414쪽; 홍성방, 『헌법학(중)』 박영사, 2010, 20쪽; 전광석,

의 임의성을 보장하는 신체의 자유의 당연한 전제일 뿐 아니라 인간의 존엄성을 그 가치적인 척도로 하는 우리 기본권질서의 논리적인 기초이므로 헌법질서 내에서 명문규정의 유무에 관계없이 당연히 인정되는 헌법상의 권리라고 하는 견해[33]가 있다.

2. 신체의 자유

신체의 자유는 근대헌법이 보장하는 가장 기본적인 자유로서 모든 사회적·경제적·정신적 자유의 근간 또는 전제가 되는 것이다. 신체의 자유는 영국에서 대헌장, 권리청원, 인신보호법 및 권리장전 등으로 발전되었으며, 이들 문서는 미국의 버지니아권리장전 및 연방헌법에 영향을 미쳤다. 이들 미국헌법은 우리 제헌헌법에도 큰 영향을 미쳐[34] 현행 헌법과 같이 자세한 내용의 규정은 아니지만 영장주의, 변호인의 조력을 받을 권리 및 체포구속적부심청구권 등 신체의 자유가 규정되어 있었고[35] 1960년 헌법까지 계속되었다. 1962년 제5차 헌법 개정에서는 대

앞의 책, 260쪽; 한상운, "현행 헌법상 생명존중에 관한 연구—배아복제, 낙태, 사형, 안락사의 문제를 중심으로, 『성균관법학』 제18권 제1호, 2006, 128쪽.

33 허영, 『헌법헌법론』, 박영사, 2013, 359쪽; 허영, 『헌법이론과 헌법』, 박영사, 2011, 541쪽; 헌재 1996.11.28, 95헌바1 결정.

34 미군정 체제 하에서 1948년 4월 7일 하지준장은 [조선인민의 권리에 관한 포고]를 발표하여 훗날 제헌헌법의 기본권조항에 많은 영향을 끼쳤다. 1948년 5월 31일에 만들어졌다는 소위 '유진오안'에도 이 하지준장의 포고문을 참조했음을 유진오가 시인하였다. 포고문에서 신체의 자유와 생명권에 관한 내용은 다음과 같다. '2. 신체의 자유는 불가침이며 합법적으로 제정 공포한 법률에 의한 이외에는 이를 제한하지 못한다.' '4. 법에 적당한 규정과 법이 요구하는 수속에 의하지 않고는 생명 자유 또는 재산은 누구나 이를 빼앗기지 않는다' '5. 범행 당시에 시행된 법에 의하지 않고는 아무런 형벌도 이를 과하지 못한다.' '6. 범행의 이유로 구인당한 자 또는 그 밖에 어느 모양으로든지 자유의 구속을 받은 자는 무슨 이유와 무슨 권위 하에 그런 구속을 받는지 즉시 알려질 법적 권리가 있으며 변호인의 도움을 받을 권리가 있다.' '7. 범죄로 인하여 기소된 자는 불합리한 지체가 없이 재판을 받을 것이며 법의 규정에 의하여 보석될 권리가 있다. 잔혹하고 비상한 형벌은 이를 가하지 못하며 종류의 여하를 막론하고 고문이나 강박에 의하여 유도된 고백은 재판이나 그 밖에 어떠한 법적 수속에도 이를 사용치 못한다.'
하지준장의 포고문은 미국수정헌법 제4조를 그대로 옮겨온 것인데, 여기에서 생명의 자유, 적법절차원리, 잔혹하고 비상한 형벌 금지, 자백의 증거능력제한 등이 제헌헌법에 포함되지 않았다는 점이 아쉬움으로 남는다. 김철수, 『헌법개정, 과거와 미래—제10차 헌법개정을 생각한다—』, 진원사, 2008, 35-36쪽, 77-78쪽.

35 제헌헌법 제8조 모든 국민은 신체의 자유를 가진다. 법률에 의하지 아니하고는 체포, 구금, 수색, 심문, 처벌과 강제노역을 받지 아니한다. 체포, 구금, 수색에는 법관의 영장이 있어야 한다. 단, 범죄의 현행, 범인의 도피 또는 증거인멸의 염려가 있을 때에는 수사기관은 법률이 정하는 바에 의하여 사후에 영장의 교부를 청구할 수 있다. 누구든지 체포, 구금을 받은 때에는 즉시 변호인의 조력을 받을 권리와 그 당부의 심사를 법원에 청구할 권리가 보장된다.

체적인 내용은 현행헌법과 같으나 현행 헌법의 구속 대신 구금이라는 용어를 사용하고 있는 점, 사인에 의한 신체의 자유 침해 규정이 있다는 점이 다르다. 현행헌법에 규정된 체포 또는 구속의 이유와 변호인의 조력을 받을 권리의 고지의무는 명시되어 있지 않다.[36] 이른바, 유신헌법[37]이라 불리는 1972년 제7차 헌법 개정에서는 강제노역이 형의 선고가 아니라 법률에 의하면 가능하게 되었고 보안처분이 삽입되었으며(제1항), 영장의 발부가 검사의 요구에 의하도록 하고 있고 사후영장의 발부도 장기 3년 이상의 형에 해당하지 않아도 되도록 하여 그 요건을 완화하고 있어[38] 역대 헌법 가운데 가장 인권 침해적이라고 할 수 있다.[39] 유신헌법에서

---

36 1962년 헌법 제10조 ① 모든 국민은 신체의 자유를 가진다. 누구든지 법률에 의하지 아니하고는 체포·구금·수색·압수·심문 또는 처벌을 받지 아니하며, 형의 선고에 의하지 아니하고는 강제노역을 당하지 아니한다.
② 모든 국민은 고문을 받지 아니하며, 형사상 자기에게 불리한 진술을 강요당하지 아니한다.
③ 체포·구금·수색·압수에는 검찰관의 신청에 의하여 법관이 발부한 영장을 제시하여야 한다. 다만, 현행범인인 경우와 장기 3년 이상의 형에 해당하는 죄를 범하고 도피 또는 증거인멸의 염려가 있을 때에는 사후에 영장을 청구할 수 있다.
④ 누구든지 체포.구금을 받은 때에는 즉시 변호인의 조력을 받을 권리를 가진다. 다만, 법률이 정하는 경우에 형사피고인이 스스로 변호인을 구할 수 없을 때에는 국가가 변호인을 붙인다.
⑤ 누구든지 체포·구금을 받은 때에는 적부의 심사를 법원에 청구할 권리를 가진다. 사인으로부터 신체의 자유의 불법한 침해를 받은 때에도 법률이 정하는 바에 의하여 구제를 법원에 청구할 권리를 가진다.
⑥ 피고인의 자백이 고문·폭행·협박·구속의 부당한 장기화 또는 기망 기타의 방법에 의하여 자의로 진술된 것이 아니라고 인정될 때, 또는 피고인의 자백이 그에게 불리한 유일한 증거인 때에는, 이를 유죄의 증거로 삼거나 이를 이유로 처벌할 수 없다.
제11조 ① 모든 국민은 행위 시의 법률에 의하여 범죄를 구성하지 아니하는 행위로 소추되지 아니하며, 동일한 범죄에 대하여 거듭 처벌받지 아니한다.
② 모든 국민은 소급입법에 의하여 참정권의 제한 또는 재산권의 박탈을 받지 아니한다.
37 1972년 10월 17일 박정희대통령이 전국에 비상계엄을 선포한 채 두 달간 헌정을 중단하고 새로운 헌법을 만들겠다는 이른바 '10.17 비상조치'(이른바 '10월유신')를 단행하였고, 이에 따라 비상국무회의가 헌법개정안을 마련해 공고하고 국민투표에 의해 개정안이 헌법으로 확정되어 12월 27일 공포, 시행되었다.
38 1972년 헌법 제10조 ①모든 국민은 신체의 자유를 가진다. 누구든지 법률에 의하지 아니하고는 체포·구금·압수·수색·심문·처벌·강제노역과 보안처분을 받지 아니한다.
② 모든 국민은 고문을 받지 아니하며, 형사상 자기에게 불리한 진술을 강요당하지 아니한다.
③ 체포·구금·압수·수색에는 검사의 요구에 의하여 법관이 발부한 영장을 제시하여야 한다. 다만, 현행범인인 경우와 죄를 범하고 도피 또는 증거인멸의 염려가 있을 때에는 사후에 영장을 요구할 수 있다.
④ 누구든지 체포·구금을 받은 때에는 즉시 변호인의 조력을 받을 권리를 가진다. 다만, 법률이 정하는 경우에 형사피고인이 스스로 변호인을 구할 수 없을 때에는 국가가 변호인을 붙인다.
제11조 ① 모든 국민은 행위시의 법률에 의하여 범죄를 구성하지 아니하는 행위로 소추되지 아니하며, 동일한 범죄에 대하여 거듭 처벌받지 아니한다.
② 모든 국민은 소급입법에 의하여 참정권의 제한 또는 재산권의 박탈을 받지 아니한다.

는 국민의 자유와 권리의 본질적 내용 침해 금지 규정이 삭제됨으로써 국민의 기본권을 일반적 법률유보와 개별적 법률유보에 의해 그 본질적 내용까지도 침해할 수 있게 되었고, 신체의 자유가 크게 축소되었다. 그 후 1980년 헌법 개정에서는 유신헌법이 가진 문제를 해결함과 동시에 연좌제에 관한 규정이 삽입되었다(제12조 제3항).[40] 현행헌법은 1980년 헌법과는 달리 제12조 제1항에 '적법한 절차'에 관한 규정이 추가되었으며 제5항에 체포 또는 구속의 이유와 변호인의 조력을 받을 권리를 고지 받을 권리가 규정되었다.[41]

이와 같이 제헌헌법 때부터 신체의 자유는 헌법 조항에 명시되어 있었고, 이에 대해 한태연 교수는 1950년대 헌법학 저술을 통해 신체의 자유에는 "생명의 자유, 신체안전의 자유, 신체자율의 자유 등이 포함된다."고 하여 최초로 신체의 자유 속에 생명의 자유가 포함되어 있다고 해석하였다.[42] 그 후 1970년대까지 강병두, 갈봉근, 이종극 교수 등도 신체의 자유의 내용으로 생명의 자유, 신체안전의 자유,

---

39 『헌법주석서 I』, 법제처, 2010.3, 463쪽.

40 1980년 헌법 제11조 ① 모든 국민은 신체의 자유를 가진다. 누구든지 법률에 의하지 아니하고는 체포·구금·압수·수색·심문·처벌과 보안처분을 받지 아니하며, 형의 선고에 의하지 아니하고는 강제노역을 당하지 아니한다.
② 모든 국민은 고문을 받지 아니하며, 형사상 자기에게 불리한 진술을 강요당하지 아니한다.
③ 체포·구금·압수·수색에는 검사의 신청에 의하여 법관이 발부한 영장을 제시하여야 한다. 다만, 현행범인인 경우와 장기 3년 이상의 형에 해당하는 죄를 범하고 도피 또는 증거인멸의 염려가 있을 때에는 사후에 영장을 청구할 수 있다.
④ 누구든지 체포.구금을 당한 때에는 즉시 변호인의 조력을 받을 권리를 가진다. 다만, 법률이 정하는 경우에 형사피고인이 스스로 변호인을 구할 수 없을 때에는 국가가 변호인을 붙인다.
⑤ 누구든지 체포·구금을 당한 때에는 법률이 정하는 바에 의하여 적부의 심사를 법원에 청구할 권리를 가진다.
⑥ 피고인의 자백이 고문.폭행.협박.구속의 부당한 장기화 또는 기망 기타의 방법에 의하여 자의로 진술된 것이 아니라고 인정될 때 또는 정식재판에 있어서 피고인의 자백이 그에게 불리한 유일한 증거일 때에는 이를 유죄의 증거로 삼거나 이를 이유로 처벌할 수 없다.
제12조 ① 모든 국민은 행위 시의 법률에 의하여 범죄를 구성하지 아니하는 행위로 소추되지 아니하며, 동일한 범죄에 대하여 거듭 처벌받지 아니한다.
② 모든 국민은 소급입법에 의하여 삼정권의 제한 또는 재산권의 박탈을 받지 아니한다.
③ 모든 국민은 자기의 행위가 아닌 친족의 행위로 인하여 불이익한 처우를 받지 아니한다.

41 제9차 개정, 현행헌법 제12조 ① 모든 국민은 신체의 자유를 가진다. 누구든지 법률에 의하지 아니하고는 체포·구속·압수·수색 또는 심문을 받지 아니하며, 법률과 적법한 절차에 의하지 아니하고는 처벌, 보안처분 또는 강제노역을 받지 아니한다.
⑤ 누구든지 체포 또는 구속의 이유와 변호인의 조력을 받을 권리가 있음을 고지받지 아니하고는 체포 또는 구속을 당하지 아니한다. 체포 또는 구속을 당한 자의 가족 등 법률이 정하는 자에게는 그 이유와 일시, 장소가 지체 없이 통지되어야 한다.

42 한태연, 『헌법학』, 양문사, 1955, 267쪽.

신체자율의 자유를 꼽았고, 특히 이종극 교수는 인신의 자유를 논하면서 '생명권, 신체안전 및 신체자율의 자유를 총칭하여 인신 또는 신체의 자유라 한다'고 표현하면서 생명권이라는 용어를 최초로 사용하였다.[43]

1980년대 이후 학계에서는 신체의 자유에 신체활동의 자유와 신체를 훼손당하지 않을 권리를 포함한다고 해석한다.[44] 헌법재판소도 1992년도 결정에서 "신체의 자유를 보장하고 있는 것은 신체의 안정성이 외부로부터의 물리적인 힘이나 정신적 위협으로부터 침해당하지 않을 자유와 신체활동을 임의적이고 자율적으로 할 수 있는 자유를 말하는 것"[45]이라고 판시하여 신체의 자유가 신체를 훼손당하지 않을 권리를 포함하는 것으로 해석하였다.

신체의 자유가 신체활동의 자유뿐 아니라 신체를 훼손당하지 않을 권리와 생명권까지 포함하는 것으로 보는 견해가 있는 반면[46], 신체의 자유는 신체활동의 자유만을 의미한다고 보는 견해가 있다.[47] 그 이유로는 헌법 제10조와 제36조 제3항의 규정에서 생명이나 건강에 관한 권리를 도출할 수 있으므로 생명권과 신체를 훼손당하지 않을 권리는 제12조 신체의 자유에는 포함되지 않는다는 논거를 든다. 생명권이나 신체를 훼손당하지 않을 권리는 동적인 성격을 가지는 신체활동과는 달리 인간존재 자체에 관련되는 정적인 권리이기 때문에 이들은 별도로 분류할 필요가 있다는 것이다. 그래서 이 견해에서는 생명권, 신체를 훼손당하지 않을 권리가 신체활동의 자유의 전제적 조건이 된다고 해석한다. 참고로 독일기본법에서는 제2조 제2항 제1문에서 생명권과 신체를 훼손당하지 않을 권리가 명확하게 규정되어 있으므로 독일기본법에서 신체의 자유는 신체활동의 자유만을 의미한다고 해석된다.[48]

---

43 황치연, 『헌법헌법사와 생명권 인식』, 한국학술정보, 2005, 85쪽

44 허영, 『헌법헌법론』, 박영사, 2013, 361쪽; 헌재 1992.12.24, 92헌가8 결정; 2005.5.26, 99헌마 513, 2004헌마190(병합) 결정.

45 헌재 1992.12.24, 92헌가8 결정.

46 권영성, 앞의 책, 410, 415쪽; 생명권, 신체를 훼손당하지 않을 권리가 모두 인간의 존엄과 가치(제10조), 신체의 자유(제12조 제1항), 열거되지 아니한 자유와 권리 보호 규정(제37조 제1항)에 의하여 헌법상 보장된다고 하고, 신체를 훼손당하지 않을 권리와 신체의 자유는 인신의 자유권의 범주로 설명하였다. 다만 생명권은 독립된 별개의 기본권유형으로 보지만 편의상 인신의 자유권의 일환으로 설명하였다(앞의 책, 409쪽 각주1).

47 김철수, 『헌법학신론』, 박영사, 2010, 546-548쪽.

48 콘라드 헷세, 계희열 역, 『통일 독일헌법원론(제20판)』, 박영사, 2001, 234쪽.

3. 열거되지 아니한 이유로 경시되지 아니한다는 규정

열거되지 아니한 이유로 경시되지 아니한다는 규정은 제헌헌법 제28조에서 "국민의 모든 자유와 권리는 헌법에 열거되지 아니한 이유로써 경시되지는 아니한 다."라고 규정하여 현행 헌법[49]까지 별다른 개정 없이 존재하고 있다. 이 조항은 미국 수정헌법 제9조[50]의 입법에 영향을 받은 것으로 판단되며, 헌법 제10조에서 규정한 인간의 존엄과 가치를 위하여 필요한 기본권의 효력적 근거로 볼 수 있 다.[51] 학설[52]과 헌법재판소는 생명권을 "헌법에 명문의 규정이 없다 하더라도 인간 의 생존본능과 존재목적에 바탕을 둔 선험적이고 자연법적인 권리로서 헌법에 규 정된 모든 기본권의 전제로서 기능하는 기본권 중에 기본권"이라고 하여 열거되지 아니한 자유와 권리의 하나로서 생명권을 들고 있다.[53]

4. 소결: 생명권의 명문화 필요성

헌법 개정의 역사와 이론적 논의를 검토한바, 생명권의 헌법적 근거는 헌정사 에서 살펴본 역사적.주관적 해석으로는 제헌헌법으로부터 명문화되어 있던 신체의 자유에서 찾을 수 있겠고, 문리적 · 객관적 해석으로는 1980년 헌법에 신설된 '인간 의 존엄과 가치 조항'과 제헌헌법 시부터 명시되어 있던 '헌법에 열거되지 아니한 이유로 경시되지 아니한다는 규정'에서도 그 근거를 찾을 수는 있다고 판단된다.

헌법 명문에 규정은 없어도 생명권이 기본권의 전제와 기본권질서의 논리적 기초로서 당연히 인정되는 기본권이라고 할 수 있겠으나 생명권의 기본권 체계 내 의 중요성과 위치를 감안할 때 기본권의 명확성 강화와 기본권 체계의 논리성을 갖추도록 하기 위하여 생명권을 추가로 규정할 필요가 있다.[54] 생명권은 헌법상 기

---

49 9차 개정, 현행 헌법 제37조 ① 국민의 자유와 권리는 헌법에 열거되지 아니한 이유로 경시되지 아니한다.

50 수정헌법 제9조 "The enumeration in the Constitution, of certain rights, shall not be construed to deny or disparage others retained by the people."(헌법에 열거된 어떤 권리도 국민이 보유한 다른 권리들을 부인하거나 경시하도록 해석되어서는 안 된다).

51 헌법주석서 Ⅱ, 법제처, 2010.3, 434쪽.

52 권영성, 앞의 책, 419쪽.

53 헌재 1996.11.28, 95헌바1 결정.

54 김철수 교수는 "모든 국민은 생명의 권리, 인격의 권리, 행동자유의 권리, 인간다운 생활을 할 권 리 및 행복추구의 권리를 가진다."고 하고, "모든 국가기관, 공공기관, 사적 기관 및 개인은 이들 권리를 침해하여서는 아니 된다."고 규정할 것을 제안하면서 이렇게 하면 사형 제도를 금지할 수

본권으로 이견이 없고 권리의 중요성이 매우 높다는 점을 고려할 때 독자적인 기본권으로 명시해야 한다는 것이다. 독일기본권[55]이나 유럽연합헌법에서도 생명권과 신체를 훼손당하지 않을 권리를 헌법상 명시하고 있으므로 우리 헌법에서도 이를 명문화해야 한다는 의견이 있다.[56] 생명권을 명시적으로 규정한다고 해서 생명권을 일반적인 법률유보가 불가능한 절대적 기본권으로 인정해야 한다는 의미가 아니기 때문에, 생명권의 명시적 규정함으로써 사형제도의 금지해야 된다는 의미도 아니다. 다만 생명권을 헌법에 규정함으로써 생명권을 핵심으로 한 우리 헌법상 기본권 체계를 보다 정연(整然)하게 할 수 있다고 생각된다.

IV. 생명권과 연명치료중단

1. 국가의 기본권보호의무와 생명권의 보호범위

인간의 생명권은 최대한 존중되어야 하고, 국가는 국민의 생명을 최대한 보호할 의무가 있다. 생명권의 보호는 국가가 국민의 생명을 최대한 보호해야 하고 생명을 경시하지 않아야 한다는 공익적 성격을 가진다.[57] 국가의 생명권 보호와 보장이라는 측면에서 보자면 생명권은 객관적이며 공익적 성격을 가진다. 국가의 생명보호 의무, 사회에 자살이나 생명경시 풍조가 만연하지 않도록 하고 타인의 생명을 침해하지 않도록 치안과 질서를 유지하고, 타인의 생명 침해가 있을 경우 처벌하고 본인의 생명을 침해하는 자살을 방조하거나 조력하는 행위도 처벌하는 법적질서 등이 모두 생명권 보호라는 헌법적 가치, 헌법의 공익적 측면을 구체화하는 것이다. 또한 생명권은 개인의 측면에서 보자면 국가로부터 침해받지 않을 권리로써 대국가적 방어권으로서의 성격과 사인에 의한 생명권의 침해에 대해서는 국가

있을 것이나 보다 명확하게 하기 위하여 독일기본법처럼 헌법에 사형금지를 명문화하는 것도 좋겠다는 의견을 밝혔다. 김철수, 『헌법개정, 과거와 미래 -제10차 헌법개정을 생각한다-』, 진원사, 2008, 292-293쪽.

55 독일기본법 제2조 제2항 "모든 사람은 생명권과 신체를 훼손당하지 않을 권리를 가진다.", 제102조 "사형은 폐지된다." 유럽연합헌법 II-2 제1항 "모든 사람은 생명권을 가진다.", 제2항 "누구도 사형판결을 받거나 사형집행의 대상이 되어서는 안 된다."고 규정한다.

56 조홍석, "한국헌법상 기본권 개정방향", 『공법학연구』 제7권 제3호, 2006, 112쪽.

57 생명권은 생명에 대한 모든 형태의 국가적 침해를 방어하는 주관적 공권이면서, 모든 질서의 기초를 이루는 객관적 질서로서의 성격을 가진다. 즉 생명권의 긍정과 보장을 통하여 비로소 인간 생활의 모든 질서가 형성될 수 있다. 생명권은 주관적 권리와 객관적 질서의 기본요소로서의 이중적 성격을 가진다. 계희열, 『헌법학(중)』, 박영사, 2007, 276-277쪽.

의 기본권보장의무에 기초하여 국가에 대하여 보호를 요구할 수 있는 보호 청구권을 갖는다.[58]

국가에게 생명권 보호의무가 있지만 이를 어느 정도로 보호할지 여부는 소위 과소보호금지의 원칙[59]에 따라 입법자의 재량권에 맡겨져 있다. 우리 헌법재판소는 태아가 생명권 주체가 된다고 인정하면서도, 태아의 생명권을 보호하는 구체적인 입법에 대해서는 입법자가 제반사정을 고려하여 입법정책적으로 판단해야 하는 입법 재량의 범위에 속하므로, 민법 제3조 및 제762조가 태아의 생명권을 보호하는 데 미흡하다고 볼 수 없어 이 법률조항들이 국가의 생명권 보호의무를 위반한 것이라 볼 수 없다는 결정을 내렸다.[60] 미국산 쇠고기 등의 수입위생조건 위헌확인 사건에서도 소비자의 생명과 신체의 안전에 대한 보호 의무를 다하지 않았는지의 여부를 심사하는 기준으로서 이를 보호하기 위하여 적어도 적절하고 효율적인 최소한의 보호조치를 취하였는가 하는 이른바 '과소보호금지원칙'의 위반 여부를 기준으로 삼았다. 국민의 생명·신체의 안전을 보호하기 위한 조치가 필요한 상황인데도 국가가 아무런 보호조치를 취하지 않았든지 아니면 취한 조치가 법익을 보호하기에 전적으로 부적합하거나 매우 불충분한 것임이 명백한 경우에 한하여 국가의 보호의무의 위반을 확인한다고 판시함으로써 이 사건의 고시가 국민의 생명, 신체의 안전을 보호하기에 부적합하여 그 보호 의무를 명백히 위반한 것이라고 보기 어렵다는 결정을 내렸다.[61]

국가의 생명권 보호의무가 이와 같다면 생애 마지막 시기에 생명권을 보호하기 위해 국가가 어떤 보호 조치를 취할 지는 입법 재량의 범위에 속하고 이에 따라 생명권의 보호범위가 달라질 수 있다. 예컨대, 환자의 생명에 대한 가치관과 세계관, 환자의 기대여명과 필요한 연명치료의 종류에 따라 보호범위가 달라질 수 있다고 보는 것이 타당하다.

---

58 더 나아가 국가에 대해 생존을 위한 사회·경제적인 여건을 마련해 줄 것을 요구할 수 있는 사회권적 성격도 있다는 견해로 성낙인, 앞의 책, 466쪽.

59 권력분립의 관점에서 국가가 국민의 기본권 보호를 위하여 적어도 적절하고 효율적인 최소한의 보호조치를 취했는가를 기준으로 심사한다는 원칙이다. 이 과소보호금지원칙에 따라 국가가 국민의 법익을 보호하기 위하여 전혀 아무런 보호조치를 취하지 않았든지 아니면 취한 조치가 법익을 보호하기에 명백하게 전적으로 부적합하거나 불충분한 경우에 한하여 헌법재판소는 국가의 보호의무의 위반을 확인할 수 있을 뿐이다. 헌재 2008.7.31, 2004헌바81 결정. 헌재 1997.1.16, 90헌마110 결정, 헌재 2008.12.26, 2008헌마419 결정 등.

60 헌재 2008.7.31, 2004헌바81 결정.

61 헌재 2008.12.26, 2008헌마419 결정.

2. 연명치료중단에서의 생명권의 보호범위

생명권에 관한 개인의 처분권을 인정하지 않으므로 생명권의 주체라도 자신의 생명을 임의로 처분하거나 자신의 생명에 대한 처분권을 타인에게 위임하는 것은 정당화 될 수 없다.[62] 우리 형법이 자살을 실행에 옮겨 성공 또는 실패한 사람의 경우 처벌하지 않으나 자살에 관여한 사람들에 대해서는 일정한 책임을 인정하고 있는 이유도 생명권의 처분 불가능성을 근거로 한다. 반면 생명권을 처분 가능한 권리로 보는 입장에서는 자신의 생명을 임의로 처분하는 자살이나 자살에 대한 방조, 촉탁에 의한 살인, 안락사 등 생명권을 타인에게 처분할 수 있는 행위도 인정될 수 있는 여지가 있다.[63]

생명권의 제한은 곧 생명의 박탈을 의미하기 때문에 불가피한 경우에만 제한하되 언제나 다른 생명의 보호나 공익을 위한 경우에 국한되어야 하고, 그것도 과잉금지의 원리에 따라야 한다. 그 침해 방법과 절차의 면에서도 인간의 존엄성을 존중하는 길을 택해야 한다.[64] 모든 인간은 출생에서 사망까지 모든 순간 생명권을 보호받는다. 보호가치가 없는 생명이나 생존가치 없는 생명은 있을 수 없고 인간생명은 어떠한 경우에도 국가목적의 단순한 수단이 될 수 없다. 기대여명이 몇 달에 불과한 회복 불가능한 말기환자의 생명도 건강한 사람과 마찬가지로 보호되어야 한다.

---

62 성낙인, 앞의 책, 467쪽; 장영수, 『헌법학』, 홍문사, 2011, 599쪽. 인간생명에 대한 존중은 인간의 존엄에 직결되는 것으로서 자기 자신의 생명을 가볍게 처분할 권리는 누구에게도 없다고 보아야 한다. 생명을 처분할 권리를 부여한다면 전체 기본권체계 자체가 붕괴할 위험이 있다.

63 생명권의 처분은 허용되지 않으나 자살의 경우에는 타인에게 해를 미치지 않고 스스로 목숨을 포기하는 것이므로 헌법상 허용된다고 하고, 자살은 생명권의 실현이 아니고 생명권의 주체가 불가피하게 스스로 생명을 포기하는 것일 뿐이며 타인의 자살을 교사하거나 방조하는 것은 헌법상 생명권을 존중하고 보호하는 가치에 위반하여 허용되지 않는다는 견해도 있다. 정종섭, 『헌법학원론』, 박영사, 2010, 471쪽; 생명권의 주체가 자신의 생명을 주관적 결단에 의해 포기할 수 있기 때문에 자살에 대해 국가가 개입할 수는 없고, 따라서 자살미수에 대해 형법상 처벌하는 것은 헌법에 위배된다는 견해이나 다만 자살이 사회전반에 큰 영향을 미치고 국가가 생명권을 보호해야 할 1차적 책임이 있으므로 자살예방정책과 생명존중문화 조성을 위한 대책을 수립해야 한다는 견해로는 성낙인, 앞의 책, 467쪽.

64 헌재 1996.11.28. 95헌바1 결정. 생명권은 절대적 기본권으로 보아야 함이 당연하고, 따라서 인간존엄성의 존중과 생명권의 보장이란 헌법정신에 비추어 볼 때 생명권에 대한 법률유보를 인정한다는 것은 이념적으로는 법리상 모순이라고 할 수도 있다. 그러나 현실적인 측면에서 볼 때 정당한 이유 없이 타인의 생명을 부정하거나 그에 못지아니한 중대한 공공이익을 침해한 경우에는 국법은 그중에서 타인의 생명이나 공공의 이익을 우선하여 보호할 것인가의 규준을 제시하지 않을 수 없게 되고, 이러한 경우에는 비록 생명이 이념적으로 절대적 가치를 지닌 것이라 하더라도 생명에 대한 법적 평가가 예외적으로 허용될 수 있다고 할 것이므로, 생명권 역시 헌법 제37조 제2항에 의한 일반적 법률유보의 대상이 될 수밖에 없다 할 것이다.

다만, 죽음이 임박한 환자의 명시적 의사표시에 의하여 행해지는 연명치료의 중단은 환자 생명의 종결과 직결될 수 있지만 이는 생명권의 포기가 아니라 인간의 존엄과 가치 규정과 자신의 생명·신체에 대한 불가침의 권리인 생명권에 근거하여 도출될 수 있는 권리로서, 환자 본인이 원치 않는 신체적 침해를 배제하고 존엄하게 삶을 마무리하기 위하여 생애 마지막 기본권의 실현이라고 보아야 한다. 왜냐하면 죽음에 이르는 과정도 삶의 일부분이며, 불치의 질병이나 신체손상에 의해 서서히 죽음에 이르는 것도 생명 활동의 자연스러운 현상이다. 연명치료는 주된 병적 상태를 바꿀 수 없고 생명을 연장하는 치료로서 단지 죽음을 발생시키는 과정만을 차단하려고 하는 치료이며 사망으로의 진행을 막아두는 것이다.[65] 의학과 사회적 종교적 가치관에 따라 그 시기와 종기를 달리 볼 수 있는 '생명' 그리고 생명권의 객체가 되는 '생명'과 국가로부터의 보호대상이 되고 개인이 침해의 배제를 청구할 수 있는 주관적 공권으로서의 '생명권'은 구별되어야 하므로[66], 연명치료의 중단으로서 생명의 단축이 초래될 가능성이 있다고 하더라도 이는 생명권의 침해가 아니라 자연스러운 사망의 과정일 뿐이다.[67]

따라서 임종기[68]에 죽음에 이르는 자연스러운 과정을 방해받지 않고 본인이 원치 않는 신체적 침해 없이 죽음에 이를 수 있는 것은 생명의 단축이 아니라 생명 활동의 보호이며 인간으로서의 존엄성을 지키는 일이다. 인간의 존엄성은 인간 생

---

65 엄주희, 앞의 논문, 31-35쪽. 연명치료는 생명을 연장하기보다는 자연 상태로 두는 것보다 오히려 생명을 단축할 수 있는 위험도 존재하는 치료행위이다.

66 Penney Lewis, Assisted dying and legal change, N.Y : Oxford University press, 2007, p.36-37. 이 문헌에 따르면 Battin은 다음과 같이 논증한다. 생명권의 행사가 그 권리의 객체인 생명을 양도하는 형태가 있을 수는 있으나 생명권 자체를 양도할 수는 없다. "죽음을 선택하는 사람이 생명권을 포기한다는 것은 아니다. 자살이 생명권을 제한하는 것이 아니라 생명을 제한하는 것이기 때문이다. 따라서 자살을 행함으로써 생명권의 행사를 거부하는 것이 생명권을 포기한다는 것은 아니다." 이와 같은 맥락으로 생명과 생명권은 구분되므로, 연명치료중단에 있어서 생명의 제한이 있을지라도 생명권의 포기나 제한이 아니라는 것이다.

67 우리 헌법재판소 결정에서도 이런 의미에서 회복 불가능한 환자의 연명치료중단은 '자살'로 평가하지 말아야 한다고 판시하였다고 판단된다. 자살이라는 것이 '본인의 생명을 인위적인 종결하는 것' 이라는 사전적인 의미가 있으므로 자연스러운 사망의 과정으로 가는 길을 막지 않는 행위로서 연명치료의 중단은 외형적인 생명의 종결을 가져올 수는 있으나 생명권의 침해는 아닌 것이다. 헌재 2009.11.26. 2008헌마385 결정.

68 임종기(end of life)는 죽어가는 사람 자신이 불치(不治)의 상태를 알게 되는 순간부터, 혹은 죽는 사람의 가족과 친지가 죽음을 받아들이는 순간부터 사망에 이르는 기간을 말한다. Robert J. Kastenbaum, Death, Society and Human Experience. 7th ed. Allyn and Bacon, 2001, pp.156-157.

명의 존중으로 상징될 수 있으며 이는 의도적이고 고의적인 살인을 금지하는 것이라 할 수 있다.[69] 연명치료중단은 의도적이고 고의적인 죽음이 아니라, 오히려 인위적인 생명연장 장치에 의해 억지로 생명을 유지하기보다는 자연스러운 죽음을 맞이하는 방법으로서 생명을 지키고자 하는 것이다. 연명치료중단은 국가의 간섭을 배제하고 불필요한 의료기구로부터 신체를 훼손당하지 않도록 자연스러운 사망의 과정을 지나도록 하는 것이므로, 생명권의 침해나 포기가 아니라 생명권의 특성 자체로부터 도출되는 권리로서 생애 마지막에 본인의 의사에 따라 실현할 수 있는 권리라고 할 수 있을 것이다.

그런데 회복가능성이 없어 치료하는 것이 의학적으로 무의미하더라도 연명치료를 계속함으로써 연명하는 생명이 가치 없다고 말할 수는 없으며 생명권의 보호대상이 되지 않는 것도 아니다. 생명권은 건강한 사람이나 임종기의 환자나 동일하게 보호되어야 하고, 어떤 생명이 다른 생명보다 더 보호받을 가치가 있다는 식으로 생명의 가치를 계량할 수 없다. 생명권에는 연명치료에 의존하여 절대적인 생명의 길이를 연장하는 것을 선호하는 가치와 생명의 절대적인 연명보다는 자연스러운 사망을 선호하는 가치가 모두 생명권의 보호 내용에 속해있다고 보아야 한다.[70] 인간의 생명은 존재 그 자체로서 의미가 있기 때문에 임종기에 외형적인 환자의 삶의 질을 가지고 생명권 보호의 대상으로 판단해서는 안 된다. 또한 연명치료중단의 권리는 환자의 삶의 가치관을 존중하여 연명치료를 계속하여 연명할지, 아니면 연명치료를 중단하고 자연스럽게 삶을 마무리할지를 본인이 결정하도록 하는 자기결정의 의미가 있다고 판단된다.[71]

생명권은 위에서 언급하였듯이 객관적·공익적 측면으로서 국가가 환자의 생명

---

69 Lorenzo Zucca, Constitutional Dilemmas: Conflicts of Fundamental Legal Rights in Europe and the USA, N.Y: Oxford University Press, 2007, pp.152–153, 미국, 프랑스, 영국의 생명권 관련 판례들을 검토해보면 인간의 존엄성은 인간 생명의 존중을 의미하며, 이 인간생명의 존중은 의도적인 살인을 금지함을 의미한다는 데 도달한다.

70 이런 의미에서 생명권에는 소극적으로 연명치료중단을 통해 자연스러운 사망에 이르고 생명의 자연스러운 쇠퇴를 방해받지 않도록 한다는 소극적 의미의 생명권과 생명의 길이의 절대적인 연장을 추구하는 것 내지는 외부의 생명 침해로부터 보호를 청구할 수 있다는 적극적 의미의 생명권으로 나누어 볼 수 있다고 생각된다.

71 연명치료중단의 헌법적 근거로서 생명권 이외에도 자기결정권의 논의와 환자의 상태에 따른 연명치료의 자기결정권 행사에 대하여는 필자의 다음 논문에서 상세히 기술하였다. 즉, 의사능력 있는 말기환자, 의사능력 없는 말기환자, 의사능력 없는 PVS환자나 의식불명의 환자, 의사능력 없는 장애인 또는 신생아처럼 애초에 의사능력이 존재하지 않은 사람의 경우를 나누어 자기결정권의 실행에 대해 기술하였다. 엄주희, 앞의 논문, 227–232쪽.

연장을 위하여 연명치료를 계속하도록 할 법익도 존재하기 때문에 이 법익과 환자가 연명치료중단을 요구하는 권리가 충돌하므로 이에 대한 이익형량이 필요하다. 우리 헌법재판소와 대법원[72]에서는 회복 불가능한 사망의 단계에 이른 환자의 경우에는 환자의 의사결정을 존중하여 연명치료를 중단할 수 있도록 하는 것이 인간으로서의 존엄과 가치와 행복추구권이라는 헌법 정신에 부합한다고 보았다. 따라서 회복 불가능한 사망의 단계에 이른 환자, 즉 임종기에 직면한 환자의 연명치료중단의 권리는 국가의 생명권 보호라는 공익과 비교 형량되어 인정될 수 있는 헌법상 권리이다. 국가의 보호의무로서 생명권의 보호범위는 회복 불가능한 사망의 단계에 있는 환자에게는 축소된다고 볼 수 있다.

환자의 의사나 상태와는 상관없이 정부 정책으로 이루어지는 안락사는 국가로부터의 생명권의 제한 내지 생명권의 침해가 될 수 있으므로 받아들일 수 없는 것이다. 그러나 임종기에 의료진의 설명을 듣고 환자의 진지한 의사결정에 기한 연명치료의 중단·보류이거나 뇌사나 임종환자와 같이 죽음에 임박한 상태로 자연사(自然死)의 과정에 있는 환자에게 행해지는 연명치료중단 내지 보류는 삶의 마지막 시기에 인간으로서의 존엄과 가치를 실현하는 방식이며 개인의 생명권을 보장하는 것이며 구체적으로는 연명치료중단의 권리를 실현하는 것이 된다.[73]

V. 결론

생명권의 범위와 제한에 대해 해석함에 있어서 과학기술과 의학의 발달에 따라 생명의 시작과 끝에서 생명권을 어떻게 보호할 수 있는지 구체화될 수 있다. 헌법의 개정사에서 살펴본 바와 같이 생명권은 기본권의 가장 본질적이고 핵심적인 보호 영역이면서 기본권 보장의 기초와 토대가 되며 우리 헌법에 명시적으로 나타나지는 않지만, 제헌헌법부터 현행헌법까지 헌법 규정에 명문화된 신체의 자

---

72 헌재 2009.11.26. 2008헌마385 결정, 대법원 2009.5.21. 2009다17417 전원합의체 판결.

73 同旨: 이석배·이원상, 『연명치료중단에 있어서 환자의 자기결정권과 사전의료지시서에 관한 연구』(한국형사정책연구원, 2010). 117-118쪽; 독일과 오스트리아에서는 비록 환자의 결정이 객관적인 관점에서 비합리적이어서 그 결과로 환자가 사망에 이를 위험이 있다 하더라도 의사는 환자의 의사를 존중하여야 하므로, 환자의 치료거부 결정에 반하여 환자를 치료한 경우에는 상해죄에 해당하여 처벌한다. "환자의 의사는 최고의 법률이다."라는 법언은 환자의 자신에 대한 질병치료의 동의나 거절에 대한 권리로부터 소극적인 죽음에 대한 권리까지 모두 보장된다는 의미이고, 이는 생명권에서 기인하는 것이다.

유, 열거되지 아니한 권리의 경시금지조항으로부터 도출할 수 있고, 1962년 5차 헌법 개정에서부터 도입된 인간의 존엄과 가치 조항을 근거로도 인정할 수 있다. 무엇보다도 기본권의 본질적이고 핵심적인 영역으로서 헌법에 명문 규정이 없더라도 인정될 수 있는 기본권이다. 그러나 생명권은 그 중요성과 헌법상 기본권 체계 질서를 감안할 때 독자적인 기본권으로 헌법에 규정하는 것이 바람직하다고 판단된다.

생명권으로부터 생명의 끝과 관련한 최근 논의를 정리해 보면, 임종기에 직면한 환자의 연명치료중단의 권리는 생명권의 침해가 아닌 생명권의 보호범위 내에 있는 것으로서 환자의 의사결정에 의거하여 인정될 수 있는 헌법상 권리이다. 죽음이 임박한 환자에 대한 연명치료중단의 권리는 인간으로서의 존엄과 가치와 치료거부권을 포함한 헌법상 자기결정권을 근거로 함과 동시에 생명권의 특성 자체로부터 도출될 수 있는 권리라고 보아야 한다. 죽음에 이르는 과정도 삶의 일부분이며, 불치의 질병이나 신체손상에 의하여 죽음에 이르는 것이 생명활동의 자연스러운 현상이므로 환자의 진지한 의사결정에 기한 연명치료중단의 권리는 생명권을 보호하는 헌법 질서와 상통하는 삶의 마지막 권리라고 할 수 있다.

◆ 『헌법학연구』 제19권 제4호, 2013, 269-300쪽.

제2절 의사조력자살에 대한 헌법적 고찰

Ⅰ. 서론

「호스피스·완화의료 및 임종과정에 있는 환자의 연명의료결정에 관한 법률」(약칭: 연명의료결정법)이 2018년 2월부터 시행되면서 한국에서도 연명의료 결정제도가 시행된 지 3년이 지나고 있다. 세계로 눈을 돌려 보면 의료가 개입된 죽음의 형태 중에서 가장 소극적인 형태에 속하는 '연명의료의 결정'[1]의 정도가 아니라, 의료가 죽음에 적극적으로 개입하는 형태인 의사조력자살(Physician-Assisted-Suicide) 내지 조력사망(Assisted dying, Physician-Assisted dying, Dying in aids)을 법제화하는 나라들이 점차 증가하는 추세이다. 미국의 경우 오리건주를 필두로, 워싱턴 주, 콜로라도 주, 캘리포니아 주, 몬태나 주, 버몬트 주, 뉴저지 주, 메인 주, 하와이 주 등이 의사조력자살 입법에 성공하였고, 유럽에서는 네덜란드, 벨기에, 스위스가 일찌감치 시행하고 있으며, 그 밖에 캐나다와 호주 빅토리아 주에서도 법제화된 데 이어서, 스페인도 올해 불치병 환자의 조력사망을 허용하는 내용을 담은 법안이 국회를 통과함으로써 2021년 6월부터는 조력사망이 가능한 유럽국가 중 하나가 되었다.[2] 의사조력자살 하면 흔히 언급되는 것이 스위스의 비영리기관으로서 조력사망을 시행하는 디그니타스(DIGNITAS)[3]이다. 스위스 국적을 요하지 않기 때문에 조력사망을 허용하지 않는 나라의 사람들도 디그니타스의 회원으로 가입하고 생의 마지막을 준비한다.[4] 우리나라의 경우 연명의료 결정제도의 시행과

---

1 연명의료 중단이 법제화 되었다는 의미는 생명을 인위적으로 유지하는 의료인 '연명의료'를 중단 또는 보류하는 행위가, 생명을 해치거나 죽음을 앞당기는 것이 아니라 인간의 존엄성을 추구하는 의미로서 연명의료 중단의 규범적 정당성을 부여하는 것이다. 엄주희, "연명의료결정법에 관한 사후적 입법 평가", 『법제』 통권 제687호, 2019, 40쪽.

2 "Spain passes law allowing euthanasia", BBC, 18 March 2021, https://www.bbc.com/news/world-europe-56446631 (검색일자: 2021. 4.1)

3 디그니타스 홈페이지는 다음과 같다. http://www.dignitas.ch (검색일자; 2021.6.1.) 1998년에 설립된 디그니타스는 자신의 업무를 의사조력자살이라고 하지 않고, 동반 자살(accompanied suicided) 서비스를 제공한다고 설명한다. 이외에도 존엄사(dying with dignity), 조력 사망(assisted dying), 마지막 인권(the last human right)이라고도 명명하고 있는데, 우리나라의 경우 흔히 연명의료 중단 행위를 존엄사라고 부르는데 비하여, 스위스도 의사조력자살을 존엄사라고 칭하고 있음을 볼 수 있다.

4 안락사 요청하며 곡기 끊었던 佛불치병 환자 스위스에서 영면, 연합뉴스, 2021.6.16. 일자, https://www.yna.co.kr/view/AKR20210616001900081(검색일자: 2021. 6.16.).

함께 삶의 마지막에 대해서 높아진 사회적 관심을 반영하듯이, 디그니타스에 예약한 한국인도 수십 명이 된다는 보도가 몇 년 전부터 계속 이어지면서 의사조력자살에 대한 관심이 높아지기도 하였다.[5] 의사조력자살은 적극적 자의적 안락사의한 형태로서 치명적인 약물을 처방 제공받거나 자살할 수 있는 정교한 장치를 제공받는 등의 행위로서, 의사의 조력에 의해 환자 스스로 생명을 종결하고 죽음에이르는 것이다. 조력사망, 의사조력사망이라고 불리기도 하고, 자살이 주는 심리적거부감을 해소함으로써 의사조력자살에 관한 입법을 통과시키기 위한 정치적인 목적에서 존엄사(dying with dignity)라고 명명되기 시작하면서 서구에서는 존엄사로불리우기도 한다.[6] 그러나 '의사조력자살'이라는 용어가 그 죽음의 형태를 가장 중립적으로 정확하게 명시하는 용어이고, 미국 유럽 등 서구에서 의사조력자살을 두고 상당히 오랜 논쟁이 있었기 때문에[7], 본고에서도 의사조력자살이라고 칭하기로한다. 우리나라의 경우 연명의료 중단을 존엄사로 혼동하여 칭하던 것과는 대조적으로, 미국에서 연명의료중단은 자연사(natural death)로 불린다. 의사조력자살은자살이라는 용어를 내포하는 면에서 암시되듯이, 생명의 인위적인 종결이라는 점에서 기본권적 논쟁거리를 가지고 있다. 삶의 마지막 시기에 편안한 사망을 위해 인위적인 생명 연장 치료 이른바, 연명의료를 거부하도록 함으로써 인위적으로 죽음을 앞당기는 −생명을 종결하는 데− 기여한다는 논란에서 벗어나 의료윤리적으로도비교적 거부감 없이 받아들여지는 '연명의료중단'과는 차원이 다른 양상을 띤다.[8]

노화와 노쇠로 집에서 사망하기보다는, 삶의 마지막 순간까지 병원에서 의료가개입되는 형태로 맞이하는 죽음이 일반화되면서 한 인간의 인생의 마지막에 어떤방식으로, 어느 정도로 의료가 개입되어야 인권과 기본권이 보장되는 것인가에 대

---

5 한국인 2명 안락사 지원, '디그니타스' 공동대표 단독 인터뷰, 서울신문, 2019.3.6.일자.
  https://www.seoul.co.kr/news/newsView.php?id=20190306500050 (검색일자/: 2020.2.1.);
  조력자살 이뤄지는 '블루하우스', 그보다 오싹한 현실, 시사저널. 2020.11.20.일자
  https://www.sisajournal.com/news/articleView.html?idxno=208218 (검색일자: 2021.2.1.).

6 오레곤 주에서 의사조력자살 법안이 제출되기 훨씬 이전인 1972년에 오레곤 주지사였던 톰 맥컬(Tom
  McCall)이 의사조력자살이라는 새로운 개념이 지지자들에게 심리적 거부감을 불러일으키지 않도록 정치
  적 레토릭으로서 존엄사라는 명칭을 제안하였다고 한다. '인간이 존엄사를 계획함으로써 신의 영역을 침
  범하는 것인가. 아니면 지난 100여 년간 갖가지 약과 의술을 개발하여 인간의 수명을 2배나 연장한 인
  간이야말로 이미 신의 영역을 침범한 것은 아닌가'라는 질문을 던지면서 죽을 권리를 주장하였다. 결국
  오레곤주는 의사조력자살 입법에 성공하여 1997년 이후 현재까지 시행되어 오고 있다. 엄주희, "생명권
  의 헌법적 근거와 연명치료중단에서의 생명권의 보호범위", 『헌법학연구』 제19권 제4호, 2013, 280쪽.

7 미야시타 요이치, 박데이(역), 『11월 28일 조력자살』, 아토포스, 2017.

8 허대석, 『우리의 죽음이 삶이 되려면』, 글항아리, 2018.

한 고민도 깊어지게 된다. 이는 곧 죽음에 관한 문제에는 인권의 문제이자 동시에 헌법상 기본권의 문제일 수밖에 없다는 것을 의미한다. 이에 대해서 앞서 헌법적인 판단을 내놓았던 국가들이 있다. 미국의 경우 일찍이 1997년에 연방대법원에서 Quill 사건과 Glucksberg 사건을 통하여 헌법적인 판단을 하였고, 독일의 경우 작년 2020년 2월에 연방헌법재판소가 조력사망을 금지하는 형법 제217조에 대해 위헌을 선언하는 전향적인 판단을 내렸다. 오스트리아 헌법재판소도 2020년 12월에 자살에 조력하는 행위를 처벌하는 형법 제78조를 위헌 선언하였다.[9] 이로써 유럽 사회는 의사조력자살의 법제화가 연쇄적으로 일어날지, 프로 초이스(pro-choice)와 프로 라이프(pro-life)로 대립되고 있고, 자본과 욕망, 불안과 권력 사이에 벌어지고 있는 생명 정치 논쟁에서 의사조력자살의 논의가 어떻게 전개될지 예의 주목 되고 있다.[10]

이러한 일련의 배경 속에서 본고는 의사조력자살에 대한 헌법적 해석과 의미를 조명하고자 한다. 헌법상 기본권의 관점에서 의사조력자살의 의미를 살펴보고, 미국과 독일의 법원에서 실제 판단했던 논거와 논의 전개과정 및 미국의 의사조력자살 법제화 추이를 검토함으로써 향후 우리나라에서도 발생 가능한 조력사망을 둘러싼 헌법적 논쟁을 위한 함의를 제공하고자 한다.

Ⅱ. 생애 말 의료에서 의사조력자살의 헌법적 의미

다음에서는 미국에서 논의되었던 헌법적 권리에 대한 문제를 중심으로 기술하면서, 우리나라 헌법 체계에서도 의사조력자살을 헌법상 권리로서 수용 가능한지 그 가능성을 탐색해보기로 한다.[11]

9　Austria Constitutional Court strikes down ban on assisted death, Jurist, December 14, 2020, https://www.jurist.org/news/2020/12/austria-constitutional-court-strikes-down-ban-on-assisted-death/(검색일자: 2021.5.1.)

10　생명 정치(Bio-politics) 논쟁은 생물학적·사회적 존재로서의 생명(Bio)을 정치 권력으로 설명하면서 정치 커뮤니케이션 차원에서 논의하는 것으로서 자본 형태의 변화와 권력 자동방식의 변화, 새로운 형태의 차별과 불평등을 다룬다. 철학자 푸코와 아감벤이 사용한 생명정치 개념에 대한 학문적인 논의가 연명의료중단, 의사조력자살과 같은 생명, 의료, 건강에 관한 토픽에서 일어나게 된다. 생명정치와 생명권력의 시대, 즉 초국적 자본과 불안-권력/지식-권력의 새로운 접합의 시대에 헌법 투쟁이 필요하다는 주장이 존재한다. 김현철, "생명정치와 법", 『법과사회』 51호, 2016. 18-20쪽; 이소영, "'죽을 권리'와 생명정치: 생명의 종결을 둘러싼 법담론 분석의 한 예", 『법학연구』 제61권 제2호 통권 104호, 2020. 4-5쪽.

11　Ⅱ. 의사조력자살의 헌법적 의미, Ⅲ. 미국의 의사조력자살에 대한 헌법적 판단, Ⅳ. 미국의 의사조력자살 법제화 추이와 분석의 서술은 저자의 박사학위 논문 중 일부를 가져오면서 2021년 현재 시

1. 일반적 자유권과 적법절차 원리로부터 도출하는 헌법상 의사조력자살의 권리

연명치료중단의 권리는 소극적 권리(negative right)이자 자유권(liberty right)적 성격을 가지므로, 이 권리에 대해 부당하게 간섭하거나 방해하지 못하도록 하는 효과가 있다. 반면 의사의 조력을 받을 권리는 적극적 권리(positive right)의 성격을 가지기 때문에 환자를 단지 홀로 있게 놔두는 것(let be alone)뿐 아니라 의사에게 환자의 삶의 종결을 달성할 수 있게 도와주어야 할 의무를 부과한다.[12]

Glucksberg 사건 항소심의 Reinhardt 판사는 판결문에서 모든 사람은 자신의 죽음에 대한 시간과 방법을 정할 수 있다는 헌법적 자유권이 있다고 결론 내렸다. 1973년의 Roe v. Wade 판결에서 낙태를 시행해달라고 의사에게 도움을 구할 수 있는 권리가 낙태를 선택할 수 있는 권리로부터 나오는 것과 마찬가지로 "죽음에 있어서도 의사에게 조력을 받을 권리는 자신의 죽음에 대한 시간과 방법을 정할 수 있는 권리라는 더 근본적인 권리로부터 발생하는 것"이며, "연방대법원이 과거 판례를 통해 중요하고 사적이고 개인적인 결정[13]을 실체법적 자유권으로서 보호하고 있는 것과 마찬가지로 자신의 죽음에 대한 시간과 방법을 결정할 수 있는 적법절차 상의 자유권적 이익이 있다."고 판시하였다.[14] 그 논거로서 연방대법원이 전통적으로 사적인 자기결정권을 헌법상 자유권으로 인정해왔던바 자신의 생명을 종결할 권리보다 더 중요하고 사적이며 개인적인 결정은 없으며, 의사들이 말기환자의 죽음을 앞당길 수 있도록 도와주는 행위는 오래전부터 비공식적으로 은밀하게 행해지고 있으며, 미국 사회의 다수가 의사조력자살을 찬성하고 있다는 여론이 있다고 주장하였다.

이와는 달리 연방대법원은 의사조력자살을 헌법상 권리로 인정하지 않는다. Cruzan 사건의 연방대법원 판결에서는 연명치료를 포함하여 원하지 않는 의학적 치료를 거부할 권리는 헌법상 권리로 인정되지만 회복 가능성이 없는 환자라도 실

점으로 업데이트한 것이다; '엄주희, "환자의 생명 종결 결정에 관한 헌법적 고찰", 『헌법판례연구』 14, 2013' 이 논문을 통해 미국에서 논의되어왔던 연명의료중단, 의사조력자살, 호스피스 완화의료의 헌법적 권리성에 대해 상술하였다.

12 Robert F. Weir, "The Morality of Physician-Assisted Suicide" 20 Law, Med. & Health Care 116, 121 (1992).

13 예컨대, 결혼의 권리, 자녀의 후견권, 가족의 동거권, 자녀 양육 문제에 대한 결정권, 출산의 권리, 피임기구 구입과 사용의 권리, 임신중절의 권리 등.

14 Compassion in Dying v. Washington, 79 F.3d 790 (1996).

체적 적법절차로부터 도출되는 자유의 하나로서 자살할 권리를 가지지는 못한다고 보았고,[15] Glucksberg 사건의 연방대법원 판결에서도 환자가 자살하는 데 있어서 제3자의 도움을 받을 권리도 없다고 판시하였다.[16] 따라서 미국에서는 환자가 고의적으로 생명을 종결하기 위해 의사로부터 치사량의 약을 처방받는 행위, 즉 의사조력자살이 헌법상 권리로서 인정되지 않는다. 미국 헌법상 적법절차조항에 의해 사적이고 개인적 결정을 할 수 있는 개인의 자기결정권이 모든 영역에 있어서 광범위하게 보장되는 것이 아니고, 어떠한 영역의 개인의 자기결정권이 실체적 적법절차원리로 헌법상 권리를 도출하기 위해서는 미국의 법적 전통과 역사에서 확인되고 도출될 수 있어야 한다. 의사가 자살을 조력하는 행위는 연명치료중단과는 달리 환자를 죽이려는 동기와 의도가 명확한 살인행위로서 의료 윤리와 미국의 법적 전 상에서 허용되지 않는다는 것이다.

2. 평등권의 문제

미국의 연방 수정헌법 제14조는 "어떠한 주도 주민의 평등권 보호를 침해하는 법률을 제정하거나 집행하여서는 아니 된다."라고 하여 평등 보호를 규정하고 있다. 평등 보호는 정부가 특정 집단에 대해 차별적인 행위를 하거나 차별적인 법률을 제정할 경우에만 적용되는 것으로서, 국내 여행의 자유, 프라이버시권, 언론의 자유, 선거권 등의 헌법상의 권리에 대한 제한 입법과 차별적 입법에는 엄격 심사기준이 적용되어 왔다. 차별적 입법이 정부의 목적을 달성하기 위해 불가피한 경우에만 합헌으로 인정되므로 입법 재량의 폭이 좁아지게 된다. 의사조력자살이 헌법적 권리라고 주장하게 되면, 평등 보호라는 헌법상 원리에 근거하여 의사조력자살을 금지하는 것이 생명을 종결하는 데 의사의 조력을 구해야 하는 환자나 장애인과 일반인을 차별하는 평등권 위반 여부의 문제가 된다. 또한 이미 헌법상 권리로 인정된 연명치료 중단의 권리와 의사조력자살을 차별 취급하는 것도 평등권 위반인지 여부도 검토가 필요하다.

의사조력자살의 법제화를 찬성하는 입장에서는 평등권에 근거하여 2가지 논거를 든다. 첫째로, 정상인은 타인의 도움 없이도 자살을 실행할 수 있는 반면 중증장애인이나 말기환자는 타인의 도움 없이는 불가능하기 때문에 자살에의 조력을

---

15 Cruzan v. Director, Mo. Dept. of Health 497 US 261 (1990).

16 Washington v. Glucksberg, 521 US 702 (1997).

불법화하는 것이 불평등하다는 점이다. 현재 대부분의 관할권에서 자살을 불법으로 규정하지 않아 처벌하고 있지 않다. 그러므로 정상인은 모두 자살을 선택하는 것이 가능하지만, 중증 장애인이나 말기환자는 자살을 실행하기 위해 반드시 조력을 구해야 하기 때문에 이를 불법화하게 되면 정상인과 차별을 받는 결과가 된다. 즉, 자살조력을 범죄로 규정하면 자살하려는 사람이 타인의 조력을 요구하는 수단을 선택할 수 있는 행위를 부인당하는 것인데, 질병이나 장애 때문에 애초부터 스스로 죽음을 선택할 수 없는 사람에게는 수단을 차단당하는 것이 아니라 합법적인 자살의 선택까지도 완전히 박탈당하게 되는 결과가 된다.[17] 자살조력을 범죄로 규정하는 것은 조력 없이는 자살할 수 없는 신체 장애인과 비장애인과 다르게 취급하는 것이기 때문에 평등권 위반이라는 주장이다.[18]

두 번째 논거는 연명치료중단과 의사조력자살이 본질적으로 동일하다는 것이다. Quill 사건의 항소심[19]에서 뉴욕주가 법령과 판례로서 말기환자에게 연명치료중단의 권리는 명백히 인정하면서도 의사조력자살을 허용하지 않음으로써 이 두 가지 모두가 의료적인 조치에 의해 말기환자에게 사망의 결과를 가져온다는 사실이 동일함에도 불구하고 차별적으로 취급하는 것이라고 보았다. 연명치료중단은 허용하고 의사조력자살은 범죄로 취급하는 것은 말기환자라는 동일한 상황에 처한 사람들을 서로 달리 취급함으로써 수정헌법 제14조의 평등보호조항에 위배되는 차별이라고 보았다.[20]

반면, 평등권에 기반을 두고 의사조력자살과 같은 생명 종결 결정의 법제화를

---

17 Pretty v. U.K. 35 E.H.R.R. 1 (2002). 이러한 이유에서 유럽인권재판소(European Court of Human Rights)은 차별을 인정했다. 그러나 이 사건 판결은 말기환자인 Pretty가 심각한 고통과 존엄성이 훼손되는 상태로 죽어가고 있는데도 자신 스스로가 자살을 할 수 없기 때문에 남편에게 조력을 요청했고, 이에 Pretty는 영국에서 자살조력을 형사처벌하기 때문에 이를 말기환자의 권리를 인권을 침해한 것이라고 제소한 사건인데, 말기환자는 조력자살이 비범죄화 된다면 악용될 위험이 크기 때문에 조력자살을 포괄적으로 금지하는 것이 필수불가결한 안전장치이며, 이러한 법은 합당하고 정당화된다고 판시하였다.

18 캐나다의 판결에도 이와 같은 취지의 의견을 볼 수 있다. Rodriguez v. British Columbia (Attorney-General) 3 S.C.R. 519, 544 (1993). Lamer C.J.C. 대법관은 반대의견으로서 조력자살의 일괄 금지 조항은 조력 없이는 신체적으로 자살을 실행할 수 없는 사람들을 차별적으로 처우하는 것으로 평등권을 침해한 것이라고 밝혔다.

19 Quill v. Vacco, 80 F. 3d 716 (1996).

20 Quill v. Koppell, 870 F. Supp. 78, 84 (1994); Quill v. Vacco, 80 F.3d 716, 729 (1996); Compassion in Dying v. Washington, 850 F. Supp. 1454, 1467 (1994); Compassion in Dying v. Washington, 49 F. 3d 586, 597 (1995) Wright. J 판사의 반대의견.

반대하는 입장에서는 두 가지의 논거를 든다. 첫 번째 논거는 장애인과 같이 소외 계층이거나 차별을 받는 그룹은 생명 종결 결정의 법제화에 영향을 받게 될 것이라는 점이다. 정책 입안자들이나 법원 판결에서도 법제화가 빈곤층(특히 빈곤층 여성), 유색인종, 소수인종, 정신병 환자들에게 다른 영향을 주게 될 것이라는 점을 지적해 왔다.[21] 노인, 빈곤층, 환자나 장애인과 같은 취약층이나 개인적·사회적인 지원이 부족하거나 소외된 사람들, 예컨대 독신자나 최근에 사별한 사람, 따돌림 받은 사람들의 자살률이 높다는 통계에 드러나듯이 소외계층은 자살을 실행할 수 있는 더 큰 위험성에 이미 놓여있기 때문이다.[22] 소외계층은 부적절한 통증 관리를 받게 될 가능성이 높기 때문에 조력 자살을 유일한 선택으로 생각하게 될 수 있다. 1994년에 뉴욕주의 '생명과 법에 관한 특별전문 위원회'에서 발표한 보고서[23]에서도 아무리 정교하게 가이드라인을 제정한다고 하더라도 조력자살과 안락사는 사회의 모든 부분에 전달되는 서비스에 특징인 사회적 불평등과 왜곡을 통하여 실행될 것이고, 빈곤층, 노인, 소수계층에게 더 큰 위험을 유발하게 될 것이라고 경고하였다.

　법률에 의해 조력자살이나 안락사가 공식화되면 말기환자들의 의사조력자살 선택을 촉진시킬 수 있다. 장애인들에게는 고비용이며 시간이 많이 드는 돌봄 서비스를 꺼리게 되는 사회적 압력이 이미 존재하는데, 조력자살이나 안락사의 공식화가 이 압력을 더욱 증가시키게 될 것이다. 뿐만 아니라 신체 장애인의 경우 재정적인 압박과 사회적 무관심 때문에 돌봄을 받지 못하여 삶을 계속 살아나가기가 힘들어질 때는, 조력자살이 권리가 아닌 사실상 의무가 되어 버리게 되고 그럼으로 인해 사실상의 불평등과 생명권 침해의 문제가 발생하게 될 수 있다. 두 번째 논거는 조력자살이나 안락사의 법제화가 차별적인 대우를 형성하게 된다는 점이다. 조력자살이나 안락사를 말기환자와 같은 특정한 그룹만으로 제한하게 되면, 그 차별은 평등 보호 기반에서 허용될 수 없는 것이다. 즉, 말기환자에게만 조력자살을 허용한다는 것은 일반환자의 생명권보다 말기환자의 생명권이 보호받을 가치가 떨어진다는 것으로 평가한다는 의미가 되므로 평등권 보장이라는 헌법적 원리에 위배

---

21 Compassion in Dying v. Washington, 49 F.3d 586 (1995) 592.

22 참고로, 우리나라의 경우 2009년도 표준인구 10만 명당 평균 자살률이 28.4명으로 OECD국가(평균 11.2명) 중 가장 높으며, 자살률이 연령이 높아질수록 증가, 80대 이상은 20대보다 5배 이상 높다.

23 New York State Task Force on Life and Law, "When Death is sought : Assisted Suicide and Euthanasia in the Medical Context" p.90.

된다. 이와 같은 취지의 판결로서 오레곤 주의 「존엄사법」의 위헌에 관한 소송에서 1심 재판부는 「존엄사법」은 말기환자가 아닌 사람은 조력자살을 하지 않도록 생명 권을 보호받을 수 있는 이익이 있는 반면 말기환자는 이러한 이익을 가지지 못한 다는 것을 의미하기 때문에 오레곤 주의 「존엄사법」이 평등보호조항을 위반했다고 판결하였다.[24] 이러한 찬성 논거들은 자살이라는 행위가 헌법상 권리라는 것을 전 제로 출발한 것이기 때문에, 자살이 헌법상 권리로 인정되지 않는 이상 자살을 조 력 받는 행위도 역시 헌법상 기본권으로서 보호받을 수는 없다. 즉 조력 없이는 자 살을 실행할 수 없는 말기환자나 중증 장애인을 자살하는 데 도움이 필요하지 않 은 정상인에 비해 차별적 취급을 하여 평등권 위반이라는 주장은 헌법상 권리가 아닌 것을 보장해야 한다는 잘못된 전제를 내포하고 있다고 비판이 가능하다.

3. 양심 · 종교의 자유의 문제

Cruzan 사건에서 스티븐스(Stevens) 대법관은 종교적인 도그마가 죽을 권리를 반대하는 주장의 밑바탕에 깔려있다고 지적하였다.[25] 전통적으로 미국 판례에서 양 심의 자유를 논거로 낙태의 허용을 찬성하는 판례[26]와 같은 논리 구조로, 조력자살 에 관한 논쟁에서도 생명을 종결하려는 개인의 도덕적 결정을 주 정부가 금지한다 는 것이 개인의 양심의 자유권을 침해하는 것인가의 여부가 문제가 된다.[27] 로날드 드워킨(Ronald Dworkin)[28]과 그랜빌 윌리엄(Glanville Williams)[29] 같은 학자들은 법 으로 낙태를 금지하는 것은 생명의 존엄성에 관하여 논란이 많은 해석을 내리고 본질적으로 하나의 종교적인 지위를 부여함으로써 개인의 자유를 제한하는 것이라

---

24 Lee v. Oregon, 891. F. Supp. 1429, 1438 (1995). 그러나 항소와 상고가 모두 기각됨. Lee v. Oregon, 107 F.3d 1382, 1392, Lee v. Harcleroad, 522 U.S. 927 (1997).

25 Cruzan v. Director, Mo. Dep't of Health (1990) 497 U.S. 261, 355-356 (스티븐스 대법관 의 반대의견).

26 낙태에 관한 판례에서 주로 양심의 자유를 논거로 드는데, Casey 사건에서 스티븐스 대법관은 '임 신을 종결하려는 여성의 결정은 바로 양심의 문제'라고 판시하였다. Planned Parenthood of Southeastern Pennsylvania v. Casey (1992) 505 U.S. 833, 916 (Stevens).

27 Compassion in Dying v. Washington (1996) 79 F. 3d 790, 839 (9th Cir. en banc). '헌법 적 구조 하에서 어떠한 주 정부나 다수가 한 개인에게 존엄성과 자율성의 핵심이 되는 문제에 관해 그들의 의지를 강요해서는 안 된다.'고 판시하였다.

28 Ronald Dworkin, Life's Dominion : An Argument About Abortion, Euthanasia, and Individual Freedom (Vintage Books, 1994), p.233.

29 Penney Lewis, supra note, p.32.

고 주장하며, 이와 마찬가지로 조력자살 여부에 관한 결정도 본질적으로 양심의 문제라고 주장한다. 왜냐하면 조력자살의 법제화에 반대하는 논거 중 상당수가 생명의 존엄성에 근거를 두고 있는데 이 '생명의 존엄성'이라는 용어가 표면적으로 비종교적인 용어이지만, 현대에 이 용어를 사용함에 있어서도 '자살은 종교적인 죄'라고 하는 신념을 밑바탕에 반영하고 있기 때문에 종교적인 기원이 여전히 존재하고 있다는 것이다. 따라서 타인의 권리를 침해하지 않는 범위에서 자신의 신념을 실천하고자 하는 한 개인에게 일련의 종교적인 가치를 강제하는 것이 될 수 있다는 것이다. 그러나 이러한 양심·종교적 자유 논거에 따른 조력 자살 허용 주장에 대해서는, 국가의 생명권 보호 의무라는 한계점이 존재한다. 연방대법원도 Glucksberg 사건에서 조력자살에서의 양심의 자유를 인정하지 않았다.[30]

메튜 프레빈(Matthew Previn)은 양심과 종교의 자유를 근거로 조력자살을 허용해야 한다고 주장한다. 인도주의적인 개념의 생명의 존엄성은 일종의 종교적인 신념이라는 것이다. 인도주의적 개념의 생명의 존엄성에 따라서 생명의 경외는 신으로부터 나오는 것이 아니라, 자유, 이성, 양심과 같은 인간의 독특한 특성에서 나오는 것이다. 자유, 이성, 양심과 같은 생명의 존엄성의 중심점이 되는 능력이 심각하게 침해되는 상황에 있어서는 조력자살의 허용이 생명의 존엄성의 보호와 부합한다고 주장한다.[31] 즉 이와 같은 생명의 존엄성이라는 신념을 가진 사람이 그 생명을 유지하는 상태가 존엄성에 대한 심각한 위협이라고 느끼는 특수한 상황에서는 조력자살을 처벌하는 법으로부터 면제될 자격이 주어질 수 있다는 것이다. 이와 같은 주장은 우리나라 대법원과 헌법재판소가 연명의료중단의 권리를 인간의 존엄과 가치로부터 나오는 자기결정권으로부터 도출했던 논거와 맥을 같이 한다고 보인다.[32] 우리 헌법재판소는 연명의료 중단이라는 치료 거부 측면의 소극적 자유에 대해서 인간의 존엄성의 관점에서 판단하였지만, 여기에서 한걸음 더 나아가 죽음으로의 조력을 의료에 관한 결정의 범주 중 하나로 본다면 마지막 의사 결정을 위해 의사의 조력을 받는 것도록 하는 것이 인간의 존엄성으로부터 인정받을 수 있는 '죽을 권리'라는 주장과 일맥 상통한다. 다만 즉각적인 생명의 종결을 가져오는 의사조력자살과 구분되는 호스피스·완화의료의 형태로 돌봄을 받을 수 있는 생애 마

---

30 Washington v. Glucksberg (1997) 521 U.S. 702, 727-728 [랭퀴스트(Rehnquist) 대법관].

31 Penney Lewis, supra note, p.34.

32 대법원 2009.5.12, 2009다17417 판결, 헌재 2009.11.26, 2008헌마385 결정; 엄주희, "연명의료 결정법에 관한 사후적 입법 평가", 『법제』 통권 제687호, 2019. 40, 42-43쪽.

지막의 헌법상의 권리도 존재하기 때문에, 생명의 즉시 종결을 의미하는 자살을 헌법상 권리로 인정할 수 있는지에 대해서는 논란이 있다. 이러한 자살에 대한 헌법상의 권리가 인정되지 않는 한, 입법 재량과 시민들의 자발적인 법제화 노력으로 의사조력자살을 제도화하는 법률상 권리는 별론으로 하고, 양심·종교의 자유로부터 의사조력자살의 권리를 헌법상 권리로 도출하기는 어렵다고 판단된다.

4. 열거되지 않은 권리, 인간의 존엄과 가치 및 행복추구권, 자기결정권으로서의 의사조력자살의 권리

이 밖에도 의사조력자살의 권리는 죽음의 시기와 방법을 결정할 수 있는 폭넓은 죽을 권리로 보는 견해로서, 미국의 일부 학자의 경우에는 헌법상 열거되지 않은 권리로 설명하는 경우가 있고,[33] 인간의 존엄성과 이로부터 파생된 일반적 인격권과 행복추구권으로부터 나온 자기운명에 대한 자기결정권의 하나로 주장되기도 한다.[34]

III. 미국의 의사조력자살에 대한 헌법적 판단

1. 의사조력자살의 헌법적 권리 불인정

미국에서 의사조력자살에 관한 판결은 대표적으로 Glucksberg 사건과 Quill 사건이 있다. 두 사건 모두 말기환자의 의사조력자살은 일반적으로 조력자살을 처벌하는 법률에 적용되지 않아야 하므로 처벌이 면제되어야 한다는 주장으로서, 의사와 말기환자, 그리고 의사조력자살을 옹호하는 비영리단체에 의해 제기되었다. 하급심 판결에서는 일반적으로 조력자살을 처벌하는 법률을 말기환자의 의사조력자살에 적용하는 한 위헌이라고 판단하였으나 연방대법원에서는 현행 조력자살 금지에 관한 법률이 합헌이며 자살할 권리나 '죽을 권리'는 헌법상 보장되지 않는다고 판시하였다.

---

33 엄주희, "환자의 생명 종결 결정에 관한 헌법적 고찰", 『헌법판례연구』 14, 2013, 113-114쪽.
34 문재완, "죽을 권리에 관한 연구: 의사조력자살을 중심으로", 『헌법학연구』 제26권 제3호, 2020, 1-2, 21-22쪽.

(1) 사건 개요 및 하급심 판결

① Glucksberg 사건[35]

5명의 의사[36]와 3명의 말기환자 그리고 'Compassion in Dying'[37]이라는 비영리단체가 1994년 1월 29일에 워싱턴 주의 「자살조력 금지법」(Promoting Suicide Law)이 의사능력이 있지만 말기 상태인 성인이 자신의 사망을 단축할 수 있도록 의사에게 도움을 받는 데 적용되는 한 위헌이라고 주장하며 시애틀에 있는 미연방 지방 법원에 소송을 제기하였다. 소를 제기한 말기환자는 여성 암환자 1명, 남성 AIDS 환자 1명, 심장과 폐의 말기 질병을 가진 남성 환자 1명으로 구성되어 있었다. 3명 모두 법원의 확정 판결이 나오기 오래전에 사망하였다. 워싱턴 주의 「자살조력 금지법」은 "고의적으로 타인의 자살 시도를 유발하거나 '도울 때(or aid)', 그 자살시도를 장려하는 행위는 유죄이다. 자살시도를 장려하는 행위는 징역형에 처해질 수 있는 중죄(felony)이다."라고 규정하고 있어 자살방조죄를 처벌하고 있다.[38] 의사들은 환자들이 본인의 죽음을 앞당기고 고통을 없앨 수 있는 약물을 처방을 해달고 종종 요청을 해왔고 의사들 본인이 판단하기에 이러한 요청은 고통 경감을 위한 약물 처방으로서 의학적으로 적절할 경우에 해당하는 데도, 관련 법상 그러한 약물 처방이 금지되어 있으므로 전문의로서의 판단에 따라 처방을 내릴 권리를 침해하였다고 주장하였다. 3명의 말기환자들은 의사들에게 자신의 고통을 상세히 묘사하며 호소하였지만 「자살조력 금지법」에 근거하여 본인 치료에 관한 결정을 내릴 자유를 부인당했고, 특히나 고통을 없애기 위해서는 죽음을 앞당길 수도 있는 의료적 도움을 구할 자유를 부인당하고 있으므로 이 법률은 말기환자에게 해가 되는 것이라고 주장하였다. Compassion in Dying은 말기환자들이 본인의 죽음을 앞당길 수 있는 권리, 이른바 죽을 권리를 옹호하는 활동를 하는 단체로서, 이 단체의 목적을 위해 하는 정당한 활동이 형사처벌 대상이 될 수 있으므

---

35 Compassion in Dying v. Washington, 850 F. Supp. 1454 (1994).

36 5명의 의사는 암전문의 Harold Glucksberg, 심장 전문의 Thomas Preston, 가정의학과 전문의 Abigail Halperin, John P.Geyman, 내과 전문의 Peter Shalit로 모두 규칙적으로 말기환자를 진료하는 의사들이었다.

37 Compassion in Dying은 죽을 권리를 옹호하는 시민 단체로서, 시애틀에 본부를 두고서 죽음을 앞당기기를 희망하는 말기환자들에게 상담과 조언을 주된 업무로 하고 있는 기관이며, 현재는 Compassion and Choices라는 새로운 조직에 편입되었다.

38 워싱턴 주의 「자살조력 금지법」은 1854년 워싱턴이 아직 미국의 주(州)로 인정되기 이전에 제정된 워싱턴의 조력자살 금지법령에서 기원하고 있다.

로 조력자살 금지에 관한 법률이 위헌이라고 주장하였다.

원고들은 이 법이 전반적인 합헌성을 가진다는 점과 자살을 예방한다는 주의 이익이 있다는 점에는 이의를 제기하지 않았고, 다만 말기환자의 요청에 의해 의사의 조력을 받을 때, 이 법에서 적시하는 대로 자살시도를 '돕는(aid)' 행위에 해당할 수 있는지 여부만 쟁점으로 삼았다. 이 사건의 주요 쟁점은 의사능력 있는 말기 성인 환자가 죽음을 앞당길 수 있는 능동적인 도움을 요청할 권리가 헌법적 권리로 인정되는가의 여부이다. 원고 측은 이러한 권리가 미국 수정헌법 제14조의 적법절차조항과 평등보호조항으로부터 도출될 수 있다고 주장하였다. 적법절차 원리는 '어떠한 주도 법률상 적법절차 없이는 사람의 생명, 자유, 재산을 박탈 수 없다'고 적시하고 있다. 1973년 Roe v. Wade 판결을 통해 연방대법원은 적법절차 조항을 결혼, 출산, 피임, 낙태, 치료거부권을 포함하는 자신의 신체에 대해 결정을 내릴 자유를 보호하는 조항으로 해석하였다. 한 법령이 위헌인지 여부를 결정하는 데에는 개인의 자유이익과 주의 이익이 균형을 이루어야 한다. 개인의 자유이익을 제한하는 데 주가 합당한 이유를 가진다면 그 제한하는 법률은 정당하다고 할 수 있을 것이다. 또한 평등보호조항은 "어떤 주라도 관할권 내에서 사람의 법률상 평등 보호를 부인할 수 없다."고 적시하고 있다. 이는 법률로서 유사한 상황에 있는 사람은 모두 동일하게 취급해야 한다는 것을 의미한다. 이 사건에서 원고들은 죽음을 가져올 수 있는 처방을 요구한 말기환자가 인공호흡기나 급식튜브와 같은 생명유지장치의 제거를 요구하는 말기환자와 비슷한 상황에 처해 있다고 주장하였다. 따라서 워싱턴 주 법도 전자의 환자에게도 후자의 환자에게 하는 것과 같이 그 행위를 인정하여야 한다는 것이다. 반면 워싱턴 주는 원고 측이 주장하는 권리가 워싱턴 주 법률상 추구하는 강력한 주의 이익을 초월할 만큼 중대하지 않다고 주장하였다. 여기서 보호되어야 하는 주의 이익은 1) 생명의 보호, 2) 자살의 방지, 3) 제3자에게 미치는 부당한 영향력의 방지, 어린이와 다른 가족 구성원의 보호, 4) 의료진의 직업윤리적 충실성의 보호를 말한다.

1심 지방 법원(Rothstein 판사)은 워싱턴 주 법이 수정헌법 제14조의 적법절차 원리와 평등보호에 근거하여 환자들에게 보장된 권리를 침해하고 있다고 판시하였다.[39] 재판부는 낙태할 권리를 인정한 판례인 Planned Parenthood of Southeastern Pennsylvania v. Casey (1992)[40](이하 Casey 판결)을 인용하여, 이와 마찬가지로 이

---

[39] Compassion in Dying v. Washington, 850 F. Supp, 1454 (1994).

사건에서도 의사조력자살이라는 격렬한 논쟁 사안에 대하여 도덕적 기준을 따라야할 의무는 없다고 판시하였다. 재판부의 논거에 따르면, 말기환자의 고통이 임신한 여성(Casey 판결에서의 당사자)의 고통보다 덜 사적이고 개인적인 것도 아니고, 부당한 국가의 간섭으로부터 덜 보호를 받아야 하는 것도 아니다. 낙태는 무고한 제3자, 즉 태아의 잠재적 이익과도 관련되기 때문에 이익들 간의 상충되는 면이 있지만, 말기환자의 조력자살은 제3자에게 해가 되지는 않는다고 하였다. 그러므로 의사조력자살과 같은 사적인 의사 결정은 수정헌법 제14조로부터 보호되는 헌법적인 자유의 영역이라고 결론 내렸다. 말기환자가 고통을 종식시키고 피할 수 없는 죽음을 앞당기려는 하는 선택은 가장 심오한 사적인 결정이며, 인간의 자유의 핵심이다. 더구나 의사능력 있는 말기환자가 원치 않는 연명치료중단이라는 자유이익을 가진다는 것은 초기 판결들로부터 도출할 수 있는 것이다. 그런데 헌법적 관점에서 연명치료중단을 요구하는 말기환자나 의사조력자살을 요구하는 말기환자나 양측이 유사한 상황에 처해 있으므로 본질적인 차이점을 도출할 수 없는데도, 연명치료중단은 허용하는 반면 의사조력자살은 인정하지 않는다는 것은 양자를 불평등하게 다루는 것이므로 평등보호 위반이라고 판시하였다.

워싱턴 주는 즉시 항소하였고, 제9연방 고등법원으로 이송되었는데 1995년 3월 9일에 판사 3인으로 구성된 지정재판부(주심 판사 Noonan)는 2 : 1의 다수의견의 찬성으로서 워싱턴 주 법을 합헌으로 판결하였다.[41]

그 논거로서 첫째, 인간 생명의 보호라는 주의 이익은 환자의 자유 이익보다 우월한 것이므로 이 사건의 워싱턴 주의 자살 조력금지법은 합헌이라고 판시하였다. 프라이버시권과 치료거부권이 죽음을 위해 두 사람이 협동할 수 있는 권리까지 포함하는 것은 아니라고 하였다. Noonan 판사는 1심 판결을 비판하면서, 1심 판결에서와 같이 Casey 판결에서 인정되는 일반적인 자기결정권을 조력자살에 적

---

40 Planned Parenthood of Southeastern Pennsylvania v. Casey, 505 U.S. 833 (1992). 낙태에 대해서는 국가의 역사와 문화상에서 도덕적인 기준이라고 인정하는 기준을 법원이 따라야 할 의무는 없다고 판시하면서, 낙태권의 범위와 내용을 다음과 같이 밝혔다. 임산부는 태아가 생존능력(viability)를 갖추기 이전에는 낙태 여부를 자유롭게 결정할 수 있는 헌법상의 프라이버시권을 가지지만, 그 기간에도 주정부는 잠재적인 생명(potential life)를 보호해야 할 이익이라는 임산부의 낙태권과 상충되는 이익을 가지므로 태아가 생존능력을 갖추기 이전이라도 주의 규제가 임신여성의 낙태권에 대해 부당한 부담(undue burden)이 되지 않을 때에는 낙태에 대해 규제할 수 있다. 임지봉, "적법절차조항의 우리헌법에의 도입과 그 운용", 『헌법학연구』 제11권 제3호, 2005.9, 273쪽.

41 Compassion in Dying v. Washington, 49 F.3d. 586 (1995).

용할 수 있다고 한다면, 굳이 말기환자에게만 조력자살의 권리를 한정할 논리적인 이유가 없다는 것이다. "우울증을 앓는 20세 사람이나, 정신질환으로 황폐해진 28세 사람이나, 알콜 중독 자살한 40세 사람이나 모두 자신의 존재와 의미, 생명에 대한 가치관을 표현하고 있는 것이며, 이들도 모두 자신의 자유를 주장하고 있다. 만약에 수정헌법 제14조에 의하여 보호되는 자유의 핵심이 생명에 대해 자신의 깊은 신념을 믿고 행동으로 옮길 수 있는 완전한 능력이라고 전제한다면, 자살한 권리나 자살에 도움을 받을 수 있는 권리는 최소한 온전한 의사능력을 가진 성인에게만 부여되는 특권이 된다. 이러한 결론은 잘못된 전제로부터 나온 불합리하고 모순된 결론이다."이라고 판시하였다. 워싱턴 주의 법률이 의사조력자살을 금지하고 있는 것은 다른 주(州)의 이익에도 공헌하고 있다. 여기서 주의 이익이란 것은 1) 의사가 환자를 죽이는 역할을 하지 않도록 함으로써 미국의사협회가 선언한 바와 같이 치료자로서의 의사의 역할과 히포크라테스 선서와 근본적으로 배치되지 않도록 할 이익, 2) 노인이나 심신박약자에게 죽음을 선택하도록 의사나 가족들이 심리적 압박을 가하지 않도록 할 이익, 3) 빈민과 소수자를 착취로부터 보호할 이익(예컨대, 엄청난 고액의 치료비용을 부담하느니 자살을 선택하도록 압력을 받는 것으로부터의 보호), 4) 사회적 차별과 무관심으로부터 모든 장애인을 보호할 이익 등이다.

두 번째 중대한 논거로, 연명치료중단과 의사조력자살은 다르게 취급해야 한다는 것이다. 합법적인 치료중단은 부당한 신체 침해의 금지라는 개념에서 나온 것이지만, 의사조력자살은 부당한 신체 침해를 금지하는 것을 넘어서서 의사가 자신을 죽이도록 하는 것이기 때문이다. 따라서 법령이 정당하고도 합리적으로 이 둘 사이를 구분하고 있다고 평했다.

사건의 중요성을 감안해 판사 11명으로 구성된 전원재판부로 다시 이송되었고, 1996년 3월 6일 전원재판부는 "워싱턴 주의 법령이 의사능력이 있는 말기환자의 의사조력자살을 금지한다고 해석하는 한 수정헌법 제14조의 적법절차조항을 위반하는 것이다."라고 판결하였다.[42] 이 판결은 본질적으로 1심 판결의 견해를 상세히 설명하는 것이었다. 전원재판부의 Reinhardt 판사는 판결문에서 모든 사람은 자신의 죽음에 대한 시간과 방법을 정할 수 있다는 헌법적 자유권이 있다고 결론 내렸다. 1973년의 Roe v. Wade 판결에서 낙태를 시행해달라고 의사에게 도움을 구할 수 있는 권리가 낙태를 선택할 수 있는 권리로부터 나오는 것과 마찬가지로,

---

42 Compassion in Dying v. Washington, 79 F.3d 790 (1996).

죽음에 있어서도 의사에게 조력을 받을 권리는 '자신의 죽음에 대한 시간과 방법을 정할 수 있는 권리'라는 더 근본적인 권리로부터 발생하는 것이다. 자신의 죽음에 대한 시간과 방법을 정할 수 있는 헌법적 자유권이 있기 때문에 이를 실행할 수 있는 수단인 의사조력자살의 권리도 성립된다는 것이다. 또한 미국이 조력자살을 금지하는 오랜 역사를 가지고 있지만 이것만으로 자유 이익을 부인하기에는 충분하지 않다고 하였다. 연방대법원은 어떤 시점에서는 적법절차조항의 실체법적 한계가 느슨해 질 때가 있다[43]고 인정하면서, 예컨대 타인종 간의 결혼을 금지하는 법도 오랜 역사를 가지고 있었음에도 불구하고 연방대법원의 판결로 뒤집혔다는 사례를 들었다. 의사조력자살을 법적으로 처벌하고 있는 공식적인 역사의 저변에는 의사들이 말기환자가 죽음을 앞당길 수 있도록 숨어서 도와주는 일이 아주 옛날부터 은밀하게 진행되어 오고 있다는 사실을 지적하였다. 또한 여론조사에서도 미국인의 대다수가 현재 말기환자가 의사에게 죽을 수 있도록 도와달라고 요청하는 데 대해 호의적으로 보고 있다고 밝혔다.

Reinhardt 판사는 연방대법원이 과거 판결에서 중요하고 사적이고 개인적인 결정을 실제법적 자유권으로서 보호하고 있으므로, 자신의 생명을 종결할 권리보다 더 중요하고 사적이고 개인적인 결정은 없다고 하였다. 의사능력 있는 성인 말기환자는 자신의 수명을 거의 다한 상황에서 대소변도 스스로 해결할 수 없고 의약품에 취해서 고립되고 비참하고 무력한 상태로 자신의 존재의 마지막이 소멸되기 보다는 존엄하고도 인간적인 죽음을 선택할 수 있는 강력한 자유 권리(liberty interest)를 가진다는 것이다. 따라서 자신의 죽음에 대해 시간과 방법을 선택할 수 있다는 본질적인 자유 권리가 있기 때문에 이를 금지함으로써 얻는 주의 권리, 즉 1) 생명 보호, 2) 자살 방지, 3) 제3자에 부당한 영향력으로부터 보호, 4) 가족 보호, 5) 의료진의 직업적 윤리의 충실성 보호, 6) 역기능 방지 등보다 우선한다고 보았다.

워싱턴 주는 연방대법원으로 상고하였는데, 아래에 상술할 Quill 사건과 배경과 논점이 유사한 사건이었기 때문에 이 두 사건이 동시에 연방대법원에서 심리를 받게 되었다.

---

43 적법절차조항은 절차적인 면과 실체적인 면의 두 가지 측면으로 살펴볼 수 있는데, 절차적인 면에서의 적법절차는 주(州)가 공정하게 행위하는 한, 헌법이 명시적으로 금하는 것이 아니면 주(州)는 무엇이든 할 수 있다는 것을 의미한다. 그러나 실체적인 면에서의 적법절차는 그 절차가 아무리 공정하다 하더라도, 또 헌법이 명시적으로 이를 금하고 있지는 않다 하더라도, 주정부나 연방정부가 할 수 없는 일도 있다는 것, 즉 주정부나 연방정부의 권한에 내재적인 한계를 의미하는 것이다. 임지봉, "적법절차조항의 우리 헌법에의 도입과 그 운용", 『헌법학연구』 제11권 제3호, 2005.9, 267-268쪽.

② Quill 사건[44]

이 사건은 앞의 Glucksberg 사건과 매우 유사한데, Glucksberg 사건의 원고 중 하나였던 Compassion in Dying 단체가 이 Quill 사건의 원고를 재정적인 지원을 함으로써, 1994년 9월 29일에 의사 3명과 말기환자 3명(암환자 여성 1명과 AIDS환자 남성 2명)은 이 뉴욕시를 상대로 지방법원에 소를 제기한 것이다. 원고 중의 의사 3명은 내과의사이자 의사조력자살의 지지자인 Timothy Quill, 뉴욕 시 내과의사인 Samuel C. Klagsbrun 과 Howard A. Grossman였다. 원고 측의 주장은 말기환자의 의사조력자살의 권리는 수정헌법 제14조의 적법절차조항과 평등보호조항 등에 의해 도출되는 권리이고, 이는 치료거부의 권리와 의사의 도움을 받아 죽을 권리가 동일한 차원이기 때문이라는 것이다. 따라서 자살을 돕거나 촉진시키는 행위를 금지하고 있는 뉴욕의 「조력자살 금지법」이 말기환자의 헌법적 권리를 침해하고 있으며, 말기환자는 이 법에 의해 기소되지 아니할 부수적인 권리도 가진다는 것이었다. 이에 대해 뉴욕 주는 원고 측이 주장하는 권리보다 생명보호 등 주의 이익이 더 우월하기 때문에 이를 보호하기 위해 제정된 자살 관련법은 합헌이라고 주장하였다. 뉴욕 주의 「조력자살 금지법」은 "고의적으로 타인이 자살하는 것을 돕는 행위는 살인죄(murder)에 해당한다.", "고의적으로 타인의 자살 시도를 도울 때 그 자살 시도를 촉진시키는 행위는 유죄이다."라고 명시하고 있어 자살방조죄를 범하면 징역형을 부과하고 있다. 워싱턴 주와 마찬가지로 뉴욕주의 법도 조력자살 내지 자살방조죄를 처벌하기 위해 제정된 유서 깊은 1828년의 초기 미국 법령에 기원을 두고 있다.

1심 지방법원은 1994년 12월 15일에 원고의 청구를 기각하는 판결을 내렸다.[45] 연방대법원이 적법절차조항에 의해 새로운 기본적 권리를 인정하기 위해서는, 그 권리가 자유의 개념 속에 내재되어 있어서 그 권리를 인정하지 않으면 자유와 정의가 존재하지 않게 되거나[46], 국가의 역사와 전통에 깊이 뿌리를 박고 있어야만 한다고 판시하였다. 거의 모든 주에서 자살을 조력하는 자에게 형사처벌을 부과하는 오랜 역사를 가지고 있고, 이는 의사라고 해서 예외가 될 수 없기 때문에 뉴욕주의 관련 법은 적법절차조항에 의해 보호되는 근본적 자유 이익을 침해하는 것이

---

44 Quill v. Koppell, 870 F. SUPP. 78 (1994).

45 Quill v. Koppell, 870 F. SUPP. 78 (1994).

46 "such rights were implicit in the concept of ordered liberty so that neither liberty nor justice would exist if they were sacrificed".

아니라고 하는 것이다. 뉴욕 주가 연명치료중단과 의사조력자살을 구분하여 법률로 규정한 것은 죽음의 자연스러운 과정이 진행되도록 하는 것과 고의적으로 죽음을 유발하도록 인위적인 조치를 취하는 것을 구별하는 취지로서 합당하고 합리적이라고 판시하였다.

이에 원고 측이 1995년 9월 1일 항소하여 제2연방 고등법원으로 사건이 이송되었고 1996년 4월 2일 재판부(Miner 판사)의 만장일치로 뉴욕 주의 자살 관련법을 의사능력 있는 말기환자가 의사로부터 자살용 약물을 제공받는 데에 적용하는 한 위헌이라고 선언하였다.[47] Glucksberg 사건의 항소심에서 「조력자살 금지법」이 위헌이라고 선언한 것과 결론은 같지만 논증 방법은 다소 달랐다. Glucksberg 사건에서 Reinhardt 판사가 적법절차조항으로부터 논거를 이끌어낸 것과는 달리, Miner 판사는 평등보호조항에 의거하여 뉴욕 주의 법이 같은 상황에 있는 모든 의사능력 있는 말기환자를 동등하게 취급하고 있지 않다고 판시하였다. 뉴욕 주법은 의사능력 있는 환자와 의사무능력자인 환자의 대리인에게 생명연장장치를 거부할 권리를 명백하게 인정하고 있고 연방대법원도 Cruzan 판결을 통해 이와 같은 연명치료 거부의 권리를 인정하고 있는데, 그렇다면 환자의 사망을 가져온다는 결과에 있어서 동일하기 때문에 생명연장치료를 거부하는 것과 치명적 약물을 복용하는 것, 둘 사이에는 중요한 차이가 없다는 것이다. 오히려 전자가 후자보다 의사가 감당하는 역할이 훨씬 적극적이다.

재판부는 위 둘 사이의 불균형이 정당한 주의 이익이 있는가 하는 문제와도 합리적인 관계가 있다고 보고, 말기환자의 의사조력자살을 금지함으로써 주의 이익이 있는지를 검토하였다. 첫째로 주가 보호하려는 이익은 생명 보호인데, 거의 수명을 다한 생명을 연장하는 데 주의 이익이 얼마나 있다고 할 수 있을지에 대해 의문을 제기했다. 둘째로 의사가 환자를 죽이는 것을 방지할 이익, 즉 의사의 충실성을 보호할 이익의 경우에, 의사가 죽음을 앞당길 수 있는 약물을 처방하는 것은 생명연장장치의 연결을 끊는 것과 마찬가지로 살인자로서의 역할을 수행하는 것이 아니라고 보았다. 셋째로 남용 가능성을 방지할 이익도 생명연장장치의 중단이나 의사조력자살의 경우나 동일하다고 하였다. 결론적으로 뉴욕 주 법은 정당한 주의 이익과 합리적으로 관련이 없고, 따라서 평등보호조항을 위반하였다고 판시하였다.

---

47 Quill v. Vacco, 80 F. 3d 716 (1996).

③ 연방대법원 판결(1997)[48]

1997년 6월 26일 연방대법원은 Glucksberg 사건과 Quill 사건에 대해 만장일치로 결정을 이 사건의 법률. 즉 조력자살을 금지하고 있는 워싱턴 주의 법률과 뉴욕 주 법률이 모두 합헌이며, 수정헌법 제14조가 일반적인 "죽을 권리"를 보호하지 않는다고 판결하였다. 적법절차조항에 의거하여 '자살을 하는 데 도움을 받을 권리를 포함하여 자살할 권리'를 인정할 수 있는지를 여부에 관해 미국의 역사, 법적 전통과 현황을 검토한바, 그러한 자살할 권리를 헌법상 보장하지 않는다고 결론을 내렸다.

Rehnquist 대법원장은 판결문을 통해 거의 모든 미국의 주와 대부분의 서구 민주주의 국가에서 조력자살을 범죄로 처벌하고 있다고 지적하면서, 미국 주의 조력자살 금지는 모든 인간의 생명을 보호하고 유지하려는 오래된 주의 헌신의 표현이라고 하였다. 커먼로(Common Law)의 전통에서도 상대방의 동의가 있더라도 살인죄는 성립된다. 조력자살을 금지하는 법은 죽음이 가까워진 사람이라고 해서 예외가 될 수는 없고, 오히려 가망없는 질병에 걸리고 치명적인 부상을 당한 사람, 즉 삶이 부담이 되는 그런 사람의 생명일지라도 삶을 온전히 즐길 수 있고 계속 살아갈 수 있는 사람의 생명과 마찬가지로 법의 보호 아래 있어야 한다고 판시하였다. 현대 의학 기술의 발전이 많은 사람들의 죽음의 장소와 방법을 변화시켜 왔고 삶의 마지막 순간에 존엄성과 독립성을 유지하는 최선의 방법이 무엇인지에 대해 대중의 관심을 불러일으켜 왔다. 이 관심이 사전의료지시서와 연명치료중단 또는 거부를 허용하는 새로운 법률을 제정하는 계기가 되었다. 그러나 입법자와 법안의 투표자들은 대체적으로 조력자살을 금지하는 법 체제를 지지해왔다. Rehnquist 대법원장은 워싱턴 주와 캘리포니아 주가 1990년대 초반 조력자살을 허용하는 국민 발의 법안을 철회시켰고, 뉴욕 주의 '생명과 법에 관한 특별위원회(TF)'(New York State Task Force on Life and the Law)에서 내놓은 1994년의 보고서[49]가 "조력자살과 안락사를 법제화 하는 것은 환자와 취약층에게는 심대한 위험을 야기

---

48 Washington v. Glucksberg, 521 U.S. 702, 117 S. CT. 2258 (1997); New York State v. Quill, 177 S. CT. 2293 (1997).

49 뉴욕주 생명과 법에 관한 TF의 1994년 보고서 "When Death is sought : Assisted suicide and Euthanasia in the Medical Context"
(https://www.health.ny.gov/regulations/task_force/reports_publications/when_death_is_sought/, 검색일: 2021.7.31.).

시킬 수 있다."고 발표하여 미국 사회에 큰 영향을 끼친 사실을 상기시켰다.[50]

또한 하급심 판결에서 Casey 사건이나 Cruzan 사건을 인용하여 치료거부권과 죽을 권리를 동일한 차원으로 보아 말기환자의 의사조력자살을 구할 자유이익을 지지하는 논거로 든 데 대하여 재검토하였다. Casey 판결에서 도출되는 개인의 자기결정권이라는 일반적인 용어가 모든 주요한 개인적 결정이 똑같이 보호되어야 한다는 것을 의미하지는 않는다고 판시하였다. 적법절차조항에 의해서 모든 중요하고 사적이고 개인적인 결정을 광범위하게 보장하는 것이 결코 아니라는 것이다. Cruzan 사건에서 도출되는 치료를 거부할 권리는 인간의 자율성이라는 추상적 개념으로부터만 추론되는 것이 아니라 오히려 원치 않는 의료 행위는 폭력의 유형으로 간주하는 법적 전통으로부터 도출되는 것이다. 타인의 도움으로 자살을 실행하려는 결정은 원치 않는 치료를 거부하려는 결정만큼 사적이고 심오한 결정일 수 있다. 그러나 동일한 사망의 결과를 초래하더라도 치료거부로 인한 환자의 사망과 의사의 도움을 받아 자살로서 사망한 경우는 확연히 성격이 다른 것으로 간주하였다. "조력자살과 연명치료중단 사이에는 차이점이 명백한데, 그것은 의료계와 법적 전통에서 광범위하게 인정된 차이점으로서, 중요하고 논리적이며 합리적인 것이다. 가장 중요한 차이점은 의사의 의도이다. 환자의 요구에 따라 연명치료를 시작하지 않거나 중단하는 의사의 의도는 환자의 소망을 충족시키고자 하는 것과 무의미하고 고통스러운 행위를 피하려는 것일 뿐이다. 약물(마약)을 가지고 고통을 적극적으로 치료하는 의사도 설령 그 약물이 환자의 죽음을 앞당기게 되더라도 주요한 의도는 고통을 완화하려는 것이다. 그러나 자살에 사용할 것을 알면서 처방전

---

50 뉴욕 주 TF는 이 보고서에서 연명치료의 중단과 조력자살 내지 안락사와의 중대한 차이점이 있어서 엄밀히 구분된다고 보았다. 연명치료와 조력자살의 차이점으로 들고 있는 근거로 첫째, 의료 처치를 거부할 권리는 원치 않는 신체적 침해에 저항할 권리라고 하는 오래전에 확립된 권리에 기반을 두고 있는데 비해, 죽음을 앞당기는 권리가 아니다. 둘째, 의료 처치의 거부를 죽음의 '원인'으로 보는 입장은 의료에 관련된 환자의 결정을 존중하려고 참여하는 것의 의미를 깎아 내릴 수 있다. 즉 연명치료의 중단 또는 거부라는 환자의 결정 내지 행동으로서 죽음에 이르는 것이 아니고, 환자의 근원적인 질병의 진행으로 사망하는 것이다. 따라서 의사조력자살과는 달리 연명치료의 중단에서는 의사가 죽음을 앞당기는 데 참여하는 것이 아니다. 셋째, 그 두 가지를 동등하게 보는 입장은 의사능력 있는 말기환자의 의사조력자살을 제한하는 것이 불가능해지고, 의사조력자살을 법제화하면 안락사(적극적 안락사)도 함께 법제화할 수밖에 없게 된다. 넷째, 의사조력자살의 법제화로 인해 생길 수 있는 이익과 위험 사이의 균형은 치료를 거부하는 결정을 하게 된 상황에서의 균형과는 완전히 다르다. 다섯째, 고통을 완화시키기 위해 다량의 마약류 약물 복용하는 것과 의사조력자살은 엄연히 다르다. Lewis Vaughn, Bioethics: principles, issues, and cases, (N.Y:Oxford university Press,2010) pp.584-592.

을 써주는 의사의 의도는 필연적으로 의심의 여지 없이, 확실하게 환자를 죽게 만드려는 것이다. 행위자의 의도와 목적을 가지고 동일한 결과를 가져오는 두 가지 행동을 구별하는데 사용하는 것이 오랜 법적 전통이다."라고 판시하여 연명치료중단과 의사조력자살 사이의 차이를 명백히 하였다.

Rehnquist 대법원장은 판결에서 워싱턴 주의 이 사건 법률이 정당한 주의 권리와 합리적으로 연관성이 있는지에 대해서도 검토하였는데, 첫 번째로 시작부터 끝까지(출생부터 사망까지) 신체적 정신적 조건을 어떠한지에 상관없이 모든 인간의 생명을 보호하는 것이 가장 중요한 주의 권리라고 판시하였다. 또한 자살을 방지하는 주의 권리도 중요하다고 단언하였다. 법적으로 의사조력자살을 허용하게 되면 주가 우울증이나 정신질환에 걸린 사람들, 또는 치료받지 않은 통증이나 자살 충동으로 고통받는 사람들을 보호하기 어렵다. 우울증과 통증이 치료되면, 자살을 하기 위해 의사의 조력을 요청하려고 했던 사람들이 마음을 바꾸는 경우가 많다고 언급하였다. 두 번째로 의료 윤리를 보호하려는 주의 권리도 타당하다고 판시하였다. 주정부는 빈민자, 고령자, 장애인의 삶도 다른 사람들 못지않게 고귀한 가치가 있다는 것을 법으로 보여줌으로써 억압, 편견, 태만으로부터 보호해야할 필요가 있다는 것이다. 결론적으로 주정부는 조력자살을 허용하는 것이 자발적 안락사에서 비자발적 안락사까지도 허용하게 되는 길을 트게 될 수도 있다는 우려를 하지 않을 수 없다고 판시하였다.

생명을 보호하고 취약계층을 남용으로부터 보호할 의무와 함께 고통받는 말기 환자의 필요를 충족시키도록 해야 하는 어려운 문제는, 법원이 아니라 '주의 입법부와 투표자들이' 입법으로서 해결해야 한다고 지적하였다. 그리고 완화의료 제공의 중요성을 강조하고, 미국의 많은 주에서 강력한 완화의료로 인해 죽음을 앞당길 수 있는 경우에도 완화의료의 정당성을 허용하고 있는 법률을 가지고 있다고 하면서 말기 진정요법(terminal sedation)의 정당성을 인정하였다.

Sandra Day O'Connor 대법관은 판결에 동의하면서도 다음과 같은 보충의견을 제시하였다. 통제될 수 없는 심각한 고통을 앓고 있고 의사능력 있는 환자가 고통을 완화할 치료를 받을 수 있는 권리는 헌법적으로 보호된다는 점과 워싱턴주와 뉴욕 주의 법률에 의해 완화의료를 받을 때 죽음을 앞당길 수 있는 완화의료도 허용된다는 점[51]을 강조하면서, 이 사건 판결이 의사조력자살의 금지를 정당하다고

<hr />

51 Wash. Rev. Code § 70.122.010 (1994).

판단한 이유는 말기 상태의 개념을 정의하기가 어렵고 죽어가는 환자의 의사조력자살의 요청이 진정한 자발적 의사로 이루어지지 않을 위험이 있기 때문이라고 의견을 밝혔다. Paul Stevens 대법관은 다수의견에 동의하면서도, 죽을 권리 지지자들에게 일말의 희망을 제공하는 보충의견을 제시하였다.[52] 말기환자라 할지라도 자살의 조력을 받을 수 있는 권리는 헌법적으로 인정되지 못하지만, 법원이 미래에 언젠가 특수한 경우에 있어서 그러한 권리를 인정하게 될 수도 있다는 것이다. 그 논거로서, 연방대법원이 사형제도를 합헌이라고 결정함으로써 다른 사람보다도 어떤 삶은 덜 가치가 있다고 인정하는 것이라고 지적하였다. "워싱턴 주와 같이 사형제도를 정당화하고 있고, 따라서 인간 생명의 존엄함이 절대적으로 항상 보호되는 것이 아니라고 결론을 내리는 주(州)에서는 죽음을 앞당기는 이익이 정당하게 되는 특수한 상황이 있다는 것을 인정해야 한다."고 판시하였다. 이에 대한 근거로서 Cruzan 판결이 적극적으로 죽음을 앞당기려는 이익이 헌법적으로 보호되는 경우가 있다는 것을 보여주는 예라고 설명하였다. 생명을 지속시켜주는 영양 공급을 끊음으로써 Cruzan의 최선의 이익을 추구할 수 있다고 판단한 것에서 알 수 있듯이, 법원은 연명치료를 중단하는 것보다도 한발 더 나아가서 본질적으로 죽음을 앞당기는 적극적인 행위를 정당화하고 있는 것이다. Cruzan의 연명치료중단의 권리의 원천이 단지 커먼로로서 정립된 규범만은 아니라 커먼로가 형성되기 이전부터 전통적이고 근본적으로 인정되는 개념인 '자유권'에서 나오는 것이다. 이 자유권은 인간의 존엄성의 권리와 자신이 죽은 뒤에 오랫동안 타인의 기억 속에 좋은 모습으로 남아있기 위해 마지막 모습을 결정할 권리를 포함하고 있다. 또한 말기환자로 고통받는 사람이 요구할 때 치명적 약물을 처방하는 것이 의료진으로서의 직업의 충실성이나 치료하는 역할에 해가 될 수 있다는 의견에도 의문을 제기하였다. "어떤 환자에게는 의사가 고통을 완화해 주고 죽음을 좀 더 견딜만하고 존엄하게 해 줄 수 있는 약물을 처방하기를 거부하는 것이 오히려 치료하는 역할과 상반되는 일이 될 수 있다. 의사는 생명연장장치 중단, 의료처치의 철회, 이중효과 내지 말기 진정요법(terminal sedation)과 같은 처방을 통하여 이미 말기환자

---

52 Stephen Breyer 대법관도 보충의견으로서 죽음이 임박하였을 때 죽음의 시간과 방법을 통제할 수 있다는 근본적인 자유권이 상황에 따라 인정될 수도 있다는 가능성을 열어 두었다. '타인의 조력을 받아 자살할 수 있는 권리'가 아니라 '존엄하게 죽을 권리'로서 정의된다면 국가의 법적 전통 안에서 그러한 자유에 대해 더 많은 지지를 받을 수도 있다고 밝혔다. 이러한 '존엄하게 죽을 권리'의 핵심에는 '죽음의 방법에 대한 사적인 통제, 전문적 의료 지원, 그리고 불필요하고 심각한 육체적 고통의 회피'가 결합되어 있는 것이라고 하였다.

의 죽음을 앞당기게 하는 결정을 내리는 데 관여하고 있기 때문에, 전통적인 관점에서의 의사의 역할과 증가하고 있는 사례에서의 실제적인 실행 사이에는 사실 의미심장한 긴장이 존재하고 있다."고 의견을 밝혔다.

죽을 권리 운동의 지지자들은 이 판결에서 보충의견을 낸 대법관들이 말기환자들의 의사조력자살이 인정될 가능성을 열어두었다고 평가하면서 말기환자의 권리를 지지하고 있다는 데 대하여 환영을 표시하였다.[53] 로마 가톨릭계, 국가 생명권 위원회(National Right to Life Committee), 클린턴 행정부, 미국 의사협회 등 의사조력자살의 법제화를 반대하는 측에서는 이 판결이 죽게 내버려두는 것(환자의 요구에 따라 연명치료를 중단하는 것)과 죽이는 것(환자의 요구에 따라 치명적 약물을 처방하거나 조제하는 것) 사이의 법적인 차이를 명확히 했다고 평가하였다. 빌 클린턴 대통령은 이 결정을 "모든 미국인의 승리"라고 칭하면서, "이 어렵고 고통스러운 이슈가 매우 위험하고 힘든 방향으로 떨어지는 것을 막아준 결정"이라고 평가하였다.[54]

그러나 이 판결은 죽을 권리에 관해 결론을 짓는 최종적인 결정이라기 보다는 시험적인 첫 발을 내딛는 결정이라고 평가된다.[55] 대법관들이 일치된 목소리로 말기환자를 위한 조력자살에 관한 이슈에 있어 주 입법부와 투표자들이 입법으로 해결할 필요가 있다고 강조하고 있고, 죽을 권리 여부에 대한 논쟁을 종결하기보다는 논의를 계속할 것을 권고하고 있기 때문이다.

2. 주 대법원의 의사조력자살 허용

2007년 10월 18일에 몬타나 주(State of Montana)에 사는 75세의 백혈병 말기환자 Robert Baxter, 4명의 의사, 그리고 환자권리증진을 위한 비영리기관인 Compassion & Choices는 자살을 조력하는 행위를 형사처벌하고 있는 몬타나 주의 법령이 몬타나 주 헌법을 위배된다고 주장하며 몬타나 주 지방법원에 소를 제

---

53 Derak Humphry · Mary Clement, *Freedom to Die: People, Politics, and the Right-to-Die Movement*, (N.Y: St. Martin's Press,1998), p.301.

54 Derak Humphry · Mary Clement, supra note, p.306.

55 이는 뉴욕타임즈 기자인 Linda Greenhose의 논평. 조지타운 법학 대학원의 Mark Tushnet도 이와 같은 취지로 "연방대법원의 합헌의견과 보충의견 모두의 근저에는 말기환자의 죽을 권리라는 이슈에 결론내리는 것이 얼마나 힘든 일인지에 대해 일치된 의견을 보이고 있는 것이지, 개인들이 내민 도전장에 종지부를 찍은 것이 아니라고" 평가하였다. Derak Humphry · Mary Clement, supra note, p.300.

기하였다. 몬타나 주 법령은 조력자살을 범죄로 규정하고, 이를 범한 자를 10년 이하의 징역 또는 5만불 이하의 벌금에 처하고 있다.[56]

2008년 12월 5일 지방법원(McCarter 판사)은 몬타나 주 헌법 제2조 제4항 전단의 '인간의 존엄성의 권리'[57]와 제10항 '프라이버시권'[58]에 근거하여 말기환자는 의사조력자살의 권리를 가진다고 판결하였다.[59] McCarter 판사는 환자의 존엄사할 권리는 몬타나 주 법에 따라 의사가 형사처벌 되지 않도록 보호할 권리도 포함된다고 판시하였다. 환자 측은 이 판결의 의미를 '환자와 가족들을 위하여 삶의 종결에 관해 내리는 중요한 결정을 내릴 권리는 정부가 아닌 환자 자신에게 있다'는 것이라며 환영의 뜻을 밝혔고, 반대로 주 정부는 의사능력 있는 말기환자에게 의사조력자살의 헌법적 권리를 부여하는 것은 시기 상조라며 아직 의사조력자살의 남용과 오용을 방지할 평가 절차, 안전장치나 규제를 가지고 있지 않으므로 위험하다고 반발하였다.[60]

이에 몬타나 주는 즉시 항소하였고 몬타나 주 대법원으로 이송되었다. 대법원은 장애인 인권단체, 가톨릭 단체, 기독교 의사협회, 안락사/조력자살 옹호 단체 및 반대 단체 등 21개의 단체, 기관, 협회 등으로부터 의견서를 받았다. 2009년 12월 31일 대법원은 상대방의 동의에 의한 행위는 형사책임을 면하고, 공공의 이익에 반하는 경우 동의에 의한 면책이 되지 아니하는데[61] 의사능력 있는 말기환자가 의사의 조력을 구하여 사망하는 것이 공공의 이익에 반한다고 해석되지 아니하므로, 의사조력자살의 경우 의사가 형사책임을 면한다고 판결하였다.[62] 보충의견에서는 원심과 같이 헌법 제2조 제4항의 인간의 존엄성의 권리와 제10항의 프라이버시권에 근거하여 의사조력자살이 보호된다고 판시하였다.

---

56 Mont.Code § 45-5-105, § 45-5-102 thru104.

57 몬타나 주 헌법 제2조 제4항 (인간의 존엄성) 인간의 존엄성은 신성불가침이다. 어떤 사람도 법률의 평등보호를 부인당할 수 없다. 어떠한 준 주나 사람이나, 기관이나, 단체나, 회사도 한 사람의 인종, 피부색, 성별, 문화, 사회적 배경 또는 조건, 정치적 또는 종교적 사상으로 인해 그의 인권과 정치적 권리의 실행에서 있어서 차별해서는 안 된다.

58 몬타나 주 헌법 제2조 제10항 (프라이버시권) 프라이버시권은 자유사회의 복리에 필수불가결하고, 상당한 (compelling) 주(州)의 이익을 입증하지 않는 한 침해될 수 없다.

59 ADV-2007-787 (Mont. Dist. Ct., filed Oct. 18, 2007).

60 몬타나주 지방법원의 의사조력자살 판결에 관한 기사 참조 (http://www.huffingtonpost.com/2008/12/06/montana-assisted-suicide_n_148994.html, 검색일: 2011.10.11).

61 MCA § 45-2-211.

62 DA 09-0051, 2009 MT 449.

IV. 독일에서 의사조력자살에 관한 헌법적 판단

1. 연방헌법재판소 결정 내용

독일 연방헌법재판소는 2020년 2월 조력자살 서비스를 금지하는 형법 조항에 대해서 위헌 결정을 내리는 전향적인 판단을 하였다.[63] 이 결정 이전에 독일 브라인쉬바이크에 거주하던 B.K가 사고로 인해 전신마비상태로 인공호흡기에 의존하여 연명하던 중, 그의 남편이 그를 대리하여 독일 법원에 집에서 B.K가 자살할 수 있도록 치사량의 나트륨 진통제를 처방해달라고 요청한 데 대해서 독일 연방정부가 독일 마약법(제5조 제1항 및 제6항)의 취지상 생명 연장의 목적으로만 허용될 수 있고 자살, 즉 생명을 종결하는 데 기여하는 목적으로 허용될 수 없다고 거절하고, 2008년 11월 4일 독일 연방헌법재판소도 B.K의 남편이 타인인 B.K의 인간의 존엄성과 불가양의 권리를 주장하기 위해서 헌법소원을 청구할 수 없다고 각하한 결정이 있었다.[64] 2020년 연방헌법재판소의 결정은 이전과는 완전히 상반된 방향으로 변경된 것이다. 독일 형법 제217조는 조력자살을 업무상 제공하는 경우 3년 이하의 징역이나 벌금에 처해지도록 하는 것으로서, 업무상 이루어지는 조력자살은 금지하고 있다는 의미가 있었다.[65] 이 형법조항은 2015년에 통과된 것으로서 스위스의 디그니타스(DIGNITAS) 같은 곳에 찾아가서 조력자살을 실행하는 것을 금지하기 위해서 제정된 것이었다.[66] 그러나 2020년 독일 연방헌법재판소가 생명을 종결하려고 하는 사람을 업무상 조력하는 행위를 금지하는 형법 제217조에 대해 위헌 선언함으로서, 본인 스스로 생명을 종결하기를 원하는 사람에 대해서 조력하는 행위의 정당성을 헌법적으로 인정하였다. 자살, 즉 본인의 생명을 종결하는 행위는 원칙적인 본인의 자율성과 자기결정 행위로서, 죽음에 대한 자기결정권으로 인정한다는 판단을 내린 것이다. '자기결정에 따라 죽을 권리'를 요청하는 것

---

63 Rob Hyde, "Germany overturns ban on assisted suicide", World Report (www.lancet.com) Vol 395, March 7, 2020.

64 김성준, 『기본적 인권 및 자유의 국제적 해석-유럽인권법원 판례를 중심으로』, 연경문화사, 2013, 329-332쪽.

65 Tatjana von Solodkoff, "Routine Suicide Assistance – Reflections on the Recent Debate in Germany," Medicine and Law 38, no. 3 (September 2019): pp.505-514.

66 Ruth Horn, The right to a self-determined death as expression of the right to freedom of personal development: The German Constitutional Court takes a clear stand on assisted suicide, Med Ethics 2020 ; 46: pp.416-417 (doi:10.1136/ medethics-2020-106197).

은 개인의 자율권과 일반적 인격권의 표현이라는 의미이다.[67]

　"독일 기본법 제1조 제1항(Grundgesetz – GG 1(1))과 연계되어, 기본법 제2조 제1항의 일반적 인격권(Das allgemeine Persönlichkeitsrecht)은 스스로 결정한 죽음에 대한 권리를 포괄한다.[68] 이 권리는 스스로 생명을 종결할 수 있는 자유를 포함하며, 이러한 목적을 달성하기 위해 제3자가 자발적으로 제공하는 조력에 의존하게 되는 경우가 있다. 이 권리를 행사함에 있어서, 개인이 삶의 질과 의미 있는 존재를 개인적으로 어떻게 정의하느냐에 근거하여 이러한 결정에 도달한 상태에서 자신의 삶을 마감하기로 결정하는 경우, 원칙적으로 그들의 결정은 자율적 자기 결정의 행위로서 국가와 사회로부터 존중되어야 한다. 이러한 이유로 연방헌법재판소의 제2상원은 오늘 선고하는 판결문에서, 형법 제217조(Strafgesetzbuch-StGB)에 규정된 자살조력 서비스의 금지 규정이 독일 기본법을 위반하여 무효라고 판결하였다. 연방헌법재판소는 실제로 이 금지 조항이 개인이 조력사망으로 의존할 수 있는 가능성을 효과적으로 완화하고 있다는 것을 발견하였다. 이러한 판단으로부터 입법자가 헌법상 자살조력에 대하여 어떠한 규제도 부과할 수 없다는 결과가 따라오는 것은 아니다. 그러나 입법 규정을 제정할 때는 개인이 스스로 결정한 사망에 대한 권리를 행사할 수 있는 충분한 공간이 남아 있고, 본인 자신의 조건으로 생을 마감하는 결정을 추구하고 실행할 수 있도록 하여야 한다."[69]

　이러한 결정은 유럽인권재판소가 2002년 Pretty v. United Kingdom 사건에서 조력자살 금지가 스스로 결정할 수 없는 이들의 생명을 구하는 데 필요하고 정당할 뿐 아니라 조력자살에 대한 형사처벌이 공익을 위하여 필요하다고 본 입장과도 상반된 것이다.[70]

---

67 헌법재판연구원, 제10회 국제학술심포지엄 "헌법재판의 과거, 현재, 그리고 미래" 발표자료집, 헌법재판소, 2021, 114쪽.
68 독일 기본법 제1조(인간존엄의 보호) 제1항 인간의 존엄성은 훼손될 수 없다. 이를 존중하고 보호하는 것은 모든 국가권력의 의무이다.
　제2조(일반적 인격권) 제1항 모든 사람은, 다른 사람의 권리를 침해하지 않고 헌법질서나 도덕률에 반하지 않는 한, 자신의 인격을 자유로이 발현할 권리를 가진다.
69 2 BvR 2347/15, 2 BvR 2527/16, 2 BvR 2354/16, 2 BvR 1593/16, 2 BvR 1261/16, 2 BvR 651/16.
70 헌법재판연구원, 제10회 국제학술심포지엄 "헌법재판의 과거, 현재, 그리고 미래" 발표자료집, 헌법재판소, 2021, 114쪽.

2. 결정에 대한 평가

독일은 이번 결정으로서 기대여명이 짧은 말기·임종기 환 뿐 아니라 생애 어떤 시기에 있든지 상관없이 본인의 생명을 마감할 수 있는 권리를 주장하는 사람에게 죽음에 대한 자기결정권이라는 새로운 탈출구를 열어 놓음으로써, 생명권 보호라는 헌법적 가치와 죽음을 향한 자기결정권 사이의 팽팽한 긴장 관계를 형성하였다. 2014년 독일 국가윤리위원회[71]가 내놓은 권고안에서는 "일반적으로 국가가 생명을 보호하는 법적 의무가 있고 자살이 근본적인 법적 원칙과 조화를 이룰 수 없기 때문에 자살은 일반적 추상적 개념상으로 부당하다고 보는 것이 자유권적 기본권 질서의 원리이다. 이러한 이유로 자발적인 자살을 조력하는 것이라고 하더라도 위법성이 있다."고 제시·권고한 것[72]과는 대조된다.

의사조력자살은 기대 여명이 얼마 남지 않은 사람이 의료진의 조력을 받아 스스로의 결정으로 생명을 종결하는 것으로 시작된 논의로서, 생애 마지막 시기에 신체적·정신적·영적 돌봄(Care)의 일환으로 시행되는 호스피스·완화의료와의 경계가 모호해지는 경우가 존재한다.[73] 신체적 고통과 삶의 괴로움에서 벗어나서 죽음의 시기와 방식을 스스로 결정하겠다는 인간중심적 자율성의 극단의 표현이라고 할 수 있다. 개인들의 법적 의식이 높아지면서 환자의 치료 결정에 대한 소송이 증가하고, 환자와 환자의 가족 등의 이해관계자들 간의 의견 충돌이 늘어나고 환자의 의사에 대한 해석 문제가 증가할 뿐 아니라, 환자의 기본권 인정범위가 확대되면서 죽음의 권리화로도 볼 수 있다. 독일 연방헌법재판소는 이러한 결정을 통해 죽음에 있어서 조력을 받는 것이 헌법적 권리라고 인정하기는 했지만, 종국적으로는 어떤 입법 형성으로 죽음에 대한 자기결정권의 실현 구조를 결정하게 될지 지켜볼 일이다.[74]

---

71 독일 윤리위원회(Deutscher Ethikrat)는 2007년 윤리위원회법에 근거하여 설치된 합의제 독립 기관으로서, 정부 공무원이 포함되지 않는 과학, 의학, 철학, 윤리, 사회, 경제, 법률 분야 전문가 26인의 민간 전문위원들로 구성되어있다. 정부의 요청이나 자체적인 결정에 의해서 윤리적, 사회적, 법적 영향을 미치는 사항들에 대해서 의견(Stellungnahme)을 내놓고 있고, 국가 정책에 상당한 영향을 발휘한다.

72 Deutscher Ethikrat Ethikrat, Zur Regelung der Suizidbeihilfe in einer offenen Gesellschaft: Deutscher Ethikrat empfiehlt gesetzliche Stärkung der Suizidprävention, 19. Dezember 2014 : 독일 국가윤리위원회, 권고안(Ad-Hoc-Empfehlung). [열린 사회에서의 조력자살에 관한 규제: 독일 국가윤리위원회는 자살 방지의 법적 강화를 권고한다]

73 엄주희, 김명희, "호스피스 완화의료와 의사조력자살 간 경계에 관한 규범적 고찰", 『법학연구』 제28권 제2호, 2018, 7-8, 17쪽.

V. 미국의 의사조력자살 법제화 추이와 분석

미국의 경우 연방대법원에서 '자기결정에 따라 죽을 권리' 내지 '죽음에 있어서 조력을 받을 권리'는 헌법적 권리로 인정받지는 못하였으나, 법률 제정 권한을 가지고 있는 주 의회의 입법을 통한 권리 보장 방법을 찾았다. 오레곤 주는 1997년 의사조력자살 법안이 통과되서 현재까지 20년 이상 운영되고 있고, 워싱턴 주도 2008년부터 법률이 시행되어 오고 있다. 미국 이외에도 의사조력자살을 법제화한 나라들은 존재하지만[75], 미국의 경우 주 마다 다른 입법 과정, 오랜 법안 제출 연혁과 의사조력자살 법제화에 관한 의회 활동 및 시민운동 등을 통해 법제화에 성공한 주들이 존재한다는 점에서 살펴볼 가치가 있다. 따라서 아래에서는 주별 법안 제출 연혁과 의사조력자살의 제도화에서 이해당사자로서 역할을 하는 미국의사협회 지침의 입장을 살펴보고, 법제화에 최초로 성공하여 다른 주의 입법에도 큰 영향을 끼치는 랜드마크 사례로서 오레곤 주와 워싱턴 주의 의사조력자살 법률의 내용을 개관함으로써 헌법적 권리가 아니라 법률상의 권리로 제도화된 모습을 일괄하기로 한다.

1. 미국의 의사조력자살에 관한 법안 제출과 법제화

주마다 의사조력자살에 관한 법안이 주민 투표(Ballot initiative)와 의회의 법안 발의(Legislative measures)로 제출되었다. 오레곤 주(1994), 워싱턴 주(2008), 콜로라도 주(2016)는 국민투표에 의해서 입법에 성공하였고, 버몬트 주(2013), 캘리포니아 주(2015), 하와이 주(2018)에서도 법안이 의회를 통과하여 법률이 시행 중이다. 1994년부터 2020년 사이에 알래스카 주, 아리조나 주, 매인 주, 메사추세츠 주 등 43개 주에서 284개의 법안이 발의되었으나 부결되어 입법에 성공하지는 못했다.[76]

---

74 헌재 2009.11.26. 2008헌마385 결정. 우리나라의 경우 '연명치료중단에 관한 자기결정권'을 헌법상 기본권인 자기결정권의 한 내용으로 보장된다고 판시하였다. 이 판결 당시에는 '연명치료'라는 용어가 대체로 사용되었으나, 2010년 이후 연명의료에 관한 법률에 대한 논의가 계속되는 과정에서, 완치를 목적으로 하는 치료가 아니라는 점에서 '연명의료'라는 용어로 사용되고 있다. 이때 헌법재판소도 연명치료중단에 관한 자기결정권의 보장 방법이 입법정책의 문제로서 국회의 재량에 속한다고 판시하고 있다.

75 이문호, "적극적 안락사 및 의사조력자살 허용 입법의 필요성– 실존적 사실 및 통계적 근거를 중심으로", 『인권과 정의』 Vol. 482, 2019.

이 법안들에는 '존엄사'라는 명칭을 부여하고 있는데, 예컨대 캘리포니아 주의 법안명은 1992년 「존엄사법」(the Death with Dignity Act)[77], 뉴 햄프셔에서 발의된 법안으로, 1991년 「말기질환으로 고통 받는 사람을 위한 존엄사에 관한 법」(the Act Relative to Death with Dignity for Certain Persons Suffering Terminal Illness), 그리고 오레곤 주(1994)와 워싱턴 주(2009)의 「존엄사법」(the Death with Dignity Act) 등으로 명명되었다. 대체로 의사가 약물을 처방하는 방식 또는 의사가 관여하는 방식으로 내용이 이루어져 있다.

2. 미국의사협회(AMA) 지침

미국의사협회의 윤리사법 위원회는 안락사와 의사조력자살의 윤리적 차이점이 있다고 지적하였다. 여기서 안락사란 참을 수 없고 다루기 힘든 고통을 완화하기 위하여 환자에게 치명적인 의학적 조치를 취하는 것으로 정의된다. 의사조력자살은 환자가 스스로 삶을 종결하는 행위를 하는 것이기 때문에 자신의 삶을 끝낼 수 있는 더 자율적인 방법을 부여하는 것이라고 평가된다. 그러나 안락사나 의사조력자살이나 본질적으로는 죽음을 유발하기 위한 개입이라는 점에서 비슷하기 때문에 의사조력자살도 안락사와 마찬가지로 환자의 죽음을 유발할 수 있기 위해 의학적 수단을 사용해서는 안 된다는 전통적인 의료윤리에 반하는 것이고 의사는 그러한 절차에 참여해서는 안 된다고 결론지었다.[78]

3. 오레곤 주 존엄사법

오레곤 주의 「존엄사법」(Death with Dignity Act)[79]은 의사능력 있는 말기 성인 환자가 일정한 조건을 충족하게 되면 의사조력자살을 시행할 수 있도록 한 법률이다. 전통적인 의료윤리에 의하면 환자에게 해를 끼치는 약물을 처방하지 않아야 한다.[80] 즉 환자에게 해를 끼치지 않는 것이 윤리적인 의료이기 때문에 소극적이든

---

76 Attempts to Legalize Euthanasia/Assisted Suicide in the United States, Patients Rights Council, https://www.patientsrightscouncil.org/site/failed-attempts-usa/ (검색일 : 2021. 2.10).

77 캘리포니아 주에서는 이전 1988년 '인도적이고 존엄한 죽음에 관한 법'(the Humane and Dignified Death Act)이라는 명칭의 법안이 제출되었다가 폐기되었다.

78 Keith M. Trandel-Korenchuk and Darlene M. Trandel-Korenchuk, supra note, p.243.

79 ORS 127. 800-897, 1994.

적극적이든 죽음을 앞당길 수 있는 의료 처치라면 의료윤리에 반한다고 여겨져 왔다. 의사조력자살은 삶을 종결하는 데 의사의 도움을 받는 것으로서 환자에게 해가 되는 것이 아니라 환자가 존엄하고 인도적으로 생을 마감할 수 있게 하는 의료라는 개념이다. 1994년에는 의사조력자살을 규정하는 법률명을 「존엄사법」이라 명명하고 주민투표에 의해 1994년에 의사조력자살에 관한 법안이 통과되었는데, 오레곤주의 의사와 말기암환자들이 동 법안이 연방 헌법상의 평등권을 침해하였다며 반대하여 연방법원에 소송을 제기하였다. 1997년에 소송을 제기한 원고들에게 당사자적격이 결여되었다고 기각하자, 다시 연방대법원에 상고하여 연방대법원이 원고의 상고를 기각함으로써 위헌 시비를 벗어나서 결국 「존엄사법」은 1997년 10월부터 시행되었다.

(1) 법률 내용

우선, 대상자는 오레곤 주의 주민으로서, 의사의 설명에 동의하고 건강 관리(health care)에 관한 의사결정 능력이 있는 성인이어야 있다. 담당 의사(attending physician)와 상담 의사(consulting physician)가 환자의 기대여명이 6개월 이내라고 예상할 수 있고 회복할 수 없는 질병의 말기 상태라고 판단할 수 있어야 한다. 그리고 환자가 자신의 삶을 종결하고 싶다는 의사를 자발적으로 표현하여야 하고, 서면 또는 구두로 요청함으로써 삶을 종결할 약물을 처방받을 수 있다.

환자가 질병의 말기 상태인지, 건강 관리에 관한 결정을 내릴 능력이 있는지, 자발적으로 죽음을 요청하는 것인지의 여부에 관한 최초의 판단은 환자의 담당 의

---

80 의료윤리에서 보편적으로 다루어지는 것은 T.L.Beauchamp와 J.F.Childress의 4가지 원칙으로서, 자율성 존중의 원칙, 악행금지의 원칙, 선행의 원칙(온정적 간섭주의), 정의의 원칙이다. 박연옥, "말기환자의 연명치료중단의 생명윤리적 고찰", 『간호학 탐구』 13권 제1호, 2004, 109-110쪽; Tom L. Beuchamp, et al., Contemporaty issues in bioethics 7th ed. (Australia;United States: Thomson/ Wadworth, 2008) 악행금지의 원칙과 선행의 원칙은 사람들이 가능하면 악을 피하고 선은 크게 갖도록 만든다는 것이고, 정의의 원칙은 선을 배려하되 모두의 선을 대등하게 배려한다는 것이다. 이 세 원칙은 함께 합쳐져서 '모든 관련자들의 선을 공평하게 배려하라'는 기본원리를 이루는 것으로, 사람들이 도덕적 추구도 하려는 태도를 가진 상황에서는 도덕적 판단의 가장 기본적인 원칙들이라 할 수 있다. 반면 자율성 존중의 원칙은 어떤 사람의 자율성을 무시하는 것보다는 존중하는 것이 그 사람의 선을 잘 증진시킨다는 것인데, 가령 유아의 경우와 같이 어떤 삶의 자율성을 존중하는 것이 그 사람에게 득보다는 오히려 실이 될 때는 그 자율성을 존중해야 한다고 결코 받아들이지 않을 것이다. 이런 경우에는 자율성 존중이 오히려 악행금지의 원칙이나 선행의 원칙에 위배되기 때문이다. 그러므로 자율성 존중의 원칙은 폭넓은 예외가 허용되는 대체적인 원칙이다. 유호종·손명세·이경환, 앞의 책, 67-69쪽.

사가 해야 한다. 또한 담당 의사는 환자에게 의학적 진단과 예후(질병의 상태, 환자의 기대 수명에 미치는 영향 등의 전망), 처방된 약물을 복용하면 나타날 결과, 처방한 약물을 복용했을 때 발생할 수 있는 잠재적 위험, 조력자살 대신 선택할 수 있는 대안들(호스피스 케어, 통증 조절 등)을 설명해 주어야 한다. 이러한 조치를 한 이후에 담당 의사는 환자의 질병에 관한 전문가인 다른 의사에게 질병의 진단, 환자가 의사결정을 내릴 능력이 있는지 여부, 자발적으로 행동하고 있는지 여부에 대해 참조의견을 구해야 한다. 이렇게 하여 두 명의 의사 중 어느 한 사람이라도 환자가 심리적·정신과적 질환이나 잘못된 판단을 유발할 수 있는 우울증을 앓고 있을 수 있다고 의심한다면, 의사는 환자를 정신과 상담을 받도록 추천해야 한다. 정신적 문제를 가지고 있다고 판단되는 사람에게는 환자의 생명을 인도적이고 존엄한 방법으로 종결할 수 있는 약물이 처방될 수 없다. 환자는 반드시 담당 의사로부터 예후, 예측되는 결과, 대안 등 관련 사실에 대한 설명을 들은 후에만 인도적이고 존엄한 방법으로 생명을 종결할 수 있도록 처방전을 요구할지 여부를 결정할 수 있고, 이러한 결정을 설명에 의한 결정(informed decision)이라고 한다. 또한 담당 의사는 환자에게 그의 결정을 가장 가까운 친척에게 알리도록 조언을 해야 하고, 환자가 이를 거절하거나 고지가 불가능할 때라도, 이 사유 때문에 환자의 요청이 부인되지는 않는다. 환자는 죽음에 있어서 도움을 받게 해달라고 최소한 15일 간격으로 2번 구두로 요청해야 한다. 또한 환자의 요청이 담긴 서면 요청서에 최소한 2명의 증인이 서명해야 하고, 이 중 한명은 혈연관계 및 친족 관계, 환자의 유언에 의해 이해관계가 있는 사람, 환자가 살고 있거나 치료를 받는 지역의 건강관리시설의 직원이나 대표 담당, 담당 의사, 또는 이 중 하나에 해당되어서는 안 된다. 증인들은 환자의 신분을 증명해야 하고, 증인들 자신의 최선의 지식과 믿음으로서 환자가 능력 있고, 자발적으로 행동하고 있고, 강제로 요구서에 서명하지 않았다는 사실을 증언하여야 한다. 최초의 구두 요청 후 최소한 15일이 지나야 약물이 처방될 수 있으며, 서면 요청 후에 최소한 48시간이 지나야 약물이 처방될 수 있다. 환자는 언제든지, 어떠한 방법이든지 요청을 철회할 수 있다.

담당 의사는 환자의 의료 기록 안에 진행 과정에 관한 모든 관련 정보를 기록하여야 한다. 주 당국(공공보건부)은 이 법의 실행에 관한 기록을 매년 검토하여야 하고, 의료기관에 처방전 배부에 관해 요청하여 그 기록의 사본을 보관하여야 한다. 또한 주 당국은 정보 수집을 원활하게 하기 위한 규칙을 제정해야 한다. 수집된 정보는 공공 기록이 아니고 일반인이 열람할 수 없다. 주 당국은 수집된 정보에 관한 연간 통계 보고서(Annual statistical report)를 발행하여 일반인이 열람할 수 있게 하여야 한다. 의사나 보건의료 종사자가 이 법의 요구사항을 충족하여 환자가 스스로 삶을 종결하는 것을 도와주는 경우 민·형사상의 책임이 면제된다. 또한 이 법에 명시된 방법을 제외하고는 어떤 형태의 조력자살이나 적극적 안락사도 승인되지 않는다. 사실상 기술적으로 이 법은 조력자살의 형태를 모두 합법화한 것이 아니라, 이 법에 적시된 의료적 행위만을 조력자살의 범주에서 제외함으로써 민·형사상의 법적 책임을 면제해 준 것이라고 할 수 있다.

(2) 평가와 영향

오레곤 주 공공보건부(Oregon Public Health Division)가 「존엄사법」에 의거하여, 의사조력자살의 실행에 관한 정보를 수집하고 연차 통계보고서를 발행한다. 법 시행 1년 후인 1999년부터 2020년까지 총 21차례, 매년 2월 내지 3월에 연차 통계보고서(Annual Report)가 발행되었다.

1998년부터 2020년 최근까지 존엄사법에 의해 약물을 처방받은 환자는 증가 추세로서, 총 2,895명이 처방을 받아 1,905명이 의사조력자살의 시행으로 사망하였다.[81] 최근 연례보고서가 나온 2020년의 통계를 보면 2020년에 의사조력자살 약물을 처방받은 사람이 370명이고 이 중에서 245명이 의사조력자살 시행에 의해, 즉 처방받은 약물 복용으로 사망하였고, 67명은 기존에 가지고 있던 질병이나 다른 원인으로 사망하였다. 이 사람들의 81%가 65세 이상이며, 백인이 97%를 차지한다. 42%가 대학 이상의 학력을 가지고 있었고, 사망 당시 평균 연령은 74세로서, 2019년까지의 평균인 70세보다 다소 상승하였다. 암질환을 기저질환으로 가지고 있는 확률이 70-85%, 심장질환이 11%, 신경계질환이 8%로 나타났던 2019년에 비해, 2020년에는 3분의 2 가량인 66%가 암환자였다. 대부분의 환자(92%)가 집에서 사망하였으며, 대부분이(95%) 호스피스 서비스에 등록되어 있었다. 메디케어나 메이케이드 보험을 가지고 있는 환자는 70-74%이고, 사보험은 29-26% 보유하고 있었다. 의사조력자살의 약물처방을 받은 말기환자가 임종기에 가장 걱정하고 관심을 가지는 사항은 세 가지로서 삶을 의미 있게 만드는 활동에 참여할 수

---

81 오레곤 주 공공보건부, 2020 Data Summary, Oregon Death with dignity Act, February 26, 2021 (https://www.oregon.gov/oha/PH/PROVIDERPARTNERRESOURCES/EVALUATIONRESEARCH/DEATHWITHDIGNITYACT/Documents/year23.pdf 검색일자: 2021.5.1).

있는 능력의 감소(94%), 자율성의 상실(93%), 그리고 존엄성의 상실(72%)이다. 나머지 요소들은 이보다 적은 비율로 나타나, 신체적 기능통제력 상실(37.6%), 가족과 지인들에게 부담(53.1%), 통증 조절의 적절성이나 이에 대한 걱정(32.7%)이고, 치료에 관한 재정적인 영향을 걱정하는 환자는 적었다(6.1%). 거의 대부분의 말기 환자가 치료비의 부담은 염려하지 않고, 호스피스 서비스는 받고 있으며, 임종기로 갈수록 능력의 상실, 존엄성과 자율성의 상실을 두려워하고 있기 때문에 의사조력자살을 선택하고 있음을 볼 수 있다. 현재까지는 의사조력자살 반대론자들이 염려했던 것과는 달리, 사회적 취약층이나 빈민층이 의사조력자살을 많이 선택하게 되는 부작용은 나타나지 않고 있는 것으로 보인다. 이는 메디케어와 메디케이드의 사회보험이 말기환자의 치료비 부담을 상당히 덜어주었고, 사회보험을 통해 호스피스 급여를 지원해 줌으로써 생애말기의 삶의 질이 향상된 것이 한 요인으로 판단된다.[82]

4. 워싱턴 주 존엄사법

(1) 입법 과정

워싱턴 주는 2008년 11월 4일, 주민투표 발안(Ballot Initiative 1000) 워싱턴 주 「존엄사법」(The Washington death with dignity act)[83]이 58 : 42로 주민투표를 통과함으로써 오레곤 주에 이어 두 번째로 의사조력자살에 관한 법률을 가진 주(州)가 되었다. 워싱턴 주 「존엄사법」은 워싱턴 주 법전 '제70장 공공 보건과 안전' 제70-245편으로 편입되어, 2009년 5월부터 시행되었다. 이 법안이 발의되기 전

---

82 의사조력자살 이용 통계에 따르면, 애초에 의사조력자살의 입법화를 반대하는 측이 우려한 바와 같은 취약계층이 충동적으로 의사조력자살을 이용하는 현상은 보이지 않았고, 오히려 교육 수준이 높고 호스피스 프로그램에 등록된 백인이 많이 이용하는 경향을 보였다. 현재까지 오레곤 주 존엄사법은 낮은 이용 빈도, 삶을 종결하기 위해 쓰이는 약물의 높은 성공율, 환자가 우울증을 겪거나 부적절한 완화의료를 받지 않았다는 점, 의사조력자살을 이용한 환자와 그렇지 않은 환자 간의 큰 차이가 없다는 점 등을 근거로 의사조력자살에 관한 법률이 부작용이나 오용이 발생하지 않도록 적절히 관리되고 있으며 대체로 성공적이라고 평가된다. 반면 비판자들은 의사조력자살을 선택하여 사망한 환자들과 그렇지 않은 사망자 사이의 건강보험의 차이를 고려하는 것과 같이 경제·사회적 요인을 구조적으로 평가하지 않았다는 점을 근거로 재정적 또는 사회적 요인이 의사조력자살을 이용한 환자들에게 영향을 미치지 않았다는 명백한 증거는 없다고 비판한다. Barry Rosenfeld. *Assisted suicide and the right to die : the interface of social science, public policy, and medical ethics 1st ed.* (Washington, DC : American Psychological Association, 2004) pp.161-163.
83 RCW 70.245, (2009).

에 워싱턴주에서는 Glucksberg 사건으로서 연방대법원의 판결이 있었는데, 이때 연방대법원은 의사조력자살을 헌법상 보호되는 근본적 권리로 인정하지 않지 않았지만 입법재량사항으로 남겨두었다. 결국 주민투표에 의해서 의사조력자살을 규정하는 법률이 제정되었다.

(2) 법률 내용

총 22개 조항으로 구성되어 있는데, 70-245-010조(정의), 70-245-020조(투약을 위한 서면 요청), 70-245-030조(서면 요청 양식), 70-245-040조(담당의사의 책임), 70-245-050조(자문의사의 확정), 70-245-060조(상담으로 이송), 70-245-070조(결정 전 고지의무), 70-245-080조(친족에게 고지), 70-245-090조(서면·구두요청), 70-245-100조(요청을 철회할 권리), 70-245-110조(보류 기간), 70-245-120조(의학적 서류 요청), 70-245-130조(워싱턴 주 주민 입증), 70-245-140조(사용하지 않는 약물의 폐기), 70-245-150조(보건 당국에 정보 보고 및 연차 통계보고서), 70-245-160조(유언, 계약 등으로 의사조력자살 금지), 70-245-170조(보험·연금과의 관계), 70-245-180조(적극적 안락사 등 금지, 이 법 이외의 방법으로 조력자살 금지), 70-245-190조(면책), 70- 245-200조(벌칙), 70-245-210조(정부기관의 비용 청구), 70-245-220조(요청서 양식) 등으로 이루어져 있다.

의사능력 있는 워싱턴 주 성인 주민으로서 담당 의사와 상담 의사로부터 말기질환의 판정을 받은 사람은 자발적 의사로서 인도적이고 존엄하게 삶을 종결할 수 있도록 약물 처방을 구두와 서면으로 요청할 수 있다. 서면요청 양식에는 최소한 2명의 증인이 서명하여야 한다. 나머지 내용은 오레곤 주의 「존엄사법」과 거의 동일하다.

(3) 평가

워싱턴 주 「존엄사법」 70-245-150조에 의하면, 워싱턴 주 보건부는 매년 의사조력자살을 행한 기록을 조사하여, 연차 통계보고서를 공개해야 한다. 이에 따라 법 시행 1년 후인 2010년 5월에 첫 번째 연차 통계보고서가 발표되었다. 통계를 보면 「존엄사법」이 시행된 지 9개월 동안 이 법에 따라 의사조력자살에 참여하고 약물 처방이 이루어져서 총 64건이며, 약물을 처방받은 환자 중 36명이 이 약물 투여에 의해 사망하였다. 약물 처방을 받은 환자는 대부분 48세부터 95세 사이에 분포되어있고, 환자의 병명은 79%가 말기암, 9%가 신경 퇴행성 질환, 9%가 호흡기질환, 그 밖의 질병이 3%으로 말기암환자가 압도적인 다수를 차지하고 있다. 성별은 남성이 55%, 여성이 45%이며, 인종분포는 백인이 98%, 히스패닉과 유색인종이 2%로 대부분의 환자가 백인이었다. 결혼 유무는 기혼이 46%, 사별이 27%, 이혼이 22%, 미혼이 5%이다. 보험의 종류로는 사회보험인 메디케어ㆍ메디케이드만 가진 사람이 43%, 민간보험만 가진 사람은 28%, 민간보험과 메디케어ㆍ메디케이드를 모두 가진 사람은 18%를 차지하고 있다.

의사조력자살을 지지하는 시민 단체인 Compassion & Choice의 임원으로 재직 중인 심장 전문의 Tom Preston은 의사들에게 의사조력자살법의 시행에 관한 교육을 더 늘려야 할 필요가 있고, 환자들에게도 조력자살에 대한 접근성을 높혀야 할 필요가 있다고 논평하였다. 워싱턴 주에는 아직도 의사조력자살의 처방전을 써주려고 하는 의사가 드문 지역이 존재하고, 환자들은 처방을 받는데 필요한 요건을 갖추기 위해 몇 주가 필요하다는 사실을 인식하지 못하고 있기 때문이다.[84]

VI. 결론

연명의료 결정, 존엄사, 안락사에 대한 사회적 관심과 논쟁은 삶의 마지막 시기에 전반적인 삶의 질과 죽음의 질을 높이고자 하는 이른바, 웰다잉에 대한 관심으로 나타났다. 최근에는 우리나라에도 생애 마지막 시기에 죽음을 권리화하기 위하여 의사조력자살을 주장하는 시민단체가 결성되었다.[85] 미국과 유럽을 이미 휩쓸고 간 의사조력자살의 법제화를 둘러싼 사회적 논란이 우리나라에도 곧 상륙하게 될 것이고 어렵지 않게 예측할 수 있다.[86] 누구든 결코 피할 수는 없지만, 살아있는 동안에는 가장 외면받고 터부시되는 주제이기도 하다. 이러한 점이 동양 문화권에서 죽음의 문제를 헌법적 관점으로 다루기에는 문화적 제약으로 작용한다.[87]

---

84 Patrica Murphy, "States Death With Dignity Law is One Year Old", KUOW News, 2010.5.3.

85 '착한법 만드는 사람들'이라는 단체가 결성되어, 2020년 7월에는 연명의료 중단을 넘어 적극적으로 죽음에 개입하고 조력을 받을 수 있는 형태의 입법(이 단체의 주장으로 이른바, 존엄사 입법)을 촉구하는 세미나를 열었다. "이제 존엄사(尊嚴死) 입법화 필요하다 –'정신적 고통'도 존엄사 기준 돼야...'의사조력 자살' 포함 필요 주장도", 실버아이뉴스, 2020.7.9.
http://www.silverinews.com/news/articleView.html?idxno=5131 (검색일자: 2020.9.17.)

86 유영규 외 5인, 『그것은 죽고 싶어서가 아니다– 논쟁으로 읽는 존엄사』, 북콤마, 2020; 하시다 스가코, 김정환(역), 『나답게 살다 나답게 죽고 싶다』, 21세기북스, 2018; 한스 큉ㆍ발터 예스, 원당희(역), 『안락사 논쟁의 새 지평– 생의 마지막 선택, 품위 있는 죽음을 위하여』, 세창미디어, 2010 등으로 우리나라도 연명의료 결정제도가 정착되기 시작한 전후로 의사조력자살에 관한 문헌이 증가하였다.

전 세계에서 안락사·존엄사 논쟁과 헌법재판소, 연방대법원 등의 헌법 해석의 최종 기관에서의 판단을 거쳐 의사조력자살의 법제화에 이르기까지의 100년이 넘는 역사 동안에[88], 우리나라는 여전히 연명의료 결정제도 수준에 머물고 있고 아직까지 의사조력자살에 관한 법적 논의가[89] 활발하게 진행되지는 않는 이유 중 하나가 되리라 판단된다. 법학뿐 아니라 철학, 윤리, 종교, 의학, 정치에 이르기까지 다학제적으로 융합되어 있는 매우 논쟁적인 주제이고, 이 모든 학문 분야의 관점을 종합적으로 고려하여야 하기 때문에 학문적 접근이 녹록하지 않다.[90] 그러나 이제는 우리나라도 연명의료 결정제도가 연착륙하였고, 생애 말기를 지나는 사람의 헌법상 기본권과 제도 보장의 일환으로써 의사조력자살을 둘러싼 논의에 대해서도 관심을 가질 필요가 있다.[91]

미국과 독일의 헌법적 판단과 법제화 추이를 보건데, 의사조력자살에 대한 권리 논쟁은 헌법상 권리인가 여부를 떠나서 생애 마지막까지 자기통제력과 자기결정이라는 자율성과 품위를 상실하지 않고 당사자의 선택에 기반하여 적절하고 인도적인 돌봄을 보장받을 수 있느냐가 관건이라고 판단된다. 헌법에서 추구하는 정의와 공정성의 가치가 삶의 마지막 시기에도 예외가 될 수 없다.[92] 결국 의사조력

---

87 엄주희, "대만 『환자 자주 권리법』에 대한 연구", 『법학논고』 제64집, 2019, 40쪽.

88 Richard Weikart, Killing them kindly; Lessons from the euthanasia movement, A Christian Review, Jan/Feb 2004, pp.30-31. 미국에서 의사조력자살 입법화의 최초 시도는 1906년 오하이오주 의회에 제출된 '안락사 법안'이었다고 한다. 이 법안은 의회에서 강한 반대에 부딪혀 부결되었고, 미국 안락사 협회(Euthanasia Society of America, ESA)가 결성되면서 환자 본인이 원할 때 죽음을 앞당길 수 있는 극약 처방을 해주는 것을 자비사(mercy-killing)로서 주장하는 사회운동을 계속하였다. 1960년대까지도 뉴욕주 등에서 안락사 법안이 제출되기는 했으나 입법화에 성공하진 못했다.

89 의사조력자살에 관하여 헌법의 관점에서 연구한 학술 논문으로 김명식(2010), 허순철(2010), 이기헌(2014), 김하열(2016), 문재완(2020) 등이 있을 뿐이고, 형법을 비롯한 일반 법률과 정책 차원에서 논의와 의사조력자살의 외국 법제 동향 및 비교로는 이인영(2009), 이주희(2010,2011), 이희훈(2015), 김선택(2018), 장한철(2018), 이문호(2019), 성경숙(2019) 등이 존재한다.

90 Margaret P. Battin, Rosamond Rhodes and Anita Silvers (eds.), Physician assisted suicide, N.Y & London: Routledge, 2008 등 의사조력자살에 관한 법적 검토에는 단순히 법률문제만이 아니라, 종교적 관점, 의학적 관점 등의 학제적인 논의를 다루는 이유이다.

91 원혜영 의원 대표발의, 『웰다잉기본법안』 (의안번호: 2022722, 제안일자: 2019.9. 30.) 웰다잉기본법안이 발의되었는데 '연명의료결정, 장기기증, 등을 포함하여 죽음에 관한 사항을 미리 결정하고 준비하는 것'을 웰다잉이라고 정의하고 있다. 웰다잉의 개념이 앞으로 사회적 인식이 더 성숙되어져야 하겠으나, 헌법적 가치에 부합하는 웰다잉은 품위있고 편안한 삶의 마무리를 추구하게 될 것은 자명하고 이런 면에서 연명의료 결정제도를 넘어 호스피스·완화의료, 의사조력자살을 포괄하는 포괄적인 죽음의 질에 관한 논의가 분명히 필요하다.

92 "Spain passes law allowing euthanasia", BBC, 18 March 2021,

자살 논쟁에서 찬반 양론에서 합치될 수 있는 핵심적이고 궁극적인 지점은 삶의 종착지에 이르기까지 존엄성, 자기결정권, 프라이버시, 평등과 같은 헌법적 가치를 보장받아야 한다는 것이다. 인생 전반의 삶의 질 논의는 생애 마지막 시기에는 웰다잉 논의가 된다. 생애 마지막까지 인격적인 돌봄과 적절한 의료서비스를 제공받도록 함으로써 헌법상 핵심 가치로서의 공정함과 정의가 삶의 마지막까지 보장될 수 있도록. 헌법학의 한 분야로서 진지하게 생애 마지막 기본권과 제도 보장에 대한 논의를 시작해야 한다.

◆ 『헌법학연구』 제27권 제2호, 2021, 91-138쪽.

---

https://www.bbc.com/news/world-europe-56446631 (검색일자: 2021.4.1) 스페인 총리는 올해 2021년 3월에 조력자살법안이 국회를 통과했을 때, "더 인간적이고, 더 공정하고, 더 자유로운 나라가 되었다."라는 소감을 남겼다. 의사조력자살이 보장된다는 의미를 법적 정의의 실현으로 해석하는 것을 볼 수 있다.

제2장
생명 · 입법 · 정책

제1절 영아의 생명권을 위한 규범적 고찰
― 베이비박스에 관한 영아유기 문제를 중심으로 ―

Ⅰ. 서론

　베이비박스의 기원은 중세 때 유럽에서 수도원과 고아원의 담장에 회전하는 아기상자(Foundling wheel)가 설치되어 아기를 직접 양육할 수 없는 사람이 외부에서 아기를 상자에 놓고 종을 울리면 내부에서 사람이 나와 상자를 회전시켜 아기를 받았던 전통에서 시작한다.[1] 12세기 이탈리아에서 최초의 베이비박스가 설치되었고, 19세기 말에는 사라졌다가 2000년 전후로 유럽 여러 나라에서 현대적인 형태의 베이비박스가 설치되기 시작했다. 독일어권 국가에서는 아기 요람 또는 아기 창문이라는 뜻의 Babyklappe, Babywiege, Babyfenster 등으로 칭하고, 폴란드에서는 생명의 창(Okna Życia; windows of life)이라고 불려진다. 베이비박스는 극빈으로 인한 양육 곤란, 성폭행, 혼외자 출생으로 인한 수치심 등 불가피한 사정으로 인해 출산 사실을 숨기거나 양육이 곤란한 사람들의 탈출구로서 기능하였다. 한국에는 2009년 12월에 교회에 1개가 설치되었는데 2013년 이후 베이비박스로 들어오는 영아의 수가 급증하기 시작하였다.[2] 이때는 입양특례법이 시행되기 시작한 때이기도 한다. 종전의 입양촉진 및 절차에 관한 특례법에 의해 입양이 신고제로 운영되어 영아의 복리가 미흡하다고 지적되는 문제들을 개선하고 국가의 관리 감독을 강화하는 입양허가제를 도입하며, 해외입양이 아닌 국내입양 중심으로 입양정책을 수립하려는 취지로, 2012년 8월 입양특례법으로 법률의 제명과 내용이 개정되어 2013년 7월 1일부터 시행되고 있다. 입양허가제 도입 이후에 영아

---

1 Joelle Coutinho, Claudia Krell, "Anonyme Geburt und Babyklappen in Deutschland – Fallzahlen, Angebote, Kontexte", DJI (Deutsches Jugendinstitut), 2011, p26; 김상용, "베이비박스와 익명의 출산", 『법학연구』 제54권 제4호(통권 78호), 2013.11, 330–331쪽.

2 베이비박스에 들어온 영아의 수는 2010년 4명에서 2012년 79명, 2013년 252명, 2014년 280명으로 2012년 입양특례법 시행을 기점으로 급격히 증가하였다. 한국입양가족협의회, 주사랑공동체 발행자료 참고; 또한 국내 대표적인 입양기관들의 입양 통계에서도 입양특례법이 개정되기 전해의 경우 8개월 동안 967명의 입양이 있었는데 이 법의 시행 이후에는 입양 허가를 받은 영아의 수가 11명으로 대폭 줄어들었다고 한다(장병주, "개정 입양제도의 문제점과 개선방향", 『법학논고』 제31집, 2013.2, 524쪽).

유기 사례가 급증하고 유기된 영아 중 상당수가 베이비박스에서 발견되는 점, 그럼에도 불구하고 베이비박스가 불법의 논란이 되고 있다는 사실에서 영아의 생명 보호 수단을 규율하는 법제도적 개선안이 필요한 시점이라고 판단된다. 국내 유일의 베이비박스는 2015년 7월에 베이비룸이라는 공간으로 개조되어 운영 중이다. 종전에는 건물 밖에 설치된 베이비박스에 영아를 놓고 가도 되었으나 베이비룸으로 바뀐 뒤에는 건물 안으로 들어가야 하고 영아를 놓고 가기 전에 대화하고 숙고하도록 상담 절차를 강화하였다.[3] OECD 34개 국가 중 가장 낮은 출산율[4]에 비해 영아 유기의 대폭적인 증가는 이중적인 사회 병리 현상이면서도 영아의 생명권과 건강권, 그리고 생명윤리 측면에서 심각한 사회 위기 현상이라고 할 수 있다. 베이비박스의 존재는 위기에 빠진 영아를 일시적으로 보호하는 기능을 할 수 있지만 자녀의 친생부모에 관한 알 권리와 친생부모로부터 양육될 권리와는 긴장관계에 있다. 그러나 베이비박스마저 없다면 어딘가에 유기되어 보호받지 못한 채 사망할 수밖에 없는 영아가 존재할 가능성이 있고, 한명의 생명이라도 살리기 위해서 베이비박스의 존재가 의미가 있다는 생명 존중의 현실적 필요의 관점에서 관련 법과 제도를 살펴볼 필요가 있다. 베이비박스가 활발하게 기능하고 있는 외국의 경우와는 다르게 우리나라에는 유독 미혼모가 문제의 중심에 놓여있다. 베이비박스 이용자 중 가장 많은 비중을 차지하는 미혼모의 기본권 보호와 영아의 생명과 안전의 보호 문제가 조화롭게 해결되어야 한다.

　　베이비박스와 관련된 선행연구들을 살펴보자면, 2012년에 베이비박스의 도덕성 논쟁을 다룬 논문이 발표되었고(정창록:2012), 2013년 이후 현재까지 입양특례법의 문제, 재개정론의 문제 및 입양제도의 개정방안에 대한 몇 편의 논문이 있다(윤은영:2013, 이철호:2013, 장병주:2013, 윤진숙:2014, 권재문:2014). 또한 베이비박스와 유사하게 영아를 보호하는 아기피난소를 법제화하고 있는 미국과 익명출산제도를 법제화하고 있는 독일, 프랑스의 입법례를 소개함으로써 대안을 제시한 논문들(김상용:2013, 서종희:2014, 신옥주:2014)이 존재한다.

---

3 SBS 뉴스, '버려지는 아기 막는다… '베이비룸' 효과 있을까?', 2015.12.15.

4 2010년부터 2015년까지의 기간 동안 합계출산율이 1.32명으로서, OECD 34개 국가 중 포르투갈과 함께 34위로 가장 낮은 수준이다. 참고로 그 다음 최저수준은 슬로바키아 1.39명, 폴란드, 헝가리, 일본 1.41명이며, 최고 수준은 이스라엘 2.91명으로 1위, 멕시코가 2.2명으로 2위이다. 합계출산율은 한 여성이 평생 동안 평균 몇 명의 자녀를 낳는가에 대한 지표를 의미하며 UN, 대만통계청 기준이다(UN, http://esa.un.org/unpd/wpp, World Population Prospects, the 2012 Revision, 2013. 6; 대만 「Statistical Yearbook」, 2011). 통계청, 통계서비스기획과 자료 참조.

본 연구는 위와 같은 현재 베이비박스와 영아유기의 문제점과 실태 위에서[5] 선행연구들에서는 면밀히 다뤄지지 못했던 공법적 측면에서의 규범적 요소를 고찰하며(Ⅱ), 베이비박스가 전세계에서 가장 많이 설치·운영되고 있는 독일에서의 영아와 친생모에 대한 기본권 보호 실태, 선행연구에서는 소개되지 않았던 체코[6]의 사례와 입법례를 통해(Ⅲ) 영아의 인권과 친생모의 법익을 동시에 보호하는 법제도적 개선방안을 도출하고 시의성 있는 정책적 제언을 제시(Ⅳ)하는 데 목적이 있다.

Ⅱ. 규범적 고찰

1. 베이비박스 이용행위에 대한 법적 평가와 현실

우리 형법에서는 영아유기 행위에 대하여 영아유기죄로 처벌하고, 영아유기로 인하여 사상에 이르게 한 경우에는 결과적 가중범으로서 유기치사상죄로 처벌할 수 있다. 영아유기죄는 직계존속이 치욕을 은폐하기 위하거나 양육할 수 없음을 예상하거나 특히 참작할 만한 동기로 인하여 영아를 유기함으로써 성립한다.[7] 유기행위란 보호가 필요한 사람을 보호 없는 상태에 둠으로써 그 생명과 신체에 위험을 가져오는 행위를 말한다. 보호가 필요한 사람을 보호받는 상태에서 적극적으로 보호 없는 상태로 옮기는, 협의의 유기와, 보호가 필요한 사람을 종래의 상태

---

5 2015년 3월에는 한국의 베이비박스 창시자의 활동상을 담은 다큐멘터리 영화 〈드롭 박스(The Drop Box)〉(브라이언 아이비 감독)가 미국 전역에 상영 배포되었다.

6 독일의 베이비박스는 세계에서 가장 많은 100여 개, 체코에는 63여 개가 설치되어 있다. 한국입양가족협의회, 주사랑공동체 발행자료 참고; 독일의 경우 "The 'revolving door' baby hatches for abandoned newborns in German hospitals where mothers get eight weeks to change their mind", MailOnline News, 2013. 12. 11일자 기사.
   (http://www.dailymail.co.uk/news/article-2521538/The-revolving-door-baby-hatches-abandoned-newborns-German-hospitals-mothers-weeks-change-mind.html, 2015. 7. 15 방문), 체코의 경우 "Baby boxes have saved 112 children", Prage Post, 2015. 1. 3.일자 기사
   (http://www.praguepost.com/142-culture/43614-baby-boxes-have-saved-112-children, 2015. 7. 15 방문).

7 형법 제272조(영아유기) 직계존속이 치욕을 은폐하기 위하거나 양육할 수 없음을 예상하거나 특히 참작할 만한 동기로 인하여 영아를 유기한 때에는 2년 이하의 징역 또는 300만원 이하의 벌금에 처한다.
   제275조(유기등 치사상) ① 제271조 내지 제273조의 죄를 범하여 사람을 상해에 이르게 한 때에는 7년 이하의 징역에 처한다. 사망에 이르게 한 때에는 3년 이상의 유기징역에 처한다.
   ② 자기 또는 배우자의 직계존속에 대하여 제271조 또는 제273조의 죄를 범하여 상해에 이르게 한 때에는 3년 이상의 유기징역에 처한다. 사망에 이르게 한 때에는 무기 또는 5년 이상의 징역에 처한다.

에 두고 떠나거나 생존에 필요한 보호를 하지 않는 광의의 유기를 모두 포함한다. 광의의 유기는 보호가 필요한 사람을 장소적으로 이전하지 않고 생명과 신체에 위험을 초래하는 일체의 행위를 의미한다.[8]

베이비박스에 영아를 두고 가는 것을 영아유기죄에 해당하는 행위로 평가할 수 있을 것인지. 즉 영아유기라는 위법행위에 해당한다고 볼 수 있을 것인지 검토가 필요하다. 베이비박스에 영아를 두고 문을 닫으면 베이비박스에 문이 닫히면 외부침입자로부터 영아를 보호하기 위하여 문이 잠긴다. 그리고 수초 내에 베이비박스 운영자들에게 연락이 취해져서 영아가 베이비박스에 있음이 알려지고 운영자들은 즉시 베이비박스로부터 아이를 꺼내서 보호한다. 베이비박스 내부 온도와 습도는 영아의 신체를 보호할 수 있도록 적절하게 유지된다. 베이비박스를 이용하는 사람은 영아의 생명과 신체의 안전에 위해를 가한다는 인식과 의사, 즉 영아유기의 고의는 없고 영아를 양육할 수 없는 사정 때문에 하는 수 없이 베이비박스를 찾아와서 영아를 맡기고 간다는 생각을 가지고 있다고 보여진다.[9] 베이비박스에 영아를 두고 가는 사람을 상담하고 설득하여 영아를 다시 찾아가는 사례가 많고 분유, 기저귀 등의 경제적 지원을 해주는 경우 다시 양육하기로 결심하기도 한다.[10] 실제로 베이비박스에 두고 간 영아는 경찰청에 신고가 되고 관할 파출소가 조사를 거쳐서 서울시 아동복지센터와 국가운영 보육시설에 보내어지게 되는데, 파출소 조사에서 베이비박스에 영아를 두고 간 사람을 찾아 영아유기죄로 처벌한 사례는 발견되지 않는다.[11] 베이비박스에 영아를 두고 가는 행위에는 영아유기의 고의가 있다고 볼 수 없고 출산으로 인하여 심신의 균형이 상실된 비정상적인 심신 상태인 점 등의 책임감경 사유를 감안할 때[12] 영아유기죄의 위법성이 있다고 평가할 수는 없다. 베이비박스의 문제는 미혼 여성의 임신과 출산을 죄악시하고 미혼모만을 비난하는 편견과 이로 인해 미혼모가 고립된 출산을 감행할 수밖에 없는 사회구조적 강요의 문제로서 미혼모에 대한 사회적 차별이자 평등의 문제로 파

---

8 이재상, 『형법각론』, 박영사, 2008, 105쪽.

9 박동진, "베이비박스 이용 후 양육을 결정한 미혼모의 인터뷰 분석" (국회토론회, 영아유기 안전장치 마련을 위한 정책토론회, 〈개정 입양특례법 시행3년, 우리들의 영아는 안전한가?〉, 2015.12.22. 참조

10 조태승, "베이비박스가 필요 없는 세상을 꿈꾼다" (국회토론회, 영아유기 안전장치 마련을 위한 정책토론회, 〈개정 입양특례법 시행3년, 우리들의 영아는 안전한가?〉 토론문1), 2015.12.22. 147쪽.

11 경찰청 강력범죄수사과, 『정보공개시스템 통계자료』 참조.

12 영아살해죄와 영아유기죄가 일반적인 살해죄나 유기죄보다 가볍게 처벌하는 것이 바로 행위자의 출산으로 인한 비정상적인 심신 상태 때문에 책임을 감경한다는 취지이다(이재상, 앞의 책, 29쪽).

악될 수도 있다.[13] 베이비박스를 제도적으로 운영하고 있는 유럽과 미국의 경우 베이비박스에 영아를 두고 가는 행위는 아동유기죄에 해당하지 않는다는 면책 조항을 두고 있다.[14] 면책이 되는 영아의 연령을 생후 72시간 또는 30일 이내로 한정하고, 영아는 학대로 인한 부상이 없는 상태이어야 하며, 유기의 주체가 영아의 부모이어야 하고 병원, 소방서, 경찰서, 교회, 입양알선기관 등 지정된 안전한 장소, 이른바 '아기피난소'에 놓아야 한다는 요건을 제시하고 있다.[15]

2. 국가의 생명권 보호의무

인간의 생명권은 최대한 존중되어야 하고, 국가는 국민의 생명을 최대한 보호할 의무가 있다. 생명권은 국가로부터 침해받지 않을 권리로써 대국가적 방어권으로서의 성격과 사인에 의한 생명권의 침해에 대해서는 국가의 기본권보장의무에 기초하여 국가에 대하여 보호를 요구할 수 있는 보호 청구권을 갖는다. 모든 인간은 출생에서 사망까지 모든 순간 생명권을 보호받는다. 보호가치가 없는 생명이나 생존가치 없는 생명은 없으며 모든 인간의 생명은 보호받을 가치가 있다.[16] 국가의 생명권 보호 의무는 특히 제3자에 의한 생명 침해로부터 개인을 보호하는 데 의미를 가질 수 있는데 모가 낙태를 할 때 태아의 생명 보호와 같은 경우가 이에 해당한다.[17] 헌법재판소는 태아의 손해배상청구권에 관해 이미 출생한 것으로 본다고 규정한 민법 제762조와 권리능력의 존속기간을 생존한 동안으로 규정한 민법 제3

---

13 이준일, "영아유기의 현실과 대안", 『종합토론회 자료집 주제발표』, (사)한국미혼모지원네트워크, 2014.10, 16쪽.

14 미국은 영아유기는 형법상 금지되고 있으나, 1999년 텍사스주를 시작으로 2008년 이후 50개주 전부에서 아기피난소법(Safe Haven Law)을 제정함으로써 신생아를 소정의 안전한 장소에 버리는 행위를 일정한 요건 하에 면책하여 친생모의 익명성을 보장하고 있다. 익명성이 보장되어야 경찰이 신원 확인을 하지 않고 사회적 비난의 대상이 될 염려 없이 안심하고 신생아를 아기피난소에 보낼 수 있기 때문에, 아기피난소법에서는 면책과 함께 친생모의 익명성 보장이 필수불가결한 요소이다(서종희, "익명출산제도에 관한 비교법적 고찰 – 베이비박스를 둘러싼 논의를 중심으로", 『법학논집』 제27권 제2호, 2014. 10쪽).

15 Child Welfare Information Gateway, Infant safe haven laws. Washington, DC: U.S. Department of Health and Human Services, Children's Bureau, 2013.

16 엄주희, "환자의 생명종결결정에 관한 연구: 입법적 실천 방안을 위한 미국과의 비교법적 모색", 연세대학교 박사학위논문, 2013. 220-221쪽.

17 전광석, 『한국헌법론』, 집현재, 2014, 237쪽; 이승우, "국가의 기본권보호의무", 『양승두교수화갑기념논문집』, 홍문사, 1994, 1153쪽. 정문식, "기본권으로서의 생명", 『법학논집』 제31권 제2호, 2011.8, 18쪽 등.

조 등에 대한 위헌확인 청구사건과 연명치료중단 등에 관한 법률의 입법부작위 위헌확인 청구사건 등에서 국가의 기본권보호의무 위반 여부 판단에 있어서 과소보호금지원칙을 적용하였다.[18] 과소보호금지원칙은 국가가 기본권 보호 의무를 어떻게 어느 정도로 이행할 것인지는 입법재량의 범위에 속하는 것이고, 입법부작위나 불완전한 입법에 의한 기본권의 침해는 입법자의 보호 의무에 대한 명백한 위반이 있는 경우에만 인정될 수 있다. 즉 국가가 국민의 법익을 보호하기 위하여 아무런 보호조치를 취하지 않았든지 아니면 취한 조치가 법익을 보호하기에 명백하게 부적합하거나 불충분한 경우에 한하여 국가의 보호의무 위반을 확인하게 된다. 또한 달성하려는 공익과 침해되는 기본권을 비교형량하는 비례의 원칙을 적용하되[19] 생명권을 핵심적 자유영역으로서 최소침해원칙에 있어서 생명권의 보호를 위해 규제의 강도를 강하게 하는 기준이[20] 생명권의 침해 여부 판단에 기준으로 사용된다.

베이비박스는 영아를 양육할 수 없는 불가피한 사정이 있는 사람이 영아를 유기하지 않고 영아를 양육할 수 있는 환경에 맡길 수 있도록 고안된 장치이기 때문에 영아의 생명과 안전에 직결될 수 있다. 베이비박스는 영아의 생명권 보호의 수단이 되기에 이를 설치하는 것을 국가가 제도화하고 보호하는 것이 국가의 생명권

---

18 헌재 2008.7.31, 2004헌바81 결정. 민법 제3조 등 위헌소원; 헌재 2009.11.26, 2008헌마385 결정. 입법부작위 위헌확인.

19 헌재 2005.3.31, 2001헌바87 결정 구 의료법 제25조 제1항 등 위헌소원.
"무면허 의료행위를 일률적, 전면적으로 금지하고 이를 위반한 경우에는 그 치료결과에 관계없이 형사처벌을 받게 하는 이 법의 규제방법은, "대안이 없는 유일한 선택"으로서 실질적으로도 비례의 원칙에 합치되는 것이다…의료인이 아닌 자의 의료행위를 전면적으로 금지한 것은 매우 중대한 헌법적 법익인 국민의 생명권과 건강권을 보호하고 국민의 보건에 관한 국가의 보호의무(헌법 제36조 제3항)를 이행하기 위하여 적합한 조치로서, 위와 같은 중대한 공익이 국민의 기본권을 보다 적게 침해하는 다른 방법으로는 효율적으로 실현될 수 없으므로, 이러한 기본권의 제한은 비례의 원칙에 부합하는 것으로서 헌법적으로 정당화되는 것이다."라고 판시하여 국가의 생명권 보호에 대한 심사기준에 법익형량의 원칙을 적용한다.

20 헌법재판소는 "법률이 개인의 핵심적 자유영역(생명권, 신체의 자유, 직업선택의 자유 등)을 침해하는 경우 이러한 자유에 대한 보호는 더욱 강화되어야 하므로, 입법자는 입법의 동기가 된 구체적 위험이나 공익의 존재 및 법률에 의하여 입법 목적이 달성될 수 있다는 구체적 인과관계를 헌법재판소가 납득하게끔 소명·입증해야 할 책임을 진다고 할 것이다. 반면에, 개인이 기본권의 행사를 통하여 일반적으로 타인과 사회적 연관관계에 놓여지는 경제적 활동을 규제하는 사회·경제정책적 법률을 제정함에 있어서는 입법자에게 보다 광범위한 형성권이 인정되므로, 이 경우 입법자의 예측판단이나 평가가 명백히 반박될 수 있는가 아니면 현저하게 잘못되었는가 하는 것만을 심사하는 것이 타당하다고 본다. 국가가 요양기관 강제지정제를 택한 것이 최소침해의 원칙에 반하는가에 대한 판단은 '입법자의 판단이 현저하게 잘못되었는가' 하는 명백성의 통제에 그치는 것이 타당하다."고 판시하여 생명권의 보호에 대한 심사기준을 강화한다(헌재 2002.10.31, 99헌바76 결정 등).

보호 의무에 해당하는 것인지 여부가 검토될 수 있을 것이다. 베이비박스가 존재한다는 점이 영아의 유기 및 유기치사의 확률을 더 낮출 수 있다는 인과관계로 연결되는 것은 아니지만, 영아를 양육할 수 없는 사람들이 영아의 생명에 위해를 줄 수 있는 극단적인 선택을 하지 아니하고 영아를 국가와 사회에 맡길 수 있는 최후수단으로서 베이비박스로 데려 올 수 있기 때문에 영아를 일시 보호함으로써 영아의 생명을 보호하는 기능을 한다. 베이비박스 영아유기 문제는 아동의 생명권 보호의 문제이고 베이비박스에 유기된 영아를 보호해야 하는 근거도 생명권이라는 헌법상 기본권에 근거한다. 입법자가 효율적인 영아의 생명 보호 수단을 마련하지 못하여 영아유기의 증가를 방지하지 못하고 불법 입양이 성행하고 있다면 이는 과소보호금지의 원칙에서 최소 수준의 국가의 기본권보호의무에도 미치지 못하는 것으로 판단할 수 있을 것이다. 따라서 영아의 생명과 안전을 보호할 수 있는 적절한 수단에 관한 입법이 필요하다고 판단된다.

3. 영아의 생명과 복리를 위한 사회보장

국가는 복지국가원리에 의해 사회보장법제로서 국민의 생명과 안전을 보호하고 사회적 기본권의 하나로서 인간다운 생활을 할 권리를 보장하여야 한다. 영아가 건강하게 출생하여 안전하게 자랄 수 있도록 영아의 복지를 보장하는 것은 영아의 생명과 복리를 위해 제도로 실현하는 작업이다. 이들 목적으로 제정된 영유아보육법, 아동복지법,[21] 한부모가족지원법 등은 헌법상의 요청인 인간의 존엄을 실현하는 국가의 적극적인 과제로서 영아에 대한 보호를 구체화하고 있다. 영아의 양육과 성장은 부모와 더불어 국가가 공동의 책임을 부담한다. 1차적으로는 부모와 법적 후견인에게 기본적인 책임이 있으나[22] 국가가 2차적인 책임을 수행하게 된다.[23] 육아 지원에 관한 제도나 세금에 관한 제도 등이 사회복지, 사회보장을 충실히 수행하고 있는가 하는 헌법적 측면에서 바라보아야 한다. 영유아보육법, 아동복지법

---

21 아동복지법 제1조(목적) 이 법은 아동이 건강하게 출생하여 행복하고 안전하게 자랄 수 있도록 아동의 복지를 보장하는 것을 목적으로 한다.

22 UN아동권리협약(Convention on the Rights of the Child) 제18조 제1항은 "부모 또는 법적 후견인이 아동의 양육과 발전에 일차적 책임을 진다."고 규정하고 있다.

23 UN아동권리협약 제18조 제2항은 국가가 부모와 법적 후견인에게 적절한 지원을 제공하고 아동보호를 위한 기관, 시설, 편의의 개발을 보장하게 함으로써 국가의 2차적 책임을 분명히 하고 있다. 또한 우리 영유아보육법 제4조 제2항에서도 국가와 지방자치단체의 보육 책임을 명시하고 있다.

에서는 아동의 양육을 위하여 어린이집, 가정위탁, 아동복지시설의 보호조치와 아동학대 방지 및 예방 등으로 규정하고 있으나, 친생부모에게 직접 양육되기 위해 필요한 아동 양육에 관한 직접 급여는 미흡한 실정이다. 아동보호시설, 미혼모 자립시설, 미혼모자 보호시설 등의 사회복지시설로서 요보호 아동의 보호를 실천할 수 있도록 하는 사회복지법제도 필요하지만 영아가 가정 내에서 양육되고 보호될 수 있도록 하는 제도적 지원도 그에 못지않게 필요하다. 베이비박스에 가장 큰 이용자가 미혼모이고, 베이비박스를 이용하는 이유가 성폭행, 혼외 출산 등에 의한 원치 않는 임신, 출산과 이에 따른 신체적 정신적 고통, 양육의 곤란, 사회적 편견과 고립도 있지만 경제적 어려움도 큰 요인이라는 점을 감안할 때 영아 양육에 관한 급여와 제도적 지원이 확충될 필요가 있다. 베이비박스의 운영에 있어서 상담과 교육을 통해 영아를 원가족의 손으로 돌려보내는 것과 궁극적으로는 영아가 모두 가정에서 양육됨으로써 베이비박스가 필요 없는 사회가 되는 것을 목표로 삼는 것[24]은 사회보장의 실천으로서 바람직한 현상이라고 보여 진다.

4. 혼인과 가족의 보호

혼인과 가족의 보호라는 헌법적인 요청[25]은 국가가 혼인과 가족의 형성을 저해하는 조치를 취하지 않도록 하는 소극적인 면과 동시에 국가에게 혼인과 가족이 형성되고 유지될 수 있도록 하는 적극적인 의무를 부과한다. 우선 적극적인 의무 측면에서 보자면 가족구성원은 주부양자의 입장에서 보면 부담의 증가요인이 되므로 사회보장을 통해 가족공동체의 추가부담을 경제적·물질적으로 보조하는 것이다. 이는 가족기능의 유지와 보호라는 헌법적 요청을 충실하고도 직접적으로 반영하는 방법이 된다. 따라서 영아에 대한 보호는 가족 부담의 경감을 위한 사회복지의 실천으로서 혼인과 가족의 보호의 적극적 기능을 수행하게 된다.[26]

소극적인 측면에서는 헌법 제36조 제1항에 의한 혼인과 가족의 보호는 혼인과 가족생활을 스스로 결정하고 형성할 수 있는 자유를 보장한다.[27] 친생모의 입장에

---

24 조태승, 앞의 글, 148쪽.
25 헌법 제36조 제1항 혼인과 가족생활은 개인의 존엄과 양성의 평등을 기초로 성립되고 유지되어야 하며, 국가는 이를 보장한다.
26 전광석, 『한국사회보장법론』, 법문사, 164-166쪽.
27 헌재 2011.2.24, 2009헌바89 결정 등.

서는 혼인과 가족생활에 대한 자유권은 임신과 출산에 관한 자기결정권을 보장받는 것을 의미한다. 임신과 출산에 관한 자기결정권은 헌법 제10조 인간으로서의 존엄과 가치와 그로부터 도출된 인격권, 그리고 행복추구권을 바탕으로 자율적으로 자신의 생활영역을 형성하고 결정할 수 있는 권리인 자기결정권의 한 내용이다.[28] 가족관계의 형성은 개인의 인격 발현을 위한 자율영역을 보장하는 중요한 요소이므로 인격권으로부터 자율적으로 친자관계를 형성할 수 있는 권리가 도출된다.[29] 임신·출산에 관한 자기결정권에는 여성이 원하지 않은 임신을 하거나 끝내는 여부를 결정할 권리를 포함하여 자율적 의사와 양성의 평등을 기초로 한 가족계획과 재생산 선택권이 포함되고 자신이 출산한 자녀를 직접 양육할지 여부를 결정하고 가족관계를 형성할 자기결정권도 포함된다고 할 수 있다.[30] 따라서 이 자기결정권으로부터 친생모의 익명성을 보호해주어야 할 법익이 발생한다고 볼 수 있다. 생각건대, 친생모에게는 자유의사에 따라 친자관계를 형성할 수 있는 자기결정권과 사생활의 보호와 자유에 따른 익명성 보호의 권리가 있다고 판단된다. 다만 이러한 친생모의 권리 이외에 자녀의 양육과 성장에 대한 부양의 책임과 의무가 있으므로 이 양육의무가 친생모의 사생활의 자유와 자기결정권의 한계로 기능하게 될 것이기 때문에 친생모의 자기결정권과 양육의무의 충돌 상황에서 규범조화적인 해석이 필요하다. 즉 친권의 행사와 영아의 복지를 위한 활동과 양육에 있

---

28 헌재 2012.8.25, 2010헌바402 결정. "개인의 인격권, 행복추구권에는 개인의 자기운명결정권이 전제되는 것이고, 이 자기운명결정권에는 임신과 출산에 관한 결정, 즉 임신과 출산의 과정에 내재하는 특별한 희생을 강요당하지 않을 자유가 포함되어 있다. 자기낙태죄 조항은 '부녀가 약물 기타 방법으로 낙태한 때에는 1년 이하의 징역 또는 200만원 이하의 벌금에 처한다'고 규정함으로써, 태아의 생명을 보호하기 위하여 태아의 발달단계나 독자적 생존능력과 무관하게 임부의 낙태를 원칙적으로 금지하고 이를 형사처벌하고 있으므로, 헌법 제10조에서 도출되는 임부의 자기결정권, 즉 낙태의 자유를 제한하고 있다."고 판시하여 여성의 자기결정권을 도출하고 있다.

29 헌재 1997.3.27, 95헌가14, 96헌가7(병합) 결정; 헌재 2009.11.26, 2008헌마385 결정; 헌재 2015.3.26, 2012헌바357 결정; 헌재 2015.4.30, 2013헌마623 결정 등 판례를 통해 헌법재판소는 인간으로서의 존엄과 이로부터 나오는 인격권, 그리고 행복추구권으로부터 친족관계의 부인과 창설의 권리를 도출하고 있기 때문에 같은 맥락으로 인격권으로부터 익명출산을 통해 원치 않는 친자관계를 부인할 수 있는 권리를 도출할 수 있다. 프랑스에서도 익명출산제를 허용하는 논거로서 인격권으로부터의 친생모의 익명성 보호이익을 도출하고 있다(권재문, "입양특례법 재개정론에 대한 비판적 고찰- 베이비박스와 익명출산", 『법학연구』 제22권 제1호, 2014, 61-62쪽).

30 여성의 임신과 출산에 관한 자기결정권은 이준일, 앞의 논문, 17면. 이 밖에도 여성의 임신과 출산에 관한 권리를 인권과 기본권으로 인정하는 학설이 다수 있다. 세계인권선언, 여성차별철폐협약, 경제적 사회적 및 문화적 권리에 관한 국제규약, 시민적 및 정치적 권리에 관한 국제규약 등 국제인권조약에서 여성의 재생산권으로 인정되고 있다. 그 내용으로는 장복희, "국제인권법상 재생산권에 관한 소고", 『경희법학』 제50권 제3호, 2015, 176-177쪽.

어서 자녀의 최선의 이익을 위해 행해져야 한다는 이념으로 귀결될 수 있다.[31] 영아의 입장에서의 혼인과 가족생활의 자유권은 친생부모를 알권리와 친생부모로부터 양육될 권리라고 할 수 있다. 또한 친생부모가 사실상 부모로서의 자격을 상실했거나 양육의 의지가 없는 경우에는 보다 적합한 가정환경에서 양육받을 것을 선택할 권리도 포함된다.[32]

UN아동권리협약은 아동의 보호와 아동의 특유한 권리보장에 관한 법적 구속력을 지닌 국제문서로서, 1990년에 발효되었는데 한국에서는 1991년 12월 23일부터 국내법적 효력을 갖게 되었다.[33] 이 협약은 영아가 출생 즉시 등록되어야 하며 영아에게 성명과 국적을 취득할 권리를 가진다고 보장함과 동시에 친생부모를 알권리와 친생부모에게서 양육될 권리를 가진다고 규정한다. 다만 친생부모를 알권리와 친생부모에게서 양육될 권리가 상대적 권리로서 '가급적' 지켜져야 하는 권리로 인정하고 있다.

---

31 우리 민법 제912조 제1항 '친권을 행사함에 있어서는 자의 복리를 우선적으로 고려하여야 한다.', 제2항 '가정법원이 친권자를 지정함에 있어서는 자의 복리를 우선적으로 고려하여야 한다', 아동복지법 제2조 제3항 '아동에 관한 모든 활동에 있어서 아동의 이익이 최우선적으로 고려되어야 한다', 영유아보육법 제3조 제1항 '보육은 영유아의 이익을 최우선적으로 고려하여 제공되어야 한다' 제4조 제1항 '모든 국민은 영유아를 건전하게 보육할 책임을 진다', 제2항 '국가와 지방자치단체는 보호자와 더불어 영유아를 건전하게 보육할 책임을 지며, 이에 필요한 재원을 안정적으로 확보하도록 노력하여야 한다'고 규정함으로써 자녀의 최선의 이익을 기준으로 부모의 자기결정권과 양육의무 사이의 규범조화적 해결을 추구하는 것으로 사료된다.

32 헌재 2012.5.31, 2010헌바87 결정, "헌법 제36조 제1항은 혼인과 가족생활을 스스로 결정하고 형성할 수 있는 자유를 기본권으로서 보장하는 것이며, 나아가 이는 혼인과 가족에 관련되는 공법 및 사법의 모든 영역에 영향을 미치는 헌법원리 내지 원칙규범으로서의 성격도 가지는데, 이는 적극적으로는 적절한 조치를 통해서 혼인과 가족을 지원하고 제3자에 의한 침해 앞에서 혼인과 가족을 보호해야 할 국가의 과제를 포함하며, 소극적으로는 불이익을 야기하는 제한조치를 통해서 혼인과 가족을 차별하는 것을 금지해야 할 국가의 의무를 포함한다(헌법재판소 2002. 8. 29. 선고 2001헌바82 결정, 판례집 14-2, 170, 180 참조). 친양자 입양의 경우에도 헌법 제36조 제1항은 친양자로 될 자가 그의 의사에 의해 스스로 입양의 대상이 될 것인지 말 것인지를 결정할 수 있는 자유, 나아가 친생부모가 사실상 부모로서의 자격을 상실하였거나 양육의 의지가 없는 경우에는 입양이라는 제도를 통해 열악한 양육환경에서 적극적으로 벗어나 양부모에 의해 양육 받을 수 있는 자유를 보장하고, 국가는 그러한 개인의 자유가 최대한 보장되도록 입양제도를 형성할 의무가 있다. 따라서 이 사건에서 '친양자가 될 자'의 지위에 있는 당해 사건 본인들은 자신들의 양육에 보다 적합한 가정환경에서 양육을 받을 것을 선택할 권리가 있고, 부당한 외부적 간섭에 의해 그의 선택을 방해받지 아니할 권리를 가진다 할 것이다."고 판시하여 보호가 필요한 입장에서도 양육환경을 선택할 권리가 있음을 인정하고 있다.

33 이화숙, 『가족ㆍ사회와 가족법』, 세창출판사, 2012, 500쪽.

UN Convention on the Rights of the Child

Article 7

1. The child shall be registered immediately after birth and shall have the right from birth to a name, the right to acquire a nationality and, **as far as possible, the right to know and be cared for by his or her parents**.

5. 친생모와 자녀의 기본권의 충돌과 그 해결

베이비박스가 설치됨으로써 친생모가 성폭행 등의 원치 않는 임신과 출산으로 인해 아이를 양육할 수 없는 상황에서 베이비박스를 이용하는 행위는 친생모의 자기결정권으로 보호될 수 있다고 평가될 수 반면, 영아의 친생모를 알권리나 친생부모로부터 양육될 권리의 보호는 희생될 수 있다.

기본권을 제한하거나 기본권의 제한 없이 다른 대안을 찾는 규범조화적 방법으로 해결할 수 있다.[34] 친생모의 자기결정권이나 자녀의 친생모를 알권리와 양육될 권리가 상대적인 권리라는 점, 양육을 할 수 없는 불가피한 사정에 의해 친권을 포기할 경우 영아도 후견인, 법정대리인을 통해 보다 적합한 양육환경을 선택할 수 있는 자유권을 가질 수 있다는 면에서 본다면 베이비박스라는 수단으로서 영아의 임시보호의 필요성이 있다. 다만 베이비박스는 친생모의 신원을 알 수가 없으므로 친생모에 대한 알 권리를 영구적으로 차단할 수 있다. 현재 우리나라에서 운영 중인 베이비룸이나 미국의 아기피난소와 같이 익명의 상담 방법과 지원 절차를 마련하여 위기에 처한 임산부에게 조력하고, 불법의 위험 없이 일정한 요건을 갖춰 임산부의 건강권을 보호하면서도 영아를 안전하게 맡기게 하거나 직접 양육하도록 유도할 수 있다. 뒤에서 살펴볼 독일과 체코의 익명출산, 비밀출산제도와 같이 자녀가 성인이 되었을 때는 자녀가 친생모의 신원을 확인할 수 있도록 하여 본인의 정체성을 찾고 알 권리를 충족시키도록 하는 대안제도로서 해결하는 것이 바람직할 것이다. 어느 한 권리를 희생시키기보다는 친생모의 권리와 영아의 권리가 최적으로 실현될 수 있도록 하여야 한다.

영아는 양육자의 보호가 절대적으로 필요한 미성숙한 존재로서 본인이 양육자

---

34 성정엽, "기본권충돌에 대한 헌법이론적 접근", 『공법학연구』 창간호, 1999, 101-104쪽.

나 양육환경을 선택하는 것이 불가능하고, 국내 입양 환경의 열악성과 혈연주의 등의 입양을 꺼리는 사회·문화적 요소 등으로 인해 국내 입양도 어려운 실정이다. 국내 양육환경의 현실적 지원과 개선, 입양에 대한 인식 개선과 활성화 등으로서 친생모의 자기결정권과 자녀의 최선의 이익에 기반한 권리들을 조화롭게 보호할 수 있는 제도적 보장이 절실히 필요하다. 그럼으로써 영아가 보다 더 적합한 가정환경에서 양육될 수 있도록 영아의 권리를 실질적으로 보호할 수 있을 것이다.

6. 현행 법규의 문제

2012년 개정 입양특례법에 의하면 1) 국내 입양을 최우선적으로 시행하고 국내입양이 안될 경우에 한하여 국외입양을 추진하도록 하였고(제7조), 2) 양친이 되기 위한 자격요건을 아동학대, 가정폭력, 마약 등의 범죄나 알코올 등 약물중독의 경력이 없는 자로 강화하고, 입양이 성립 전에 입양기관 등으로부터 보건복지부령으로 정하는 소정의 교육을 이수하도록 하였으며(제10조), 3) 이전에는 시군구에 입양신고로 가능하였으나 소정의 요건을 갖추어 가정법원에 입양허가를 받도록 개정했고(제11조), 4) 친생부모의 입양동의를 아동의 출생일부터 1주일이 지난 후 이루어지도록 하고 입양동의와 관하여 경제적 대가가 없어야 하는 등 요건을 명시하였다(제13조), 5) 양친이 양자를 학대, 유기하거나 현저히 양자의 복리를 해하는 경우 가정법원에 파양을 청구하도록 하였고(제17조), 6) 국내입양활성화와 입양의 사후관리를 위해 중앙입양원을 설치, 운영하고 필요한 통합데이터베이스 등 사업을 시행하며(제26조), 7) 양자는 중앙입양원 또는 입양기관에게 입양정보의 공개를 요청할 수 있도록 하고 친생부모의 동의를 받아 공개하도록 하되, 친생부모가 동의하지 않는 경우에는 그 인적사항을 제외한 정보를 공개하도록 하였으며(제36조 제1항, 제2항), 8) 친생부모의 사망 등 불가피한 사유로 동의를 얻을 수 없는 경우에 양자의 의료상의 목적 등 특별한 사유가 있는 경우 친생부모의 동의 없이 입양정보를 공개할 수 있도록 하였다(제36조 제3항).[35]

개정 입양특례법에서 입양 허가제로의 전환과 법원 허가를 받기위한 출생신고 증빙서류 제출의무 그리고 출생 후 7일이 지난 후 입양동의 효력을 인정하는 것 등이 청소년 미혼모와 같이 신분 노출을 꺼리는 사람들에게 제동을 가함으로써 정

---

35 입양특례법 [법률 제11007호, 2011.8.4. 전부개정, 시행 2012.8.5.] 제정·개정이유 참조.

상적인 입양으로 가는 길은 줄어들고, 베이비박스에 아이를 맡기게 되는 사례가 급격히 증가하는 원인으로 지적되고 있다. 양자의 친생부모에 대한 알 권리를 위하여 출생신고를 바탕으로 한 가정법원의 허가제를 도입하였지만 입양의 익명성이 보장되지 않기 때문에 입양이 대폭 줄어드는 결과를 초래하게 되었다는 것이다. 아동의 복리 증진과 친생모의 자기결정권 보호를 도모하기 위해서 현재 출생신고 요건을 완화할 필요가 있다.

현행 입양특례법의 취지를 살리면서도 영아유기를 예방하고 영아의 생명과 복리증진을 위한다는 취지로 입양특례법 개정안이 제안되었다가 국회를 통과하지 못하고 폐기된 바 있다. 주호영 의원이 2015년 10월과 2016년 6월에 대표 발의했던 개정안36에 따르면 입양기관의 장이 입양될 신생아동에 대한 가족관계를 등록할 수 있도록 하고, 아동의 알 권리 보장을 위해 법원과 중앙입양원에서 출생기록을 보존하여 입양아동의 요청으로 열람할 수 있도록 하였다. 또한 2013년 백재현 의원37 등도 청소년 미혼모가 가족관계등록이 되지 아니한 본인의 출생자에 대한 가족관계 등록 창설 절차의 개시를 요청하는 경우에는 입양기관의 장이 그 아동에 대한 가족관계 등록 창설 절차를 거치도록 하는 조항, 청소년의 경우 1주일간의 입양 숙려기간 동안 출산한 아이를 보호할 수 없어 극단적인 선택을 하는 것을 방지하기 위해 입양 숙려기간의 예외를 인정하도록 하는 조항, 장애아동에 대해서 국내입양과 국외입양을 함께 추진할 수 있도록 하는 조항 등을 담은 입양특례법 개정안을 제안한 바 있다.

III. 해외 베이비박스 법제 현황

1. 독일

독일에는 세계 최대 규모인 100여 개의 베이비박스가 설치되어 있으며 산모가 원할 경우 익명출산제도가 법적으로 보장된다. 공공의료가 주도하는 독일의 의료기관 체계를 바탕으로 베이비박스는 의료기관에 주로 설치, 운영된다.38 또한 실업

---

36 의안번호 1917451,19대 국회 주호영 의원 대표발의, 입양특례법 일부개정법률안, 2015.10.29.; 의안번호 2000162, 입양특례법 일부개정법률안, 2016.6.9.

37 의안번호 353, 19대 국회 백재현 의원 대표발의, 입양특례법 일부개정법률안, 2013.1.18.

38 유럽 선진국의 의료기관은 거의 대부분이 국·공립병원이거나 비영리조직으로 구성되어 있는데 비하여, 우리나라 의료체계에서 공공보건의료기관의 비중은 2000년 현재 기관수 기준으로 8.8%, 병

급여, 부모수당, 아동수당, 아동보조금, 임신수당 등의 양육에 관련된 수당과 파트타임 노동, 유연한 노동 조건 등 근로조건 개선으로서 한부모 가정이 아이를 양육할 수 있는 환경과 인프라를 국가가 다양한 사회보장제도로서 지원한다.[39]

독일에서는 베이비박스에 관한 입법이 이루어지기 이전부터 베이비박스와 익명출산, 익명인도를 시행하여 원치 않는 임신과 출산을 하고 아기를 양육할 수 없는 여성이 아기를 익명으로 시설에 맡길 수 있도록 하는 장치를 마련해 놓고 있었다.[40] 영아살해나 영아유기를 방지하려는 목적으로 설치된 베이비박스와 익명의 출산을 보장하는 병원이 2000년을 전후로 처음 설치, 운영된 이후에 독일 전역에 100여 개로 확산되었다. 그러나 베이비박스에 맡겨진 아동이나 산모가 병원에서 익명으로 출산한 아동은 기아로 처리되어 친생부모에 대한 기록이 남지 않게 되어 아동의 자신의 뿌리를 알 권리와 친부의 자녀와의 교통권 침해 등 여러 문제점을 야기할 수 있다는 비판이 있었다. 2013년에는 임신여성 지원 확대 및 비밀출산에 관한 개정 법률안(이하, '비밀출산에 관한 개정법'이라 칭한다)[41]이 의회를 통과하여 2014년 5월 1일부터 시행됨으로써 법적 근거가 마련되었다. 이 법에 따르면 임신한 여성이 원하는 경우에는 자녀의 출생기록부에 익명 또는 가명을 기록함으로써 병원에서 비밀출산이 가능하고, 임신여성들과 동행을 통해 익명성을 보장하면서 임신, 출산 등에 관한 포괄적인 상담서비스를 홍보하고 시행한다.[42] 이로써 공개적

상수 기준으로 15.5%로 매우 취약하고, 영리성에 상대적으로 자유롭지 못한 민간부문이 병원의 80% 이상을 소유하고 있는 등 민간부문이 주도하고 있는 실정이다. 헌재 2002.10.31, 99헌바76 결정; 헌재 2005.3.31, 2001헌바87 결정; 유럽의 베이비박스가 의료기관에 주로 설치, 운영되고 있는데 비해 우리나라에서는 의료기관이 아동유기 문제에서 아무런 역할을 하지 못하고 있는 원인을 의료기관의 체계 문제와 의료기관의 공공성 미약에서 찾을 수 있다고 볼 여지가 있다.

39 독일의 실업급여는 그 명칭과는 다르게 최소생계비 개념으로서 수입이 충분하지 않고, 노동능력이 있는 사람이 아동과 함께 받는 급여이다(신옥주, "독일의 단독양육모를 위한 법적, 실무적 장치에 대한 연구", 『이화젠더법학』 제2권 제2호, 2011.6. 172쪽 이하).

40 Joelle Coutinho, Claudia Krell, op. cit, pp.24-27; 독일의 경우 베이비박스의 사회적 배경을 이민 문제(불법이민자가 무보험이고 강제출국조치를 두려워하여 베이비박스나 익명출산을 감행한다는 것)로 보고 있으며, 미혼모에 의한 영아유기는 거의 발생하지 않는다고 한다. 그 이유는 친족상속법상 혼인 외의 자(2005년 기준 독일 전체 출생자의 30%)에 대한 차별이 없고, 한부모 가정을 위한 공적 원조가 제대로 마련되어 있기 때문이라고 평가된다(서종희, 앞의 논문. 110쪽).

41 Entwurf eines Gesetzes zum Ausbau der Hilfen fü Schwangere und zur Regelung der vertraulichen Geburt. '신뢰' 출산에 관한 개정 법률안이라고 번역(신옥주, 김상용)되기도 한다. 그러나 체코 법률 해석에서도 비밀출산과 익명출산을 구분하면서 비밀출산을 산모의 신상정보를 알고 보관하고 있으나 비밀에 부치는 제도를 뜻한다고 해석하고 있다. 이와 일맥상통하게 독일의 경우도 친생모의 신원을 밀봉하여 비공개하고 자녀가 16세가 되면 열람할 수 있도록 하는 출산제도를 신뢰출산보다는 비밀출산이라고 칭하기로 한다.

으로 공적시스템을 이용할 수 없는 여성에게 유용하고 의학적으로 안전한 서비스를 제공하고 있다. 임신갈등상담소에서 비밀출산을 위한 상담과 도움이 이루어지며 곤경과 갈등상황에 처한 임산부를 지원하고 있다. 임신갈등상담소는 친생모의 진정한 이름, 익명성, 자녀의 이름, 출생지, 출생일을 출생증명서에 등록한다. 비밀 출산을 하는 경우에는 자녀의 출생기록부에 친생모의 가명만이 기록되므로, 자녀의 출생증명서를 보아서는 친생모를 알 수 없다. 자녀가 16세가 되기 전까지는 친생모의 신원이 중앙기관에 저장되어 밀봉되고 16세 이후에는 친생모의 신원을 조회할 수 있다. 친생모도 자신의 신원기록에 대한 정보열람을 반대할 수 있다. 그러나 친생모의 반대의 의사표시에도 불구하고 자녀가 열람의 허용 여부를 가정법원에 청구할 수 있고 가정법원은 친생모의 인적사항이 자녀에게 공개됨으로써 친생모의 건강, 생명, 자유 그 밖에 보호가치가 있는 이익이 침해될 우려가 있는지를 심리하여 공개 여부를 결정한다. 부모의 익명성 보호보다는 자녀의 친생부모를 알권리가 더 보호되어야 할만한 특별한 사정이 있는 경우에 자녀에게 친생모에 관한 정보의 열람을 허용할 수 있다. 비밀출산으로 아이를 출산한 친생모의 친권은 정지된다. 그러나 친생모가 익명성을 포기하고 모성이 확고하고 자녀의 복리에 불리하지 않다면 친생모는 원칙적으로 자녀를 돌려받을 수 있다. 다만 이는 양부모의 자녀 입양에 대한 법원의 판결이 있기 전까지 보통 1년 이내에만 가능하다.[43] 이 법률에서는 베이비박스나 완전한 익명출산[44]을 금지하지 않고 있다.

2. 체코

가톨릭 계통의 개인병원 Gyncentrum 병원에 2005년에 최초로 설치된 이후, 체코 전역에 베이비박스가 63여개가 설치되어있다.[45] Baby-Statim이라는 비영리

---

42 독일에는 이미 '임신갈등법'에 의하여 양육하는 경우 받을 수 있는 지원, 직접 양육할 수 없을 경우에는 입양시키는 방법 등 임신여성에게 익명으로 상담을 받을 수 있는 기회를 제공하고 있는데 '비밀출산에 관한 개정법'에 의하여 상담서비스를 적극적으로 홍보하도록 하고 있다. 비밀출산에 관한 개정법에 의하여 임신으로 곤경에 처한 여성의 지원에 관한 법률, 신분등록법, 가사사건 및 비송사건의 절차에 관한 법률 등의 관련 법률들이 개정되었다(김상용, 앞의 논문, 332쪽. 신옥주, 앞의 논문, 356쪽).

43 Bundesministerium für Familile, Senioren, Frauen und Jugend, Beratung & Geburt VERTRAULICH, Fragen und Antworten zum Gesetz zum Ausbau der Hilfen für Schwangere und zur Regelung der vertraulichen Geburt.

44 신상정보 제공 없이 익명으로 아동을 위탁하는 경우를 뜻한다.

45 체코 프라하에 설치된 베이비박스 중 하나는 2010년에 구청(Prague 2 Town Hall) 앞에 설치되었

단체가 베이비박스 설치하는 사업을 하고 있는데 국가의 지원 없이 개인과 기업, 단체의 후원으로 운영되고, 재정 회계보고도 누구나 볼 수 있도록 공개한다. 베이비박스에 관한 법률은 제정되어 있지 않으나 베이비박스는 헌법에서 보장하는 생명권의 권리로 인정되므로 불법 논란은 없다.[46]

체코에서는 비밀출산이 2004년 6월 10일에 채택된 법(422/2004 Sb, 이하 '비밀출산에 관한 법률'이라 칭한다)에 근거하여 2004년 9월 1일부터 법적으로 보장된다. 체코 법제처 유권해석에 의하면 비밀출산은 산모의 신상정보를 알고 있지만 비밀에 붙여지는 데 반해 익명출산은 산모가 어떠한 신상정보도 제공하지 않아도 되는 것으로 해석한다. 비밀출산에 관한 법률은 공공보건의료법(20/1966 Sb)의 개정으로 채택됐으며 이 법에 기초하여 성과 성명등록법(301/2000 Sb)과 공공건강보험에 관한 법(48/1997 Sb)의 해당한 부분들이 개정되었다.[47] 비밀출산을 원하는 산모에게 가상의 대체 주민등록번호와 가명 내지 대체 성명이 제공된다. 이렇게 제공된 대체 신상 정보들로서 비밀출산을 원하는 산모에 관한 서류가 정상적인 출산을 원하는 산모들을 위하여 작성되는 서류-산모의 주민등록번호, 건강보험형태, 산전휴가의 시작날짜, 출산시 있었던 사건들 등-와 동일하게 작성되며 이 서류는 산모가 퇴원한 후[48] 밀봉이 된다. 이렇게 밀봉이 된 문건은 일반인들뿐 아니라 병원관계자들도 열람이 될 수 없도록 관리된다. 밀봉된 자료는 오직 법원이 판결에 의해서만 개봉될 수 있다. 비밀출산을 신청할 수 있는 권리는 18세 이상 성인이면서 비밀출

는데, 친생모의 익명성을 보장해주고 아기의 생명을 보호한다는 취지와 맞지 않게 베이비박스에 최초로 들어온 아기는 극빈자 가정의 쌍둥이 중에 한 명으로서, 친생모가 생활고 때문에 키울 수 없다고 출생신고서와 함께 남긴 아기였다. 이 사연이 알려져 주위의 도움으로 몇 주 만에 다시 가정으로 복귀했다. 이로 인해 베이비박스에 대한 비판론이 일어났으나 2015년 현재도 계속 운영하고 있다. Baby-Statim 홈페이지 http://www.babybox.cz ; Radio Praha, "Reflecting on baby boxes five years on" 2010.7.1.일자 기사 (http://www.radio.cz/en/section/panorama/reflecting-on-baby-boxes-five-years-on; 2015.12.20. 방문).

46 Baby-Statim의 대표 Ludvik Hess 및 체코 프라하의 '프라하2 구청' 대외협력 담당관인 Mgr.llona Chlupska 와의 2015.7. 방문 인터뷰; 체코 프라하에 설치된 2개의 베이비박스 중 하나는 시내 중심인 프라하2 구청 입구에, 나머지 하나는 시 외곽의 개인 산부인과병원 Gyncentrum 병원 입구에 설치되어 있다. 독일이 산모의 익명성과 프라이버시 보호를 위해 건물 외진 곳에 설치한 것과는 다르게 사람들이 드나드는 정문 입구에 설치되어 있다는 점에서 차이가 있다.

47 법률명 422/2004 Sb(비밀출산에 관한 법률), 출처: Ministerstvo vnitra České republiky, (http://aplikace.mvcr.cz/sbirka-zakonu, 2015.7.15 방문) 이하 단락은 '비밀출산에 관한 법률'의 내용 중 필요한 부분을 정리.

48 퇴원은 일반적으로 출산 후 72시간 후에 이루어진다.

산을 하기 300일 이전에 결혼 또는 이혼을 하지 않았으며 체코국적을 소유한 모든 여성들이 가지고 있다. 성인이 아닌 산모는 비밀출산을 신청할 수가 없다. 이는 체코 민법 제9조에 따라 미성년자는 비밀출산을 결정할 수 있는 법적 권한이 없기 때문이다. 비밀출산은 일반 산부인과병원 또는 비밀출산을 위하여 특별히 만들어진 기관에서 진행될 수 있다. 비밀출산이 산부인과병원에서 진행될 경우 산모는 병원에 입원하기 전에 비밀출산 신청을 할 수 있으며 경우에 따라 병원에 입원한 후에도 신청할 수 있다. 임신한 상태를 육안으로도 알아보기 어려운 임신 초기의 여성이 비밀출산을 결심한 경우에 산모의 비밀출산은 이 비밀출산을 위하여 특별히 만들어진 기관에서 진행되게 된다. 이 기관에서 산모는 출산까지 남은 기간을 전문가들의 돌봄을 받게 된다. 여기에 소요되는 숙식비용은 산모가 지불하여야 하나, 산모가 필요한 비용을 감당할 수 없는 경우 해당한 확인서—산모의 재정상태가 숙식비용을 감당할 수 없다는 내용의 확인서—작성하여 이러한 상황을 해결할 목적으로 조직된 재단의 재정적 지원을 받을 수 있다. 출산하기 직전까지 산모는 비밀출산을 하지 않기로 생각을 바꿀 수가 있고, 이 경우에 산모는 비밀출산을 하지 않겠다는 서약을 작성하고 여기에 두 명 이상의 의료관계자가 사인을 함으로서 서약의 신빙성이 보장된다. 비밀출산으로 태어난 아기는 신생아과 간호사들의 돌봄을 받는다. 정상적으로 태어난 아기는 친생모에게 친권이 귀속이 되나, 비밀출산 시에는 친생모가 비밀에 부쳐짐으로 인해서 비밀출산을 통하여 태어난 아기에 관한 친권을 법원이 결정하게 된다. 비밀출산 후에도 친생모가 원하는 경우 친생모가 태어난 아기의 이름을 지어줄 수 있고, 만일 친생모가 이를 어떠한 이유에서든 이를 거부하는 경우 이기의 이름은 법원의 결정에 의하여 지어진다. 비밀출생으로 태어난 아기의 출생증명서에는 아기의 친생모가 기록되지 않는다. 아기는 법원에서 정해주는 유아원으로 보내지며 출생 6주 후 친생모가 아기에 대한 부모의 권리를 포기하면 아기는 입양아명단에 등재가 된다. 이렇게 등재된 아기는 법으로 정해진 입양절차를 거치게 된다. 어떠한 이유로 친생모가 아기를 되찾으려한다면 아기가 입양절차를 마치고 양부모에게 보내지기 전까지만 가능하다. 아기의 친생모나 친부가 아기를 입양 보내는 데 동의를 하지 않는다고 하여도 법원의 결정에 의하여 아기의 입양이 결정될 수 있다. 만일 6개월 이상 친부모가 아기를 돌보겠다는 의지를 보여주지 않는 경우, 예컨대 아기를 정상적으로 방문하지 않는다거나 가능한 한 자신들의 가정적·사회적 환경을 아기를 양육할 수 있도록 바꿔나가려는 노력이 없을 때 법원은 아기의 입양을 친부모의 동의가 없이도 결정할 수 있다. 이후 아기는 입양절차를 거치게 된다. 이 기간에 아기가 입양을 가게 될 양부모들에 대한 검증이 진행된다. 아기를 선택한 양부모들에게 법원이 입양을 허락한다는 최종판결을 내리기 전에 아기는 최소 3개월 이상 미래의 양부모들과 함께 생활을 해야 한다. 이때 소요되는 비용은 양부모가 감당하여야 한다. 만일 아기의 친부모가 아기를 되찾으려 한다면 아기가 새 부모들과 생활하는 기간 내에만 법원에 신청서를 제출할 수 있다. 법원의 최종 판결 후에 친부모의 신청서가 접수된다면 법원은 아기의 이익보호 차원에서 이를 수령하지 않는다. 가족환경의 변화에서 받는 아기의 심리적 고통 손상을 최소화하기 위한 조치이다.

3. 시사점

베이비박스를 중세시대의 유물이라고 하는 비관론에도 불구하고[49] 독일, 체코 등 유럽국가에서는 익명출산과 비밀출산을 법제화하여 보호하고 있는 이유는 임신과 출산을 원하지 않은 여성의 자기결정권을 보호하면서도 그 무엇보다도 한명의 영아라도 살려낼 수 있다는 생명 존중의 정신 때문이다. 또한 자신의 정체성을 찾고자 하는 인간의 본성을 존중하고 이를 헌법상 기본권으로 인정함으로써 자녀의 친생모를 알 권리를 충족할 수 있는 방법을 제도 속에 담아내고 있다. 여성의 자기결정권과 자녀의 친생모를 알 권리 중 어느 한 기본권을 희생시키지 않고 양 법익이 동시에 실현될 수 있도록 대안을 찾아낸 것이다. 이로써 원치 않는 임신을 한 여성이 상담과 의료지원이라는 공적 시스템과 동행하면서 비밀로 출산할 수 있고, 자녀가 일정 연령이 되기까지―독일의 경우 15세까지―친생모의 익명성을 보장받는다. 임신갈등상담소와 긴급 도움전화를 운영하여 임신, 양육, 입양에 관한 폭넓은 상담과 지원을 제공함으로써 친생모에게 일방적인 선택을 강요하지 않으면서도 위기 임신[50]과 갈등 상황에서 실제적인 도움을 주고 있다. 그리고 자녀가 16세

---

49 폴란드의 사회학자는 베이비박스는 중세 유물이라고 표현하면서 베이비박스를 폐쇄하면 정부가 성교육을 강화하고 여성의 재생산권, 아동의 권리 강화 등 생명뿐 아니라 보다 가치 있는 존재를 위한 활동을 하게 될 것이라고 비판하였고, 유엔 아동권리위원회의 헝가리 위원은 중세의 베이비박스가 UN 아동권리협약 7조와 8조를 침해하고 있다고 의견표명하였다. 반면 가톨릭 사회단체 카리타스와 가톨릭 대주교 측은 아동권리위원회가 2012년 11월에 베이비박스 폐지를 요구한 것에 반대하면서 베이비박스가 신생아의 생명을 살리는 역할을 하고 있고 국가적 전통의 한 부분을 형성하고 있다고 논평했다.
(http://www.ctvnews.ca/world/poland-s-church-defends-boxes-for-abandoned-babies-1. 1063140 2015.7.20. 방문).

가 된 이후에는 자녀의 알 권리를 존중하여 친생모의 신원정보를 열람할 수 있게 함으로써 양자 간의 조화를 모색하고 있다. 우리나라도 이와 같은 친생모와 자녀의 법익을 동시에 충족할 수 있도록 대안적 제도의 모색이 필요하다.

또한 한국의 베이비박스 영아유기 문제가 외국과는 달리 미혼모의 열악한 사회적 경제적 문화적 요인 때문에[51] 미혼모에 집중되고 있기 때문에[52] 독일과 체코와 같이 베이비박스의 입법적 해결뿐 아니라 미혼모, 한부모 가정에 지원되는 공적 부조의 개선과 이들에 대한 사회적 인식 개선이 필요하다고 판단된다.

IV. 결론

위의 같이 규범적 분석과 해외의 관련 법제현황을 살펴본바, 친생모와 자녀의 대립적인 법익들이 모두 생명보호라는 기본권의 본질적 내용과 맞닿아 있다. 대립적인 기본권들이 충돌하는 상황을 해결하고 생명보호의 가치를 실현하기 위하여 다음과 같은 법제도적 개선이 필요하다고 판단된다.

1. 친생모의 자기결정권 보호를 위한 제도와 법적 근거 마련

우리나라의 베이비박스 또는 베이비룸은 미국의 아기피난소와 유사하게 지정된 안전한 장소에 익명으로 영아를 맡길수 있도록 함으로써 아기를 일시 보호하는 방식으로 운영되고 있다. 그러나 이러한 행위에 대해 사회적 비난과 형사적 제재가 병존하므로 미국의 경우와 같이 면책할 수 있는 명확한 법적 근거가 필요하다고 판단된다. 현행 아동복지법이 아동의 이익을 최우선적으로 고려하여 행복하고 안전한 양육에 관한 포괄적인 규정을 가지고 있으므로, 아동복지법상에 베이비박스

---

50 위기 임신은 경제적 · 심리적 · 신체적 어려움 등으로 출산과 양육에 대해 갈등을 겪고 있어, 고립되어 혼자서 출산을 맞이할 가능성도 있는 임신 상황을 의미한다. 이 용어를 사용하는 법안으로는 조오섭 의원이 대표발의한 「위기임산부 및 아동 보호 및 지원에 관한 특별법안」(제안일자: 2021년 5월 26일)이 있다.

51 독일 등 유럽의 경우 한부모 가정에 지원하는 양육 제도의 공적 부조가 다양하고 규모 면에서 국내에 비해 월등하고, '미혼모(未婚母)'라는 용어 자체를 사용하지 않으며 한부모(single parent) 가정과 비혼(非婚) 가정에 대한 사회적 인식에 부정적 편견, 차별과 불평등을 찾기 어려울 정도로 영아유기문제를 둘러싼 사회적 경제적 문화적 환경이 국내와는 다르게 개방적이다.

52 보건복지부 입양 통계에 따르면 2009년 국내 입양된 전체 아동 1,314명 중 1,116명, 2010년 1,462명 중 1,290명, 2011년 1,548명 중 1,452명, 2012년 1,125명 중 1,048명, 2013년 686명 중 641명으로 상당수가 미혼모의 아동이다(출처: 국내입양통계 자료, 보건복지부 아동복지정책과).

(룸) 설치의 목적과 이용 방법, 베이비박스(룸)에서 제공되는 상담의 내용과 절차, 베이비박스(룸)을 이용할 때 영아유기죄로부터 면책되는 요건, 친생부모의 친권 상실에 대한 조항, 베이비박스(룸)의 홍보 방식, 베이비박스(룸)의 영아 임시보호시설 허가와 정부의 감독 체계 등을 명시하여 베이비박스(룸) 이용의 법적 근거를 마련해 줄 수 있을 것이다.

2. 영아에 대한 급여방식 개선을 통한 개별적인 보호 조치

아동복지법상에는 직접 급여방식의 지원이 없고, 한부모가족지원법과 관련 여성가족부고시 등에서 제공하는 영아 양육을 위한 급여가 너무 낮으므로[53] 베이비룸을 찾는 청소년 미혼모나 극빈 가정에게는 현실적인 도움이 되지 못하여 직접 양육을 원해도 경제적 부담 때문에 영아를 포기하지 않도록 하려면 양육 급여의 현실화가 필요하다. 실질적인 미혼모 가정의 영아 양육을 위한 지원책이 될 수 있도록 긴급구조와 사회복지 제도를 확충하여야 한다.

3. 공공의료기관을 중심으로 한 익명출산의 제도화 도입

친생모의 자기결정권을 보호하고 영아의 생명권을 보장하는 방편으로서 현재 국회에 계류 중인 입양특례법 개정안과 같이 출생신고 요건을 완화하고 입양 숙려제의 예외를 두는 규정뿐 아니라, 독일의 비밀출산에 관한 법을 모델로 하여 공공의료기관에서 익명출산, 비밀출산이 가능하도록 하고 중앙입양원에서 친생모의 신원을 관리하는 방식으로 시범 적용할 수 있도록 특별법 발의도 고려할 필요가 있다.

4. 기타

원치 않는 임신과 출산이 일어나지 않게 사전예방 대책을 활성화하는 것이 베이비박스와 익명출산, 비밀출산제도 등의 사후대책 마련에 대해 논란을 벌이는 것보다 효과적으로 영아와 친생모를 보호할 수 있을 것이다. 초중고 정규교육 과정

---

53 현재 한부모가족지원법에 의해 지원되는 미혼 한부모의 아동양육비는 최저생계비 130% 이하인 가족의 자녀 1인당 월 15만원으로 책정되어 있다(김혜성, "영아유기 문제에 대한 사회복지 개입과 과제", 「영아유기 안전장치 마련을 위한 정책토론회」, 〈개정 입양특례법 시행3년, 우리들의 영아는 안전한가?〉 토론문 1, 국회토론회, 2015.12.22. 129쪽).

중에 적극적인 성교육 활성화로 청소년 미혼모 발생 예방, 공공의료의 확충을 통해 위기 임신과 출산, 양육과 입양에 관해 상담하고 지원해 줄 수 있는 제도 설계, 의료기관이 베이비박스(룸)과 익명출산을 시행할 경우 건강보험으로서 지원해 줄 수 있도록 하는 보험 체계의 전향적 개선, 베이비박스(룸) 인식개선을 위한 대국민 홍보 등 영아 유기의 사전예방과 사후 대책을 법과 제도에 담아냄으로써 영아의 생명권을 보호할 수 있도록 하여야 한다.

◆ 「서울法學」 제23권 제3호, 2016, 1-22쪽

제2절 낙태와 관련한 자기결정권의 행사와 그 한계에 대한 재조명

Ⅰ. 서론

2012년 헌법재판소는 형법상 낙태죄의 위헌 여부 등을 다툰 사건에서 해당 조항이 '임부의 자기결정권'을 침해하지 않는다고 결정하였다.[1] 비록 법정의견은 합헌이었지만 심리에 참여한 재판관 8인의 의견이 4 : 4의 합헌과 위헌의견으로 갈라졌던 만큼, 당시 헌법재판소의 결정은 '형벌을 통한 낙태 규제의 헌법적 정당성' 논란의 종지부를 찍지 못한 상태로 끝났다.[2] 그로부터 5년이 지난 2017년 형법상 낙태죄의 위헌 여부를 다투는 헌법소원이 다시 제기되어 헌법재판소는 2018년 5월에 공개 변론을 열었다. 그러나 공개변론이 있은 후에도 합헌론과 위헌론의 견해 차이는 좀처럼 좁혀지지 않은 상태로 헌법재판소의 새로운 결정을 기다리며 팽팽한 평행선을 유지했다가, 2019년 4월 마침내 낙태죄 형법 조항에 대해 헌법불합치 결정이 내려졌다.[3]

현재 낙태 행위는 형법 제27장의 '낙태의 죄(269조 내지 270조)'와 모자보건법 제14조 및 동법 시행령 제15조의 '인공임신중절의 허용한계'에 관한 규정이 적용된다.[4] 다시 말해, 형법으로 낙태의 죄와 형을 규정하여 원칙적으로 낙태가 금지되어 있으나, 모자보건법의 허용한계에 규정된 요건을 충족하면 법령에 의한 정당행위

---

1 헌재 2012.8.23. 2010헌바402 결정.

2 김종대, 민형기, 박한철, 이정미 4인의 재판관의 법정의견, 이강국(재판장), 이동흡, 목영준, 송두환 4인의 재판관의 반대의견 및 이동흡 재판관의 반대의견에 대한 보충의견으로 나뉘어 위헌 정족수 6인을 충족하지 못했다.

3 낙태 찬성론에서는 스스로의 결정에 의해 임신을 유지하지 않겠다는 의미로 "임신 중단"이라는 용어를 주장하기도 하고, 모자보건법에서는 24주 이내(모자보건법 시행령 제15조) 동안 일정한 인공임신중절의 허용 사유를 두고 있으나, 본고에서는 인공적으로 임신을 중단하는 것을 범죄(낙태죄)로 규정하는 것에 대해 헌법재판소에서 그 위헌 여부를 다툰 사건을 논하기 위해 낙태라는 용어를 사용하기로 한다.

4 모자보건법 제14조 및 동법 시행령 제15조에 따른 '인공임신중절수술의 허용한계'는 "① 낙태 정당화 사유의 존재, ② 본인과 배우자(사실상의 배우자 포함)의 동의, ③ 임신 24주 이내일 것, ④ 의사가 낙태를 시술할 것"이라는 4가지 요건으로 구성되어 있다. ①의 정당화 사유는 "ⅰ) 본인이나 배우자가 우생학적 또는 유전학적 정신장애나 신체질환이 있는 경우, ⅱ) 본인이나 배우자가 전염성 질환이 있는 경우, ⅲ) 강간 또는 준강간에 의하여 임신이 된 경우, ⅳ) 법률상 혼인할 수 없는 혈족 또는 인척 간에 임신된 경우, ⅴ) 임신의 지속이 보건의학적 이유로 모체의 건강을 심각하게 해치고 있거나 해칠 우려가 있는 경우"라고 규정되어 있다.

(형법 제20조)로 위법성이 조각되는 구조이다. 그러므로 낙태를 원하는 임부의 자기 결정권의 행사는 상당한 제약의 범위 내에서만 실현이 가능하다.

헌법재판소는 2012년 결정에서 위의 자기낙태죄 조항(형법 제269조 제1항)이 '태아의 생명 보호'를 위해 '헌법 제10조에서 도출되는 임부의 자기결정권(낙태의 자유)'을 제한한다는 점을 인정하였으나 과도한 제한이 아니므로 합헌이라고 판시했다. 그리고 태아도 '생명권의 주체'임을 합헌 판단의 중요한 논거로 삼고 있으나 임부와 태아의 기본권의 충돌 문제를 직접적으로 다루지는 않고, 기본권 제한에 관한 헌법 제37조 제2항의 과잉금지의 원칙만을 심사기준으로 삼았다.[5] 즉, 헌법재판소는 임부의 자기결정권과 태아의 생명권이 상하의 서열관계에 있는 것으로 본 것은 아니었으나, 사실상 태아의 생명권 보호라는 '공익'을 보다 중시하는 취지의 결론에 이른 것으로 평가할 수 있다. 그러나 이러한 헌법재판소의 결정에도 불구하고 낙태율은 여전히 감소하지 않았고, 임부의 인권과 태아의 생명 사이의 갈등은 오랜 기간 계속되었다.[6]

한편 낙태율이 심각하게 높아진 배경에는 남성의 피임 책임의 회피, 미혼모에 대한 차별과 편견, 출산·양육에 대한 지원 부족, 직장 내 차별 등과 같은 사회·문화적 요소들이 있다. 국가 인구 조절 정책의 일환으로 시행되었던 정부의 인위적

---

5 헌법재판소는 흡연권과 혐연권의 충돌, 인격권과 언론의 자유의 충돌 등 기본권 충돌이 문제되는 사건인 경우에 충돌하는 기본권과 그 심사 기준을 구체적으로 설시하는 경우가 많은 듯하다. 헌재 2004.8.26, 2003헌마457 결정, 헌재 1991.9.16, 89헌마165 결정, 헌재 2005.11.24, 2002헌바95 등 결정, 헌재 2010.2.25, 2008헌가23 결정, 헌재 2012.5.31, 2010헌바87 등 결정 참조.

6 낙태 반대론의 논거로는 1) 낙태는 생명을 죽이는 살인이라는 것 2) 낙태는 인간생명에 대한 경시 풍조를 확산시킨다는 것 3) 가정을 파괴하고 성윤리를 타락시킨다는 것 4) 당사자인 여성에게 신체적으로나 정신적으로 깊은 상처를 남긴다는 것 5) 사회경제적인 이유로 낙태를 허용하게 되면, 사회경제적으로 부담이 된다는 이유로 영아살해, 중증 장애인, 치매 노인의 안락사도 허용되어야 할 것이라는 미끄러운 경사면의 논증 6) 동성애자의 인권을 주장할 수 있다면 소수자 중의 소수자인 태아의 인권도 말할 것도 없이 소중하다는 점을 들 수 있다. 부모세대가 상대적인 불편요소를 모두 제거하는 사조에 편승해 낙태를 합법화한다면 훗날 자녀세대의 불편요소로 전락해서 안락사라는 이름 아래 제거대상이 될 수도 있다는 사실을 기억해야 한다. 백상현, "태어나기 전에는 합법적인 인간이 아니다?", 국회 포럼 자료집 [태아의 생명권과 낙태법 유지], 2018.6.15.; 낙태 찬성론의 논거는 1) 태아가 성인과 동등한 도덕적 지위를 가진 인간이 아니고 사실상 과학이 아닌 사회적 합의의 문제라는 것 2) 태아가 인간이라고 하더라도 태아의 생존을 위해 자신의 신체를 빌려주어야 할 의무는 없다는 것 3) 여성의 삶의 질의 관점에서 임신출산으로 인한 신체적·심리적 부담과 경제·사회적 영향을 고려해야 한다는 것 4)태아 자신과 공공복리에 대한 물음으로서 미혼모, 근친간, 강간 등으로 출생한 아기가 큰 충격과 불행을 겪을 수 있다는 것 5) 여성이 자신의 몸에 대한 권리를 스스로 소유하고 있으므로 임신, 낙태, 출산의 결정을 모두 여성이 알아서 해야 할 일이라고 하는 페미니스트의 견해가 있다. 권복규·김현철, 『생명윤리와 법』, 이화여자대학교 출판부, 2007, 69-70쪽 등.

인 가족계획 사업도 낙태에 대한 거부감과 죄의식을 희박하게 만든 원인으로 지목된다.[7] 또 '낙태죄가 생명을 선별하고 통제하기 위한 국가의 정책이었으며 여성의 몸을 출산의 수단으로 도구화하여 사회적, 성적으로 불평등한 위치에 있는 여성들에게 책임을 전가해왔다'는 여성단체의 주장도 눈여겨볼 필요가 있다.[8] 임부나 의사 모두가 낙태를 심각한 윤리적 문제로 여기지 않고 있다는 점도 높은 낙태율을 형성하는데 한 몫을 하였다.[9] 임신을 유지하는 데 큰 장애가 될 만한 사유가 아닌데도 낙태를 요구하는 경우, 의사가 이를 일상적인 시술로 생각해 무감각하게 대하고 오히려 수입의 수단으로 생각하고 있다면 낙태를 막는 데 큰 장애가 될 것이다.[10]

국가로서는 장차 국가의 구성원이 될 생명, 즉 태아의 생명을 낙태로부터 보호하는 것에 관심을 기울이며 그 의무를 다하고자 힘쓰는 것이 마땅하다고 할 것이다. 그러나 낙태가 태아의 생명에 치명적인 영향을 미치는 만큼, 낙태죄의 규정은 임부와 의료인의 자기결정권과 삶에도 지대한 영향을 미친다는 점을 부정할 수 없다. 그러므로 이제는 끝나지 않을 논쟁을 거듭하기 보다는 어떻게 하면 낙태율은 줄이고 무고한 생명을 살릴 수 있는 법제도가 될 수 있는지에 대해 논의하는 것이 필요하다. 그것이 세계 최고를 달리는 낙태 국가라는 오명을 가지고 있는 우리 현실에 합당한 논의라고 할 것이다.[11]

---

7 김성진, "출산억제정책으로서 모자보건법과 낙태에 대한 반성적 접근", 『법과 정책연구』 제10권 제1호, 2010, 65쪽.

8 Marge Berer, Abortion Law and Policy Around the World: In Search of Decriminalization, Health and Human rights Journal 19(1), June 2017, p.21; 유럽국가들에서는 낙태를 죄로 취급하는 보수 종교적인 관점에서 국가가 낙태를 규제해왔다. 일본과 우리나라는 국가의 인구정책과 출산 통제의 주요 수단으로 낙태를 취급해왔던 것을 볼 수 있다. 우리나라 낙태죄 헌재 사건에서 2018.5.23. 법무부가 제출한 변론요지서에 대한 비판으로, 성행위를 재생산을 위한 것으로만 한정하고 있는 점, 여성과 태아를 한 쌍으로 보고 남성의 것인 아이를 임신중절 대상으로 보면서 여성을 적대적인 대상으로 보는 관점, 남성과 국가가 이를 관리하겠다는 인식에 대한 저항을 들 수 있다. '낙태, 성교하되 책임 안지는 것" 법무부 의견 무엇이 문제?...여성들이 분노한 3가지 이유', 경향신문, 2018년 5월 24일자; '여성의 죄로 묘사되는 드라마 속 낙태', 경향신문, 2018년 6월 25일자.

9 권복규/김현철, 앞의 책, 70쪽.

10 손영수, "형법상 낙태와 모자보건법상 인공임신중절에 관한 의료법리학적 이해", 『대한산부회지』 53권 6호, 2010, 473쪽; 대법원 2005.4.15. 2003도2780 판결 [살인 · 업무상촉탁낙태 · 의료법 위반] 등; 의사로서 마땅히 거부해야 할 낙태시술을 해주겠다고 제의하거나 약속하거나, 자신의 병원을 방문하도록 권유하고 안내하여 유인 · 유도하는 경우에 의료법 위반 사유가 되고 처벌한 사례들이 있다.

11 배정순, "낙태에 대한 올바른 이해가 낙태를 막을 수 있다", 국회 포럼 자료집 [태아의 생명권과 낙태법 유지] , 2018.6.15., 10-11쪽. 28면 2017년 11월 26일 대한산부인과의사회는 우리나라의 낙태건수가 하루 3천 건에 달한다고 추정하는데 보건복지부의 2005년도 통계의 3배가 되는 것이며, 음성적으로 이루어지는 낙태를 산부인과 의사들의 인터뷰를 통해 통계수치를 잡은 것이라는 점에서 실제 수치

이에 본고에서는 낙태죄 위헌의견의 주요 논거인 임부의 자기결정권을 집중적으로 조명해보고자 한다. 먼저 낙태와 관련한 자기결정권 행사의 모습을 검토하고 (Ⅱ), 낙태 문제에서 자기결정권이 가지는 내재적 한계와 기본권의 충돌의 해결방법(Ⅲ)을 살펴봄으로써, 낙태죄 위헌 여부에 대해 다투고 있는 현 상황에서 헌법가치를 지향하는 입법 개선 방향과 헌법적으로 참조할 만한 통찰을 제시(Ⅳ)해 보고자 한다.

Ⅱ. 낙태와 관련한 자기결정권의 행사

1. 자기결정권의 헌법적 의의와 성격

자기결정권은 개인이 자신의 삶에 관한 중대한 사항에 대하여 스스로 자유롭게 결정하고 행동할 수 있는 자기운명결정권이다.[12] 자기결정권을 행사할 수 있는 주체는 이성적 판단능력을 가진 성숙한 인간이어야 한다. 자기결정권을 행사할 때 그 주체가 의도하는 내용이 실현되려면 그에 관한 지식을 이해하고 어떻게 행동할 것인가를 가늠하는 능력이 필요하기 때문이다.[13]

자기결정권은 성적 자기결정권, 연명의료 중단에 관한 자기결정권, 개인정보 자기결정권, 시체처분에 관한 자기결정권 등 여러 내용을 담고 있지만, 낙태와 관련한 자기결정권은 임신과 출산에 관한 자기결정권으로 설명할 수 있다. 소극적으로는 임부의 의사에 반하여 국가가 임신, 출산, 낙태에 개입, 간섭하지 못하도록 금지하는 것, 즉 의료적으로 낙태를 강제하거나, 임신 · 출산을 하거나 하지 못하

는 이보다 두세 배는 넘을 것으로 추정된다. 세계 최고 수준의 저출산 국가인 동시에 낙태율과 영아유기 사건 발생률이 세계 최고 수준이라는 사실은 우리 사회의 심각한 병리현상을 보여주는 것이다.

12 헌법재판소는 성적 자기결정권(헌재 2018.7.10, 2018헌마605 등 결정), 연명의료 중단에 관한 자기결정권(헌재 2009.11.26, 2008헌마385 결정), 개인정보 자기결정권(헌재 2018.6.28, 2012헌마191 등 결정), 소비자의 자기결정권(의료소비자의 자기결정권 포함 헌재 2018.6.28, 2016헌바77 등 결정; 헌재 2002.10.31, 99헌바76 결정), 시체처분에 관한 자기결정권(헌재 2015.11.26, 2012헌마940 결정), 배아생성자의 배아에 대한 자기결정권(헌재 2010.5.27, 2005헌마346 결정) 등 삶과 생명의 중대한 사항에 대해서는 포괄적 의미의 자유권으로서 일반적 행동자유권(헌재 2016.2.25, 2015헌가11 등 결정)을 사용하지 않고 자기결정권이라는 구체적 기본권으로 표현한다.

13 김현철, "자기결정권에 대한 법철학적 고찰", 『이화여자대학교 법학논집』 제18권 제4호, 2015, 367쪽; 자기결정권의 구조는 자기결정권의 주체(누가 자기결정권을 보유하는가), 자기결정권의 행사(어떻게 자기결정권을 행사하는가), 자기결정권에 대한 승인 (타인의 자기결정권을 승인하는 것)의 세 가지로 설명될 수 있다고 한다.

도록 강제하는 조치를 금지하는 것이다.[14] 적극적으로는 임신, 출산, 낙태에 대해 결정하는 것으로서 이에 대한 의료에 접근할 권리이다. 소극적인 방어권과 적극적인 자유권의 두 가지 측면이 있다. 후자의 적극적 자유권의 형태로 낙태 행위는 의료를 수반하며 본인의 요청이 존재해야 실현될 수 있다는 성질 때문에, 의료에 관한 자기결정권 행사에서의 기본원칙인 설명에 의한 동의(informed consent, 이하 설명에 의한 동의권 또는 설명 동의로 칭함)가 반드시 수반되어야 한다. 설명에 의한 동의권은 의사가 환자를 치료하는 행위에 정당성을 부여하는 권리이다.

법적인 개념의 설명에 의한 동의권은 충분한 설명과 지식에 기초하여 강제성 없이 자발적이고 이성적으로 의료진의 의료 행위에 대해 승인을 할 수 있는 권한이다. 설명에 근거하여 현재의 상황과 잠재적 결과에 대한 지식을 기반으로 결정이 이루어진다. 설명에 의한 동의권은 '환자가 정보를 이해하고 추론하고 소통할 수 있는 의사능력', '의사로부터 주어지는 정보의 제공', 그리고 '압박이 없는 상태에서 의사결정이 이루어져야 하는 자발성'이라는 세 가지 요소로 구성된다. 설명에 의한 동의권은 일회적으로 끝나는 것이 아니라 치료를 목적으로 의사와 환자 사이의 상호 연대감을 기반으로 하는 쌍방향의 의사결정 과정으로 설명될 수 있다.[15]

2. 낙태에서의 동의권 행사의 의미

낙태도 의료적으로 이루어지는 것이므로 설명에 의한 동의가 수반되어야 하는데, 임상 현장에서 유독 낙태에 관해서 만큼은 다른 의료와는 달리 설명의무와 설명에 의한 동의가 잘 실행되지 않는다고 하는 이유는 낙태가 음성적으로 이루어지는 현실 때문일 것이다.[16] 낙태로 인한 합병증과 심리·정신의학적 트라우마는 2012년 헌재 판결문에서와 같이 일률적으로 임신 초기 12주 이전은 결정할 수 있다고 단정할 수 있는 문제가 아니다.[17] 따라서 낙태로 인해 신체에 미칠 수 있는

---

14 중앙일보, 2018.12.25.일자, "강제낙태에 고문까지" 美, 탈북자 영상 공개하며 北인권문제 압박; 북한 경찰이 혼혈을 인정하지 않는다는 이유로 강제 낙태한 이 사례와 같이 공권력에 의한 강제 낙태가 임신 출산에 관한 자기결정권 침해라 할 수 있다.

15 엄주희, "미성년자 연명의료 결정에 관한 소고: 미국에서의 논의를 중심으로", 『법학논총』 제41집, 2018.

16 최안나, "인공임신중절의 실태와 의료적 문제" [인공임신중절의 윤리], 2018 춘계학술대회 자료집, 한국의료윤리학회, 2018.5.18. 33쪽. 충분한 정보 제공과 지원 없이 선택하게 하는 낙태는 여성의 권리 보호가 아니라 사회적 강요이다.

17 낙태 합병증은 임신 8주부터는 2주가 경과할수록 높아지고, 의학기술의 발전으로 임신 초기 태아의

예후,와 잠재적 결과와 위험을 정확하게 설명하고 임부 본인의 자발성에 근거한 동의를 받도록 하여야 한다. 모자보건법상 낙태를 정당화하는 사유로[18] 본인 이외에 배우자의 동의를 별도로 요구하고 있는데, 이것이 본인의 운명에 대해 스스로 결정하고 행동한다는 자기결정권의 논리적 정합성에 부합하지 않는다.[19]

또한 낙태의 결정에 중대한 영향을 미치는 것으로 낙인과 같은 사회의 편견과 차별, 양육의 부담, 학업이나 직업 활동에서의 불이익 등의 사회경제적 이유가 있으므로, 낙태에 대한 동의를 위한 설명에는 의료적인 정보뿐 아니라 출산과 양육의 부담을 해소하기 위한 사회보장적 지원 및 그에 대한 정보에 대한 접근성도 포함되어야 할 것이다. 사회경제적 이유의 낙태는 표면적으로는 자기결정권의 행사처럼 포장될 수 있어도 실상은 출산의 포기가 될 수 있는 것이고, 이는 자기결정권의 행사가 아니라 사회적 강요가 될 수 있기 때문이다.[20] 임신·출산의 자기결정권이 낙태의 자유뿐 아니라 낙태를 강제하는 것을 금지한다는 최후의 방어선을 가지고 있다는 점을 되새길 필요가 있다.

3. 낙태에 관한 자기결정권 행사 방법으로서 비교법적 검토

독일의 경우 임신갈등 회피와 극복을 위한 법률(Schwangerschaftskonfliktgesetz - SchKG '임신갈등법'으로 약칭)을 제정함으로써[21] 교회, 병원, 임산부조력을 위한 기관

독립 생존율도 점점 높아지고 있다. 최안나, 앞의 글, 9쪽; 배정순, "외상 후 스트레스 장애로서의 낙태", 『생명, 윤리와 정책』 제2권 제1호, 2018, 87-99쪽; Martha Shuping, M.D. & Dabbie McDaniel, M.A. LPC (배정순, 이지훈), 『심리치료의 4단계』, 도서출판 책과 세계, 2015. 12주 이전이든 이후이든 낙태에 대한 정신적 후유증은 모두 외상(트라우마)으로 돌아온다. 미국, 영국, 아일랜드 등 많은 나라에서 낙태 후유증을 외상 후 스트레스, PAS (Post Abortion Syndrome), PASS(Post Abortion Stress Syndrome)으로 규정하고 다양한 상담과 치료활동을 하고 있다. 의학적으로 안전한 낙태란 존재하지 않으며 모든 낙태는 위험하다.

18 모자보건법상 인공임신중절 수술의 허용한계는 각주 4 참조.

19 영국의 낙태법(Abortion Act 1967)에 의하면 임산부가 낙태를 결정할 경우 배우자나 가족의 동의를 필요로 하지 않는다. 배우자나 가족이 이 법에서 허용하는 낙태를 하는 임산부를 막을 권리가 없기 때문이다. 이은영 등, 앞의 논문, 113쪽.

20 십대 임신은 2011년 기준으로 해도 약 1만5천명이 넘는 것으로 추정되지만, 적절한 상담과 도움을 받기 보다는 주변인들이 낙태를 강요하여 많은 수가 낙태로 이어진다. 정현미, "비혼모에 대한 한국사회 처우와 권리 보장 방안", 『이화젠더법학』 제2권 제2호, 2011.6, 116-117쪽.

21 독일 형법 제219조에 상담은 태아의 생명 보호에 기여해야 한다고 명시하고 있으며, 상담절차는 임부가 책임 있고 양심에 따른 결정을 하도록 조력을 제공해야 한다고 한다. 상담절차에 대한 조사결과 여성들이 처음에는 상담확인증을 받으려고만 했으나, 출산 여부로 갈등을 겪었던 임부의 절반 가량이 임신을 지속하면서, 이 과정에서 상담의 역할이 컸다고 밝히고 있다. 이기헌/정현미, "낙태

등에 상담소를 운영하여 임부가 익명으로 상담을 받을 수 있는 기회를 제공하고, 생명 존중의 상담과 지원을 병행하고 있다. 임신여성 지원 확대 및 비밀출산에 관한 법률이 2014년부터 시행되어 임부의 익명성을 보장하면서 임신, 출산에 관한 상담 서비스와 지원을 받고, 임부가 원하는 경우에 병원에서 의료서비스를 받으며 익명·가명으로 출산하는 것이 가능하다.[22] 즉, 상담을 할 때에는 여성이 낙태든 출산이든 아무 선택이나 할 수 있도록 하는 무제한의 자기결정이 아니라, 태아의 생명 보호가 중시되는 관점에서 이루어지도록 의무화하고, 출산과 양육이 부담스럽고 사실상 불가능한 임부를 위해서 비밀출산[23]이 허용되도록 제도화하고 있다. 또한 독일, 영국, 호주 등 상담 절차를 두고 있는 나라에서는 관련 상담과 낙태 시술이 각각 지정된 기관 또는 지정된 병원에서만 시행하도록 하고, 낙태 시술과 상담 기관은 분리하여 이원화함으로써 무분별하게 낙태가 시행되는 것을 예방하고 있다.

　이러한 임부의 건강과 태아의 생명 보호를 위한 제도적 안전장치와 법제는 우

의 허용범위와 허용절차 규정에 관한 연구", 『한국형사정책연구원 연구총서』, 1994.12, 74쪽; 이인영, 『생명의 시작과 죽음: 윤리논쟁과 법 현실』, 삼우사, 2009, 377-378쪽.

22 독일이 경우 1974.4.26. 낙태죄를 규정하고 있는 형법 제218조의 개정을 통해 기한방식을 처음 도입하였다. (214a조 산모의 동의를 얻어 의사의 상담 후 행해지는 12주 내의 낙태는 허용되며 처벌되지 않는다) 그러나 연방헌법재판소가 1975.2.25. 정당화 사유 없이 임신중절을 불처벌하는 규정이 헌법에 반한다고 판결하였고, 그 후 1992년 '임산부 및 가족원조법'에서 12주 내로 상담의무를 전제로 한 낙태를 허용한다고 규정했으나, 1993.5.28. 연방헌법재판소는 이를 다시 독일기본법 상 인간존엄과 생명권 규정에 반하므로 위헌 무효로 판결하면서, 헌법에 합치하는 상담의무는 태어나지 않은 생명의 보호에 기여한다고 제시하는 등 태아 생명보호를 위한 상담의무의 기준도 엄격하게 설정하였다. 1995년에는 '임산부 및 가족원조법'이 '임신갈등법(SchKG)'으로 개정되어 익명으로도 가능한 개별적인 맞춤형 상담을 제공하면서 익명출산까지 보장하고 있다. 제218조와 제219조로 원칙적으로 낙태를 처벌한다고 규정하고(제218조 낙태를 하는 자는 3년 미만 징역 또는 벌금형, 부녀의 부동의 낙태나 부녀를 치상케 한 때는 6개월 내지 5년 미만의 징역, 219조 부녀가 낙태를 시술한 경우 1년 미만 징역 또는 벌금형, 낙태 시술을 시도한 의료인 처벌), 218a조에서 상담의무와 절차를 명시한다. 결국 독일의 경우도 기존의 낙태행위를 비범죄화한 것이 아니라 낙태행위의 정당화사유를 일부 수정한 것에 불과하다. 신옥주, "낙태죄의 위헌성에 관한 고찰"『생명, 윤리와 정책』, 제2권 제1호, 2018, 43-45쪽; 신동일, "낙태죄 폐지에 대한 법적 이해에 대하여", 『생명, 윤리와 정책』, 제2권 제1호, 2018, 61쪽. 독일은 형법 제219조 제1항에 따라 상담 절차시 임산부에게 태아가 살 권리를 가지고 있다는 사실을 인지하도록 하여 생명 보호를 우선하는 상담이 이루어지도록 한다. 그 밖에도, 영국, 호주, 뉴질랜드의 상담절차에 대한 상세한 기술은 이은영 등, "낙태 관련 의사결정의 합리화: 각국의 낙태 상담절차와 규정", 『한국의료법학회지』 제18권 제2호, 2010, 111-119쪽.

23 비밀출산 이외에도 임부가 본인의 신원을 밝히지 않고 아기를 포기하는 소위 베이비박스라고 불리는 익명인도도 존재하고 있다. 독일에서는 아기요람이라는 뜻의 Babyklappe, Babywiege 등으로 불린다. 엄주희, "영아의 생명권을 위한 규범적 고찰 - 베이비박스에 관한 영아유기 문제를 중심으로", 『서울법학』 제23권 제3호, 2016, 17-18쪽; 결국 독일의 제도를 보면 여성의 자기결정권을 인정하면서도 태아의 생명을 해치지 않는 선을 내재적 한계로 두고, 제도를 설계하는 것을 볼 수 있다.

리나라에도 시사점을 준다.

III. 낙태와 관련한 자기결정권의 한계

1. 자기결정권의 내재적 한계

헌법상 자기결정권의 행사는 무한정 자기 자신이 원하는 대로 할 수 있는 무제한적인 자유가 아니라 일정한 제약을 받는다. 사회 속에서 실현되는 자기결정권은 본인의 의사와 행동이 본인에게만 영향을 미치는 진공상태가 아니라 상대방이 존재하고 상대방과의 상호 관계 속에 형성되는 구조를 가지고 있기 때문이다.[24] 개인의 자유의 영역이라고 하더라도 타인의 생명, 건강, 존엄, 동종의 인권을 해치는 곳에서 개인의 자유가 멈추게 되는 것이다. 사람은 사회적 존재로 타인의 이익과의 관계에 있어서의 한계가 있다.[25] 자기결정권의 행사는 다른 사람의 자기결정권 행사와 양립하여야 할 수 있어야 함을 의미한다. 누군가의 자기결정권은 실현되고 그로인해 타인의 기본권은 좌절된다면 자연권으로 이해되는 자기결정권의 본질에 반한다는 것이다.[26]

법철학적 배경으로는 존 스튜어트 밀의 자유론[27]에서 제시된 자유와 책임의 원리로서, 사적인 사항에 관한 자기결정이라 하더라도 그것이 타인을 위한 경우에는 제약을 받게 된다.[28] 타인에게 위해를 가하지 않는 경우라도 본인의 행동이 타인과

---

24 김현철, 앞의 논문, 364쪽.

25 김강운, "헌법상 자기결정권의 의의", 『법학연구』 제10권, 2005, 176쪽.

26 김현철, 앞의 논문, 367쪽.

27 자기결정권은 법철학과 윤리학에서는 자율성과 의미가 통하는 것으로서, 존 스튜어트 밀(John Stuart Mill)은 자유론에서, 자유를 표명하고 누리는 방식은 다른 사람에게 직접 피해를 주어서는 안 된다는 것을 위해의 원칙(Harm principle)이라고 설명한다. 칸트(Immanuel Kant)의 정언명령, 생명윤리에서는 비첨과 칠드레스(Beauchamp & Childress)의 생명윤리 4원칙 중 자율성의 원칙과 악행금지의 원칙으로 설명된다.

28 살인과 낙태를 동일한 정도의 법익 침해로 보아서는 안 된다고, 즉 인간의 생명 침해와 태아의 생명 침해를 동일한 가치로 평가해서는 안 되기 때문에 자유권의 보호 범위에 들어간다고 하는 주장들도 있는데 (윤정인, 자유권 보호영역의 범위와 한계, 고려대학교 박사학위논문, 2012.12, 174쪽; '괴롭지만 가능하다고 말할 수밖에 없다'라는 표현) 이러한 주장에서도 인간의 생명단계에 따라 그 가치를 차등화 하는 것에 대해한 불편함을 엿볼 수 있다. 그러나 동일한 가치는 아니라고 하는 규범적인 평가를 하더라도 그 때문에 행위 유형에 따라서 보호범위와 비난가능성, 그 가벌성의 정도(낙태: 2년 이하 징역 또는 200만원 이하 벌금, 살인: 사형, 무기, 5년 이상의 징역, 영아살해: 10년 이하의 징역, 존속살해: 사형, 무기, 7년 이상의 징역)가 다른 것뿐이지, 개인의 기본권의 내재적 한계는 될 수 있는 것이고 그 한계 지점부터는 개인이 국가를 상대로 기본권을 주장할 수는 없다.

의 관련성이 있기 때문에, 본인의 의사에 반하여 국가가 후견적으로 자기결정에 개입하는 것이 정당화될 수도 있다.[29] 이 원리는 공공복리, 덕행원리에 입각한 국가개입, 국민의 기본권보호의무 등으로 설명된다.[30] 예컨대, 미성년자, 정신장애인 등 자율적 판단능력에 제약이 있는 경우 자기결정에 개입하는 제도를 만들 수 있다.

또한 도덕율과 헌법질서[31]도 기본권의 내재적 한계로써 작용한다.[32] 기본권의 내재적 한계를 부정하는 입장에서는 우리 헌법이 기본권의 일반적 법률유보를 따르고 있기 때문에, 법률에 의하지 아니하는 기본권 제한은 인정하기 어렵다고 하면서, 내재적 한계가 일반적인 기본권의 제한 사유가 되거나, 기본권을 법률로 제한할 수 있기 때문이라고 한다.[33] 그러나 기본권의 제한은 기본권의 내재적 한계를 기초로 하고 있다. 대부분 기본권의 일반적 법률유보로 해결할 수 있겠지만, 신앙과 양심의 자유처럼 법률에 의한 외부적인 제약을 가하는 것이 적당치 못한 기본권이 다른 기본권이나 헌법적 가치와 충돌할 때[34]의 문제를 해결하기 위한 수단으로 원용될 수 있다. 기본권의 내재적 한계는 개인의 주관적 권리를 주장하지 못하는 부분에서 국가가 제도나 입법 형성을 통해 어느 정도 기본권을 보호를 할 수 있는 영역이 되기도 한다. 그리고 충돌되는 기본권 상호간의 법익 교량을 하는 데에도 기본권의 내재적 한계가 기준이 될 수 있다.[35]

---

29 이얼, "자기결정권 법리의 체계화를 위한 형법학의 과제", 『부산대학교 법학연구』 제54권 제4호, 2013, 280쪽.

30 후견주의를 기본권의 내재적 한계로 이해하는 입장으로는, 민병로, "헌법상 자기결정권과 후견주의", 『법학논총』 제32권 제1호, 2012, 162쪽.

31 신동일 "자기결정권과 객관적 규칙에 대하여", 『성신법학』 제10호, 2010, 20쪽; 자율성에는 공동체의 도덕원칙와 법률이라는 내재적 한계가 있다. 허영, "기본권의 내재적 한계에 관한 연구", 『법률연구』 제4권, 1986, 392-394쪽; 기본권 주체로서의 인간은 역사성이나 사회성에서 유리된 개인주의적 인간이 아니고, 인간 공동생활을 책임 있게 함께 형성해 나갈 사명을 간직한 사회적 인격체로서의 인간이며, 이와 같은 사회연관성이 기본권의 일정한 한계를 시사하고 있다. 기본권은 타인의 권리를 침해하지 않고, 헌법질서와 도덕률에 반하지 않는 범위 내에서만 인정된다는 이 세 가지가 기본권의 내재적 한계라고 하는 독일의 기본권에 관한 3한계이론으로 이해한다.

32 허영, 『한국헌법론』, 박영사, 2018, 291-295, 660-661쪽. 기본권에 내포된 국민의 윤리적 의무로서, 기본권적인 자유는 관용과 책임의 도덕적 품성에 의해 그 내용이 보완되는 경우에만 사회공동체가 동화적 통화기능을 나타낼 수 있다. 타인의 자유와 권리를 침해하고 사회공동체의 기본적인 도덕률을 파괴하는 경우에 동화적 통합을 기대할 수 없기 때문이다.

33 전재황, 『신 헌법입문』, 박영사, 2018, 299쪽 등.

34 허영, 앞의 책, 294쪽.

35 모자보건법상 낙태의 허용 한계 사유는 정당하다고 볼 수는 없고 재검토되어야 하지만 형사법개정특별심의위원회, 보건복지부 등의 낙태 관련 형법, 모자보건법 등 규정의 개정 논의와 연혁으로는 김성진, 앞의 논문, 69-70쪽; 프로라이프의사회, 대한산부인과 등 의료계의 개정안 논의는 손영수,

헌법재판소는 자기결정권에 대해서 정의하는 데 있어서, "이성적이고 책임감 있는 사람의 자기 운명에 대한 결정·선택을 존중하되 그에 대한 책임은 스스로 부담함을 전제로 한다"고 판시하였다.[36] 즉 자기책임의 원리를 자기결정권의 한계로 설명하였다. 헌법재판소가 혼인빙자간음죄와 간통죄 위헌에 관한 결정에서 성적 자기결정권의 내재적 한계를 설시한 바 있다. "성적 자기결정권은 사람이 각자 선택하여 독자적으로 내린 성적 결정에 따라 자기책임 하에 상대방을 선택하고 성관계를 가질 권리를 의미하는 것인데, 결혼을 앞세워 위장된 호의와 달콤한 유혹으로 파상적 공세를 취하여 여성을 유혹하고 성관계라는 이름으로 성을 짓밟는 행위가 여성의 성적 자기결정권을 침해하는 것이 되므로, 남성의 성적 자기결정권의 내재적 한계를 벗어난다."고 판시하였다.[37] 간통죄 사건에서도 "간통 및 상간 행위는 자신만의 영역을 벗어나 다른 인격체나 공동체의 법익을 침해하는 행위이기 때문에 성적 자기결정권의 내재적 한계를 벗어나는 것"이라고 하였다.[38]

2. 태아의 생명권과 낙태에 관한 자기결정권의 내재적 한계

낙태죄의 보호법익은 태아의 생명이라고 하는데 형법학자들에 이견이 없고, 헌

앞의 논문, 8면. 모자보건법 제14조 제1항 제3호 강간 또는 준강간에 의한 임신의 경우 낙태가 허용되는 것은 자기결정이 아닌 행위에 대해 책임을 부담하지 않는다는 자기책임의 원리, 즉 자기결정권의 한계로 정당화될 수 있다.

36 헌재 2004.6.24, 2002헌가27 결정, 헌재 2013.5.31, 2011헌바360 결정, 헌재 2014.4.24, 2013헌가12 결정, 헌재 2017.5.25, 2014헌바360 결정 등. "자기책임의 원리는 인간의 자유와 유책성, 인간의 존엄성을 진지하게 반영한 원리로서, 책임부담의 근거로 기능함과 동시에 자기가 결정하지 않은 것이나 결정할 수 없는 것에 대하여는 책임을 지지 않고 책임부담의 범위도 스스로 결정한 결과 내지 그와 상관관계가 있는 부분에 국한됨을 의미하는 책임의 한정원리로 기능한다."

37 헌재 2002.10.31, 99헌바40 결정; 헌재 2009.11.26, 2008헌바58 결정. 재판관 이강국, 조대현, 송두환의 합헌의견. 이 결정에서 혼인빙자간음죄는 위헌 법정의견 6: 합헌의견 3으로 위헌으로 판결이 났지만, 합헌의견에서는 남성의 자신만의 영역을 벗어나 다른 인격체의 법익을 침해하는 행위이기 때문에 자기결정권의 내재적 한계를 벗어난다고 판시하였다.

38 헌재 2015.2.26, 2009헌바17 결정. 재판관 이정미, 안창호의 합헌의견; 재판관 김이수의 위헌의견에서도 성적 자기결정의 자유는 혼인을 선택한 자기결단에 따라 형성한 성적 공동체의 배타성과 지속성의 유지라는 내재적 한계 내에서 이를 행사하여야 한다는 본질적 제한을 받는다고 판시하고 있다.
헌재 1990.9.10, 89헌마82 결정. "성적자기결정권도 국가적 사회적 공공복리 등의 존중에 의한 내재적 한계가 있으며 절대적으로 보장되는 것이 아닐 뿐 아니라 동시에, 헌법 제27조 제2항의 질서유지, 공공복리 등 공동체 목적을 위하여 제한할 수 있다."고 설명한다. 이 판결에서는 자기결정권의 성질로 내재적 한계를 기준으로 설정하고, 이 기준에 따라 자기결정권을 제한할 때에는 법률유보라는 기본권의 제한 형식을 따라 제한하고 있다.

법재판소는 2008년 태아의 손해배상청구권에 관한 결정에서 태아의 기본권 주체성을 명시적으로 인정하였다.[39] 또 태아는 인간생명의 초기형태이므로 생명권의 보호를 받는 객체로도 인정된다. 헌법재판소의 판단에 따르면 태아의 생명은 생성 중에 있는 생명이라는 지위가 부여되는데, 완전한 생명이 아니라 형성 중에 있는 생명, 생존할 수 있는 잠재성이 큰 생명도 인간의 존엄과 가치의 존중 요구에 비추어 보호되어야 할 법익임에는 틀림없다.[40] 형법학자들 사이에서는 태아의 생명이 주된 보호 법익이고 임부의 생명·신체가 부차적인 법익이라는 견해가 다수이고, 일부 학자는 낙태죄의 오직 태아의 생명만이 낙태죄의 보호법익이라고 해석을 하기도 한다.[41] 태아보호에 만전을 기하기 위해서는 태아의 생명뿐 아니라 태아의 신체의 안전도 보호법익이 된다는 견해도 있다.[42] 민법에서도 손해배상청구권에 관하여 이미 출생한 것으로 보며(민법 제762조), 부(父)는 포태 중인 태아에 대하여도 이를 인지할 수 있다고 규정하고(민법 제858조), 상속순위에 있어서 이미 출생한 것으로 보아 상속에서의 권리능력을 인정하고(민법 제1000조 제3항), 유증의 권리능력(민법 제1064조)을 인정하는 것과 같이 제한적으로 권리의 주체성을 인정하고 있다.

따라서 태아의 생명을 생존하는 인간의 생명과 동일한 수준으로 보호하지는 않는다고[43] 하더라도 임부의 자기결정권의 행사는 태아의 생명의 보호라는 한계에 부딪히게 된다. 태아의 생명은 완전히 독립적이지 않고 임부에 의존할 수밖에 없다는 점, 다시 말하면 임부에게서 독립적인 타인이 아니라 임부의 신체의 일부를 이루기도 하고, 태아가 임부의 신체에 의존하고 있다는 점에서 태아와 임부 사이의 충돌

---

39 윤부찬, "낙태와 관련된 민사적 제 문제", 『법학연구』 제21권 제3호, 2011. 237쪽. 논리적으로 민법 제762조의 태아에 대한 손해배상책임은 구체적인 권리가 침해되어야 하는 것이므로, "태아의 생명권을 인정하는 전제에서만 인정된다."

40 헌재 2008.7.31. 2004헌바81 결정. 태아의 생명이 언제부터 시작되는지에 대한 명확한 판단은 내리지는 않았지만 태아를 생명권의 주체로 인정하고 과소보호금지의 원칙만 제시하면서 그 보호의 범위와 방법을 입법 재량에 맡기고 있다; 법원도 낙태 자체가 사회상규에 어긋나 위법성이 있다고 판결한다. 대법원 1965.11.23. 65도876 판결 등, 이경환 등, "생명윤리관련 법률문제의 체계적 이해", 『저스티스』 통권 제115호, 2010.2. 156쪽.

41 이인영, 앞의 책, 288-289쪽. 태아의 생명만을 보호법익으로 보는 견해로 이정원, 오영근, 박상기 등이 있다.

42 오영근, 『형법각론』, 대명출판사, 2002. 116쪽. 태아의 생명만 보호법익으로 본다면 태아의 생명에 추상적 위험조차 초래하지 않는 시기에 태아를 모체 외로 배출시키는 행위는 낙태죄를 구성하지 않기 때문에 태아 보호에 만전을 기하기 위해서는 태아의 신체의 자유도 보호법익이 되어야 한다는 것이다.

43 Ronald Dworkin, Life's Dominion - An Argument about Abortion, Euthanasia and Individual Freedom, First Vintage Book Edition, 1992. 로날드 드워킨은 도덕적 지위에서의 생명과 권리 주체로서의 인간을 분리함으로써 태아의 생명에 대한 보호 정도가 달라질 수 있음을 논증하였다.

상황은 독립된 개인들 간의 기본권 상충의 문제와는 다르게 문제 해결의 어려움이 있다. 태아에 대한 생명이나 신체 침해는 동시에 임부의 신체의 일부에 대한 침해가 될 수도 있기 때문이다. 국가의 기본권 보호 의무는 태아의 생명에 대한 보호와 함께 임부의 신체에 대한 보호가 동시에 이루어져야 한다는 것으로 귀결된다.

임부가 자기결정권을 행사할 때 태아의 생명과 직결되는 지점이 자기결정권의 행사의 내재적 한계가 될 것이고, 이러한 범위에서 임부가 주장할 수 있는 자기결정권은 멈추게 된다.[44] 임부의 입장에서 주장하는 기본권의 측면에서는 자기결정권은 그 내재적 한계로 인해 적극적으로 자기결정권을 주장할 수는 없게 된다. 예컨대, 출산 전까지 임신기간 동안에는 언제든지 본인의 자기결정에 따라 무제한 낙태를 할 자유의 행사가 허용될 수는 없게 되는 것이다. 소극적 측면의 임부의 자기결정권과 달리 적극적인 낙태의 자유는 자기결정권 행사의 한계가 작용한다. 낙태에 대해 적극적인 자기결정권을 인정하는 것은 본인의 선택과 결정에 대해 스스로 책임을 부담한다는 자기책임의 원리에 반한다는 자기결정권의 한계 지점을 만나게 되기 때문이다. 자기결정권의 한계는 입법자에게는 입법형성권의 한계로 작용할 수 있고, 낙태에 관한 입법의 범위와 기준을 제시하게 된다.

3. 기본권 충돌 상황의 해결

태아의 생명과 임부의 기본권의 충돌 상황을 해결하기 위해서 몇 가지 방법을 상정해 볼 수 있다. 첫째, 기본권의 충돌을 해결하는 이론으로 서로 충돌하는 법익의 기본권을 비교 형량하여 기본권 간의 서열관계를 정하고 보호법익이 더 큰 기본권을 우선적으로 사안에 적용해야 한다는 법익형량의 원칙, 둘째, 충돌하는 기본권 중 우위에 있는 기본권만을 적용하는 방식을 지양하고 규범조화적 해석을 통해 두 기본권을 모두 적용하는 규범조화적 해석의 원칙이 있다. 셋째, 기본권이 충돌하는 경우에는 헌법 질서 안에서 판단 기준을 구하여 기본권의 해석을 거쳐 기본권의 규범영역을 분석함으로써 그 기본권의 행사 방식 중 비전형적인 것이 있다면 한 기본권의 내용에서 제외하는 방식인 규범영역 분석이론 등이 있다.[45]

---

44 헌법재판소도 열거되지 않은 기본권으로서 자기책임의 원리에 반하는 제재를 받지 아니할 권리를 인정해야 한다고 설시하면서, 기본권의 내재적 한계로서 타인의 기본권을 침해할 우려가 없어야 하는 지점이라고 논증하고 있다. 헌재 2005.12.22. 2005헌마19 결정.

45 규범영역 분석이론의 예로 "복잡한 교차로 위에서 그림을 그리는 행위를 예술창작 활동에서 전형적이거나 필수적인 행위가 아니고 비전형적인 행사라고 하여 예술의 자유의 규범영역에서 배제할 수

임부의 기본권에는 자기결정권뿐 아니라 인격적 이익이 있고[46], 인격권의 측면의 기본권이나 생명권 모두 동일한 정도로 보호되어야 하는 기본권이므로, 태아의 생명권을 우위에 두어 서열화하는 것은 온당하지 못하다. 따라서 태아의 생명권과 임부의 자기결정권의 충돌 상황에서 이를 해결하는 데에도 임부의 자기결정권의 한계를 인정하면서, 태아의 생명권과 조화될 수 있는 규범조화적 해석의 방법을 찾을 필요가 있다. 아일랜드가 시민의회를 구성하여 국민투표를 시행함으로써, 태아의 생명권을 규정하고 있던 헌법이 개정된 사례[47]에서 보듯이, 국가 공동체의 운명을 좌우할 수도 있는 생명의 문제에 있어서 국민들의 숙고와 직접적인 정치 참여를 유도하면서 기본권 보호의 조화적 해결방법을 찾았던 것을 참조할 필요도 있다.[48]

국가의 기본권 보호 책무가 태아의 생명 보호를 어느 정도까지 실현할 수 있을지, 즉 우리 공동체에서 태아 생명의 가치와 기본권을 어느 정도까지 보호하는 것으로 합의할 수 있는지, 그것이 헌법 질서 속에 담긴 생명 보호의 가치와 도덕성을 가늠하는 기준이 될 것이다. 생명의 존중이라는 가치는 우리 공동체 존속의 전제가 될 뿐 아니라 헌법이 추구하는 기본권 중의 기본권이기 때문이다.

IV. 생명 보호의 헌법가치를 지향하는 입법 개선 방향

헌법의 기본질서 속에서 자기결정권의 측면에서 살펴본바, 생명 보호의 가치를 지향하는 입법 개선을 다음과 같이 몇 가지 방식으로 고려해 볼 수 있다.

있다는 것"이다. 기본권의 충돌 해결에 대한 이론 설명은 다음을 참조. 김성진, "경영권의 단체교섭 대상여부 – 기본권충돌이론의 적용을 통한 해결", 『노동법학』 제45호, 2013, 217-220쪽.

46 정철, "헌법재판소의 낙태결정(2010헌바402)에 대한 헌법적 검토", 『헌법학연구』 제19권 제2호, 2013, 330쪽.

47 "아일랜드 보통시민 99명, 풀뿌리 개헌을 논하다", 한겨레 2017년 2월 9일 보도.
(http://www.hani.co.kr/arti/politics/politics_general/781923.html 검색일자: 2018.6.12.)
아일랜드의 경우도 헌법에서 "산모와 태아의 생명권을 동등하게 존중해야 한다"는 조항을 폐지함으로써 낙태의 일부가 허용될 수 있는 헌법적 정당화 근거를 만든 것인지, 낙태 자체를 합법화한 것이 아니다.

48 Justin Buckley Dyer, "The Constitution, Congress and Abortion", 11 N.Y.U. J.L. & Liberty 394, 2017, p.423-425 연방주의를 취하는 미국의 경우 낙태 허용에 관해 이정표를 세운 연방대법원의 Roe v. wade 판결 이후, 2003년 연방의회에서 부분출산 낙태 금지법(Partial-birth Abortion Act)을 통과시켜 임신 중기(15-26주)에 낙태 시술이 금지되는 데 영향을 주는 연방 법률이 발효 중이고, 2015년에는 20주 태아 낙태를 금지하는 태아 보호법(Pain-Capable Unborn Child Protection Act)을 발의하는 등 사법부와 의회가 주어진 권한 내에서 국가의 생명보호 범위와 낙태 규제 논쟁을 계속 하고 있는 중이다.

1. 생명 보호를 위한 최소한의 규범적 안전장치

우선, 생명 보호의 지향점과 국가의 기본권 보호 의무를 고려할 때 형법상 생명 침해에 대한 처벌은 생명의 보호를 위한 필요·최소한의 수단이 될 수 있다. 기본권의 과소보호금지의 원칙을 고려해 볼 때,[49] 태아, 영아, 영아기 이후의 인간의 생명 침해에 대해 각각 처벌의 정도를 다르게 정하여 다른 생명에 대한 침해보다 태아의 생명에 대한 침해를 경하게 처벌하더라도, 이는 생명 보호를 위한 필요·최소한의 조치가 될 수 있다는 것이다. 불법적인 낙태가 시행된 경우에 낙태 경우는 민법 제762조, 제752조에 근거하여 태아 다른 유족의 위자료 청구권의 인정 여부는 별론으로 하더라도, 태아는 사망하게 되면서 태아 본인은 아무런 배상도 받을 수 없게 되므로, 태아의 생명 침해에 대해서 책임을 물을 수 있는 방법이 없다. 결국 낙태를 행한 임부 본인 스스로 양심에 따라 죄책감과 트라우마를 지고 살아야 하는 도덕적 책임감에 맡길 수밖에 없게 된다. 태아는 스스로를 방어할 수 없는 존재라서 국가의 기본권 보호 의무에 의존할 수밖에 없기 때문에 가장 취약하고 약한 존재인 태아에 대해 국가가 안전장치를 하지 않으면 사실상 생명 보호라는 것이 형해화되고 만다.

형벌과 책임 간의 비례원칙이나 체계정당성의 관점에서나 태아의 생명도 국가의 기본권 보호 범위 안에 있기 위해서는 생명 침해에 상응하는 규범이 존재하여야 한다.[50]

2. 생명 존중의 가치 위에서 설명 동의권 실현

생명 보호 방식에 관하여 임부의 자기결정권이 온전하게 지켜지기 위한 기본

---

49 엄주희, 앞의 논문(각주 23), 99-100쪽. 과소보호금지의 원칙에서도 생명권의 보호를 위한 규제의 강도는 강하게 적용한다.

50 성적 자기결정권의 경우에는 비범죄화하여 형사처벌이 없더라도, 민사적 책임을 강화하여 타인(유책배우자의 상대방 배우자)의 법익 침해에 대한 자기책임의 원리에 부합하다고 할 수 있지만, 태아는 스스로를 보호할 수 없는 가장 약한 존재이기 때문에 국가의 기본권 보호의 정도에 의존할 수밖에 없다. 민법 제762조 위헌 사건에서도 헌법재판소 김종대 재판관은 한정위헌의견으로서 '민법 제762조를 해석할 때 제3조에 대한 특칙으로 보지 않고, 태아가 살아서 출생한 경우에만 손해배상청구권을 취득하고 손해배상청구권의 발생 시기만 태아 당시로 소급하는 것으로 해석한다면, 태아의 생명을 침해한 자가 태아에게 아무런 사법상 책임을 지지 않게 된다고 하여, 국가가 태아의 생명을 실체적인 가치로 인정하지 않고 허구적이고 조건적으로 인식함으로써 태아의 생명을 경시하는 것으로 국가의 기본권 보호의무를 다하지 않은 것으로 헌법에 위반된다'는 의견을 제시하였다. 헌재 2008.7.31, 2004헌바81 결정.

요건으로서 의료진으로부터 설명 동의가 가능하도록 해야 하고, 건강보험으로 시술의 급여를 보장하여 건강권을 보호할 수 있다. 기한 방식, 상담 방식 등 일정 기간 내에 낙태를 허용할 수 있도록 하자는 논의[51]는 오래 동안 이어지고 있으나, 생명 존중이 중심이 되어야 한다는 핵심은 등한시 되었던 경향이 있다. 낙태를 결정하기 위해서는 상담 절차를 거치게 하는 방식을 취할 수 있으나, 상담의 기본원칙과 방식이 생명 존중을 우선하는 형식이 되어야 한다. 상담의 원칙, 방식, 절차적인 요건을 모두 법령의 근거를 두도록 하는 동시에, 충분한 상담을 거쳐 설명 동의를 취득했다는 사실의 바탕 위에서 건강보험제도 안에서 의료적으로 안전한 절차가 되어야 한다.[52] 또한 낙태의 실태를 투명하게 보건의료 당국에서 모니터링할 수 있게 하고, 음성적인 낙태 행위를 방지하기 위하여 보건의료 제도 안에서 낙태 전 상담과 낙태 후 관리까지 모든 조치가 이루어질 수 있도록 해야 한다.[53]

또한 모자보건법에서 낙태 허용사유를 열거하면서 배우자의 동의를 요건으로 하고 있는 점은 여성의 자기결정권의 정합성에 맞지 않고, 의료진으로부터 충분한 설명과 상호작용이 뒷받침된 숙고를 거쳐 본인의 자발적인 결정이 되어야 한다는 설명 동의의 취지에서도 배우자의 동의 조항은 삭제하는 방향으로 개선되어야 한다.

3. 동의권 행사의 실효성 제고를 위한 사회적 여건 마련

홀로 아이를 키워야 하는 한부모의 임신과 양육에 대한 제도적 지원 강화와

---

51 기한방식과 허용사유 방식에 대해서는 조국, "낙태비범죄화론", 『서울대학교 법학』 제54권 제3호, 2013, 717-719쪽, 김학태, "낙태에 관한 형법적 법철학적 고찰", 『외법논집』 제3집, 1995, 400쪽 등; 기한방식은 24주, 12주 등 낙태 허용가능한 기간을 정하는 것이고, 허용사유 방식은 의료적, 윤리적, 사회경제적 사유 등의 낙태 허용사유를 법령에 정하는 것이다. 낙태 찬성론에서는 12주내 무제한의 낙태 또는 낙태죄 폐지를 주장하고, 허용사유도 사회·경제적 사유를 포함해줄 것을 주장한다. 사회·경제적 사유를 포함할 경우 결과적으로 낙태의 사유가 무제한적으로 넓어지는 효과가 있다. 현재 우리 모자보건법은 24주의 기한을 정해서 사유를 명시하고 있으므로 일종의 기한방식과 허용사유 방식의 결합이다.

52 낙태가 질병 치료는 아니라도 보건의료상 임부에게 최대한 안전한 시술의 필요성이 있으므로, 낙태가 필요하다면 건강보험제도에서 낙태 시술이 이루어져야 하고 보건당국이나 학계에서 정확한 실태 파악이 될 수 있도록 관리되어야 한다.

53 AK Whitaker et al, "Motivational interviewing to improve post-abortion contraceptive uptake by young women: development and feasibility of a counseling intervention", Contraception.; 92(4), 2015, 미국의 경우 낙태 후 피임 상담 개입에 대한 임상적 연구가 행해졌는데, MI(motivational interviewing, 동기 강화 상담)을 통해서 낙태 후 관리를 행하고 있음을 보여준다. 사전 상담도 중요하지만 사후에 다시 문제가 재발하지 않도록 하면서 여성의 건강을 보호하는 보건의료적 측면에서도 필요한 조치일 것이다.

생부에 대해 책임을 부과하는 법제도적 장치가 필요하다. 낙태와 관련한 여성의 자기결정권이 본래의 취지를 벗어나 사회적 강요가 되지 않으려면 임신, 출산을 선택한 한부모가 그에 대한 국가적 지원을 받을 수 있어야 한다.[54] 이런 지원 없이 임부가 선택의 기로에 선다면 보다 손쉬운 방법인 낙태 선택으로 향하게 될 수 있고, 이는 자기결정권의 행사가 아니라 암묵적인 사회적 강요에 의한 결정이 될 수밖에 없다. 낙태율이 낮고 미혼부의 책임이 강한 국가들 예컨대, 덴마크, 캐나다, 영국, 미국 등의 경우 양육비를 회피하는 경우 월급, 재산 압류, 운전면허정지, 여권 정지 등의 행정적 제재와 벌금, 구속 등의 형사적 제재를 두고 있다는 점도 참고할 만하며, 결혼 유부에 상관없이 생물학적 부(夫)에게 책임을 강화하는 법제에 대해 연구와 그 실현이 필요하다. 사회경제적으로 독립이 되지 않은 여성들에게는 출산과 양육은 무거운 짐이나 고통처럼 여겨질 수 있어, 선택의 상황이 주어진다면 쉽게 부담을 회피할 수 있는 길로 갈 가능성이 높기 때문이다.[55] 그러나 법 위반으로 느끼는 죄책감과는 별개로 낙태로 인한 후유증은 신체뿐 아니라 심리적·정신적으로 심각한 트라우마를 남겨 여성의 건강 보호에 도움이 되지 않을 뿐 아니라, 여성이 가진 고유의 권리인 출산의 자유를 오히려 자기결정권 주장 하에 훼손할 수 있다.[56] 그것이 과연 바람직한 선택의 길인지 제고하지 않을 수 없다.

4. 숙의 민주주의 절차로 규범적 해결방안 모색

문제가 발생한 후에 해결하는 것보다는 미연에 방지하는 것이 최선이다. 원치 않는 임신을 예방하고, 생명의 잉태가 고난과 갈등의 시작이 아니라 축복의 사건이

---

54 이유리/김소윤/이일학, "임신중절 감소를 위한 여성 및 아동 지원 정책 방안", 『한국모자보건학회지』 제15권 제1호, 2011.1, 15-22쪽. 우리나라의 미혼모 관련 정책은 대부분 출산 전 또는 직후의 단기적인 시설보호 위주의 서비스에 국한되었으며, 미혼모의 삶을 유지하기 위한 장기적인 접근은 없고 예방적인 정책이나 사회적 인프라도 미국, 일본, 캐나다, 독일 등 외국에 비해 너무 약하다.

55 양현아, "여성 낙태권의 필요성과 그 함의", 『한국여성학』 제21권 1호, 2005, 32쪽. 등에서는 낙태 행위로 인해 법에 의해 처벌되지 않더라도 그것이 범죄라는 사실만으로도 여성들이 죄책감의 부담이 지워져있다고 한다. 그러나 범죄로 규정되지 않았다고 해서 죄책감이나 상흔이 생기지 않는 것인가. 비범죄화하면 여성들의 정신적 고통이 사라질까. 실제 낙태를 경험한 여성의 트라우마는 그것이 법으로 범죄로 규정되었기 때문에 범법행위를 했다는 사실로부터 죄책감이 아니라, 생명이라는 본능적인 도덕적 윤리적 감정적 의미 때문에 심리적·정신적 상흔과 트라우마를 경험한다(배정순, 앞의 논문, 주 17, 89쪽). 국가의 기본권 보호 의무가 이렇게 개개인의 도덕성에 의존하는 것은 충분하지 않다. 생명권 보호의무 이행을 위한 적절한 조치가 필요하다.

56 Reva B. Siegel, "Dignity and the Politics of Protection: Abortion Restrictions under Casey/ Carhart", 117 Yale L.J. 1694, 2008, p1796.

될 수 있도록 성윤리와 남녀평등에 기반한 성교육[57]과 어떤 조건 하의 생명인지를 따지는 것이 아닌 생명 자체를 존중하는 문화 조성이 필요하다.[58] 이와 동시에 도덕과 윤리의 면에서 국민들 스스로에게 충분한 숙고의 시간을 주면서 합의점을 찾아가는 제도적인 방안도 필요할 수 있다.[59] 국민적 정당성을 가진 국회를 통한 입법적 해결도 필요하겠지만 입법이 되기 위해서는 먼저 낙태 문제와 같이 난해하고 개인의 삶에 큰 영향을 끼치면서도 합의되지 않은 윤리적·도덕적 사안에 대한 국민적 합의의 과정을 거칠 필요가 있다. 의사결정의 독립성을 위하여 정부 인사가 아닌 민간전문가들로 구성된 특별 윤리위원회를 구성하여 국민들에게 공론화하는 절차를 거치는 방식 등을 고려해 볼 수 있다. 이러한 숙의 민주주의의 절차적 과정을 통해 정책 결정에서의 정당성과 사회적 수용성이 확보될 수 있을 것이다.[60]

시민의회를 구성하여 폭넓은 숙의와 참여를 유도하고 국민투표를 거쳐 낙태금지 관련 헌법 규정을 개정한 아일랜드의 경우와 같이, 헌법재판소의 결정으로 생명의 보호 범위를 단정하기보다는[61] 국민들에게 충분한 숙고의 시간을 주고 임부와

---

57 피임과 성교육을 한다고 해서 성 기술적인 면에서만 강조하는 건 어린이, 청소년에게 성적 호기심만 자극하는 '독이 든 사과'를 주는 것과 마찬가지이다. 생명과 성의 존엄성에 대한 바른 가치관과 윤리를 가질 수 있도록 하는 교육이 되지 않으면 안 된다. 이명진, "낙태 방지를 위한 정책 제언", 국회 포럼 자료집 [태아의 생명권과 낙태법 유지], 2018.6.15, 10–11쪽.

58 결혼 제도 하에서 부모의 환영을 받아 잉태된 생명은 축복받는 생명이고, 미혼부모나 청소년 등과 같이 취약한 상황에 있는 여성의 생명 잉태는 부담이나 고통일 뿐이라고 여기는 시각과 자녀의 미래가 부모의 결정권에 달려있다는 시각으로 제도를 설계하자면, 낙태는 쉽고도 간단하며 저비용의 문제 해결 방법이 될 수밖에 없고, 부모의 의향과 의지에 따라 유전자 편집을 사용하여 자녀를 디자인하는 맞춤형 아기(designer's baby)에 대해서도 긍정적인 입장을 가지게 될 가능성이 높다.

59 현재 이석현 의원이 대표발의한 '생명문화교육지원 법률안'(의안번호: 16449) 이 국회에 계류 중인데 생명존중에 관한 교육을 체계적으로 수행하도록 보건복지부 소속의 생명문화교육지원위원회와 지역생명문화교육센터를 지정하는 내용을 담고 있다. 한 공중파방송에서도 2018년 12월 방송을 목표로, 낙태 문제에 관한 시민들의 의견을 공론화하는 프로그램을 제작 준비 중이다. 공론화의 시도는 좋으나 낙태 문제에 대해서 정부가 주도하는 방식 보다는 윤리적 기반 위에서 생명가치에 대해 국민들이 스스로 숙고할 수 있는 장을 마련할 필요가 있겠다.

60 정문식, "독일 줄기세포법상 줄기세포연구중앙윤리위원회의 구성과 사무", 『헌법학연구』 제11권 제4호, 2005.12, 416–419쪽, 의학과 과학기술 등 연구와 정책과 윤리적인 사항에 관하여 입법으로 추진하기 전에 국가 윤리위원회를 거치는 방법은 국민들이 수용할 수 있는 사회적 기반을 마련하는 길이기도 하고, 특정한 종교관이나 세계관과 연결된 윤리 논의를 국가가 주도하지 않고 국민들의 참여를 반영하는 숙의 민주주의 방식이기도 하다.

61 입법 개선 없이 일방적으로 법률을 무효화해버리는 것은 생명 보호의 안전장치를 없애는 것과 마찬가지일진대, 이렇게 될 경우 눈에 보이지 않는 생명(몇 개월 후면 출생신고 될 수 있는 잠재적 국민과 미래세대)이 현재 생존하고 있는 생명보다 무가치하다는 메시지를 암묵적으로 사회에 던지게 될 수 있다는 위험성도 고려하여야 한다.

태아 모두의 생명보호의 헌법 가치를 훼손하지 않도록 하는 입법 개선이 이루어질 수 있는 토양을 만들어주는 것도 필요하다고 생각된다.

이러한 입법의 개선이 추가로 이루어질 때 임부와 태아 모두의 기본권, 생명과 안전을 동시에 보호하는 규범적 해결의 길이 열리게 될 것이다.

V. 결론

현대사회에서 자기결정권 주장은 점차 확대되어 갈 수 있지만, 자기결정권이 타인의 기본권이나 법익, 공동체의 도덕과 윤리의 범주 내에서 행사해야 한다는 한계를 지닌다는 사실을 기억해야 한다. 임부의 자기결정은 한 사람의 삶에 대한 결정에 그치지 않고 그 결정이 다른 존재에게 영향을 미치게 된다. 낙태 문제는 미래세대를 지속시키는 생명의 문제이기 때문에, 여성들의 인권의 문제이자 전 사회 공동체의 관심사인 동시에 국가가 보호해야 할 중요한 헌법적 가치의 문제이다. 자기결정권이라는 기본권이나 태아의 생명이나 모두 국가를 향하여 보호를 요구하는 권리이고, 국가가 이들을 보호해야 할 의무가 있다는 점에서 궁극적으로 두 기본권이 추구하는 바는 인간의 존엄성에 기초해야 하는 것이어야 한다. 태아냐 임부냐 둘 중 하나를 택일하라는 식의 논리구도로는 문제 해결이 어렵다. 낙태죄를 폐지하여 임부의 자기결정권에 한계가 없는 것처럼 취급한다던가, 낙태를 전면적으로 규제하고 임부에게 출산의 책임을 강요하는 것, 이 두 가지 모두 문제의 해결일 수는 없다.

국가의 기본권 보호 의무에 기하여 낙태 예방이 이루어지는 것이 마땅하고, 그 방법으로는 임부의 건강권과 태아의 생명권이라는 국민의 기본권이 최대한 보장되도록 해야 한다. 현재 형법으로 태아의 생명이라는 법익 침해에 대한 위법성을 규율하고 있는데 이 규정이 사라져야 한다면 생명 침해의 위해성이 사라졌다는 분명한 증거와 이유가 존재해야 하며 생명 보호를 근간에 보유하고 있는 전체 헌법질서 속에서 체계정당성을 갖출 수 있는지를 고려하여야 한다. 낙태가 비범죄화 된다고 하여 낙태 문제가 해결될 수 있을 만큼 사회적 인식이나 사회보장제도가 단기간에 개선될 수도 없을 것이기 때문이다.

임신으로 인해 학업과 직업능력을 쌓을 기회를 잃게 될 수 있는 청소년 미혼모나 양육 부담이 큰 여성에 대해서도, 모성 보호와 여성 근로의 보호 등으로 여성에 대한 특별한 보호를 명시하고 있는 헌법적 요청을 감안해야 한다. 가정과 학교에서 윤리적이고 효과적인 성교육과 피임법의 보편화과 접근성 제고, 그리고 안전하고 효과적인 피임법의 개발과 보급, 성윤리 교육에 대한 연구도 무시되어서는 안 된다. 출산과 양육 부담을 온전히 여성에게만 지우고 있는 데서 사회 갈등의 골이 깊어진다. 임신 출산의 원인이 남녀 양쪽에 있는데도 불구하고 책임은 유독 여성에게만 지우고 있는 것은 자기결정권의 원리에 비추어도 타당하지 않다. 미혼부의 양육 책임을 현실화할 수 있는 법제화의 노력, 친생부의 책임을 강화하고 처벌에 있어서도 공평한 부담을 지우게 할 수 있는 제도의 개선 등이 자기결정권의 한계이자 자기책임의 원리에 부합한다. 임신으로 인해 발생되는 의무와 문제들을 남녀 공히 분담할 수 있는 사회경제적 제도와 사회환경적 뒷받침이 더 요구되는 시점이다.

◆『成均館法學』第30卷 第4號, 2018, 65-92쪽

제3절 생명 보호를 위한 합헌적 입법 제안

Ⅰ. 서론

2019년 4월 헌법재판소가 의사 낙태죄 형법 조항(형법 제269조 제1항─이하 '자기 낙태죄 조항'이라 한다. 제270조 제1항 중 의사에 관한 부분─이하 '의사낙태죄 조항'라 한다)에 대해 헌법불합치 결정(헌재 2019.4.11. 2017헌바127)을 내림으로써 낙태죄 찬성과 반대를 둘러싼 첨예한 논쟁을 잠정적으로 일단락하였다. 헌법재판소는 헌법상 합헌적인 요소와 위헌적인 요소가 공존하는 낙태죄 조항에 대해서 헌법불합치라는 결정 형식을 내림으로써, 입법부에는 현재 형법상 처벌 일변도의 일률적인 낙태죄 조항을 대체할 입법을 마련할 것을 주문하고, 사회적으로도 이에 관한 합의를 촉구하였다. 낙태죄 조항에 대해 어떻게 규율되어야 할 것인지에 대해서 여전히 논란이 있어, 국회에 개정안들이 여럿 제출되었고 일부는 임기만료로 폐기되기도 하였다. 개정안들 중의 일부를 살펴보면, 이정미 의원이 대표 발의한 형법 개정안 및 모자보건법 개정안(의안번호 19829, 형법 일부개정법률안 발의연월일: 2019.4.15.; 의안번호 2019802, 모자보건법 일부개정법률안, 발의연월일: 2019.4.15.)은 제출되었다가 임기만료로 폐기되었다. 그 내용은 형법 제269조의 낙태죄 조항과 제270조 제1항의 의사낙태죄 조항을 삭제하는 한편 모자보건법의 개정안으로 14주 내에는 임산부의 판단에 의한 요청에 의해 인공임신중절 수술이 가능하도록 하고, 14주 초과 22주 내에는 사회경제적 사유를 둠으로써 사실상 22주 내에는 사유를 불문하고 임산부의 요청만으로 임신중절이 가능하게 하고 있다.

> 이정미 의원 대표발의, 모자보건법 개정안 제14조(의사에 의한 인공임신중절 및 수술)
> ① 생략
> ② 의사는 임신 14주를 초과하는 임산부에 대하여는 다음 각 호의 어느 하나에 해당되는 경우에 임산부 본인의 동의를 받아 인공임신중절 및 수술을 할 수 있다.
>   1. 태아가 출생 전에 해로운 영향으로 인하여 건강상태에 중대한 손상을 입고 있거나 입을 염려가 뚜렷한 경우로서 대통령령으로 정하는 경우
>   2. 「성폭력범죄의 처벌 등에 관한 특례법」 제2조에 따른 성폭력범죄 행위로 인하여 임신하였다고 인정할 만한 이유가 있는 경우

3. 법률상 혼인할 수 없는 혈족 또는 인척 간에 임신된 경우

4. <u>임신의 유지나 출산 후 양육이 현저히 어려운 사회적·경제적인 사유로서 대통령</u>
   <u>령으로 정하는 경우</u>

5. 임신의 지속이나 출산이 보건의학적 이유로 모체의 건강을 심각하게 해치고 있거
   나 해칠 우려가 있는 경우 5

③ 제2항 제1호부터 제4호까지의 사유로 인한 인공임신중절 및 수술은 임신 22주 이내인
   임산부만 할 수 있다.

진선미 의원이 대표 발의한 모자보건법 개정안(의안번호 2100550, 모자보건법 일부
개정법률안, 발의연월일: 2020.6.16.)에서는 '우생학적'이라는 표현을 삭제하고 있다. 그
이유로는 '우생학적'이라는 용어가 인간의 우열을 따지는 의미를 내포하고 있어 인
간의 존엄성을 훼손하고 차별을 조장한다는 의미가 있으므로, 이와 같은 우려를 불
식시킬 필요가 있고 '우생학적'이라는 용어 없이 '유전학적 정신장애나 신체질환이
있는 경우'라는 사유만으로도 적용대상을 규정하는 데 충분하다고 설명하고 있다.

이번 헌법재판소 결정으로서 2020년 말까지만 제269조 제1항 및 제270조 제1
항의 의사 동의낙태죄 부분의 효력이 유지되므로,[1] 무효가 된 낙태죄 조항을 대체
하면서 헌법재판소 결정에 부합하는 개정안이 국회를 통과해야 한다. 낙태에 대한
제재는 생명의 시작에 관한 윤리적·종교적인 판단, 국가의 생명보호 의무로서 기
본권 보호의 방법과 범위의 문제, 생명 보호에 관한 형사정책적·법정책적 문제가
맞물린 문제이면서, 모든 권리의 근간이자 출발점인 생명의 가치에 관한 기준을
세우는 중대한 이슈라고 할 것이다. 본고에서는 헌법재판소 결정의 내용과 문제점
을 살펴보고 낙태죄 관련 조항의 입법 가이드라인을 도출하여, 이를 통해 생명 보
호의 헌법 가치를 수호하면서도 사회적으로 수용될 수 있는 입법안을 내용을 제안
함으로써 향후 국회의 논의에서도 참고가 될 수 있도록 한다.

---

1 Bok Hyeon Nam, Review in the Constitutional Procedure law about the Constitutional
  Court Decision of Abortion, Constitutional Review 2019: 25(3): 275-301.

II. 낙태죄에 관한 헌법재판소 결정의 의미와 문제점

1. 태아의 생명권 확인

이 결정에서 헌법재판소는 태아의 생명 보호를 공익으로서 국가의 보호의무를 언급하고, 태아의 생명권을 재확인하였다. 생명권은 우리 헌법상 명문의 규정에는 없으나 기본권 질서의 근본 가치인 인간의 존엄성에서 도출될 수 있고 신체의 자유 등 자유권의 전제로서 인정되는 최고의 기본권으로 인정된다. 생명권은 최대한 존중되어야 하고 국가는 생명을 최대한 보호할 의무가 있다. 생명권은 국가로부터 태아와 같이 스스로 생명권을 주장할 수 없는 대상에게는 국가의 보호의무가 긴요하게 작동하는 근거이고, 태아의 생명 보호의 수준은 국가의 보호의무에 근거한 제도적 안전 장치에 의존할 밖에 없다.[2]

2. 과잉금지원칙에 따른 임부의 자기결정권 실현 판단

낙태죄 조항 때문에 제한될 수 있는 기본권은 임부의 자기결정권이다. 임부의 자기결정권의 제한이 과도하지 않은지 여부를 헌법재판소는 과잉금지의 원칙으로 판단하였는데, 낙태죄 법률조항의 입법 목적이 정당하나 수단의 적합성, 피해의 최소성, 법익 균형성의 면에서 과잉금지의 원칙 위반으로 판단하였다. 즉 임부의 자기결정권은 여성의 임신 유지 또는 종결할지를 결정하는 것으로 삶의 근본적이고 결정적인 영향을 미칠 수 있는 전인적 결정인데 현행 모자보건법상의 정당화 사유가 다양하고 광범위한 사회적 경제적 사유에 의한 낙태갈등 상황을 포섭하지 못하고 있고, 이 때문에 임부의 자기결정권에 미치는 피해가 최소한을 넘은 반면 태아의 생명보호라는 공익에만 일방적이고 절대적인 우위를 부여함으로써 법익 균형성을 상실하고 있다고 판단하였다. 이는 최소한 헌법재판소가 제시한 결정가능시기 이내에는 임부의 자기결정권이 더 실효성 있게 보장되어야 한다는 취지로 판단된다. 자기결정권은 인격권을 바탕으로 자기운명을 스스로 결정할 수 있는 기본권이면서, 낙태 결정이 이루어질 수 있는 의료 환경에서 권리를 행사하는 자가 외부의 강요 없이 자발적인 결정을 내릴 수 있는 설명에 의한 동의권(informed consent)으로 나타난다.[3] 임부가 처한 여러 복잡하고 어려운 상황 가운데서 임신 유지냐 종결

---

2 Boo-Ha Lee, The fundamental right to protect life and the prohibiton on the underprotected, Dong-A Law Review 2014: (62): 1-21.

이냐 양자택일하라는 선택권을 준다고 해서 임부의 자기결정권 행사를 보장한다고 말할 수는 없다. '자기결정권'을 보장한다는 명분으로 임부에게 무책임한 선택권을 주는 것은 국가의 생명보호 의무에 근거한 국가 사회의 책임은 무시한 채 손쉬운 생명 침해의 통로를 열어놓는 것이다. 출산·양육할 수 있는 정신력, 경제력과 같은 임부의 내외적 조건을 비롯하여 미혼부모에 대한 사회적 차별, 한부모 양육을 위한 사회적 배려 여건도 부족한 현실에서 임부에게 임신 유지 여부를 선택하라는 것은 자기결정이 아니라 낙태를 종용하는 사회적 강요가 될 가능성이 크다. 자기결정권에서 '자기결정'을 강조할 것이 아니라 자기결정이 되기 위해서 선행되어야 할 사회적·제도적 기반을 마련하는 것이 우선되어야 한다.[4] 예컨대 임신, 낙태, 양육에 대한 충분한 정보 제공과 숙고가 수반되는 상담절차, 양육에 필요한 사회적 지원, 상담 및 출산 관련 비용 지원, 비밀출산제도 등의 새로운 탈출구 마련이 필요하다.

3. 결정가능기간을 설정한 의미

임신 22주부터는 독자적인 생존이 가능하다고 하여 22주 내에는 임신 유지와 출산 여부에 관해 자기결정권을 행사할 수 있는 기간, 즉 결정가능시간이라고 칭하고, 이 시기까지는 태아의 생명에 대한 보호 수단과 정도를 달리할 수 있다고 보는 것이 타당하다고 헌법재판소는 판시하였다. 독자적인 생존이 가능한 시기가 그렇지 않은 시기에 비해 훨씬 인간에 근접한 상태에 도달했다고 하면서, 착상시부터 독자적인 생존이 가능한 시기 전에는 임부가 임신 유지와 출산 여부에 관한 자기결정권을 행사하기에 충분한 시간이 보장되는 시기라고 판시하고 있다. 임부가 자녀를 출산하면 특별한 사정이 없는 한 양육책임을 부담하기 때문에 임부가 처한 사회적 경제적 상황이 곧 출생할 자녀에게 직접 영향을 미치고 임부와 태아가 운명공동체처럼 행동할 수밖에 없어 이에 대해 옳고 그름을 따지거나 가해자 대 피해자의 관계 또는 양자택일 방식으로 해결방식을 찾을 것이 아니라, 실제적 조화의 원칙에 따라 양 기본권 실현을 최적화할 수 있는 방책을 마련해야 한다는 것이다.

임부의 자기결정권은 절대적으로 보호되는 것이 아니라 위에서 언급한 과잉금

---

3 Ju-hee Eom, Decision making of withholding or withdrawal of life-sustaining treatment for minors in the U.S. Soongsil Law Review 2018: 41: 121-144.

4 Eol Lee, An Assignment of Criminal law for systematization of Self-determination, Law Review, Institute of Law Studies Pusan National University 2013: 54(4): 261-288.

지원칙에 의한 제안과 기본권 자체가 가진 내재적 한계로 인한 제한을 받게 된다.[5] 임부가 자기결정권을 행사할 때 태아의 생명과 직결되는 지점이 자기결정권 행사의 내재적 한계가 되기 때문에, 오히려 헌법재판소가 제시한 태아가 모체를 떠나 독자적 생존이 가능한 시점에서는 임부가 자기결정권을 행사할 수 없게 된다. 이때는 국가의 생명권 보호의무가 적극적으로 작용해야 되는 시점이다. 그러므로 이정미 의원 개정안과 같이 22주라고 예시한 결정가능기간 내에서 어떠한 완충 장치도 없이 임부가 자유롭게 낙태할 수 있도록 한다면 임부의 결정에 따라 태아의 생명이 좌지우지되는 결과가 발생하기 때문에 태아 생명권에 대한 국가의 보호의무 측면에서 최소한의 수준도 보장하지 못하게 된다. 태아의 생명과 임부의 자기결정권을 동시에 보호할 수 있는 제3의 해결책으로서 생명 보호의 사회보장과 사회적 안전망을 구축하는 것이 조화로운 해결책이 될 수 있다.

4. 22주가 태아의 독자적 생존 가능 시기인가: 독자적 생존 가능성 기준의 불합리성

의학은 계속 발달하고 인공자궁의 개발, 자궁이식에 의한 출산도 가능하게 된 것이 생명과학의 현실이다.[6] 의학적으로도 임신 20주 이상 37주 미만 사이는 조산으로 분류하여 분만으로 보고 있는 점에서 20주 태아부터는 생존하는 사람과 동일하게 본다는 의미를 전제하고 있다고 보여진다. 의료인들이 전문 직업윤리로 안전한 분만과 태아의 생존을 위해 임무를 수행하는 시기를 임부의 의사에 따라 낙태가 가능한 시기로 잡는다는 것에는 심각한 비윤리성과 비난가능성이 존재할 수밖에 없다. 태아의 생존 가능성 여부는 낙태 가능시기의 기준이 될 것이 아니라 오히려 의료인들이 양심의 자유에 따라 낙태 시술을 거부할 수 있는 논거가 될 수 있다.[7] 생존하는 인간과 동일한 형상을 가진 태아를 인위적으로 모체와 분리함으로써 결과적으로 생명을 침해하는 결과를 가져오게 되는 낙태를 의료인에게 강요

---

5 Ju-hee Eom & Ji-hyun Yang, review on the exercise of the right to self-determination and its limitation surrounding the case of abortion at the constitutional court in Korea, Sungkyunkwan Law Review 2018: 30(4): 65–92.

6 Seong-jun Ahn, Legal Implication on Artificial Wombs: For legal Approaches surrounding this specifically hypothetical reality, An-am law Review 2016: 51(2): 413–457.

7 Amanda Kim & Mijin Lee, A health Professional's Right in Abortion : Focusing on the Decisions of 2017 Hun-ba 127, Korean Journal of Medicine and Law 2019: 27(1): 149–165.

하게 된다면, 양심과 윤리에 따라 환자의 생명, 건강, 안전을 최우선으로 하는 의료인으로서 직업의 본질을 수행하기 어렵게 만들 수 있다. 22주라는 시기는 재판부에서 임의로 설정한 예시적인 기간으로서, 불가피하게 낙태 결정을 해야 하는 상황을 고려하여 낙태 가능 시점을 정해야 할 때라도 최소한 20주보다는 이른 시기로 하는 것이 합당하다.

III. 입법의 가이드라인과 법률안 제안

헌법재판소 결정에서 도출된 입법의 가이드라인을 바탕으로 마련된 합헌적인 법률안으로서, "(가칭) 임산부 지원 확대와 임신갈등 예방 및 극복을 위한 법률안"의 내용을 아래에 소개한다. 2019년 12월 7일 서울대병원에서 열린 성산생명윤리연구소 창립22주년 기념세미나에서 발표된 바 있다. 2018년 2월 오신환 의원이 대표발의하고 국회에 계류 중인 비밀출산법안(의안번호: 2011800, 제안일자 2018.2.7. '임산부 지원 확대와 비밀출산에 관한 특별법')의 내용에 더하여 낙태에 관한 가이드라인을 포함한 것이다. 법률안 내용 중에서 이와 관련된 부분을 발췌하여 소개한다.

1. 태아의 생명권과 친생부의 책임 명시

임부의 자기결정권을 고려하면서도 태아의 생명 보호라는 공익이 전제되어야 한다는 중대성은 변함이 없으므로 법률에 태아의 생명권을 명시할 필요가 있다. 다만 생명 보호라는 이론적이고 관념적인 명분을 앞세워서 임부의 남은 인생 전체를 좌지우지할 전인격적 결정과 그에 따른 책임을 임부 홀로 부담하게 해서는 아니 된다. 임부에 대한 사회보장적 배려와 친생부에 대한 책임 배분이 동시에 이루어져야 하므로, 친생부의 책임도 법률에 명시할 필요가 있다. 낙태는 태아의 생명에 대한 침해이고, 생명권의 박탈을 의미하므로 위법행위가 된다. 다만 낙태 사유에 따라서 위법성 조각 사유가 발생할 뿐이므로, 태아의 생명침해에 대한 처벌조항은 법률 체계의 정당성을 고려하여 형법에 규정되어야 한다.

2. 일률적인 낙태죄 적용이 아닌 사회보장적 접근

임부를 형사 처벌하는 규정을 둠으로써 낙태를 예방하는 방식은 헌법재판소가 적시했듯이 후진적이고 실효성이 없으며, 수단의 적합성과 피해의 최소성 측면에서 위헌적인 요소가 있다. 궁극적으로 낙태를 예방하여 태아의 생명을 보호하는 것이 목적이 되어야 하므로, 일률적으로 임부를 처벌하는 방식만으로는 임부의 인권 측면에서도 위헌적일 뿐 아니라 낙태를 효과적으로 예방하지 못한다. 안전하고 건강한 임신 유지를 위한 정보와 양육할 수 있는 정보에 대한 접근성을 높여주는 방안, 특히 미혼 청소년 부모에게 경제적인 지원, 학업과 사회생활을 계속할 수 있도록 정책적 지원이 필요하다. 임부의 자기결정권이 실질적으로 이루어지게 하기 위해서 임신, 출산, 양육을 지원하고 최소한의 인간다운 생활을 뒷받침할 수 있는 사회보장적 접근으로 선행되어질 필요가 있다. 정책적으로 사후 낙태 상황을 해결하는 방향보다는 사전 예방이 가능하도록 성윤리가 바탕이 된 성교육과 부모의 책임과 의무, 윤리에 대한 교육이 시행되어야 한다.

낙태 가능한 시기를 입법적으로 설정하려면 태아의 생명권과 임부의 자기결정권이 실질적으로 조화롭게 보장될 수 있도록 해야 한다. 미국의 경우 태아의 심장박동이 감지되는 시기인 5-6주 이후에는 낙태를 허용하지 않거나 낙태 시술의 선결요건으로 임부가 태아의 심장박동을 듣도록 하는 내용의 법률을 제정하는 주가 점차 증가하고 있다.[8] 낙태가 임부의 건강에 미치는 영향, 태아가 고통을 느끼는 시기와 생명의 징표인 심장박동을 고려한 윤리적 판단이 필요하며, 허용할 수 있는 시기는 최대한으로 길게 잡아도 조산으로 분류되는 20주를 넘지 않는 것이 바람직하다.

3. 사회경제적 사유 허용이 아닌 신중한 숙고를 위한 절차 규정: 태아 생명 보호 상담

22주 내에 사회경제적 사유를 허용하는 것은 사실상 22주 내에는 사유를 불문하고 낙태를 허용하는 것과 같고, 임부의 결정에 따라 태아의 생명이 좌지우지되는 결과가 발생한다. 사회경제적 사유라는 모호한 기준을 적용한다면, 곤경에 처한 임부가 용이하게 선택할 것으로 예상되나 태아의 생명권은 그만큼 쉽게 박탈되는 결과가 발생 될 수 있고, 취약계층이 경제적 사유로 인해 임신·출산을 포기하지 않도록 하고 인간다운 생활을 보장해야 하는 국가·사회의 의무는 소홀해질 수 있다.[9] 태아의 생

---

8 Ji-young Jang, Status of Promoting US Legislation Against Abortion, Seongsan Forum Sourcebook, Oct.2019.

명 보호라는 공익과 임부의 권리를 모두 보호할 수 있는 방안으로서, 임부가 한 번의 선택으로 평생의 삶에 영향을 주는 전인격적인 결정을 하게 된다는 점을 감안하여, 전문 상담사가 임부에게 양육과 입양 등 다양한 선택지에 대한 가이드를 해줄 수 있는 숙고와 상담의 절차를 입법화할 필요가 있다.

4. 낙태 시술 거부권 보장, 낙태 가능 의료기관 지정 및 정부의 관리감독

낙태의 현장은 개인의 선택에 의해 행해지는 사적인 의료의 영역이 아니라, 국가의 생명 보호의무가 발동해야 하는 공익의 영역이다. 보건의료 분야에서 건강권 내지 보건에 관한 권리를 보호하기 위하여 보건의료 체계를 구축하고 국민들의 건강 유지와 증진을 위한 각종 제도들을 마련하고 있는 것에 더하여, 낙태가 실시될 가능성이 있는 의료현장에서는 생명 보호를 위한 보건의료 제도적 장치가 필요하다. 낙태 실시 기관의 의무사항과 정부의 관리감독 사항, 시술할 수 있는 의료인의 자격 등이 명시되어야 할 필요가 있다. 또한 낙태를 생명존중과 도덕적 가치판단을 이유로 반대하는 보건의료인에게 낙태 시술에 참여하도록 하는 것은 그 보건의료인으로 하여금 본인의 양심을 포기하고 본인 의사에 반하는 행위를 하도록 강요하는 것이다.[10] 의료인을 비롯하여 관계자들 모두에게 본인이 양심에 따라서 낙태 시술에 참여하지 않을 권리를 보장하여야 한다.[11]

IV. 결론

본고는 헌법재판소 결정의 취지와 헌법가치의 본질을 확인하여, 태아의 생명권를 명문화하고 임부의 자기결정권을 실효성 있게 실현할 수 있도록 태아 생명보호 상담과 임산부 지원을 골자로 하는 가칭 "임산부 지원 확대와 임신갈등 예방 및 극복을 위한 법률안"(약칭: 임신갈등법)을 제안·소개하였다. 법률안의 취지는 단순히 낙태 결정 가능 기한을 제시한다든지 사회경제적 사유를 두어 임부의 손쉬운 낙태를 정당화하고 국가·사회의 의무를 뒷전으로 미뤄둘 것이 아니라, 임부가 진

---

9 Okju Shin, A Study on the Constitutional Legislative Reform after Constitutional Court Decision about Abortion, Korean Public Law Association 2019: 47(4): 175-205.

10 Amanda Kim & Mijin Lee, supra note.

11 Yun-jeong Yim, Judicial Review on the constitutionality of the Bill proposing conscientious abortion refusal in Chile, Law Times, Oct. 24, 2019.

정한 자기결정을 할 수 있도록 사회보장적 제도를 마련하여 임부의 기본권과 태아의 생명을 보호하고 의료인도 양심과 직업윤리에 충실할 수 있도록 의료인의 권리를 보장하는 데 있다. 차후 사회적 논의를 통해 낙태 결정 가능 기한을 정해야 한다면, 임신 주수를 기계적으로 3등분하여 초기 14주로 정한다든가 과학적 설득력과 합리성이 떨어지는 태아의 독자적 생존 가능기간으로 정할 것이 아니다. 낙태가 임부의 건강에 미치는 영향과 태아의 발달 단계, 생명의 징표 등을 고려하여 최소한의 기한으로 설정되어야 할 것이다. 생명은 양보할 수 없는 헌법적 가치이며 기본권 질서의 근간이라는 점을 기억하면서, 여성의 삶과 미래도 살릴 수 있는 법제가 마련될 수 있도록 우리 모두의 지혜와 미덕이 모아져야 할 때이다.

◆ 『한국모자보건학회지』 제24권 제1호, 2020, 1-8쪽

제3장
코로나 · 생명 · 헌법

제1절 코로나 통제에 따른 기본권의 제한과 국가의 역할

Ⅰ. 서론

2020년 초에 대한민국을 강타한 신종 코로나 바이러스(COVID-19)의 창궐은 국민들의 생활을 이제까지 상상하지 못했던 방식으로 변화시켜왔다. 신종 코로나 감염병은 빠른 전염 속도를 가지고 있고, 비말을 통해 전파될 수 있으며, 호흡기를 침범하고 드물게 뇌에 이상을 가져오기도 하며 기저질환을 가진 환자나 노약자에게 치명률이 높다는 특성[1]이 있다. 그러다 보니 사람들 사이의 물리적 거리를 넓히고 사람 간 이동과 접촉을 최소화하는 방식의 방역을 수행하게 되고,[2] 영업활동과 집회 및 모임 등 사람 간의 일상적 대면 활동에 막대한 지장을 초래한다. 눈에 보이지 않는 감염병 확산에 대한 공포는 언제 어디서 누구에게 감염될지 모른다는 두려움으로 사람들을 움츠러들게 만들 수 있다. 사람이 전달 매개체가 됨으로 인해 감염병환자 내지 감염병의심자에 대한 사회적 낙인 효과는 국민의 생명과 안전을 보호하는 방역의 차원을 넘어 국민들 간의 반목과 갈등의 요인으로 작용하며, 평범한 사람들에 대한 사회적 분노를 일으킴으로써 감염병 발생의 책임이 무고한 국민들에게 떠넘겨진다.[3] 인류학적으로 감염병에 관한 사회적 낙인 효과는

---

1 확진자 수에 비하여 사망자수가 가장 많은 연령층은 70대 이상의 노인층으로 전체 사망자의 77.42%를 차지하고, 치명률이 30대는 0.09%, 40대는 0.15%인데 비하여 80대 이상은 19.78%로서 고령화될수록 치명률이 급격히 상승한다. 의학적 보고들에서 대체로 고령자와 기저질환이 있는 환자는 임상적 중증도가 높다는 점이 지적되고 있다. 국회 입법조사처, 코로나19(COVID-19) 대응 종합보고서, 2020.4.8, 86-87쪽; 채수미, "코로나바이러스감염증-10 특집호②- 코로나바이러스감염증-10와 미래 질병 대응을 위한 과제", 『보건복지 ISSUE & FOCUS』 제374호(2020-05), 2020.3.11. 3쪽; "코로나19 국내 사망자, 70대 이상 노인 77%, MEDICAL Observer 2020.5.11.일자, http://www.monews.co.kr/news/articleView.html?idxno=210521(검색일자: 2020.10.1.) "코로나19 사망자 346, 97%가 고혈압 당뇨병 등 기저질환자", 헬스조선 2020.9.10.일자, http://health.chosun.com/site/data/html_dir/2020/09/10/2020091003000.html(검색일자: 2020.10.1.).

2 중앙재난안전대책본부, 『생활 속 거리 두기 세부지침(3판)』, 2020.7.3.

3 분당서울대학교병원 경기도 공공보건의료지원단 정신건강과 자살예방팀, [보도자료] 코로나19 감염 책임 누구에게 있나? 일반인과 확진자 인식 차이 커- [붙임] 경기도 코로나19 심리조사 결과[확진자 및 접촉자], 2020.7.1. 5-7쪽; 김지호, 『코로나에 걸려버렸다- 불안과 혐오의 경계 50일간의 기록』, 더난출판, 2020. 52-55쪽. 최근 우리나라의 실증적인 연구결과로도, 코로나19 확진자들은 완치되지 못할 수 있다거나 완치 후 재감염될 수 있다는 질병에 대한 두려움보다도 확진으로 인해 주변으로부터 받을 비난과 피해, 즉 낙인에 대한 피해를 더 두려워하는 것으로 나타났다.

매우 강력한데, 감염병 환자가 죽음을 상기시키는 대상이 됨으로써 이에 대한 무조건적 분노를 촉발시킨다. 또한 감염병은 오염, 질병, 불결을 유발하는 자극으로서 무조건적인 역겨움과 회피반응을 촉발한다. 감염병 상황에서의 인류학적·심리학적 연구 결과들을 감안할 때[4] 감염병의 사회적 낙인 효과는 감염병 사태의 원인에 대한 책임과 감염병 사태로 인한 피해의 분풀이를 감염병환자로 낙인찍힌 사람들에게로 잠시 눈 돌리게 한다.[5] 그러나 질병의 은폐와 회피를 불러일으켜 감염병의 통제와 진압을 지난하게 만들고, 국민들이 일상으로 돌아가는 시간을 지연시킴으로써 궁극적으로 국민의 생명과 안전에는 부정적인 영향을 끼칠 수 있다.[6] 수개월간 지속되는 장기간 방역 상황은 국민들에게 우울, 피로감과 고립감 같은 심리·정신적 어려움뿐 아니라[7], 영업 활동이 중단된 국민들은 생계의 위협 상황까지 더해지고 있다.[8] 감염병 유행시 나타나는 집단 심리 반응은 확산기, 유행기, 소강기로 구분되어질 수 있는데, 확산기에는 불확실성에서 기인하는 사회적 불안과 두려움, 유언비어 등이 큰 문제가 된다. 유행기에는 격리자의 무단 이탈 문제와 격리자에 대한 심리적 지원에 대한 관심이 커지면서 본인도 감염될지 모른다는 불안감이 증

---

4 박한선, "메르스와 전염병 인류학", 『생명윤리포럼』 제4권 제3호, 2015, 6쪽.

5 김천수, "중동호흡기증후군 2015년 사태와 관련된 의료법령의 분석과 입법론-「의료법」 및 「감염병의 예방 및 관리에 관한 법률의 쟁점 조항을 중심으로", 『의료법학』 제16권 제2호, 2015, 218-219쪽; 메르스 사태 때 전파자로 지목된 환자들에게 '살인자'라느니, '경제침체의 주범'이라는 등의 과도한 비난이 있었는데, 현재 코로나 사태에서도 집단 감염이 발견된 특정 집단에 대한 극도의 비난과 혐오는 난무하고 있다.

6 낙인으로 인한 부정적인 효과는 문제를 일으키는 질병에 집중하는 대신 평범한 사람들을 향해 더 큰 두려움 또는 분노를 일으킴으로써 모든 사람들에게 상처를 주게 되며, 낙인으로 인해 사람들이 증상이나 질병을 숨기고 즉시 검진을 받지 않고 은폐하며 개인이 건강한 행동을 실천하지 않게 될 가능성이 높아짐으로써, 감염병 확산의 통제를 더욱 어렵게 만들 수 있다는 점이다. CDC(Center for Disease Control and prevention), Coronavirus Disease 2019 (COVID-19) – Reducing Stigma, (Web Pages, Updated June 11, 2020)
   https://www.cdc.gov/coronavirus/2019-ncov/daily-life-coping/reducing-stigma.html (검색일자: 2020.10.1.)

7 "심상찮은 코로나 블루, "수도권 2030 여성 극단 선택 급증" [코로나 블루 또 다른 재난] 〈1부〉 불길한 징후 ①악화하는 자살 관련 데이터, 국민일보, 2020.9.8. 일자.
   http://news.kmib.co.kr/ article/view.asp?arcid=0014987129 (검색일자: 2020.10.1.)

8 "임차상인 코로나19에 생계 위협... 정부·국회 나서야", 머니투데이, 2020.10.6. 일자.
   https://news.mt.co.kr/mtview.php?no=2020100611591769448
   "코로나 장기화 활동지원사 생계보장 1인시위 – 사회서비스 공공운영·고용유지지원금 직접 지원 요구", 에이블뉴스, 2020.10.7. 일자.
   http://www.ablenews.co.kr/News/NewsContent.aspx?CategoryCode=0016&NewsCode=0016 20201007094224490525 (검색일자: 2020.10.8.)

가하는 시기다. 소강기는 확진자에 대한 사회적 편견과 유족에 대한 사회적 지지 필요성이 부각되고 이에 대한 언론보도가 증가한다.[9] 현재 코로나 팬더믹 사태는 여전히 유행기를 지나가고 있는데, 공법적 의미에서는 방역을 이유로 한 공권력 동원의 적정성과 다양한 기본권 주체들의 기본권 제한의 균형성에 대한 평가가 서서히 시행되어야 할 시점에 이르렀다. 방역이 모든 기본권의 제한을 합리화시킬 수 없지만, 입법부의 신속한 관련 법령 개정에 탄력을 받아, 중앙 및 지방자치단체의 행정 조치들이 신속하고 강력하고도 광범위하게 실행되어 왔다. 이러한 상황에서 코로나 사태를 끝낼 수 있을 것으로 희망적인 기대를 걸어볼 만한 기술은 빅데이터와 인공지능으로 대변되는 미래 의료기술이다. 빅데이터는 치료제와 백신 개발에 활용되기도 하고, 실시간 방역 활동에 원천을 제공하기도 한다.[10] 확진자의 이동 동선을 파악하는 데 이동통신사 정보와 신용카드 사용 정보 등의 각종 빅데이터를 활용하는 역학조사 지원 시스템이 한 예이다.[11] 정보 주체의 입장에서는 보호하고 싶은 개인정보이지만, 수많은 정보 주체들의 데이터들이 실시간으로 다양한 디지털 웨어러블 기기를 통해 수집되면 빅데이터를 형성하는 것은 일순간이다. 감염병 사태에서 빅데이터 활용이 가속화될 수 있는 요인은 가명정보처리 기술로 개인을 식별할 수 없는 형태로 데이터가 처리될 수 있다는 점도 있지만,[12] 최근 우리 「개인정보보호법」과 「감염병의 예방 및 관리에 관한 법률」(약칭: 감염병예방법)의 개정으로서, 정보 주체의 동의나 법원에서 발부받는 영장과 같은 복잡한 사법적 집행 절차 없이도 개인정보를 활용할 수 있는 법적 근거를 두고 있다는 점 때문이기도 하다. 공공과 민간의 협력적 거버넌스를 이용한 빅데이터의 선용은 국민의 사생활과 개인정보와 같은 기본권 보호에 균형을 기하면서도 생명과 안전이라는 또 다른 기본권을 보호하여 안전 국가를 보장하는 장치가 될 수 있다. 그런데 방역 활동으로부터 파생된 여러 행정권의 발동이 국민 생활의 깊숙한 곳까지 침투하면서 감염병 환자를 가려내고 감시하고 치료해야 하는 역할을 넘어 국민들의 기본

---

9 박한선, 앞의 논문, 5쪽.

10 안세희, "신종감염병 대응 AI 기술 동향 분석", 『BIO ECONOMY BRIEF』 Issue 81, 2020, 1-4쪽; 인공지능와 빅데이터가 접목된 기술로서 감염병 발병예측, 확산경로 파악, 진단, 치료제 개발 등에 활용되고 있다.

11 윤강재, "코로나바이러스감염증-10 특집호⑤- 코로나바이러스감염증-10 대응을 통해 살펴본 감염병과 공공보건의료", 『보건복지 ISSUE & FOCUS』 제377호(2020-08), 2020.3.19. 2020, 9쪽.

12 "'가명정보'로 파악된 코로나 확진자 동선", 이재형의 통계 이야기, 단비뉴스, 2020.4.27.일자. http://www.danbinews.com/news/articleView.html?idxno=13022 (검색일자: 2020.10.1.)

적인 생활에까지 영향을 미치다 보니[13], 생명과 안전, 생계의 보장을 비롯한 국민의 기본권과 국가의 역할 및 의무 사이에서 공법적 과제를 낳고 있다.

본고는 코로나 대응에 활용된 빅데이터 기술이 기본권과 연관된 영역으로서, 공권력이 활용하는 빅데이터와 관련하여 기본권 침해나 제한에 문제가 될 수 있는 지점들을 공법 해석적으로 분석한다. 공권력의 코로나 대응과 기본권과의 관계와 행정권 실행의 적정성에 대해서 검토하고 일고함으로써, 코로나 대응에 활용되는 빅데이터를 기화로 하여 이에 관련된 공법적 과제를 전망한다.

II. 빅데이터 활용에 의한 기본권의 제한

1. 방역과 자유권의 제한

감염병예방법 제76조의2 등을 근거로 하여 방역당국은 개인의 위치정보, 이동통신 기록, 의료기록 등의 각종 데이터와 개인정보를 수집·보유하고 있는 민간기업에 대해서 정보제공요청 및 정보 확인이 가능하다. 이렇게 수집된 빅데이터가 방역 활동에 사용되는 과정에서, 신체의 자유, 개인정보자기결정권, 사생활의 자유와 비밀, 영업의 자유, 집회결사의 자유 등 자유권의 제한이 불가피하게 가해진다.

데이터는 인격권의 성격을 가지고 있으며 개인정보 자기결정권을 일종의 인격권의 하나로 이해된다.[14] 독일 연방헌법재판소가 1983년 「인구·직업·주택·직장 조사에 관한 법률」에 대한 헌법소원사건에서 개인정보 자기결정권을 '언제 어떠한 범위 내에서 개인적 생활영역에 공개할 것인지를 원칙적으로 스스로 결정하는 개인의 자기결정의 사상에서 나오는 권리'라고 하면서 일반적 인격권의 한 내용으로 인정했다는 점[15]은 이러한 데이터의 인격권적 성격을 뒷받침하는 예가 된다.[16] 사생활의 비밀과 자유가 개인의 사적 물리적 공간과 내심의 영역이 외부로부터의 침입이나 개입되지 않도록 배제함으로써 소극적인 프라이버시를 보호하고자 하는 법익

---

13 Michael J. Selgeld et al (Editors), Infectious Disease Ethics, Germany :Springer, 2011. pp.126-128.

14 엄주희, "보건의료법학과 헌법의 교차점 – 보건의료 규범에 관한 헌법적 고찰", 『인권법평론』 제24호, 2020, 180-181쪽; 권영준, "개인정보 자기결정권과 동의 제도에 대한 고찰", 『2015 NAVER Privacy White Paper』, 2015, 83쪽.

15 이숙연, "전자정보에 대한 압수수색과 기본권 영장주의", 『헌법학연구』, 2012, 12쪽.

16 정다영, "디지털 미디어 환경 변화에 따른 개인정보 자기결정권 및 인격권의 보호", 『미디어와 인격권』 제3권 제1호, 2017, 105-106쪽.

을 가지고 있다면, 개인정보 자기결정권은 정보 주체를 나타낼수 있는 각종 데이터의 사용 과정과 절차에 정보 주체가 함께 참여할 수 있도록 하는 프라이버시 법익을 보호한다.[17] 따라서 데이터 인격권은 개인정보 자기결정권의 인격권적인 내용으로서 해석될 수 있다. 프라이버시에 관한 각국의 보호 태도를 보자면, 유럽은 프라이버시를 인간의 존엄성을 위한 권리의 필수 구성요소로 파악하고, 북미는 국가·정부로부터의 간섭의 배제하는 자유권적 성격으로 이해한다.[18] 우리 헌법 체계에서 인간의 존엄과 가치로부터 일반적 인격권을 도출하고 있고, 한 개인의 데이터에 내포되어 있고 또한 한 개인이 발생시키는 데이터로부터 표출되는 인격성을 감안한다면, 개인정보 자기결정권에는 데이터 인격권이라고 칭할 수 있는 인격권적 성격이 있다고 해석할 수 있다. 감염병 사태에서 데이터가 인격권의 제한을 수반할 수 있는 예를 보자. 감염병 확진자의 경우 치료제와 백신이 개발되어 있지 않은 신종 감염병의 불확실성 때문에 완쾌가 어렵고 후유증이 남을 수도 있다는 질병 자체에 대한 걱정이나 생명의 위협에 대한 두려움과 고통에 더하여, 감염병 확진자의 신상과 이동 동선을 어느 정도로 자세히 공개할지 범위와 내용이 법원의 영장 없이 방역당국의 자의적인 해석과 결정으로 이루어짐으로써, 데이터 공개로 인해 사회적 비난에 직면해야 한다는 것에 대한 고통과 사생활 노출로 인한 피해가 발생한다. 원치 않는 사회적 낙인이 발생할 것에 대한 두려움과 같은 감염병 환자가 감당할 심리정신적 피해는 질병 자체로 인한 고통보다 더 심각한 것일 수 있다.[19] 데이터 공개는 단순한 정보의 노출이 아니라 그 정보 주체의 인격성을 나타내는 통로가 될 수 있기 때문에, 원치 않는 데이터 공개는 정보 주체의 인격권 침해를 수반하게 된다. 방역 활동에서도 데이터의 인격성을 고려하여 인권으로서의 사생활 비밀과 자유의 기본권을 보장될 수 있어야 하는 이유이다.[20] 동일한 맥락에서 감염

---

17 이인호, "정보인권 논의가 시사하는 헌법학적 프레임 – 디지털시대에 있어서 정보를 둘러싼 권력과 자유의 긴장과 조화", 『법학연구』 제3권, 2008, 84-45쪽.

18 엄주희,심지원,김혜경, "데이터 접근성을 통한 보건의료와 인공지능의 융합– 일반정보보호규정 (GDPR)이 정책 입안자들에게 신호등 역할을 할 수 있는가", 『인권법평론』 제25호, 2020, 254쪽.

19 분당서울대학교병원 경기도 공공보건의료지원단 정신건강과 자살예방팀, [보도자료] 코로나19 감염 책임 누구에게 있나? 일반인과 확진자 인식 차이 커– [붙임] 경기도 코로나19 심리조사 결과[확진자 및 접촉자], 2020.7.1. 5-7쪽.

20 설령 감염병에 노출되었을 것으로 의심되는 사람이 검사와 치료를 거부하는 경우라도 공공안전에 위해가 된다는 식으로 비난하기 전에 감염병으로 의심받는 사람의 행동 원인과 감염병 위기 상황에서 국민들의 심리정신적 영향과 감염병 관련 공중보건(Public Health) 지식을 이해하는 바탕 위에서 권리의 제한과 정책이 시행되어야 할 필요가 있다.

병에 노출되었을 것으로 의심되는 사람이 검사와 치료를 거부하는 경우에 공공안전에 위해가 된다는 식으로 비난하기 전에 감염병으로 의심받는 사람의 행동 원인이 데이터 인격권과 심리정신적 요인에 있지 않은지 살필 필요가 있다.[21]

또한 빅데이터를 기초로 하여 집회금지 행정 조치가 시행될 때는 집회의 자유 제한을 필연적으로 수반할 수 있기 때문에, 모든 법치 행정과 기본권 제한적 조치에서와 마찬가지로 과잉금지의 원리가 고려된다. 즉 집회의 자유의 제한과 방역의 효과 사이에서의 균형점이 고려되어야 한다.[22] 집회 결사의 자유는 자유민주주의 사회에서 정치적 의사표현을 하는 수단이자 매개로서 핵심적인 기본권으로 평가된다. 집회 금지는 공공의 안녕질서에 대한 직접적인 위협이 명백한 경우에 한하여 가능하며 집회의 자유 제한보다 덜 기본권 침해적인 수단을 동원할 수 있다면 그러한 수단을 먼저 강구함으로써 침해가 최소화될 수 있도록 하여야 한다.[23] 코로나 상황이 여전하다고 하더라도 생필품 구입할 수 있는 식료품점 사업장을 영업 정지하거나 폐쇄하지는 않는다. 마스크를 착용하고 방역 지침을 준수하는 야외 옥외 집회가 실내 밀폐된 공간에서 취식 행위라든지 식료품 판매점에서의 쇼핑 행위 보다 더 방역 활동에 위해가 될 수는 없다. 실내 공간과 실외 공간에서의 집회를 구분하는 등 집회와 모임의 방식을 감안하여 합리적인 방안으로 집회 금지의 기준이 재설정되어야 할 필요가 있다. 형식적으로는 감염병예방법의 법률적 근거를 가지고 있다고 하더라도 방역당국과 정부·지방자치단체의 구체적인 행정 지침과 폭넓은 재량에 의해서 방역 활동이 실행되고 있기 때문에[24], 방법상으로도 과잉금지의 원칙상 수단의 적합성과 피해의 최소성의 면에서 과도한 자유권의 제한이 되지 않는지가 고려되어야 한다.[25]

2. 방역에 있어서의 알 권리와 모를 권리

감염병 대응 상황에서 알 권리와 모를 권리, 두 가지 측면이 모두 고려되어야

---

21 Deutscher Ethikrat, AD HOC Recommendation – Solidarity and Responsibility during the Coronavirus Crisis, 27 March 2020, pp.5-7.

22 "모이기를 힘써라", 국민일보, 2020.10.16.일자.

23 헌재 2003.10.30. 2000헌바67.

24 "여전히 위험하다"면서도... 여행·외식 권하는 정부, 세계일보, 2020.10.31.일자.
   http://www.segye.com/newsView/20201030517989 (검색일자: 2020.10.31.)

25 John Coggon et al, Public Health Law : Ethics, Governance, and Regulation, NY: Routledge, 2017, pp.130-134.

한다. 알권리는 환자 본인의 건강과 치료에 관한 정보를 정확하게 제공받고 이를 바탕으로 환자가 자발적 의사로 동의를 하도록 하는 것이라면, 모를 권리는 본인의 건강에 관한 신체적·정신적 내밀한 상태에 대해 모르는 상태로 유지할 수 있는 법익이다. 모를 권리에 대한 논의는 유전자 정보 보호와 인권에 대한 국제적인 논의에서 출발한 것이다. 치료나 연구 중에 우연히 부수적으로 발견된 환자 본인의 정보에 대해서 본인이 알지 않는 상태를 유지할 수 있도록 해줌으로써, 환자가 불필요하게 정신적 해악과 고통을 받지 않도록, 그리고 환자에 대해 불필요하게 알려진 정보 때문에 보험 혜택 등의 불이익을 보지 않도록 보호받도록 하는 권리이다.[26] 감염병 위기 사태에서 보호되어야 할 법익은 국민의 건강과 안전 및 신체의 안위이기 때문에, 국민 건강의 관점에서 알 권리와 모를 권리는 동시에 적용될 수 있다. 감염병 오염 우려로 인해 소독을 했던 사업장에 대해서 굳이 방역당국이 대중에게 그런 사실을 공지할 필요가 있는지 고려할 때, 일반 국민의 모를 권리를 감안할 수 있다. 또한 정부 및 지방자치단체가 수시로 발송하는 재난문자가 개개인의 건강 생활에 크게 도움이 되지 않으면서도 재난문자가 수시로 온다는 사실만으로도 불안, 염려만 키울 수 있는 정보들이 될 수 있기 때문에, 이를 원치 않는 사람에게까지 강제로 발송하지 않도록 할 근거로서도 될 수 있다는 점이다. 감염병 환자와 과도한 밀접 접촉이 아닌 한, 감염 가능성이 희박한 야외와 광장에서 같은 시간 있었다는 이유만으로, 밀접 접촉 가능성이 미약한 자에게까지 굳이 감염 검사를 받으라고 할 필요가 없다는 근거로도 모를 권리의 존재는 유용하다.[27] 모를 권리를 실제적으로 적용하는 방식으로는, 예컨대 알 권리의 충족을 위해 개별 감염병 확진자의 이동 동선을 낱낱이 공개하는 형태보다는, 확진자들의 방문 장소를 한꺼번에 모아 지도 형태로 만들어서 감염 위험에 각별한 주의를 해야 하

---

26 엄주희, "보건의료법학과 헌법의 교차점 - 보건의료 규범에 관한 헌법적 고찰", 『인권법평론』 제24호, 2020, 175-177쪽. 모를 권리는 1997년 UNECO의 인간 유전체와 인권에 관한 보편 선언, 유럽의회의 인권과 생의학에 관한 협약 등의 국제 인권 차원에서 논의가 출발하였다.

27 방역당국이 휴대전화 기지국의 이동통신자료를 토대로 검사 대상자를 광범위하게 잡아 코로나 진단 검사를 받으라고 보내는 행위도 모를 권리에 있어서의 제한이라고 할 수 있다. 전국민 전수조사나 원하는 시민이 자발적으로 행하는 검사가 아니라 특정 단체를 대상으로 실시하는 강제 검사의 경우에는 기본권 제한의 가능성이 상존한다. 최근 2020년 11월부터 신규 확진자 수가 급증하면서 방역 당국은 12월 중순부터는 선별검사소를 추가로 설치하고 원하는 시민은 증상유무에 상관없이 검사를 받을 수 있도록 방역방침을 변경하였다. "누구나 코로나 19 검사 가능한 임시선별검사소 56개소 추가 설치", 서울특별시, 코로나19 보도자료, 2020.12.14., https://news.seoul.go.kr/html/27/525381/ (검색일자: 2020.12.14.)

는 시기에만 한정해서 공개하는 방식이 있다.[28] 감염병 위기상황에서는 검증되지 않은 정보들이 넘쳐나고 과도한 정보의 홍수가 국민들에게 막연한 불안감과 공포를 키울 수 있다는 점, 알권리의 충족이 감염병 종식에 도움이 되는 방역활동에 도움이 되기보다는 감염병 낙인 우려[29]와 심리정신적 해악으로 인해 자살자가 발생하는 등의 피해자를 양산하는 면이 크다는 있다는 점, 감염병 환자에 대한 사회적 낙인과, 감염병에 걸렸을 수 있다는 의심을 받는 사람—이른바, 감염병예방법상 '감염병의심자'로 분류될 수 있는 자—또는 검사와 치료를 거부하는 사람에 대한 사회적 비난이 폭력적으로 변모할 수 있어[30] 국민들 사이의 사회적 갈등을 촉발하고 있다는 점, 감염병 질환의 직접 피해보다는 영업 정지·폐쇄와 경제활동 마비로 인한 경제적 손실로 국민 생계의 곤란성을 유발함으로 인해 헌법상 보장하는 영업의 자유와 생존권이라는 기본권을 해치고 있다는 점을 감안할 때, 모를 권리의 유용성을 상기할 필요가 있다.[31] 물론 모를 권리뿐 아니라 사생활의 비밀과 자유 및 개인정보 자기결정권이라는 기본권을 근거로 해서도 위의 사례들에서 감염병 관련하여 공권력으로부터 일방적으로 주어지는 정보나 조치를 거부할 수는 있을 것이나, 모를 권리가 본인의 건강을 둘러싼 정보를 본인이 원치 않을 때에는 거부할 수 있다는 직접적인 근거가 되는 기본권이라는 점에서 주목된다. 증상이 없거나 미미하여 본인의 건강에 위해가 거의 없을 뿐 아니라, 전파의 가능성도 거의 없거나 불확실함에도 불구하고 감염병 확진 판정이 나왔다는 이유로 강제 입원 치료를 받지 않도록 하기 위한 전제로서도 모를 권리라는 기본권은 적용될 수 있

---

28 정필운, "감염병예방법상 제34조의2에 대한 공법이론적 검토", 『감영병예방법상 정보제공요청과 정보인권』 오픈넷·한국공법학회 공동세미나 발표문, 2020.8.7, 13쪽.

29 "코로나와 싸우고 나오니 "퇴사"... 완치자 악몽 K방역의 그늘", 중앙일보 2020.10.11.일자, https://news.joins.com/article/23890998 (검색일자: 2020.10.11.).

30 국회에 '국민보호와 공공안전을 위한 테러방지법 일부개정법률안'(제안일자: 2020.9.23 이병훈의원 대표발의, 의안번호: 2104137)이 제안되었다가 철회되었다. 그 내용은 고의로 감염병에 대한 검사와 치료 등을 거부하고 확산을 의도하는 행위를 테러의 정의에 포함시킨 것이었다. 감염병에 대한 이해나 공중보건에 대한 의식 없이 감염병에 대한 대응을 형사처벌 범죄화로만 대응하려는 면을 볼 수 있는 대목이다.

31 "밤낮 안가리고 "손씻어라"... "코로나 문자 확인도 않고 지운다"", 중앙일보 2020.10.27.일자, https://news.joins.com/article/23904257(검색일자: 2020.10.27.).
행정안전부가 재난문자 과다 송출 심야 송출 문제 등에 대해서 관련 규정을 개정하고 세부적인 지침을 세우기로 했다고 보도했다. 시도때도 없이 발송되어 개인의 휴대폰을 강제로 울리게 만드는 재난문자는 국민의 자발적인 알 권리 충족보다는 피로감을 유발하는 소음이 될 수 있다. 알 권리와 모를 권리가 국민의 자발적이고 능동적인 요구와 행정청의 충실한 협조로 실현되어야 의미가 있다.

다. 즉 이러한 사례들에서 모를 권리는 '본인이 감염병에 노출되었을 가능성에 대한' 모를 권리라고 명명할 수 있을 것이다.

III. 코로나 사태에서 국가의 역할과 권리구제

1. 방역과 국가의 기본권 보호의무

국가는 해외로부터 국민의 건강에 심각한 유해를 미칠 수 있는 물질이 유입되는 것을 방지하기 위해 적절하고 효율적인 조치를 취함으로써 국민의 생명 및 신체의 안전을 보호해야 한다는 구체적인 의무가 있다. 2008년도 미국산 쇠고기 수입 사건의 헌법재판소 결정[32]에서도 국가가 기본적 인권을 보장할 의무를 가진다는 의무 조항(헌법 제10조)과 국민이 보건에 관한 국가의 보호를 받는다는 조항(제36조 제3항)을 근거로 하여, 국가가 적절한 입법·행정상의 조치로서 국민의 생명과 신체의 안전을 보호하고 침해 위험을 방지하기 위한 헌법상의 포괄적인 의무를 진다는 사실을 확인하였다. 또한 헌법 제34조 제6항에서 "국가는 재해를 예방하고 그 위험으로부터 국민을 보호하기 위해 노력하여야 한다."고 명시됨으로써 국민을 보호할 국가의 의무가 존재함을 확인할 수 있다. 이와 같은 헌법상 명시된 국가의 의무 조항과 관련 판례에서 확인된 법리와 동일하게, 감염병 원인 물질의 국내 유입을 방지하기 위하여 국가가 적절하고도 효율적인 조치를 취해야 한다는 기본권 보호 의무는 명백하게 존재한다. 감염병예방법에서도 입법 목적으로 국민 건강에 위해가 되는 감염병의 발생과 유행을 방지하고 그 예방과 관리를 위해 필요한 사항을 규정한다(제1조)고 함으로써 이러한 국가의 기본권 보호 의무를 밝히고 있다. 현재 헌법재판소가 기본권 보호의무 위반인지를 판단할 때 적용하는 과소보호 금지원칙은, 국가가 아무런 보호조치를 취하지 않았을 경우나 또는 국가가 취한 조치가 법익을 보호하기에 전적으로 부적합하거나 매우 불충분한 것이 명백한 것일 때 국가가 기본권 보호의무를 위반했다고 판단되어야 한다고 제시하고 있다. 이 기준에 따르면 국가의 생명과 안전과 관련된 기본권 보호 의무는 인정되지만, 국가가 취할 수 있는 의무의 실현의 범위와 재량이 광범위하여, 방역당국이 어떤 방역 조치를 하였다는 사실이 기본권보호의무의 위반하였다고 볼 여지는 매우 좁다고 할 수 있다. 그러나 감염병 사태에서 국가가 보호해야 할 기본권의 범위는 과

---

32 헌재 2008.12.26. 2008헌마 419·423·436(병합) 결정.

소보호 의무 수준이 아니라 생명과 안전의 보호를 위시한 각종 자유권과 보건에 관한 권리, 사회적 기본권까지 확장되는 것이다. 감염병의 확산으로 건강의 침해, 생명의 위협이 발생될 뿐 아니라 감염병을 차단하기 위해 봉쇄, 영업 중단 형식으로 이루어지는 방역활동은 경제활동의 정지와 그로 인한 생계의 곤란으로까지 이어지기 때문이다. 감염병의 창궐로 촉발되긴 했지만 직접적으로는 국가 공권력에 의해 빚어진 생계의 곤란성을 해결해야 하는 국가의 과제, 그리고 보건의료 체계 붕괴를 막고 형평성 있는 건강 유지를 위해 보건의료 체계를 지속가능하게 해야 하는 국가의 보건에 관한 의무가, 사회적 기본권과 보건에 관한 권리를 보호해야 하는 국가의 의무로 작용하게 된다. 보건에 관한 권리는 건강이 침해당하지 않도록 방어하는 자유권적 성격과 동시에 건강 생활을 유지할 수 있도록 요구할 수 있는 사회권 기본권으로서의 성격이 있기 때문에, 감염병 위기 상황에서도 환자의 폭발적 증가를 방지하고 의료시스템이 붕괴되지 않도록 하면서도 국민의 보건의료 수준을 유지할 수 있도록, 즉 지속가능한 보건의료정책을 시행하도록 국가에 요구할 수 있게 된다.

환자의 감염병 질환 예후를 예측하기 위해서는 환자유래 의료데이터와 유전체 정보를 포함한 환자 개인의 데이터를 필요로 한다.[33] 정보 주체의 자발적인 의사로 제공된 데이터를 토대로 하여, 감염병 예측과 예방을 위한 연구와 공중보건 활동에 사용될 수 있게 된다. 이 데이터는 우리 법체계에서 민감정보로 분류되는 개인 정보들이어서 활용이 어려울 수 있지만, 가명정보처리로서 활용도가 넓어진 빅데이터는 감염병 대응에 활용될 수 있다. 이 빅데이터 활용이 감염병 환자와 잠재적 감염병 환자로서의 국민을 감시하고 처벌하기 위한 수단이 되기보다는, 정보 취약 층과 코로나로 더욱 소외된 소수들을 위한 치료의 접근성을 높여 주는 데 활용될 수 있도록 반영될 필요가 있다. 이렇게 함으로써 보건에 관한 국가의 의무를 수행하여 형평성 있는 건강 수준을 유지할 수 있게 되고, 가명정보처리에서 추구하는 공익 목적에 부합한다고 평가될 수 있기 때문이다.

보건에 관한 권리 및 국가의 보호 의무로부터 도출되는 것으로서 보건의료 체계의 적정성 유지 활동은, 단순히 감염병의 확산을 막는 것으로는 부족하고, 감염병의 치료제와 백신 확보 및 개발로서 국민들의 건강을 유지하는 활동이 병행된

---

33 한국전자통신연구원, "감염병 재난에 대응하기 위한 의료 인공지능의 기술 표준화 동향 2020-01", 『ETRI Insight』, 2020. 7월, 28면 (DOI: 10.22648/ETRI.2020.B.000005).

다. 코로나19는 코로나 바이러스 자체가 변종을 일으키는 특성을 가지고 있어 계절마다 유행할 가능성이 있고, 급성 호흡기 증후군 코로나바이러스 2(SARS-CoV-2)에 의한 감염과 비전염성 질병이 복합적으로 상호작용하고 있기 때문에 단순한 감염병 대유행이 아니라 고혈압, 비만, 당뇨, 심혈관 및 만성 호흡기 질환, 암 등의 만성질환자와 사회적 취약계층에 대한 관리가 방역 대책에도 반영해야 할 필요성이 제기된다.[34] 각국은 이에 대한 연구의 필요성을 절감하고 바이러스 감염병에 대한 연구 체계와 국제 협력적 기반을 가속화하고 있다. 바이오, 제약사 등의 산업계뿐 아니라 국가 차원의 코로나 바이러스 관련 연구 수행에 대한 자금 지원과 학계의 연구 수행이 이루어지고 있다.[35] 치료제와 백신 개발 등의 감염병 대응을 위한 목적 달성을 위해서는 빅데이터와 인공지능의 활용에서 개인의 민감정보를 포함한 데이터셋의 공개와 순환이 필요하다 보니 오픈 플랫폼을 통해서 데이터와 모델 등을 공유하는 활동이 활성화되고 있다. 이러한 오픈 플랫폼에서는 정보주체 개개인들이 자발적인 동의가 도움이 되기 때문에, 정보 주체이자 환자인 이들이 스스로 연구에 참여함으로서 그 연구로부터의 혜택을 보게 되는 환자 중심적 모델이 구축되게 된다.[36] 방역활동이 국가의 의무와 보건에 관한 권리로부터 출발했지만 감염병 대응의 해결 과정에 있어서는 감염병 환자를 비롯한 국민의 참여와 협력이 필수적이 된다. 이러한 맥락에서 감염병 출현에 대비하고 공중보건 수준을 유지함으로써 보건의료체계를 지속가능하게 하려는 정부의 활동이 기본권보호의무를 실행하는 일환이라고 평가할 수 있다. 따라서 COVID-19에 취약한 사회 취약층과 만성질환자에 대한 전반적인 건강을 증진하고 관리하는 것도 방역 상황에서 국가가 취해야 할 기본권 보호의무에 포함된다고 할 수 있다.[37]

---

34 Richard Hordon, "COVID-19 is not a pandemic", The Lancet, Volume 396, Issue 10255, P874, September 26 2020, p.878. Lancet 저널에서는 COVID-19이 단순한 팬더믹이 아니라, Syndemic(2개 이상의 질환이 동시에 또는 연이어 집단적으로 나타나면서 서로 상승작용을 일으키고, 생물학적 사회적 상호작용으로 사태를 악화시키는 현상)이라는 개념을 제시하고 있다. 고령자, 흑인, 아시아인, 소수 민족, 낮은 임금과 낮은 복지 수준을 가진 근로자가 COVID-19에 감염시 예후가 나쁘고 사망률이 높아 피해가 크기 때문에 사회적 경제적 불균형에 더 많은 관심을 필요로 하며, 비 전염성 질환에 대한 관리와 사회적 상호작용의 측면을 고려하여 건강 정책, 방역 정책을 펼쳐야 한다는 제안이다.

35 황현주, "코로나19를 극복하기 위한 글로벌 인공지능 프로젝트", 『스페셜 리포트 2020-5』, 2020.7.30. 2-3쪽.

36 엄주희, "뇌신경과학 연구에서 연구대상자 보호: 인격주의적 생명윤리적 고찰", 『인격주의 생명윤리』 제9권 제2호, 2019, 88-89쪽.

37 감염병 환자를 사회적 약자라는 관점에서 조명하고 사회적 기본권을 누리는 대상으로 헌법 해석적

2. 자료제출 요구 및 역학조사의 권력적 사실행위로의 성격과 자유의 제한

방역당국이 역학조사를 벌이는 과정에서 이동통신사로부터 수집할 수 있는 위치정보 빅데이터를 이용하여 감염병 의심자를 임의로 선정하고 감염병 검사를 받으라는 통보를 하여 감염병 진단 검사를 강제하는 행위를 하는 경우가 있다. 이러한 검사는 강제격리와 강제입원 그리고 거부 시에는 형사처벌을 동반하고 있기 때문에, 방역활동에 있어서 국가 공권력의 역할과 그 적정성에 대한 검토를 하지 않을 수 없다. 뿐만 아니라 헌법재판소에 헌법소원을 청구하는 사례가 있어[38], 방역당국의 행위가 헌법소원의 대상이 되는 권력적 사실행위에 해당하는지 여부를 검토할 필요가 있다. 감염병예방법에서는 실태조사와 역학조사, 감염 전파의 차단 등을 위해서 단체나 개인의 개인정보나 자료제출을 요구할 수 있도록 하고 있는데 (감염병예방법 제17조, 제18조, 제76조의2), 이 정보의 범위에는 진료기록과 같은 민감정보와 위치정보, 카드 사용 내역, CCTV와 같은 영상 정보도 포함하고 있다. 제76조의2 제1항에 의하여 개인의 진료기록 등을 의료기관, 약국 등에게 제공할 것을 요구할 수 있고, 제76조의2 제2항에 의하여 위치정보를 경찰관서의 장에게 요청할 수 있으며 이를 거부하거나 거짓자료를 제공하게 되면 1년 이하의 징역이나 2천만원 이하의 벌금에 처해질 수 있다(법 제79조의2 벌칙). 또한 제18조 제1항과 제79조 벌칙 조항에서 역학조사를 거부, 방해 또는 회피하는 행위나 거짓으로 진술하거나 거짓 자료를 제출하는 행위, 고의적으로 사실을 누락 은폐하는 행위를 처벌하는 조항을 두고 있어 이를 바탕으로 역학조사를 강제할 수 있다. 이상의 법적 근거를 보면 감염병에 관한 역학조사와 자료제출 요구는 대상자의 신체의 자유에 제한을 가할 수 있는 수단이면서도 강제적이고 침익적인 성격을 가진 권력적 행위라고 평가될 수 있다. '감염병의심자'의 개념을 법률에서 정의하고 있지만 '감염병환자와 접촉이 의심되는 사람, 위험요인에 노출되어 감염이 우려되는 사람' 정

으로 서술한 것으로 다음의 논문이 있다: 김은일, "의료문화의 사회학적 의미로서 감염병 환자의 헌법적 해석", 『한국의료법학회지』 제28권 제1호, 2020, 159-160쪽.

38 방역당국이 2020년 4월 말부터 5월 초까지 이태원을 방문한 것으로 추정되는 약 1만 명의 휴대전화 기지국 접속정보를 이동통신사에 요청, 수집해서 이 사람들에게 코로나19 검사를 받을 것을 권고하는 취지의 문자메시지를 보낸 행위에 대해서, 이 공권력의 행위가 과잉금지원칙의 위반, 영장주의 위배, 국제인권 기준 등의 위반으로서 헌법에 위반된다는 이유를 들어 민변 디지털정보위원회, (사)오픈넷, 참여연대 등이 청구인으로 지난 7월 29일에 헌법소원을 청구한 사례가 있다. 김가연, "감염병예방법 제76조의 2 정보제공요청의 헌법적 문제", 『감염병예방법상 정보제공요청과 정보인권』, 오픈넷·한국공법학회 공동세미나 발표문, 18-21쪽.

도로 정의하다 보니(법 제2조) 감염병의심자의 범위와 역학조사를 수행할 대상을 결정하는 기준이 방역당국에 의해 자의적이고 광범위하게 정해진다.[39] 역학조사와 강제격리, 강제입원[40]과 같이 개인의 신체의 자유와 집회결사의 자유 등 자유권에 엄격한 제한을 가할 수 있는 근거가 되는 법률에서 대상자의 범위와 내용이 특정되지 못하고 있다는 점도 지적될 수 있다.[41]

권력적 사실행위에 해당되는지 여부에 대한 판단은 어떤 사실행위가 행해질 당시의 행정주체와 당사자인 국민과의 관계, 당사자인 국민이 행위에 관여할 수 있는 정도, 그 사실행위가 행해지게 된 목적과 경위, 법령에 의하여 명령과 강제수단을 발동할 수 있는지 여부 등이 종합적으로 고려된다.[42] 국립보건원이 혈액제재에이즈감염조사위원회를 구성하여 활동한 역학조사는 헌법재판소가 권력적 사실행위로 판단하지 않았다.[43] 이 사례에서의 역학조사는 조사 과정이 강제성을 띄지

---

39 미국, 질병 통제 및 예방센터(CDC: Center for Disease Control and Prevention)의 기준에 의하면, 밀접 접촉자의 범위는 1) 15분 이상 COVID-19 확진자와 6피트 이내에 있었던 경우, 2) COVID-19를 앓은 사람을 집에서 돌본 경우, 3) 직접적인 신체적 접촉을 가진 경우(포옹 또는 입맞춤), 4) 식음료 기구를 함께 사용한 경우, 5) 기침, 재채기 또는 기타 방법으로 감염자의 비말이 묻은 경우이다.
https://www.cdc.gov/coronavirus/2019-ncov/if-you-are-sick/quarantine.html(검색일자: 2020.10.1.)
반면 우리 방역의 체계는 사례정의(2020.6.25. 기준)에서 "의사환자"는 확진환자와 접촉한 후 14일 이내에 코로나19 임상증상이 나타난 자라고 하고, "조사대상 유증상자"를 1) 의사의 소견에 따라 코로나19 임상증상으로 코로나19가 의심되는 자 2) 해외 방문력이 있으며 귀국 후 14일 이내에 코로나19 임상증상이 나타난 자 3) 코로나19 국내 집단발생과 역학적 연관성이 있으며, 14일 이내 코로나19 임상증상이 나타난 자 라고 정의한다. 또한 접촉자의 범위는 '시·도 즉각대응팀이 노출정도를 평가하여 판단한다'고 명시하고 있다. 접촉한 데 대한 객관적인 명확한 기준을 제시하지 않고 방역당국 담당자가 결정하고 있는 것을 볼 수 있다.
http://ncov.mohw.go.kr/faqBoardList.do?brdId=3&brdGubun=38&dataGubun=&ncvContSeq=&contSeq=&board_id=&gubun= (검색일자: 2020.10.1.)
40 감염병예방법 제41조(감염병환자등의 관리)와 제42조 제1항에서 '감염병환자 등은 감염병관리기관 등에서 입원치료를 받아야 한다'고 규정하여 강제입원을, 제42조(감염병에 관한 강제처분)는 제2항은 감염병의심자를 자가 또는 시설에 격리할 수 있게 하고 있다.
41 최은경, 최홍조, "코로나3법, 건강권의 확대인가 자유권의 억압인가 - 감염병예방법 개정을 중심으로", 『시민건강이슈 2020-05』, 2020.5.20. 14쪽; 의료인의 관점에서 현재 감염병예방법 상 진단받을 권리와 처벌받을 의무, 자발격리와 강제격리의 균형 등을 검토하면서, '감염병 의심자'라고 쓰는 용어 자체가 형사적인 것이지 공공의 건강을 위한 공중보건상의 감염병에 사용할 것이 아니라고 세계보건기구의 입장을 인용하여, 감염환자를 피해자가 아니라 전파자로 바라보는 시각에 대한 위험성과 검진 대상자 관련하여 처벌규정을 두고 범죄화를 시도하는 것이 자유권의 제한 범위를 넘어선다는 지적과 논의를 전개하였다.
42 헌재 2004.8.26. 2003헌마5050 결정 등.
43 엄주희, "코로나 팬더믹 사태(COVID-10)에서 빅데이터 거버넌스에 관한 공법적 고찰", 『국가법연

않고 있고 처벌규정도 없었기 때문에 권력적 사실행위로 평가되지 못했던 것으로 판단된다. 반면, 코로나 사태에서는 감염병예방법에 포괄적으로 명시한 조항에 근거하여 방역당국이 자의적으로 광범위하게 조사대상자를 정할 수 있고, 이에 따라 정보 주체의 동의나 사용의 정당성을 판단할 수 있는 사법적 절차 없이 위치정보 등의 개인정보를 수집, 활용함으로써 역학조사에 불응하거나 협조하지 않는 경우 벌금과 징역을 부과할 수 있을 뿐 아니라, 역학조사를 통해 감염병의심자로 취급하여 격리나 입원 조치(법 제41조 제2항 제3호, 제47조), 강제 조사와 강제 진찰(법 제42조 제1항, 제2항)을 하게 할 수 있는 등의 수단을 동원하는 강제성을 띠고 있다. 실제의 사례로도 행정청이 역학 조사하기로 임의로 선택한 사람들에게 코로나 검사를 문자로 발송하면서 사실상 코로나 검사를 강제하게 된 사례도 몇 차례 존재하는 사실을 종합하여 보면, 코로나 검사의 역학조사와 개인정보에 관한 자료제출 요구는 행정청의 일방적이고 강제적인 행위로서 국민의 신체에 침해를 가져오는 권력적 행위라고 판단될 가능성이 다분하다. 즉, 감염병예방법을 근거로 활동하는 현재 행정청의 역학조사 행위는 헌법소원의 대상이 되는 공권력의 행사로 평가될 가능성이 높다고 보인다.

또한 제42조 제2항에 의해서는 감염병의심자의 격리가 임의규정이나, 제47조에 의해서는 감염병의심자에 대한 입원 또는 격리가 강제사항으로 규정[44]되어 있어 사실상 감영병의심자의 범주뿐 아니라 강제격리 여부도 방역당국의 광범위한 재량에 맡겨져 있다는 문제가 있다. 감염병 전파의 차단이라는 공익적 행정 목적의 강제조치라고 하더라도 개인의 자유에 심대한 제한과 침해를 가하는 부당한 격리라고 평가될 여지가 있으므로, 감염병의심자의 범주를 미국의 질병 통제 및 예방센터(CDC)의 정의와 같이 명확하게 규정하고, 입원 또는 격리의 기준도 명확하게 제시하면서, 감염병예방법 제47조의 입원 또는 격리에 관한 강제사항을 임의규정으로 개정하는 것이 바람직하다고 판단된다.[45]

구』제16권 2호, 2020, 80-81쪽; 2020년 7월 이전에는 권력적 사실행위에 해당한다고 보기 어렵다고 기술했었지만, 코로나 상황이 계속되면서 방역당국의 역학조사와 코로나 검사 및 격리 조치 등이 행정 강제로서 권력적 성격을 가지게 된 면이 크다. 실제로 광화문 근처에 있었던 사람들의 이동전화 위치 기록을 8.15 광복절 집회 참석자로 추정하여 이동통신사로부터 개인정보를 수집하여 코로나 검사를 받도록 문자를 발송함으로써 코로나 검사를 강제한 사례 등에서 볼 때 현재 감염병예방법에 의한 역학조사는 행정청의 일방적이고도 강제적인 권력적 사실행위에 해당한다고 판단될 가능성이 있다는 것이다.

44 제47조(감염병 유행에 대한 방역 조치) 다음 각호에 해당하는 모든 조치를 하거나 그에 필요한 일부 조치를 하여야 한다. 3. 감염병의심자를 적당한 장소에 일정한 기간 입원 또는 격리시키는 것

3. 행정권과 손실보상 및 피해보상

적법한 공권력의 행위에 의한 특별한 희생에는 그로 인한 손실이 보상될 수 있는 제도가 있다. 공권력의 적법성을 판단하기 위해서는 실질적 법치행정이 구현되고 있는가를 볼 필요가 있다. 감염병예방법에 따르면 손실보상심의위원회를 구성하여, 그 위원회의 심의 의결에 따라서 손실을 보상하도록 하고 있다(법 제70조, 70조의2 등). 구체적인 손실보상의 기준으로 정부가 발간한 지침을 볼 수 있는데, '코로나19 일반영업장에 손실보상의 범위'에 따르면 정부 및 지방자치단체의 소독명령을 이행하는 데 소요된 비용과 폐쇄, 출입금지, 소독 등으로 휴업한 기간의 1일당 영업 손실액으로만 계산하도록 정하고 있다.[46] 코로나에 오염된 영업장으로 일단 폐쇄된 곳에 대한 특별한 희생에 대한 보상이 휴업한 기간 동안의 영업손실액 정도로 충분한지에 대한 재검토가 필요하다. 그나마 방역당국에 의해 고위험시설로 분류되어 집합제한 내지 집합금지 조치로 폐쇄된 영업장에 대해서는 손실보상의 대상에서 제외되었다.[47] 영업장의 폐쇄는 생계와 직결되는 만큼 특별한 희생으로서 그 손실이 보상될 수 있는 합리적인 기준이 있어야 할 것이다. 방역당국이 고위험시설로 지정한 근거를 공정하고도 명확하게 제시함으로써 국민들이 감염병 사태로 인한 희생을 수용하고 감수할 수 있도록 하고, 손실보상의 범위를 점차적으로 개선해나갈 필요가 있다.

감염병환자로 격리된 사람에 대한 재정적 지원(법 70조의4)[48]에 대해서도 임의규정으로 명시되어 있어 방역당국이 정하는 기준과 실행에 의존할 수밖에 없는 상황이다. 감염병의심자로 분류되어 격리된 경우에 생활에 대한 보조라던가[49], 감염병환자로 인정되어 외부에 알려짐으로써 인격권이 훼손됨으로써 고통을 입은 사람

---

45 박정일, "감염병으로 인한 격리조치에 관한 소고", 『의료법학』 제16권 제1호, 2015, 303쪽.

46 코로나19 중앙사고수습본부 보상지원팀, 『코로나19 손실보상 업무 안내 - 폐쇄·업무정지 및 소독 조치된 의료기관, 약국, 일반영업장 등 - 지차체용(제4판)』, 2020.9.11. 17쪽.

47 앞의 자료, 17쪽.

48 법 제70조의4(감염병환자등에 대한 생활지원) ① 질병관리청장, 시·도지사 및 시장·군수·구청장은 이 법에 따라 입원 또는 격리된 사람에 대하여 예산의 범위에서 치료비, 생활지원 및 그 밖의 재정적 지원을 할 수 있다.

49 제64조(특별자치도·시·군·구가 부담할 경비)는 '6. 제47조 제1호 및 제3호에 따른 교통 차단 또는 입원으로 인하여 생업이 어려운 사람에 대한 「국민기초생활법」 제2조 제6호에 따른 최저보장수준 지원'이라고 규정하여 감염병의심자의 입원의 경우는 최저보장수준의 지원이 가능할 수가 있으나, 격리의 경우에는 마땅한 보상 근거 규정이 존재하지 않는다.

에 대한 보상근거는 명확하게 마련되어 있지 않다. 향후에는 감염병환자 격리의 경우 재정적 지원을 현실화하고, 감염병의심자 격리의 경우에도 적당한 보상이 마련되어야 하며, 감영병으로 인한 물리적인 치료 비용뿐 아니라 데이터 인격권의 침해로 인한 보상도 법제에 반영되도록 할 필요가 있다.[50]

Ⅳ. 결론

방역 활동을 위한 정보의 수집과 활용은 결국 정보 주체의 자발적인 동의를 바탕으로 이루어지거나, 적어도 정보 주체의 동의에 갈음할 만한 국민적 정당성을 가진 법률의 근거와 실질적 법치행정의 실현으로 이루어지는 것이 정당하다고 평가될 수 있다. 가명 정보처리된 데이터라고 하여 공익 목적으로의 활용이 언제나 정당화되는 것은 아니다. 개인이나 정부의 입장에서는 데이터 자체가 자산이 되고, 때로는 무기가 될 수 있지만, 데이터 자체로 인격권의 성격이 있는 기본권의 보호 대상이 된다. 감염병 창궐 상황에서 명문화된 법률에 터 잡아 개인의 데이터를 활용하는 행정 조치들은 국민들의 자유권의 제한 문제를 불러오는 매개가 될 가능성이 있다. 그러므로 억압적이고 강압성을 띤 공권력의 행사로 사회적 분열과 국민적 저항을 야기하기보다는 방역에 효과적인 과학적인 근거와 사회심리적인 부분을 감안하여 최대한 일상생활을 영위할 수 있도록 하는 행정적 대응이 요구된다. 코로나 바이러스의 불확실성 때문에 바이러스의 종식은 요원하고, 국민들의 생활이 코로나 사태 이전으로 돌아가는 것이 불가능하다고 할지라도[51] 공중보건이 무너질 위험과 동시에 방역 행정으로 인해 무너질 수 있는 개인의 기본권 피해 사이에서의 균형을 감안하여야 한다. 코로나 바이러스 사태는 일상 생활을 어렵게 만들고 기본권 제한을 고민하게 만드는 위험 요인이었지만, 빅데이터를 이용한 미래의료와 같이 첨단 기술들이 우리 일상으로 다가오는 시기를 앞당긴 긍정의 요인이기도 하다. 현재까지 미증유의 코로나 상황을 방역 당국이 선방해온 것도, 본인의 데이터를 기반으로 하는 빅데이터가 방역에 활용될 수 있도록 묵묵히 감내한

---

50 이준서, "감염병 예방 및 대응체계에 관한 법제 개선방안", 『한국법제연구원 연구보고 18-08』, 2018, 144-145쪽; 독일의 「감염병예방법」의 경우 감염자뿐 아니라 감염병의심자의 격리조치에도 금전보상을 청구할 수 있도록 규정한다. 행정권에 의한 공익적 목적의 강제격리이므로, 이에 합당한 보상이 이루어져야 마땅하다.

51 전문가들 '코로나19 장기전 대비' 주문… "중환자 관리에 초점", 한국경제, 2020.10.27. 일자. https://www.hankyung.com/society/article/202010273876Y (검색일자: 2020.10.27.)

국민들의 협조와 희생을 힘입은 바 크다. 국민의 자유권의 제한과 희생을 담보로 국가 전체적인 생명과 안전을 유지하는 만큼, 행정권 실행의 적정성에 대한 제고와 희생된 국민에 대한 현실적인 권리 구제가 모색될 필요가 있다.

◆『法과 政策』第26輯 第3號, 2020, 51-73쪽

제2절 코로나 팬더믹 사태(COVID-19)에서 빅데이터 거버넌스에 관한 공법적 고찰

Ⅰ. 서론

오늘날 빅데이터는 4차 산업혁명의 신기술들을 견인하는 재료이면서도 빅데이터 자체로 ICT산업분야와 보건의료 분야 등 각 영역에서 중요한 미래전략기술로 부상하고 있다. 정보가 디지털로 전환되어 무궁무진 활용되는 데이터 시대에, 핵심 기술로 부상한 빅데이터는 COVID-19의 확산 사태(이하, 코로나 팬더믹 사태)[1]도 빛을 발하고 있다. 2019년 중국 우한에서 처음 보고된 신종 코로나 바이러스 감염증은[2] SARS-CoV-2 감염에 의한 호흡기 증후군으로 1일에서 14일 정도까지 잠복기를 거쳐 발열, 권태감, 기침, 호흡곤란, 폐렴 등의 다양한 호흡기 감염증을 나타내며 전파력이 매우 높아서 2020년 6월 16일 현재 전세계적으로 7,945,735명의 환자와 435,125명의 사망자를 발생시켰고,[3] 전세계적으로 지역 봉쇄, 자택 대피 명령, 강도 높은 사회적 거리두기 정책 등의 초유의 대책들로 감염병의 확산을 막는데 안간힘을 쓰고 있다. 백신이나 항바이러스제가 현재 없기 때문에, 현재까지 알려진 전파 경로인 비말(침방울), 접촉을 차단하기 위하여 손 씻기, 기침 예절 준수, 주위 환경의 소독과 환기, 그리고 대규모 사회적 모임 자제 등의 생활 속

---

1 세계보건기구(WHO)가 2020년 2월11일에 신종 코로나바이러스 감염증의 공식 명칭을 COVID-19으로 결정해서 고지했는데, 'CO'는 코로나, 'VI'는 바이러스, 'D'는 질병, 19는 발병 시기인 2019년을 뜻한다. 이 명칭은 국제바이러스분류위원회(ICTV) 내부 전문가 10여명이 약 3주간 논의해 결정된 것으로 알려졌다. WHO는 3월11일에 세계적인 대유행을 뜻하는 팬더믹을 선언했다. 한국 정부는 2020년 12월에 WHO의 공식 명칭을 반영하여 한글 표현을 '코로나19'으로 명명하고 중앙사고수습본부가 정례브리핑을 통해 공지하였다. 본고에서는 코로나19라는 감염병 명칭 보다는 감염병의 전세계 유행으로 인한 혼란과 사회현상이라는 점에서 '코로나 팬더믹 사태'로 칭한다.
  "코로나19… 신종 코로나바이러스 한글 명칭", MEDICAL Observer, 2020.2.12.일자
  http://www.monews.co.kr/news/articleView.html?idxno=208249 (방문일자: 2020.6.1.)

2 우한의 병원에서 호흡기 환자를 진찰하다가 2019년 12월 30일에 처음으로 코로나 19의 존재를 중국 웨이신 채팅방을 통해 외부로 전해 경고했던 중국 의사 리원량이 코로나19의 확산과 싸우며 환자를 치료하다가 감염되어 끝내 2020년 2월 7일 사망했다. "코로나19의 영웅 의사 리원량, 중국 신약 임상의 25%가 진행되던 우한", MEDIGATE NEWS, 2020.2.14.일자.
  https://www.medigatenews.com/news/2632905159 (방문일자: 2020.6.1.)

3 코로나바이러스감염증-19 (COVID-19) 정부 통합사이트 정보
  http://ncov.mohw.go.kr/bdBoardList_Real.do?brdId=1&brdGubun=14&ncvContSeq=&contSeq=&board_id=&gubun= (방문일자: 2020.6.16.)

거리두기로 감염 예방과 확산 방지에 힘쓰면서 백신과 치료제가 개발될 때까지 시간을 버는 것으로 대응하고 있는 형편이다.

코로나 팬더믹 사태가 전세계의 교통, 쇼핑, 오락, 외식업 등의 소비 패턴과 경제생활을 비롯해 국민의 일상을 바꾸어놓았고 정부는 피해를 입은 사회 영역에 대해서 금융 지원, 생계안정을 위한 경제 지원 대책도 내놓고 있다.[4] 빅데이터는 코로나 사태로 인한 경제 위기를 극복할 수 있는 대책으로서 활용되는 기술임과 동시에 적실하고 실효성 있는 대책을 세우기 위한 현황 분석 근거로도 사용될 수 있다. 예컨대 자영업자에 대한 지원 정책을 실행하기 위해 근거로 살펴볼 수 데이터 자료는 자영업자의 매출전표 50억 건을 대상으로 수집한 한국신용데이터의 빅데이터로부터 실시간 매출 변화 추이다. 이런 빅데이터를 살펴보면 코로나 팬더믹 사태로 인해 피해가 큰 업종과 회복이 더딘 산업 분야를 알 수 있다.[5] 보건 분야에서도 최근 건강보험심사평가원과 보건복지부가 국제협력 프로젝트인 '오픈데이터4코비드19(Opendata4Covid19)'를 통해서 한국 확진자들의 지난 5년간 의료 데이터를 세계 연구기관에 제공하기로 하면서, 세계 곳곳에서 당뇨병, 심장병, 폐 질환 등과 같은 과거 병력·기저질환과 코로나19의 상관성에 관한 연구에 활용될 수 있을 전망이다.[6] 제공될 개인정보는 개인을 식별할 수 없도록 비식별 조치된다. 지난 2월에는 우리나라에서도 개인정보보호법의 개정으로 과학적 연구, 통계 등의 공익적 목적으로 가명정보의 활용이 가능해지면서 공공데이터로부터 획득한 빅데이터를 통해 코로나 사태뿐 아니라 향후에 다른 감염병으로 인한 사회 혼란에 대응하는 방식도 한층 정밀화될 것으로 예상된다. 빅데이터의 발전과 더불어 동전의 양면처럼 따라오는 우려는 개인의 사생활이 몰각되는 빅브라이더의 등장과 감시사회의 부작용, 그리고 빅데이터 활용에서 파생되는 정보 약자 보호의 문제이다.[7] 데

---

4 코로나 위기를 극복하기 위해 금융위원회는 포스트 코로나 시대에 빅데이터를 활용한 디지털 금융 활성화를 중점 추진과제로 선정하였다고 밝혔다. 기획재정부 코로나 19 경제 지원 – 비상경제회의 사이트 및 금융위원회 공식 블로그 https://blog.naver.com/blogfsc/221998111342 http://www.moef.go.kr/sns/2020/emgncEcnmyMtg.do?category1=card#01(방문일자: 2020.6.17.).

5 "빅데이터는 누가 코로나19 직격탄을 맞았는지 알고 있다". KBS NEWS 2020.4.30.일자 http://news.kbs.co.kr/news/view.do?ncd=4436530(방문일자: 2020.6.1.).

6 "5년간 진료 데이터로 코로나19 잡는다"…한 빅데이터·의료보험제도의 힘. IT 조선 2020.4.9일자 http://it.chosun.com/site/data/html_dir/2020/04/08/2020040804676.html(방문일자: 2020.6.1.).

7 미국의 경우 정책적으로 개인정보와 프라이버시 법령 정비와 정보 약자 보호를 위한 정책 실현으로 빅데이터 활용의 부작용을 대비하고 있다. 빅데이터 환경으로 파생되는 새로운 형태의 차별을 막기

이터 시대의 명암이라고 할 수 있다. 따라서 아래에서는 코로나 사태에서 활용된 빅데이터 기술들을 살펴보고, 빅데이터 활용과 관련된 공법적 쟁점들을 살펴보고, 규범적 의미에서 빅데이터 거버넌스의 이론적 근거와 현황 그리고 나아갈 방향을 짚어본다. 향후 계속 반복해서 찾아올 가능성이 있는 감염병과 같은 공중보건의 위기 상황에서 활용될 빅데이터 거버넌스에 대해서 공법적 검토를 통해, 공중보건 위기 상황을 예측하고 대응하기 위한 거버넌스의 구축과 법제의 발전에 참고할 만한 단초를 제공하도록 한다.

II. 코로나 팬데믹 사태에서의 빅데이터 활용과 보건의료

1. 빅데이터의 개념과 활용

빅데이터는 데이터의 양이 페타(peta), 엑타(eta), 제타(zeta) 바이트 등 기존의 데이터 단위를 넘어설 정도로 방대하고, 실시간으로 발생하여 끊임없이 밀려들어 오는 스트림 데이터처럼 생성 속도가 빠르며, 숫자와 같은 정형 데이터 외에도 텍스트, 이미지, 동영상과 같은 비정형 데이터들까지 포함하여 다양하다는 특징을 가지고 있다.[8] 코로나 팬데믹 사태를 분석하고 예측하는 데에는 다음과 같은 빅데이터 수집 기법이 활용되고 있다.

(1) 웨어러블 기기 모니터링

미국, 스크립스 중개과학연구소(Scripps Research Translational Institute)의 에릭 토폴 박사(Eric Topol, MD)는 손목에 착용하는 스마트워치나 웨어러블 형태의 기기— 핏빗(Fitbit), 애플 워치(Apple Watch), 아마즈핏(Amazfit) 등— 에 설

위한 기술과 전문지식의 확대 등을 강조한다. 2014.5. 백악관이 발표한 '빅데이터 기회 포착과 가치 보호(Big Data: Seizing Opportunity, Preserving Values)' 보고서를 통해 빅데이터의 위험성을 최소화시키면서 그 혜택을 최대한 활용할 수 있는 방안을 모색하고 있어 우리나라에 주는 시사점이 크다. 정용찬 한은영, "빅데이터 산업 촉진 전략 연구— 해외 주요국 정부 사례를 중심으로", 『현안연구 14-04』, 2014.11, 102-103쪽.

8 아르준 파네사 저, 고석범 역, 『헬스케어 인공지능과 머신러닝』, 에어콘, 2020, 61-62면; 빅데이터의 특징 3가지 방대함(volume), 신속성(velocity), 다양성(variety)의 첫 글자를 따서 VVV 즉 3V라고 한동안 칭해져왔는데, 최근에는 데이터의 정확성(veracity)과 가치(value)를 강조하고, 용어(vocabulary), 모호성(vagueness), 가변성(variablity), 타당성(validity), 장소(venue) 항목을 추가하여 10Vs로 요약하기도 한다.

치한 앱(MyDataHelps mobile app)을 통해 수집된 18세 이상 성인의 생체 데이터를 모니터링해서, 코로나 바이러스와 같이 감염성이 빠른 질환의 발병 트렌드와 감염 발생 지역을 실시간으로 파악하고 발병의 예측도 가능하게 하는 앱 기반 연구 프로그램[9]를 진행한다고 발표했다.[10] 본인들이 사용하는 모바일 건강 App이나 웨어러블 기기를 통해 수집되는 심박수, 휴식기 심박수, 활동성 레벨, 수면 데이터, 호흡기 증상 기록과 치료 시기와 진단 검사 결과 등의 본인의 개인정보를 제공한다고 동의를 해야 하므로 대중들의 자발적인 참여를 필요로 하는 연구이다. 이러한 실시간 클라우드소스 기반의 정보는 다양한 지리적 위치에서 창궐하는 현재와 미래의 질병 창궐을 조기에 탐지할 수 있도록 함으로써 전통적인 공중보건 감시 방식을 보충할 수 있다고 소개되고 있다. 연구에 참여하는 사람들은 가장 최근의 지역 정보와 질병통제예방센터(CDC: Centers for Disease Control and Prevention)에서 배포하는 행동 강령 내지 행동 수칙을 제공받게 되고, 웨어러블 기기가 개개인과 국민들 그리고 건강 관련 기관들에게 중요한 협력체로 기능한다. 이 연구는 손목에 착용하여 활동량을 측정하는 웨어러블 기기, 핏빗(Fitbit)을 통해 수집된 데이터를 기반으로 인플루엔자 감염을 실시간으로 지역별로 파악할 수 있다는 점을 보여준 올해 2020년 1월에 Lancet Digital Health에 발간한 논문[11]을 바탕으로 진행되고 있다. 핏빗(Fitbit)의 휴식기 심박수(RHR: Resting Heart Rate)와 수면 데이터를 활용하는데, 감염 질환에 걸리면 휴식기 심박수가 평소보다 좀 더 증가하고, 수면 시간이 더 증가한다는 점을 감안하여 2년 동안 20만명 이상의 데이터, 미국 5개 주에 거주하는 사람의 데이터를 수집하여 분석하였다. 연구 결과는 휴식기 심박수와 수면 데이터에 기반한 모델이 실제 질병통제예방센터(CDC)에서 인플루엔자를 모니터링 했던 결과와 상당히 일치하는 모습을 증명함으로써 감염병의 확산 분석과 예측에 도움을 줄 수 있는 수단임을 입증했다.[12]

---

9 앱을 다운받는 사이트에 관한 설명은 다음을 참조: https://detectstudy.org/(방문일자: 2020.6.2.).

10 "Scripps Research invites public to join app-based DETECT study, leveraging wearable data to potentially flag onset of viral illnesses",Scripps Research, March 25, 2020 https://www.scripps.edu/news-and-events/press-room/2020/20200325-detect-study-viral-illnesses.html(방문일자: 2020.6.2.).

11 Jennifer M Rabin, et al, Harnessing wearable device data to improve state-level real-time surveillance of influenza-like illness in the USA: a population-based study, The Lancet Digital Health, Volume2, Issue 2, E85-E93, January 16,2020. (DOI: https://doi.org/10.1016/S2589-7500(19)30222-5).

12 이 밖에도 감염병 사태의 예측과 대응을 위해 웨어러블 기기를 이용하여 모니터링하는 방식의 연구

(2) 인구 발열 양상 추적

코로나19 환자의 90% 이상이 발열 증상을 보이게 되므로 언제, 어디에서 발열 증상을 보이는 사람이 많이 발견되는지를 파악할 수 있다면 지역별로 코로나19 감염 트렌드를 추적하는데 도움이 된다. 미국 가정에 100만 개 이상의 체온계를 판매한 Kinsa의 스마트폰 연동 IoT 체온계는 일명 '커넥티드 체온계'라고 불리며, 발열 데이터를 미국 전역에서 지역별로 수집하여 실시간 모니터링하고 수집한 빅데이터 분석 결과를 US Health Weather Map by Kinsa라는 웹사이트에 공개한다.[13] 미국 질병통제예방센터(CDC) 시스템이 주마다 분석 리포트를 내놓지만 실제 발병 시기보다 1-3주 정도 늦게 리포트 되거나 몇 달 후에 데이터가 수정되는 일이 발생할 수도 있는 반면, Kinsa의 데이터 분석은 실시간으로 이루어진다. 그 때문에 질병통제예방센터도 참고하는 구글 트렌드[14]나 감기약 판매 수량을 통해 모니터링하는 것보다 커넥티드 체온계를 통한 감염병의 발병 현황 분석이 더 정확하다고 평가된다.[15] 실제로 코로나 바이러스 감염이 심각한 South Florida 지역에서 발열 수준이 4월에 갑자기 증가한 것을 Kinsa의 데이터가 먼저 포착하였다고 전해진다. 체온 데이터만 수집하기 때문에 계절 독감이나 발열을 일으키는 다른 질병과 구분하기가 어려운 면도 있지만 현재 코로나19가 대유행·확산되는 상황에서

로는, 체온을 측정하는 OURA 반지 형태의 웨어러블 디바이스를 이용한 TemPredict라는 연구, 환자 유래의 의료 데이터를 대규모로 수집하여 제약사 등의 임상 연구에 B2B로 제공하는 미국의 디지털 헬스케어 스타트업 기업인 Evidation Health 등의 연구가 있다.
https://www.yoonsupchoi.com/2020/04/14/covid-digital-health-2/(방문일자: 2020.6.2.).

13 "Images and Infographics from Kinsa's Health Weather Map and Data", Kinsa, 2020
https://www.kinsahealth.co/images-and-infographics-from-kinsas-health-weather-map-and-data/(방문일자: 2020.6.2.).

14 구글의 검색어 트렌드를 이용하여 독감의 발병 지역과 추이를 파악하고 독감 발병을 예측하는 서비스인 Google Flu Trend (2008년 구글에서 시작한 서비스)와 같은 연구를 말한다. 우리나라에도 2009년 신종 플루 대유행 당시에 구글 트렌드의 빅데이터에서 나타난 사회적 관심과 전통적 방식으로 수집되는 재난현상 정보가 결합되어 정부 의사결정에 활용될 수 있는지를 보여준 연구가 있는데 (조현석 외, 『빅데이터 시대의 기회와 위험』, 나남 ,2016,135-143면) 이 연구논문에서는 우리나라의 경우 네이버 검색이용률이 70% 이상으로 구글 보다 다수가 이용한다는 점, 계층 간 인터네 활용도의 차이 등 구글 트렌드의 결과가 대표성을 가질 수 있는지 한계점을 감안하여 재난 관련 다양한 현실지표와 다각적으로 비교하고 연구방법과 해석이 정교해져야 할 것이라고 논평하였다.

15 "Can Smart Thermometers Track the Spread of the Coronavirus?", The New York Times, March 18, 2020
https://www.nytimes.com/2020/03/18/health/coronavirus-fever-thermometers.html?fbclid=IwAR2u085DQgeY5aTR7OKsSz8NfI90uJ2FwNXUAsNTUr0cdHOs9AD-Ne3MBWw (방문일자: 2020.6.1.).

는 코로나 바이러스의 감염 추이를 추적하는데 유용하게 활용될 수 있다.

(3) 구글의 이동 추이 변화 리포트

구글은 올해 4월초부터 전세계 131개의 국가와 지역에 대하여 'COVID-19 Community Mobility Reports'라는 데이터를 제공하기 시작했다. 이 데이터는 스마트폰의 GPS를 활용하여 사람들의 데이터를 수집하여 구글맵에서 레스토랑, 쇼핑센터, 테마파크(Retail & Recreation) 등의 이동량, 식료품점, 슈퍼마켓, 시장 (Grocery & Pharmacy)의 이동량, 국립공원, 공원(Parks) 등의 이동량, 지하철, 버스, 기차 등 대중교통(Transit Stations)의 이동량, 직장(Workplace)의 이동량, 거주지(Residential)의 이동량 등으로 사람이 붐비는 시간과 요일 등에 대한 결과를 가지고, 국가별, 지역별로 사람들의 이동량이 어떻게 변화하고 있는지를 정량적으로 보여준다. 이 데이터를 통해서 특정 지역에서 감염병 확산 방지에서 중요한 '사회적 거리두기'가 잘 유지되는지, 어느 시간대에 사람들의 밀집도가 얼마나 높아지는지를 파악할 수 있게 된다. 4월 5일에 발표한 한국에 대한 보고서를 보면, 이동 트렌드가 식당, 카페, 대중교통, 직장에 머무는 시간은 각 -17%, -14%, -13%로 감소한 반면, 공원에 머무는 시간은 46% 증가했다.[16]

2. 빅데이터 활용에 관한 공법적 쟁점

(1) 기본권의 제한: 프라이버시, 사생활 보호의 한계

감염병 환자는 감염병으로부터의 피해자로서 보호를 받아야 하는 객체인 동시에 감염병의 매개체로서 타인의 건강 유해를 방지하기 위한 공익의 목적에 협조해야 하는 대상이 된다.[17] 감염병 환자나 감염병에 노출된 사람들을 추적하여 감염병의 확산을 막으려고 하는 방역활동 과정에서 빅데이터를 이용한 환자나 잠재적인 환자의 이동경로 파악 등으로 국민들의 사생활의 노출로 인한 프라이버시와 사생활의 자유가 제한을 받게 된다. 우리 헌법 제17조는 사생활의 자유와 비밀을 보장

---

16 코로나19로 인한 지역사회의 이동 추이 변화 확인하기 (COVID-19 Community Mobility Report), 지역사회 이동성 보고서 (South Korea, Mobility changes) https://www.gstatic.com/covid19/mobility/2020-04-05_KR_Mobility_Report_en.pdf (방문 일자: 2020.6.2.).

17 Leslie P. Francis et al, Syndromic Surveillance and Patient as Victims and Vectors, Bioethics Inquiry 6: 187-195, 2009, p.127.

하고 있는데, 이로부터 헌법재판소 결정으로 개인정보자기결정권을 별도의 기본권으로 창설하고 있다. 빅데이터를 형성하는 데이터 중에서 개인에 관한 직간접 정보들은 이 사생활의 자유와 개인정보자기결정권의 보호 대상이 된다. 사생활의 자유와 비밀은 외부의 간섭이나 침해 없이 사생활의 영역을 형성하고 간직될 수 있도록 하는 기본권이다.[18] 본인만의 영역이 본인의 허락 없이 타인에 의해 외부에 공표되었을 때 인간의 존엄성의 손상과 인격적인 수치와 고통을 느끼게 되므로 사생활의 자유는 인간의 존엄성과 불가분의 관계가 있으며 인격권적 성격을 가진다.[19] 사생활에 해당하는 사실이 본인의 동의 없이 함부로 공개되거나 성명, 초상, 경력 등 인격권과 불가분의 관계가 있는 개인사가 감염병 확산 방지라는 공익의 목적으로 사용된다면 사생활의 자유와 비밀이라는 기본권이 제한되게 된다. 그러나 이 기본권도 절대적으로 보호되는 것이 아니라 법률로 제한될 수는 있기 때문에, 과도한 사생활의 침해가 아니라 합리적으로 제한될 수 있는 수준인지는 기본권 제한의 원리인 과잉금지의 원칙으로 판단되어야 할 것이다.[20] 입법의 목적이 적절한지, 수단의 적합성, 피해의 최소성, 법익의 균형성이 고려되어야 한다. 감염병 환자의 휴대폰 등 이동통신 기기의 사용내역을 들여다보지 않고도 다른 수단으로 감염병 환자의 경로를 추적해 보거나 감염병 확산을 박을 방법이 있다면 이동통신사로부터 감염병 환자의 통신 자료를 제공받는 것이 환자의 개인정보자기결정권을 중대하게 침해한다고 볼 수 있겠지만, 감염자의 진술에만 의존하여 이동경로를 파악하고 감염병의 전파 가능성을 추적하기에는 불확실하고 왜곡될 수 있기 때문에

---

18 김영석 외, 『디지털 시대의 미디어와 사회』, 나남, 2020, 386-390쪽; 미국의 경우 프라이버시권이 처음 등장한 1890년의 워렌과 브랜다이스의 논문으로부터 '혼자 있을 권리'(right to be let alone) 로 표현되었는데 개인정보 보호를 정보의 관리 차원에서 인정하는 경향이 있어서 표현의 자유와 같이 다른 권리와 충돌하는 사안에서는 개인정보보다는 다른 권리를 중시하는 경향이 있고, 개인정보 침해가 문제가 되는 각 영역에서 개별법으로 규율한다.

19 유럽의 경우 개인정보 보호를 인격권의 보호 관점에서 접근하고 개인정보의 침해 문제를 해결하기 위한 일반법을 제정 시행한다. 1995년 개인정보 보호지침(Directive 95/46/EC)에 이어 2018년 5월 25일부터는 일반정보보호규정(GDPR: General Data Protection Regulation)을 시행되고 있다. 디지털 단일시장에 적합한 통일되고 단순한 프레임워크(one single set of protection rules)를 표방하면서 데이터 이동권, 잊혀질 권리 등의 정보주체 권리를 확대화고 개인정보보호담당관(DPO) 지정, 개인정보 유출 통지 신고제, 과징금 부과 등 기업의 책임성을 강화하는 내용이다. EU를 대상으로 하는 사업을 하는 경우 적용대상이 되므로 이 법령 위반시 과징금 등 행정처분이 부과될 수 있다. 한국인터넷진흥원(KISA), GDPR 대응지원 센터 사이트: https://gdpr.kisa.or.kr /gdpr/static/whatIsGdpr.do (방문일자: 2020.6.1.).

20 엄주희, "보건의료법학과 헌법의 교차점 - 보건의료 규범에 관한 헌법적 고찰", 『인권법평론』 제24호, 2020, 180-182쪽.

정보의 진실성을 담보하여 감염병의 확산을 방지하기 위해 필수불가결한 수단으로서 휴대용 웨어러블 이통통신기기로부터의 위치 추적, 신용카드 사용내역 조회로부터의 경로 추적 등의 방법을 사용하는 것이 적합한 수단이 될 수 있다. 이렇게 추적된 정보를 감염 확산 방지를 위해 감염자의 이동 동선을 피하도록 할 목적으로 대중에게 공개할 때에는 감염자 본인의 성명, 성별, 주민등록번호 등 감염병 전파와 관계없는 환자의 개인 신상정보를 공개하지 않도록 하고 본인을 식별하지 못하도록 해야 감염자의 사생활과 개인정보자기결정권에 가해지는 피해를 최소화할 수 있을 것이다.

인터넷과 정보통신기술(ICT)의 발달, 정보의 디지털화, 웨어러블 기기들의 결합의 방식으로 인구통계적 정보, 주민등록정보 등의 신원정보, 의료기록, 학교전산망, 세금에 관한 기록, 웨어러블 기기 등으로 실시간 수집된 개인에 대한 데이터를 정부가 빅데이터로 수집, 형성, 관리할 수 있게 되면서, 이를 통한 감시도 가능해지게 되었다. 게다가 구글, 페이스북, 네이버, 카카오와 같은 인터넷 기업들이 가지고 있는 데이터는 정부가 가진 데이터보다 더 방대할 수 있다. 이러한 데이터로 관리되는 개인정보에 관한 전반적인 규율은 사생활의 비밀과 자유의 영역 보다는 개인정호보호법의 법리가 적용된다. 우리 개인정보보호법에서 개인정보의 개념은 살아있는 개인에 관한 정보로서 해당 정보만으로는 특정 개인을 알아볼 수 없더라도 다른 정보와 쉽게 결합하여 알아볼 수 있는 정보(가명정보)까지 포함한다. 특히 건강에 관한 정보는 민감정보로 분류되어 정보 주체의 별도의 동의를 요구하거나 특별히 다른 법령의 법적 근거를 요하는 등 보통의 개인정보보다 강하게 보호된다. 2020년 2월 개정 공포되어 8월 5일부터 시행되는 개인정보보호법에는 가명정보와 익명정보의 개념이 도입되었다. 가명정보로 처리하는 경우 통계 작성, 과학적 연구, 공익적 기록보존 등의 목적에서는 정보주체의 동의를 요하지 않는다. 다른 정보와 결합해서도 특정 개인을 알아볼 수 없는 익명정보의 경우에는 개인정보보호법 상의 개인정보에서 제외되므로, 개인정보보호법의 규제 없이 수집, 이용이 가능해지게 되어 빅데이터로 활용되기가 더 용이해졌다.[21]

---

21 개인정보 보호법 개정 전에는 개인정보 보호법제에서는 익명화로 처리하는 것을 요구하고 있었는데, 익명화가 기술적으로 불가능하고, 가능하다고 하더라도 재식별하는 기술이 개발될 가능성이 있어서 완전한 익명화가 불가능할 뿐 아니라 익명화된 데이터로는 개인을 위한 맞춤형 치료에 활용할 수 있는 빅데이터 분석을 불가능하게 만들기 때문에 빅데이터의 효용가치가 사라지게 되는 문제가 있었다. 개인정보 보호법의 개정으로 가명정보 처리 개념이 들어오면서 이러한 문제를 해결할 수 있게 되었다. 김근령, 이대희, "보건의료 빅데이터 활용에 관한 법적 검토 – 개인정보보호를 중심으로", 『과

(2) 공중보건의료의 증진과 건강권 보장

역사적으로 공중보건법의 제정에는 지역사회 주민의 건강을 증진시킴으로써 건강한 노동력을 확보하고 공동체를 유지하려는 목적을 가지고 있다.[22] 건강한 노동력이 고용의 기회와 연결되어 있고 이것이 시장경제와 자유주의를 지탱하는 기반이 되었다. 유해한 물질, 유해한 환경과 위험한 작업 조건에서 발생하는 건강 문제들이 작업자들의 건강에 미치는 부정적 영향을 최소화하고 지역 전체에 주는 부담을 예방하기 위한 조치들을 위해서 정부의 규제와 통제가 수반될 수 있다. 건강에 유해한 환경을 제거하고 건강을 증진시킬 수 있는 사회경제적 환경을 조성하는 것은 공중보건의 과제이자 목적일 뿐 아니라 더 나아가 국민의 안전을 담보해야 하는 국가의 기본적인 책무이다. 오늘날 코로나 팬더믹 사태는 전염병의 위험으로부터 국민들을 보호함으로써 사회경제적 붕괴를 예방하기 위한 공중보건의 중요성과 필요성을 더욱 상기시키고 있다. 공중보건의 영역에는 감염병의 예방과 관리, 재난으로 인한 환자의 치료, 건강 증진, 보건교육 등을 포함하고 있다.[23] 공중보건의 개념에는 사회 모든 구성원이 적절한 의료서비스에 대해 동등한 접근성을 가질 수 있어야 하고, 이 형평성이 있는 건강상태를 유지하기 위해서는 사회적으로 취약한 사람들의 건강을 증진하려는 선의가 필수적으로 수반되어야 한다.[24] 코로나 팬더믹 사태에 대응하기 위해 빅데이터의 수집에서는 미국의 예에서 보듯이 소셜미디어, 웨어러블 기기와 위치기반 기기들을 통해서 데이터가 수집되는데, 이러한 기기들에 대해서 접근성이 떨어지는 노인들과 빈곤계층 등의 정보화 취약층은 감

학기술법연구』제24집 제3호, 2018, 67-70, 78쪽.

22 홍윤철, 『팬더믹』, 포르체, 2020, 185-189쪽; 영국의 경우 1848년 여름 콜레라 전염병의 창궐로 런던 전체에서 사망자가 7,466명이었는데 노동자들이 밀집해 살던 템스강 남쪽에서 4001명의 사망자가 발생하자 공중보건법이 왕실의 승인을 받아 제정되었다. 안전한 식수 공급과 위생 시설 구비 등 건강하고 위생적인 사회적 장치를 마련하고, 이를 통해 건강한 노동력을 확보하려는 목적으로 공중보건 시스템을 법제화하려는 것이 공중보건의 역사 속에서 나타났다. 공중보건의 추구가 인도주의적 정서나 사회적 양심 때문만이 아니라 사회경제적인 질서를 만들기 위한 정치적 이유와 전체 공동체적 문제라는 것이다.

23 공공보건의료에 관한 법률 제2조 제2호 공공보건의료사업이란 다음의 각 목의 사업을 말한다.
  가. 나. 라 -생략-
  다. 발생 규모, 심각성 등의 사유로 국가와 지방자치단체의 대응이 필요한 감염병과 비감염병의 예방 및 관리, 재난으로 인한 환자의 진료 등 관리, 건강 증진, 보건교육에 관한 사업

24 Paula Boddington, Big Data, Small Talk: Lesson from the Ethical Practices of Interpersonal Communication for the management of Biomedical Big Data, The Ethics of Biomedical Big Data, Law, Governance and Technology Series 29, 2016.

염병 예방 계획과 방역 대책을 위한 연구와 개입에서 소외될 수 있는 가능성이 존재하게 된다.[25] 공중보건을 추구하는 데 대한 공법적인 의미로는 평등권 내지 평등의 원리, 건강권, 알 권리 등의 기본권 보호의 공정한 실현이라고 할 수 있다.[26] 건강권과 평등권의 요청에 의해, 국가가 적극적으로 보건에 필요한 배려를 해야 한다는 의무로부터 보건의료 체계와 공중보건시설에 접근성을 형평성 있게 보장받고 보편적인 건강을 누리게 해줄 수 있어야 한다. 불특정 다수의 국민들로부터 수집된 빅데이터가 공중보건 시스템을 구축하는 데 유익하게 사용된다면, 그 혜택도 국민들에게 돌아가도록 해야 한다는 의미이다.[27] 그리고 실제 환자 치료에 도움을 줄 수 있는 치료제 개발과 연구를 위해 임상 자료 기반 정보들도 빅데이터로 구축, 활용할 수 있도록 해야 할 필요가 있다.[28]

빅데이터의 형성으로 인해 정보 주체인 국민들의 사생활이 노출되고 감시될 수 있다는 불안함이 존재하지만 공중보건의 필요성과 중요성을 감안하여 사생활과 프라이버시가 최대한 보장되도록 주의를 기울여야 할 책무가 존재한다. 사생활과 프라이버시 보호를 위해 다음과 같은 원칙들을 고려해야 할 필요가 있다.[29] 국가가 감염병 감시의 목적으로 국민의 기밀성을 침해하려고 한다면 프라이버시의 침해가 공중보건을 보호하기 위한 목적에 필수불가결한지를 입증해야 할 책무가 있다. 국가가 국민 당사자의 개인정보를 노출시켜 사생활의 기밀성을 침해하려고 한다면, 기밀성을 보호하기 위해 필요한 모든 조치를 취했는지를 입증해야 할 책무가 있다. 즉 부당한 침해를 배제할 수 있는 적합한 메커니즘을 갖추고, 그리고 부당한 침입에 대해서 처벌할 수 있는 법률과 규정이 제정하는 등의 조치를 말한다.[30] 개인정보가—특히 성명의 경우는 공개로 인한 부담이 클 것으로 예상되는데

25 Malanga, Sarah and Loe, Jonathan and Robertson, Christopher T. and Ramos, Kenneth, Big Data Neglects Populations Most in Need of Medical and Public Health Research and Interventions (August 18, 2016). Big Data, Health Law, and Bioethics (H.F. Lynch, I.G. Cohen, & U. Gasser eds.,), Forthcoming; Arizona Legal Studies Discussion Paper No. 16-26. Available at SSRN: https://ssrn.com/abstract=2828954.

26 엄주희, "공정성의 관점에서 본 연명의료결정제도", 『부패방지법연구』 제3권 제1호, 2020, 56쪽; 홍윤철, 앞의 책, 193쪽.

27 정은주, 엄주희, "건강 관련 제도 보장에서의 개인의 책임에 대한 공법적 접근: 개인의 건강관리 책임의 법제화", 『과학기술법연구』 제25집 제4호, 2019, 166-167쪽.

28 "코로나19 임상 데이터 활용 필요성, 민감정보 결합 예외적으로 인정해야", MEDIGATE NEWS, 2020.5.10.일자. https://www.medigatenews.com/news/1312605940(방문일자: 2020.6.1.).

29 Michael J. Selgelid et al Editor, Infectious Disease Ethics, Springer, 2011, pp.199-200.

30 개인정보에 대한 기밀성의 보호에는 직접적인 노출뿐 아니라, 프로파일링에 의해 개인을 추론할 수

−대중에게 고지될 경우, 당사자가 본인의 개인정보가 노출됨으로 인해서 고통을 겪을 것에 대한 두려움을 표현할 때에는, 국가는 공개 협의 과정을 통해서 직접적이고도 존중하는 태도로 그러한 우려를 해결하기 위해 노력해야 할 책무가 있다.

본인의 데이터를 코로나 방역이나 역학조사에 활용하는 정부의 활동에 대해 참고할 만한 사례를 보자면 다음과 같은 헌법재판소의 결정이 있다.[31] 혈우병 환자들이 녹십자가 제조한 제9인자혈액제제인 헥나인을 투여받고 HIV에 감염되어 구 국립보건원이 혈액제제에이즈감염조사위원회를 구성하여 역학조사를 실시한데 대해서, 당사자인 혈우병 환자들이 부실한 역학조사로 감염경로를 알 수 없게 되어 손해배상청구를 통한 피해를 보전받을 기회를 박탈당했다고 하면서 평등권, 재산권 등의 헌법상 기본권의 침해를 주장하며 헌법소원을 낸 사건이다. 헌법재판소는 이 사건 역학조사가 공권력의 행사에 해당하지 않다고 판단하고 헌법소원 심판청구를 부적법 각하하였다. 헌법소원은 공권력의 행사나 불행사로 인해 기본권의 침해를 당한 자가 청구하는 권리구제수단인데, 행정상 사실행위가 헌법소원의 대상이 되는 공권력의 행사로 인정받으려면 행정청이 우월적 지위에서 일방적으로 강제하는 권력적 사실행위에 해당되어야 하기 때문이다. 권력적 사실행위에 해당되는지를 보려면 어떤 사실행위가 행해질 당시에 행정주체와 당사자 국민과의 관계, 당사자 국민의 의사관여 정도, 그 사실행위의 목적 경위, 법령에 의한 명령 강제수단의 발동 가부 등을 종합적으로 고려하여 판단하는데 이 사건의 역학조사는 조사위원회의 구성과 조사 활동 방법 등을 종합해 볼 때 우월적인 지위에서 일방적으로 강제하는 권력적 사실행위에 해당한다고 보기 어렵다고 하였다. 코로나 팬더믹 사태에서 확산을 예측하거나 방지하기 위해서 행하는 빅데이터의 수집 활동은 감염병 예방 관련 법령에 근거하여 이루어지는 역학조사와 이에 따르는 코로나 검사 및 격리 조치 등으로 이어지면서 행정 강제로서 권력적 사실행위의 성격을 가지는 것으로 판단될 가능성이 있다.

있는 것까지도 포함된다. 정보 주체에게 정보처리의 상황에 대해서 제대로 전달하도록 규정의 필요성이 논의된 바 있다. GDPR의 규정과 같이 프로파일링에 대해 고지(GDPR 제13조 제2항, 제14조 제2항 프로파일링을 포함한 자동화된 결정의 존재와 관련된 로직에 대한 의미 있는 정보, 그러한 정보처리의 중요성과 예상되는 결과를 정보 주체에게 고지하도록 함)하도록 하고, 처리정지요구권(GDPR 제21조 프로파일링 자체에 대한 거부권)을 명시하는 것이 필요하다는 것이다. 박광배, 채성희 김현진, "빅데이터 시대 생성정보의 처리 체계 – 추론된 정보의 처리에 관한 우리 개인정보보호법의 규율과 개선 방안에 관한 고찰", 『정보법학』 제21권 2호, 2017, 192-193, 198쪽.

31 헌재 2004.8.26, 2003헌마505 결정.

(3) 감시국가의 한계와 안전권 보장

195개국의 보건안보 수준을 평가하는 세계보건안보지수(GHSI: Global Health Security Index)에서 우리나라의 전체적인 수준은 세계 9위로 양호하나, 예방 분야 19위, 규범 분야 23위, 리스크 관리 분야 27위로서 상대적으로 개선이 필요한 수준인 것으로 나타났다. 감염병의 위기는 전세계적으로 국민의 생명과 건강뿐 아니라 산업, 경제 전방위적으로 영향을 미친다. 감염병으로 인한 위기가 국가 안보의 영역으로 포섭되면서 과학기술정책연구원은 최근 보고에서 감염병 위기를 전쟁 수준의 국가적 위협이라고 보고 이에 대한 대응을 생명 안보의 문제로 다루어 감염병을 국가적, 상시적으로 대비할 수 있는 시스템을 제안하기도 하였다.[32] 국가의 안전의 보장은 현대국가의 기본적이고 고유한 임무이다. 국민의 안전을 보장하는 국가는 법적으로 제도화된 평화와 질서를 추구하는 권력이다. 질서 권력으로서의 국가의 안전 및 국가에 의해 보장되는 국민의 안전, 양자는 헌법적 가치로서 다른 헌법적 가치와 동등하게 존중되어야 하며 포기될 수 없는 가치로서, 국민의 입장에서는 기존의 기본권의 목록에 포섭되지 않는 새로운 기본권으로서 안전권이라는 기본권으로 논의되기도 한다. 왜냐하면 국가의 고유하고 궁극적인 정당성은 이로부터 도출되기 때문이다. 19세기에 치안 보장에서 출발해서 현대 사회에 위험 방지의 개념으로 국민의 안전 개념이 변화되면서, 국민을 위험으로부터 예방적으로 보호하는 국가의 임무가 강조되고 있다.[33] 빅데이터를 이용한 감염병 감시 시스템은 감염병 확산 방지를 위해 사전과 사후에 개입하여 국민의 생명을 보호하는 공중보건과 생명 안전을 도모하는 목적이 있다.[34] 모든 상황을 정확히 파악해서 사전에 개입하기는 어렵기 때문에[35] 입법 작용을 통해 국민의 안전을 보호하는 기능을

---

32 조용래, 이종혁, 이명화, "생명 안보 관점의 감염병 상시 대비 대응 과학기술혁신전략", 『STEPI Insight』 Vol.255, 2020.5.25. 5-6쪽; 이 보고서는 2019년 7월 한·일 무역갈등으로 촉발된 위기를 산업안보, 중국발 코로나19 사태를 생명안보로 명명하고 둘 다 국가에 대한 대표적인 기술 충격으로 인식할 필요가 있다고 하였다. 감염병으로 인한 국가 위기를 국가차원의 상시적 주기적 모니터링을 할 수 있도록 융복합 기반의 감염병 전주기 R&D 대응체계 추진과 전시사항에 준하는 강력한 법적 지원체계를 마련할 것을 제안하고 있다.

33 김중권, "위험방지와 행정구제- 국가의 기본권적 보호의무와 행정구제시스템", 『국가법연구』 제10집 제2호. 5-6쪽.

34 David Orentlicher et al, Bioethics and Public Health Law - Third Edition, Wolters Kluwer Law & Business, 2013.

35 David Lazer, et al, The Parable of Google Flu: Traps in Big Data Analysis, Science 14 Mar 2014: Vol.343 Issue 6176 pp.1203-1205. '구글트렌드가 준 교훈: 빅데이터 분석의 함정'이라는 논문에서 독감 트렌드가 실제 독감 발병률보다 더 높은 값을 예측함으로써 예측 능력에 실패

수행할 수 있다.[36] 전국민을 감시 속에 통제한다는 감시 국가 내지 빅브라더에 대한 우려와 빅데이터 활용으로 인한 새로운 차별의 발생, 사생활 침해, 데이터에 관한 권리 침해를 방지하는 일은 안전 국가를 위해서 과잉금지의 원칙 또는 비례의 원칙으로도 칭해지는 기본권 제한의 원리 그리고 국민의 생명권, 안전권, 건강권의 보호라는 기본권 보호를 위한 과소보호금지의 원칙 등의 헌법적 원리에 의해 적절히 관리, 통제되고 법제화되면서, 안전과 감시가 균형을 이룰 수 있다.[37]

감염병 위기에 대비한 상시적 모니터링을 위해서는 공공데이터를 통합하여 분석 예측하는 지능형 다학제적 플랫폼이 유용하게 활용될 수 있다.[38] 이를 위해 동물유래 유전자원을 관리하는 한국수의유전자원은행, 농림축산식품 공공데이터 포털을 운영하는 농림수산식품고용문화정보원, 보건복지데이터 포털을 운영하는 한국보건사회연구원, 고속도로 데이터 포털을 운영하는 한국도로공사 등 기관별로 산별적으로 흩어져 독립적으로 관리되는 공공데이터와 개별 데이터가 통합적으로 관리될 필요가 있다. 지능형 플랫폼에서 빅데이터 분석이 감염병 예방과 확산 방지에 유효한 툴로 작동하기 위해서는 단편적이고 산별적으로 기관별로 흩어져있는 공동데이터만 가지고는 실시간 추적과 분석이 어렵고, 개별 데이터와 통합되어 관

했다는 사실에 대해 논평했다. 구글 독감 트렌드는 그 자체로 다른 전통적인 방법을 대체하도록 만들어졌다기보다는 다른 방법을 보완하는 용도로 만들어졌다고 지적한다. 다른 감시 시스템과 마찬가지로, 이 데이터를 바탕으로 추가적인 실제 조사활동을 하기 위해 사용될 때 가장 유용할 수 있다고 결론을 내렸다. https://www.theatlantic.com/technology/archive/2014/03/in-defense-of-google-flu-trends/359688/(방문일자: 2020.6.1.).

최근에는 빅데이터와 인공지능을 활용해 감염병 예측 정확도가 한층 높아져서 유용성이 커졌다. '美 CDC와 WHO보다 먼저 신종코로나 확산 경고 '블루닷'', 매일경제, 2020.11 http://www.dailymedi.com/detail.php?number=852706(방문일자: 2020.6.1.).

36 전광석, "국민의 안전권과 국가의 보호의무", 『법과인권교육연구』 제8권 제3호, 2015. 151쪽.

37 필자가 코로나 사태가 영국에 심각하게 퍼지기 직전인, 2020년 3월 초 런던으로 출장을 갔을 때 만났던 택시 운전사는 이런 말을 했다. 아랍에서 온 이민자였는데 "코로나에 걸려 죽는 것보다 무서운 것이 음식이 구하지 못해 굶어 죽는 것"이라고. 아랍 출신으로 평생 전쟁의 소용돌이를 많이 겪어봐서 음식이 없을 때의 막막함과 처참함을 잘 알고 있는 듯했다. 코로나 사태가 장기화되어 경제가 무너지고 정상적인 물자 공급도 어려워지게 되는 상황에서 일자리도 사라지고 생계가 곤란해진다면, 공중보건의 문제는 곧 생계의 이슈가 된다. 정부가 국민들의 경제활동과 생계유지 문제를 고려하지 않을 수 없고, 공중보건의 문제는 건강권, 평등권의 문제일 뿐 아니라 직업의 자유, 영업의 자유와 같은 자유권과 인간다운 생활을 할 권리와 같은 사회권적 기본권으로까지 확대될 수 있다.

38 '공공의료와 소셜미디어 데이터 종합해 전염병 예측', 전자신문, 2020.3.1.일자 https://www.google.com/url?sa=t&rct=j&q=&esrc=s&source=web&cd=&cad=rja&uact=8&ved=2ahUKEwj3ucLDnOrpAhVJMd4KHVw9BJ8QFjAJegQIChAB&url=https%3A%2F%2Fwww.etnews.com%2F20200228000167%3Fm%3D1&usg=AOvVaw1PXNzVCfW5FbE_WDvdVgbh(방문일자: 2020.6.1.).

리·분석되고 이것이 방역 활동에 반영될 때 효과를 발휘할 수 있을 것이다. 이같이 통합된 빅데이터와 인공지능을 기반으로 감염병의 국내 유입 시점, 확산 속도와 양상, 확산과 피해의 범위와 정도를 파악·예측하고 방역, 치료와 돌봄을 위한 활동에 행정 역량을 쏟을 수 있게 된다.

III. 코로나 팬더믹 사태와 빅데이터 거버넌스

1. 법적 근거

(1) 감염병에 예방에 관한 법률

감염병의 예방에 관한 법률(이하, 법률이라 한다)은 감염병의 감염 실태와 내성균 실태 등을 파악하기 위해 실태조사(법률 제17조) 및 역학조사용(법률 제18조), 감염 전파의 차단을 위해서 대상 기관, 단체나 개인에게 개인정보나 자료제출을 요구할 수 있는 법적 근거를 두고 있다(법률 제18조의4, 제76조의2) 수집할 수 있는 데이터로는 성명, 주민등록번호, 주소, 전화번호 등의 인적사항뿐 아니라 진료기록부, 출입국관리기록, 개인위치사업자나 전기통신사업자 등으로부터 경찰청이 요청해서 받은 개인의 위치정보(법률 제76조의2 제1항)와 신용카드, 직불카드 선불카드, 교통카드 사용명세, 영상정보처리기기를 통하여 수집된 영상정보(시행령 제32조의2) 등을 포함한다. 수집된 데이터가 감염병 관련 업무 이외의 목적으로 사용되지 않도록 할 것과 사용 종료 후에 즉시 파기할(법률 제76조 제6항) 의무 및 정보 주체에게 통지의무를 부과(법률 제76조 제7항)하면서, 목적 외 사용 금지 및 즉시 파기 의무의 위반시 2년 이하의 징역 또는 2천만원 이하의 벌금을 부과하는 벌칙조항(법률 제79조 제5호)을 두고 있다. 또한 이 빅데이터의 수집으로부터 얻은 감염병 환자의 이동경로, 이동수단, 진료의료기관 및 접촉자 현황 등 방역 활동에 관해서 국민들이 알아야 하는 정보를 공개하도록 하여 국민의 알권리를 충족하도록 한다(법률 제6조 제2항, 제34조의2) 공개된 사항에 대해 이의가 있는 경우에 정보통신망을 통해 이의신청을 할 수 있고 상당한 이유가 있으면 공개된 정보를 정정하는 등의 필요한 조치를 취할 수 있다(법률 제23조의2 제2항, 제3항).

국민들이 감염병의 진단과 치료를 받을 권리 및 국가의 비용 부담 의무를 명시하면서 동시에 국민들도 감영병 예방와 관리를 위한 활동에 협조 의무를 부과한다(법률 제6조 제3항, 제4항). 정부는 빅데이터 수집으로부터 감염병에 오염되었다고 인정되는 장소를 파악할 수 있으므로, 오염되었다고 의심되는 장소에 대한 폐쇄와 소독, 오염되었다고 의심되는 물건에 대한 폐기와 소독 등의 조치를 취할 수 있다 (법률 제47조, 제48조). 감염병 예방을 위해 교통을 차단하거나 집회나 모임을 제한 하거나, 학교·학원 등의 휴업 또는 휴교를 명하는 등의 조치도 가능하다(법률 제 49조). 또한 감염병으로 격리나 치료를 받게 됨으로써 입은 피해를 보상받을 수 있게 하고 있다(법률 제6조 제1항). 이로써 사생활의 보호와 감염병 감시와 공중보 건 증진을 동시에 추구할 수 있게 된다.

이와 같이 우리 감염병에 관한 법률은 빅데이터 수집과 오남용을 위한 대책에 대한 규범적 근거를 마련하고 사생활과 개인정보의 기본권 제한에 대한 근거와 국 민의 생명권, 건강권과 안전권을 보호하는 공중보건 활동의 법적 근거를 두고 있다.

(2) 데이터 관련 법률

코로나 팬더믹 사태와 같은 보건의료 비상 상황에 대해 실시간 데이터를 수집, 활용할 수 있는 근거가 되는 법률은 빅데이터 활성화를 위한 법이라고 할 수 있다. 이 빅데이터의 활성화에 관한 법률을 살펴보자면 공공데이터 포털(www.data.go.kr) 운영 등 공공데이터 전반을 규율하는 법으로 공공데이터의 제공 및 이용 활성화에 관한 법률이 있다. 범정부적으로는 공공정보 개방 창구인 공공데이터 포털의 구축 과 운영을 통해 공공데이터 활성화가 가능하도록 하는 것을 목적으로 한다.[39] 이 법 률 제정 이전에 제정되었던 공공기관의 정보공개에 관한 법률도 빅데이터의 활성화 에 관한 법이라고 할 수 있다. 이번 5월에 지능정보화기본법으로 전면 개정된 국가 정보화기본법, 그리고 전자정부법도 정부가 관할하는 빅데이터의 활성화를 추구하는 법률들이다.

반면 빅데이터의 사용을 제한하는 법률로는 정보공개법, 행정조사기본법, 저작 권법 등이 있고 특히 의료와 건강 등 인체에 관한 정보의 활용을 제한하는 법률로 의료법과 생명윤리 및 안전에 관한 법률이 있다.[40]

---

39 최경호, "4차 산업혁명 핵심기술을 활용한 기후변화 대응 및 관련 법제 연구 - 빅데이터를 중심으 로", 『강원법학』 58호, 2019, 801쪽.

40 이상윤, "빅데이터법제에 관한 비교법적 연구 -종합보고서", 『지역법제 연구』 14-16-⑦-1, 한국법 제연구원, 2018. 43쪽; 이 밖에도 빅데이터 활용을 촉진하는 법률을 분야별로 기상법, 통계법, 발 명진흥법 등을 포함하여 빅데이터 관련 법령의 전체현황을 개관하고 있다.

2. 거버넌스의 형성

(1) 공공과 민간의 협력 거버넌스

빅데이터 거버넌스는 실시간으로 빠르게(Velocity) 생성되는 다양한(Variety) 형태의 거대한(Volume) 양의 데이터인 빅데이터[41]를 관할하는 거버넌스이다.[42] 거버넌스는 공공과 민간의 관계를 강조한 개념으로, 정책을 결정하고 집행하는 과정에서 공공부문에서 일하지는 않지만 정부와 중요한 협력 관계를 맺고 있는 일련의 사회적, 경제적 행위자들이 참여하는 것이라고 정의한다.[43] 빅데이터 거버넌스는 공공과 민간의 데이터를 포괄하는 국가 전체의 데이터 자산 관리에 관한 공공과 민간의 협력 체계로 정의할 수 있다. 즉 민간 데이터와 공공데이터를 모두 포함하여 국가의 데이터 자산 관리에 대한 권한, 통제, 의사결정으로서 데이터 관점에서의 IT관리 체계를 데이터 거버넌스를 지칭할 수 있다. 코로나 팬더믹 사태 확산과 경과에 대해 정밀하게 예측하고 국민과 기관에 관련 정보를 제공하기 위해서는 앞서 언급한 바와 같이 공공데이터와 민간데이터를 포괄하는 데이터 거버넌스 체계가 긴요할 것이다.[44] 감염병의 예방 및 관리에 관한 법률에서 정한 감염병관리위원회는 30명 이내의 위원 중에 과반수가 공무원 아닌 위원으로 구성되도록 하여 감염병 예방과 관리를 위한 시책에 관해 민관이 공동으로 논의하고 심의할 수 있도

---

41 조성준, 『세상을 읽는 새로운 언어, 빅데이터』, 21세기북스, 2019, 19쪽.

42 조완섭, "빅데이터 활성화를 위한 거버넌스의 역할과 지원", 『REAL ESTATE』, 14-16면; IT 거버넌스가 기업의 전략과 목표를 뒷받침하는데 IT를 활용하는 메커니즘으로서, 주요 활동을 가치 전달, 위험관리, 자원 관리, 성과측정으로 구체화한다. 데이터 거버넌스는 기업의 입장에서 정의하자면 고품질 데이터의 확보와 관리, 적극적인 활용을 통해 조직의 다양한 가치 창출에 지속적으로 기여하는 것이다. 데이터 관리 활동으로서 데이터 베이스 구축과 관리, 데이터의 품질관리, 메타 데이터 관리, 마스터 데이터 관리, 프라이버시 관리, 데이터 수명관리 등으로 정리된다. 국제표준화기구 (ISO: International Standardization Organization) 가 정의하는 데이터 거버넌스의 개념은 조직의 데이터 관리기능이 효과적으로 완전하게 이루어지도록 평가, 감독, 모니터링(EDM: Evaluation, Direction and Monitoring) 하는 체제를 의미한다고 정의한다.

43 노화준, 『정책학원론』, 박영사, 2019, 262-264쪽.

44 윤강재, "코로나바이러스감염증-19 대응을 통해 살펴본 감염병과 공공보건의료", 『보건복지 ISSUE & FOCUS』 제377호, 2020.3.19. 7-10쪽; 코로나19의 대응을 통해 공중보건(공공보건의료)에는 정부나 공공기관만이 담당하는 것이 아니라 공공의 이익(public interest)을 위해서 사회 전체가 공동으로 대응하는 영역이라는 인식이 생겼다고 지적한다. 감염병 유행이 심각해지면 중앙대책본부가 자원을 배분하고 환자 이송, 전원 체계를 가동하는 이니셔티브로서, 긴급환자 발생시 일차적으로 대응하는 감염병 전문의료기관을 사전에 지정하고 공공보건의료기관을 우선 활용하지만, 환자가 급증하여 수용력을 초과한 때에는 민간병원을 활용하는 체계를 운영하였다. 환자 치료를 위한 의료기관의 활용의 예와 같이, 데이터 거버넌스에서도 공공과 민간의 협력적 거버넌스 체계가 필요하다.

록 하고 있다(법률 제9조). 심의사항으로 감염병의 예방·관리 등에 관한 지식 보급과 감염병 환자 등의 인권 증진에 대한 내용이 있고 그밖에 필요한 사항을 회의에 부칠 수 있으므로 공공과 민간이 협력하는 빅데이터 거버넌스의 하나로 기능할 수 있다. 평상시에 일반적인 개인정보보호에 대해서는 개인정보보호위원회 등이 컨트롤 타워가 되더라도, 코로나 팬더믹 사태와 같은 위기 상황에서는 감염병 위기에 대응하는 정부 콘트롤 타워가 감염병의 확산 방지, 관리와 방을 위한 빅데이터 거버넌스를 규율하는 방안을 모색할 필요가 있다.[45]

(2) 민간 영역에서의 데이터 거버넌스

데이터 거버넌스는 광의의 개념으로 데이터 자산 관리에 대한 권한, 관리, 정책, 지침, 통제와 공유된 의사결정의 행사를 통해 데이터를 관리할 수 있는 조직과 서비스를 구축하는 것을 말한다. 그리고 데이터의 적절한 관리를 보장하기 위해 이러한 내용을 문서로 정리한 가이드라인을 의미하기도 한다.[46] 민간 영역에서 데이터 거버넌스는 통상 기업에서 사용하는 데이터의 가용성, 유용성, 통합성, 보안성을 관리하기 위한 정책과 프로세스를 의미한다.[47] 이러한 빅데이터 거버넌스는 민간의 데이터 완전성, 품질 관리, 외부 침입으로부터의 데이터 보안 조치의 실행, 상업적 목적의 오남용 방지를 자율적으로 시행하는 것이 기초가 된다.[48]

감염병의 확산을 실시간 추적하기 위한 방책으로 이동통신사, 신용카드 회사 등의 민간 사업자 보유하는 빅데이터가 활용될 수 있는데 이에 관한 오남용에 대해서 법률 및 시행규칙, 훈령 고시 등 정부방침으로는 정교하게 규율할 수 없는 영역이 존재한다. 따라서 민간 영역에서 지침으로 삼을 수 있는 거버넌스로서 가이드라인과 데이터 운영 및 보안 체계가 필요하다. 민간 영역에서 개인의 데이터가 잘 관리되도록 하는 것은 국민의 사생활 보호, 개인정보 보호라는 기본권과 직결되는 문제이기 때문에, 개인정보 보호감독관을 지정하고 외부 침입 및 내부 오

---

45 지성우, "빅데이터 환경과 개인정보 보호방안", 『헌법재판연구』 제4권 제2호, 2017, 50쪽.
46 아르준 바네사 저, 고석범 옮김, 『헬스케어 인공지능과 머신러닝』, 에이콘, 2020, 279-280쪽.
47 정용찬, "4차 산업혁명 시대의 데이터 거버넌스 개선 방향", 『KISDI Premium Report』, 2018.8.7, 13쪽.
48 조완섭, "빅데이터 활성화를 위한 거버넌스의 역할과 지원", 『REAL ESTATE』, 18쪽; 의료에서 활용되는 빅데이터 거버넌스의 예로는 신생아 집중치료실에서 빅데이터 스트리밍 기술을 사용하여 신생아의 건강을 모니터링하는 것이다. 스트리밍 기술을 사용하면 질병 감염으로 인한 증세를 기존의 의료진이 인식하는 시점보다 24시간 전에 예측할 수 있다.

남용으로부터의 데이터 보안 유지와 안전 조치 및 데이터의 완전성을 관리하는 것이 민간 영역의 거버넌스에서는 중요한 사항이다.[49] 또한 민간에서 수집된 빅데이터를 활용하여 코로나 팬데믹 사태와 같은 공적 문제에서 대비하는 데 도움이 될 수 있으므로 데이터의 품질을 유효성 있게 마련할 필요가 있다.[50] 민간 기업이 형성한 건강과 의료 관련 데이터들을 음성적으로 사용할 가능성으로 인한 문제들[51]에 관한 대응으로, 2020년 2월 4일에 개정된 개인정보 보호법은 개인정보처리자의 가명정보 처리에 대한 불법이나 정보통신서비스 제공자의 개인정보 보호 의무 위반과 불법에 대해서 매출액의 100분의 3 이하의 과징금, 주민등록번호 분실·유출·위조·훼손에 대해서 5억원 이하의 과징금을 부과할 수 있도록 하고 있다(개인정보 보호법 제28조의6, 제38조의15). 민간의 자율적인 거버넌스로 빅데이터 관리를 권장할 수 있지만, 불법적인 개인정보 침해에 대해서는 엄정한 법적인 제재 수단을 마련함으로써 국민의 기본권 보호를 지지하는 효과가 있다고 판단된다.

IV. 결론

국민들이 나날이 거대하게 실시간으로 생성하고 있는 빅데이터는 감염병 위기 상황에서 감염병의 확산을 조기에 예측하고 대응하는데 유효하게 활용될 수 있다. 코로나 팬데믹 사태에서 빅데이터의 활용은 감염병 사태의 신속한 해결을 통해 국민의 생명과 건강을 유지하는 공공보건에 목적을 두어야 한다. 국민의 사생활과 프라이버시의 보호 요청과 공중보건 사이에는 긴장 관계가 형성될 수밖에 없지만, 공정하고 정당하며 합법적인 공중보건 활동이 국민의 생명과 건강권이라는 기본권 보장에 기여하게 된다. 공공데이터뿐 아니라 확진자의 휴대용 웨어러블 이동통신 기기로부터 수집된 정보, 신용카드 이용내역 정보 등의 민간에서 보유한 데이터를

---

49 Simon Woods, Big Data Governance : Solidarity and the Patient Voice, The Ethics of Biomedical Big Data, Law, Governance and Technology Series 29, 2016.

50 최경호, "4차 산업혁명 핵심기술을 활용한 기후변화 대응 및 관련 법제 연구 – 빅데이터를 중심으로", 『강원법학』 58호, 2019, 797쪽; 기후변화 대응에 빅데이터를 활용하는 데 있어서도 기후변화 빅데이터에 영향을 주는 변수와 편향성 극복하는 것이 필요하다는 지적이 있다.

51 남형두, "건강정보 빅데이터와 프라이버시 침해 문제 – 내 몸의 주인은 누구인가", 『정보법학』 제 23권 제3호, 2019. 맞춤형 건강 관련 광고 활용, 보험회사들의 건강정보 불법거래 문제, 빅데이터로 무장한 글로벌 플랫폼 기업이 생명보험회사를 인수함으로써 경쟁사업자를 배제하는 등의 공정거래의 문제 발생 가능성을 제기하면서 사회적 제도적 해결책과 글로벌 IT 플랫폼기업의 가속화로 건강정보 해외 유출로 인한 건강주권, 데이터주권 논의 필요성을 언급한다.

종합한 빅데이터를 활용한 역학조사 지원 시스템은 동선 파악 정보의 정확성을 제공하고 역학조사관의 업무 부담 경감에도 도움이 될 수 있다. 공공과 민간의 협력적 거버넌스를 이용하여 데이터 통합 관리, 개인 비식별화 조치, 통신 보안, 민관 합동 위원회의 협의·심의 등을 통해 데이터에 대한 관리와 통제가 병행되면서 빅데이터가 선용 된다면, 감염병 확산 방지와 예방의 공중보건 측면에서 유용한 툴이자 안전 국가를 보장하는 기술 체계가 될 수 있다. 국가가 추구하는 빅데이터 기술의 활성화는 사생활과 개인정보 보호를 포함한 국민의 기본권 보호와의 긴장 관계를 유지하면서 생명과 안전을 보장하는 안전 국가에 기여하도록 하여야 한다.

◆ 『국가법연구』 제16집 제2호, 2020, 69-91쪽

제4장
생명 법제

제1절 연명의료결정법에 관한 사후적 입법평가

I. 서론

보건의료정책은 국민의 건강과 보건의료, 건강의 유지, 증진에 관련된 직업에 종사하는 사람에게 영향을 미치고자 하는 공공의 결정, 또는 건강 수준에 영향을 미치는 현재와 미래의 의사결정과 의사결정의 지침을 만들기 위해 보건의료당국에 의해 이뤄지는 활동이라고 정의할 수 있다.[1] 보건의료정책은 의료 관련 전문직업인들로 대표되는 전문성이 높은 분야이고 보건서비스와 행정 관련 영역, 의료 및 의료 인접 직역(약사단체, 의사단체, 한의사단체 등), 보건의료 관련 사회보험·사회복지·사회보장 영역, 보건의료 관련 산업계, 보건 당국, 시민단체, 종교 영역 등으로 이해관계가 구조적으로 복잡하다는 특성을 갖고 있다. 이러한 특성 때문에 보건의료정책의 결정과정 자체가 다른 일반 정책과정과의 차별점을 가진다고 볼 수 있다.[2]

「호스피스·완화의료 및 임종과정에 있는 환자의 연명의료결정에 관한 법률」(이하 "연명의료결정법"이라 한다)도 전 국민의 건강과 보건의료에 관한 사항으로서 보건의료정책 중 생애 마지막 시기의 의료와 돌봄 정책에 관한 것이다. 이른바 '세브란스 김할머니 사건'[3] 등 몇 가지 이정표를 제시한 법원 사건들을 거쳐 대한의사협회 등 의료단체의 가이드라인과 지침 제시 및 국가생명윤리심의위원회라고 하는 사회적 합의를 대신할 수 있는 기구를 통해서 큰 틀이 구성되었고, 몇 개의 의원제출 법안과 정부 입법안이 제안된 끝에 현재의 모습을 갖춘 법률이 탄생하게 되었다.[4]

현대사회의 삶과 죽음은 의료에서 시작하여 의료에 끝난다고 할 수 있을 정도

---

1 이규식, 『보건의료정책- 의료보장 패러다임』, 계축문화사, 2018, 4-5쪽. 영어 문헌은 보건의료정책을 Health policy로 쓰고, 보건정책과 의료정책을 구분하여 부르지 않는다.

2 윤기찬, "보건의료 입법과정에서의 정책네트워크 구조분석", 고려대학교 대학원 보건학과과 박사 학위논문, 2015.12 1-2쪽.

3 대법원 2009.5.12, 2009다17417 판결.

4 우리나라 연명의료결정법의 입법 배경과 입법 경과에 대해서는 『연명의료법제화 백서』, 국가생명윤리정책원, 2018.12, 9-49쪽'과 '홍완식, "연명의료결정법에 대한 입법평론", 『입법학연구』 제14집 1호, 2017.2, 9-14쪽'에서 상술하고 있다.

로 의료에 절대적으로 의존하고 있다. 의료기술과 생명과학의 발달로 생명을 유지시킬 수 있는 의술이 향상되어 생의 마지막 시기를 병원에서 사망시까지 각종 의료기기에 의존하는 경우가 많아지고 자택이 아닌 병원에서 죽음을 맞이하는 사람이 상당수를 차지한다. 죽음의 의료화에 따라서 생애 말기의 편안하고 존엄한 마무리와 마지막까지 의료적 돌봄(care)의 실행이 마지막 시기의 삶의 질, 이른바 '죽음의 질'(Quility of death)의 지표 중 하나의 요소가 되어, 전 세계 국가에서 어느 정도로 죽음의 질을 담보하고 편안한 삶의 마무리를 국가사회가 보장하고 있는지 조사연구가 주기적으로 시행되고 있다.[5] 이러한 배경 속에서 임종기의 보건의료는 연명의료중단을 넘어 의사조력자살까지 제도화시킨 국가들이 등장하면서 비인간적인 안락사[6]냐 무의미한 치료중단의 법제화이자 편안한 임종을 위한 의료적 조력의 권리인가에 관해 각계각층의 논란이 계속 되어왔다. 우리나라도 세브란스 김할머니 사건의 대법원 판결이 있었던 2009년 이후, 몇 년간 논의 과정 끝에 2016년 2월 마침내 연명의료 관련 법률이 제정됨으로써 국민들의 임종기에 관한 자율성을 실현하고 생애 마지막 기본권을 보장하는 법제의 첫 발을 떼게 되었다.[7]

본고는 연명의료결정법의 사후 입법평가로서, 연명의료결정제도에 관한 헌법질서와 실정법 체계 내에서의 지위와 타법과의 체계정당성 등의 입법의 지도 원리와 원칙을 기준으로 법제를 평가하고, 문제점과 개선점을 분석함으로써 법제의 변화를 전망한다. 이를 통해 향후 연명의료 법제의 개편 논의에 참고할 수 있는 제언과 연명의료 관련 영역에 있는 보건의료 관련 입법의 방향을 제시한다.

---

5 The Economist Intelligence Unit, "The 2015 Quality of Death Index : Ranking palliative care across the world", Lien Foundation, 2015, p39.

6 안락사 Euthanasia는 그리스어로 '좋은'이라는 뜻을 가진 'eu'와 '죽음'이라는 의미의 'thanatos'의 합성어로서, 1869년에 역사가인 윌리엄 레키가 '질병의 고통을 종식시키기 위해 의도적으로 생명을 끊는 것'이라는 현재의 의미로 사용하기 시작했다고 전해진다. 1906년에 미국 오하이오주에서는 최초로 의사조력자살을 허용하는 법안이 발의되기도 하였다. 현재 안락사는 대체로 적극적 비자발적 안락사를 뜻하는 용어로 많이 사용되고 나치의 홀로코스트를 연상시키는 것으로서 바람직하지 않은 죽음의 형태로 인식된다. 엄주희, "환자의 생명 종결 결정에 관한 연구; 입법적 실천 방안을 위한 미국과의 비교법적 모색", 연세대 박사논문, 2013, 8, 18~19쪽.

7 2016년 2월 4일 제정, 2017년 2월 발효, 연명의료결정제도 관련 조항(연명의료결정 관리체계, 연명의료결정 및 그 이행, 의무위반자에 대한 벌칙 등)은 2018년 2월 4일부터 시행.

Ⅱ. 연명의료결정법 내용과 쟁점[8]

1. 법률의 위상

연명의료결정법은 연명의료결정을 제도화하고 호스피스에 대한 체계적인 근거 법령을 마련하기 위해 앞서 기술한 바와 같이 사회적 협의 과정과 국회에서의 입법 논의를 거쳐, 기존의 말기암환자를 대상으로 한정적으로 호스피스·완화의료에 대해 규율하고 있던 「암관리법」을 전면 개정하여 연명의료결정법으로 제정함으로써 2017년 8월부터 시행되고 있다. 연명의료결정 관리체계, 연명의료결정 및 그 이행, 의무 위반자에 대한 벌칙 등에 관한 일부 규정은 2018년 2월 4일부터 시행되었다. 국내에서 연명의료 결정에 관한 최초의 법률이자, 연명의료의 중단·보류 그리고 호스피스완화의료 실행의 실체적·절차적 사항들을 명시함으로써 임종기 돌봄과 의료 중단에 대한 법적 정당성을 부여하는 규범이다. 의료기술과 생명과학의 발달로 생명을 유지시킬 수 있는 의술이 향상되어 생의 마지막 시기를 병원에서 사망 시까지 각종 의료기기에 의존하는 경우가 많아지게 되다보니 권리·의무의 종기(終期)인 사망의 시점이 언제인지 법적 정의가 필요해졌고, 생명을 인위적으로 유지하는 의료행위가 인간의 존엄에 반하는 것인지에 대한 규범적 판단이 필요해졌다. 연명의료결정법은 생명을 인위적으로 유지하는 의료로서 연명의료의 법적 개념으로 정의하고, 연명의료를 중단 또는 보류하는 행위에 대해 생명을 해치는 행위가 아니라 인간의 존엄성을 추구한다는 규범적 정당성을 부여하는 법률이다. 연명의료의 중단·보류 행위가 생의 마지막 시기에 생명권의 침해가 아니라 환자의 최선의 이익과 인간의 존엄성에 근거한 환자기결정권의 행사로서 해석 지침이 되는 규범이라고 할 수 있다. 법률의 특성으로 보자면, 헌법상 인간으로서의 존엄과 가치라는 기본권 보장을 위해[9] 제정된 공법으로서 주무 행정관청인 보건복지부를 규율하는 행정법으로 분류된다. 임종기의 존엄과 가치라는 공익의 실현을 목적으로, 정부가 이 법의 근거와 한계를 가지고 행정작용을 수행하면서, 능동적이고 미래지향적인 사회형성작용으로서 추상적인 성격을 가진 법을 구체적으로 집행하게 된다.

---

8 이 장은 "『연명의료법제화 백서』, 국가생명윤리정책원, 2018.12."중 필자의 집필 부분이 일부 포함되었다.

9 대법원 2009.5.12. 2009다17417 판결; 헌재 2009.11.26. 2008헌마385 결정.

2. 법률의 구성 및 체계

우선 총칙으로서 입법 목적, 법상 주요개념에 대한 정의 규정, 기본원칙, 호스피스 및 연명의료 결정에 관한 종합계획 수립에 관한 사항을 담고 있다. 연명의료 결정에 관한 관리는 국립연명의료관리기관, 등록기관, 의료기관 윤리위원회의 세 축으로 구성된다. 연명의료에 관한 결정을 위한 절차와 요건을 환자의 의사 확인을 중심으로 상세히 규정하고, 호스피스와 연명의료에 관하여 다른 법률에 우선하여 적용한다고 적시하여 연명의료와 호스피스에 관한 특별법으로서의 지위를 확인하고 있다. 연명의료와 호스피스에 관해서는 의료법, 민법, 응급의료에 관한 법률, 장기 등 이식에 관한 법률 등 관련 법령들보다 우선적 지위를 가진다.

응급의료는 의료인에게 적용되는 공법상 의무인데 "응급환자의 발생부터 생명의 위험에서 회복되거나 심신상의 중대한 위해가 제거되기까지의 과정에서 응급환자를 위하여 행하여지는 상담·구조·이송·응급처치 및 진료 등의 조치"[10]이다. 연명의료의 개시 전 단계에서는 응급의료의 범주에서 의료처치가 이루어져야 하나, 연명의료로 넘어가는 임종 과정에 있는 환자에게는 이미 모든 의료가 환자의 생명의 위험에서 회복시키거나 그 심신상의 위해를 제거할 수 없는 상태에서 이루어지는 것이므로, 명백한 사망의 근거가 있거나 환자가 소생술을 원하지 않는다는 명백하고 구체적인 증거가 있는 경우, 치료가 의학적으로 도움이 되지 않아 심장 회복 및 생존의 가능성이 없을 때에는 응급의료에 관한 법률이 적용되지 않고 연명의료결정법이 적용되어 소생술의 유보나 중단이 가능해진다.[11]

3. 법률 내용상 쟁점

(1) 목적 및 기본 원칙: 자기결정 존중, 최선의 이익, 인간 존엄

입법 목적으로 "호스피스·완화의료와 임종과정에 있는 환자의 연명의료와 연명의료중단등결정 및 그 이행에 필요한 사항을 규정함으로써 환자의 최선의 이익을 보장하고 자기결정을 존중하며 인간으로서의 존엄과 가치를 보호하는 것"(제1조)이라고 밝히고 있다. 환자의 최선의 이익 보장, 자기결정의 존중, 인간으로서의

---

10 응급의료에 관한 법률 제2조 제2호.
11 김아진, "응급의료에서 소생술에 관한 결정: 유보, 중단을 중심으로", 『생명윤리정책연구』 제8권 제2호, 2014.12, 33쪽.

존엄과 가치를 보호하는 것이라는 세 가지를 입법 목적으로 두고, 기본원칙으로서 호스피스와 연명의료에 관한 모든 행위가 인간으로서의 존엄과 가치를 침해하지 않는다는 것, 환자가 최선의 치료를 받으며 본인이 앓고 있는 상병의 상태와 예후를 비롯하여 향후 본인이 취할 수 있는 의료행위에 대해 본인이 알고 스스로 결정할 권리, 의사가 환자에게 최선의 치료를 제공하면서 정확하고도 충분한 설명과 상담을 통해 환자의 결정을 존중할 것을 제시하고 있다. 인간으로서의 존엄과 가치는 헌법상 기본권으로서 이 법에서 재확인하고 있는 것이며, 자기결정권은 인간으로서의 존엄과 가치로부터 도출되는 구체적인 기본권이자 환자 본인이 본인의 종국에 대해서 스스로 결정하고 실행한다는 의미로서, 이 법에서 궁극적으로 지향하는 푯대라고 할 수 있다. 스스로 결정하기 위해서는 결정을 내리기 위한 토대가 되는 의료 지식이 필요한데, 본인의 신체의 상태와 치료방법과 예후에 관한 의료 지식을 의료진으로부터 제공받아 정보와 의사결정을 공유함으로써 환자와 의사의 민주적인 소통을 존중한다는 의미가 있다.[12] 그것은 의사에게는 설명의무로, 환자에게는 설명에 의한 동의권이라는 권리로 나타난다. 이 법에서 설명의무와 동의권은 연명의료계획서 작성시에 담당의사가 설명을 해주어야 하는 것(제10조 제3항)과 호스피스의 선택과 이용시에 의료인에게 설명을 들을 수 있다는 규정으로 명시되어 있다(제27조).

최선의 이익이란 모든 요소들을 고려하여 의학적인 예후에 따라 객관적이고 합리적인 일반인의 입장에서 이익형량을 하는 것이다. 의료의 목표를 설정할 때 환자의 이익을 가장 중심에 유지하도록 하며, 부담보다는 이익이 훨씬 더 클 가능성이 있을 때 의료적 개입이 해야 한다. 또한 이익보다 부담이 훨씬 더 클 때에는 개입을 계속하거나 새로 개입을 시작하지 않아야 한다는 것이다. 이로써 이익과 부담의 균형성을 추구한다.[13] 환자가 언제나 객관적인 최선의 이익에 부합하는 자기결정을 하는 것은 아니기 때문에 최선의 이익과 환자의 자기결정은 서로 다를 수 있다. 제3자가 합리적이라고 생각하는 결정이 본인의 의사와는 다를 수 있다는 것이다. 이 법의 기본원칙에서 밝힌 바와 같이 궁극적으로 존중하려는 것은 환자

---

12 이정현, "의료윤리에 있어서 충분한 설명 후 동의(informed consent) 원칙의 진보와 향후의 과제", 『생명윤리』 제10권 제2호: 43-50, 2011.12, 2쪽.

13 엄주희, "미성년자 연명의료 결정에 관한 소고: 미국에서의 논의를 중심으로", 『법학논총』 제41집, 2018.5, 137쪽; 이석배, "소위 「연명의료결정법」의 주요 내용과 현실적용에서 쟁점과 과제", 『법학논총』 제29권 제3호, 2017.2, 317쪽.

의 자기결정이기 때문에 환자 본인의 의사가 최선의 이익과 다르다고 할지라도 이를 존중하여 실행할 수 있다. 최선의 이익보장원칙은 환자가 자기 의사를 밝히지 않고 의식불명에 빠졌을 때나 환자 본인의 의사가 불분명할 때에 환자의 의료의 방향을 결정하는 기준이 될 수 있다. 절차적으로는 가족 전원의 합의를 요하거나 의사와 환자 가족 간의 상담과 의료기관 윤리위원회의 협의를 거치는 과정을 통해 환자의 최선의 이익을 발견하고 이를 보장한다.

자기결정권이 환자 본인의 의사를 존중하는 주관적 권리인 반면, 최선의 이익은 환자가 연명의료로 얻을 이익과 부담을 형량하여 환자의 치료에 있어서 최선의 이익이 될 수 있도록 하는 객관적인 가치기준이다. 서로 모순된 면이 있어 보이는 두 가지를 동시에 입법 목적으로 두고 있는데, 다음과 같은 사유로 두 가지 상반된 가치가 조화를 이룰 수 있게 된다. 임종기에 의료진과 환자의 관계에서의 환자의 자기결정은 환자 혼자만의 결정이라기보다는 의료진과 환자, 환자 가족이 함께 결정하는 형식이고 다른 사람의 도움을 받아 행하는 적극적 자기결정으로 해석된다. 인간은 자신의 선택과 행위에서 주변과 개인의 삶의 역사를 확인함으로써 자신의 삶을 이끌어간다. 이러한 관점에서 타인과의 관계성이 환자의 자기결정권을 방해하거나 중단시키는 것이 아니라 오히려 자기결정권을 실현하기 위한 본질적 전제조건이 된다. 인간이 개인의 자율적 의지를 표현하고 실현하는 개체이기도 하지만 타인과의 관계에서 그리고 모든 인간 공동체에 대하여 책임 있는 상관적 존재이기 때문이다.[14] 환자는 자율성과 상호의존성의 균형에 의하여 가족과 의료진이 공동으로 탐색과 상담을 진행하는 가운데 하나의 선택을 행함으로써 서로를 위한 책임을 이행하여야 하고, 설명에 의한 동의[15]라는 임종기 자기결정권으로 나타나야 한다. 임상 현장에서는 환자, 의료진, 환자 가족을 포함하여 관련자들이 모두 참여하는 소통 과정을 통해 상호적 의사결정(Shared decision-making)으로 나타나고, 이를 바탕으로 임종기 의료계획을 세우게 되는 사전 돌봄계획(Advance care planning)을 시행할 수 있다. 이렇게 함으로써 환자의 치료에 관한 선택에 있어서도 환자의 자기결정권과 최선의 이익 사이의 균형이 이루어진다.[16]

---

14 구인회, 『죽음과 관련된 생명윤리적 문제들』 집문당, 2008, 165-167쪽; 정진홍, 『만남, 죽음과의 만남』, 궁리, 2003, 129-136쪽, 모든 관계에서 단절된 외톨이인 죽음은 없으며 죽음 자체로 홀로 완결된 사건이 아니다. 죽음은 가족 공동체를 포함해 사회공동체가 함께 겪고 공유하는 사회성을 가진다.

15 informd consent이고, 환자의 의료에 관한 결정은 Shared decision making의 의사결정구조를 가진다.

(2) 대상 환자 및 대상 의료

이 법에서 연명의료의 중단이나 보류를 할 수 있는 환자는 '임종 과정에 있는 환자'로 한정된다. 연명의료란 "임종 과정에 있는 환자에게 하는 심폐소생술, 혈액투석, 항암제 투여, 인공호흡기 착용 및 그 밖에 대통령령으로 정하는 의학적 시술로서 치료 효과 없이 임종 과정의 기간만을 연장하는 것"을 말한다. 임종 과정은 "회생의 가능성이 없고, 치료에도 불구하고 회복되지 아니하며 급속도로 증상이 악화되어 사망에 임박한 상태"를 말하고, 임종 과정에 있는 환자라고 정해지기 위해서는 담당의사를 비롯해 해당 분야의 전문의 1명으로부터 임종 과정에 있다는 의학적 판단이 필요하다. 법상으로는 2인의 의학적 판단을 종합한 것처럼 보이나, 사실상 한 환자를 담당하는 주치의(수련의)와 담당 전문의가 함께 임종기 판단을 할 경우 조직 내 수직적 관계의 영향을 받아 상이한 판단을 내리기 어렵다는 임상 현실을 볼 때 사실상 1명의 판단과 마찬가지라는 문제가 있다.

임종 과정에 있는 환자보다 좀 더 넓은 범위의 개념으로 말기환자를 정의하고 있는데, 말기환자는 "적극적인 치료에도 불구하고 근원적인 회복의 가능성이 없고 점차 증상이 악화되어 보건복지부령으로 정하는 절차와 기준에 따라 담당의사와 해당 분야의 전문의 1명으로부터 수개월 이내에 사망할 것으로 예상되는 진단을 받은 환자"이다. 당초 2018년 2월 법률 시행 당시에는 말기환자의 질환을 암, 후천성면역결핍증, 만성 폐쇄성 호흡기질환, 만성 간경화, 그 밖에 보건복지부령으로 정하는 질환이라고 명시하여 질환의 종류를 한정하고 있었으나, 2018년 3월 27일자로 법 개정을 통해 말기환자의 질환을 삭제함으로써 연명의료계획서 적용 대상이 되는 환자의 범위를 확대하였다.[17] 연명의료계획서는 담당 의사가 환자에 대한 연명의료중단등결정 및 호스피스에 관한 사항에 관한 계획을 문서로 작성한 것으로서, 환자의 의사에 따라 작성되게 된다. 연명의료계획서는 담당 의사에 의해 환

---

16 Catriona Mackenzie and Natalie Stoljar, Relational autonomy : feminist perspectives on automomy, agency, and the social self, (N.Y : Oxford University Press 2000) p.40, 223. 인간의 독립성과 관계성은 양날이 칼로서 기능하며, 이는 상관적 자율(relational autonomy)이라는 개념으로도 설명될 수 있다; 대만의 경우 「환자 자주 권리법」의 입법 목적을 환자의 자기결정권 존중과 '의사와 환자의 조화로운 관계 증진'이라고 밝히고 있어 상호적 의사결정의 성격을 강조한 면이 있다. 대만의 경우 동법을 통해 사전돌봄계획을 핵심으로 하여 환자의 자기결정권을 실효성 있게 보장하고 있다. 엄주희, "대만 「환자 자주 권리법」에 대한 연구", 「법학논고」, 2019, 41쪽.

17 「호스피스ㆍ완화의료 및 임종과정에 있는 환자의 연명의료결정에 관한 법률」 일부개정법률안 검토보고서(김상희 의원 대표발의-의안번호 제11056호), 보건복지위원장 수정안 2018.2.

자의 질병 상태와 치료방법에 관한 설명을 듣고 작성되며 향후 임종과정에서 그대로 환자의 연명의료중단에 관한 결정 의사로 간주되는 효력을 가지고 있기 때문에, 환자나 담당 의사 입장에서 사전돌봄계획을 수립하면서 상호간 소통을 통해 최선의 임종기 치료와 돌봄이 이루어질 가능성이 높으므로 그 대상 범위를 넓힐 필요가 있다.[18]

이 법에서 중심이 되는 연명의료란 "임종 과정에 있는 환자에게 하는 심폐소생술, 혈액투석, 항암제 투여, 인공호흡기 착용 및 그 밖에 대통령령으로 정하는 의학적 시술로서 치료 효과 없이 임종 과정의 기간만을 연장하는 것"이라고 정의된다.(제2조 제4항) 연명의료는 완치를 목적으로 하는 회복치료 내지 치유치료와는 다르게, 환자의 주된 병적 상태를 바꿀 수 없지만 생명은 연장시키는 의료이다. 비교적 고도의 전문 의학지식과 기술과 특수 장치가 필요한지 여부에 따라서 인공호흡기, 심폐소생술, 투석, 항암제 투여, 장기이식, 수혈 등은 특수 연명의료(비통상적 연명의료)로, 인공 영양공급과 수분 공급, 체온유지, 진통제 투여, 일차 항생제 투여, 배변과 배뇨 도움 등은 일반 연명의료(통상적 연명의료)로 분류하기도 한다. 법에서는 특수 연명의료라고 할 수 있는 의료들을 위주로 임종기에 환자가 선택할 수 있는 범위에 둔 것이고, "연명의료중단등결정 이행시 통증 완화를 위한 의료행위와 영양분 공급, 물 공급, 산소의 단순 공급은 시행하지 아니하거나 중단되어서는 안 된다"(제19조 제2항)고 규정함으로써 연명의료의 범위에 영양과 수분 공급을 포함하지 아니하였다. 당초 법 제정시에는 연명의료의 정의는 심폐소생술, 혈액투석, 항암제 투여, 인공호흡기 착용의 4가지 의료행위만을 두고 있어 실제 임상현장에서 이루어지는 ECMO나 Heat & Lung Macine과 같은 특수한 연명의료 기술이나 앞으로 새로운 특수한 연명의료 기술이 도입될 시에는 이 법의 적용이 어려워 연명의료 결정이 불가능하다는 문제가 발생하고,[19] 인정범위가 협소하므로 환자의 선택권을 지나치게 제한하고 있어 법의 취지를 살리지 못하고 있다는 비판이 수용되어, 현재와 같이 대통령령으로서 다른 의료도 포함할 수 있도록 2018년 3월 27일자로 개정되었다.[20] 임종기의 인공 영양과 수분공급은 자연적인 음식 공급과는 다르게 의료적 행위로서 환자의 자연스러운 임종을 방해하고 부작용을 유

---

18 보건복지위원장 수정안, 2018.2, 13-14쪽.
19 김명희, "연명의료결정법의 문제점 및 개선 방안", 『Korean J Hosp Palliat Care』 21(1), 2018 March, 4쪽.
20 김상희 의원 대표발의-의안번호 제11056호, 2018.2(각주 17).

발할 수 있어, 오히려 의학적으로도 환자에게 해를 입힐 수 있는 의료가 될 수 있으면서도 종기(終期)에 영향이 없는, 즉 사망을 앞당기는 데 영향을 미치지 않게 된다. 중단할 수 있는 여타의 연명의료와 달리 취급하는 것이 바람직하지 않으므로 향후 법 개정에서 고려될 필요가 있다.[21]

(3) 연명의료에 관한 결정의 요건

환자 본인의 의사로 연명의료에 관한 결정을 하기 위해서는 사전연명의료의향서와 연명의료계획서 2가지의 요건이 필요하다. 사전연명의료의향서는 19세 이상인 사람이 자신의 연명의료에 관한 사항과 호스피스에 관한 의사를 직접 문서로 작성한 것을 지칭하는 것으로서(제2조 제9항), 등록기관을 통해 작성할 수 있다. 사전연명의료의향서를 작성하기 위해서는 등록기관으로부터 충분한 설명을 듣고 내용을 이해한 후에 작성하고자 하는 사람 본인이 직접 작성하여야 하다(제12조 제1항, 제2항). 작성자가 설명 들을 내용은 연명의료의 시행방법 및 연명의료중단등결정에 대한 사항, 호스피스의 선택 및 이용에 관한 사항, 사전연명의료의향서의 효력 및 효력 상실에 관한 사항, 사전연명의료의향서의 작성·등록·보관 및 통보에 관한 사항, 사전연명의료의향서의 변경·철회 및 그에 따른 조치에 관한 사항 등으로 명시하고 있으며(제12조 제2항), 사전연명의료의향서에는 호스피스의 이용, 작성 연월일 등을 포함하게 되어있다(제12조 제3항, 법 시행규칙 별지 제6호 서식).[22]

그런데 이 법률상 사전연명의향서 작성을 위해 필요한 등록기관의 설명은 연명의료계획서 작성의 전제로 의사에게 부과하는 설명의무와 성격을 달리한다. 연명의료계획서의 경우는 임종기 환자의 설명 동의권(informed consent)이 충실히 보장되기 위해 전제되는 의료진의 설명의무로 필요한 것이지만, 사전연명의료의향서는 본인의 질병 여부와는 무관하게 사전에 자발적인 의사표시로서 진료와 치료가 전제되지 않아서 제3자인 등록기관에 설명의무를 부과하는 것은 설명 동의권의 법리에 부합하지 않는 것이다. 오히려 사전연명의료의향서로서 행하는 의사표시의 진실성을 담보하기 위한 증인의 역할을 등록기관에 부여한다고 보는 것이 타당하

---

21 엄주희, "호스피스·완화의료와 의사조력자살 간 경계에 관한 규범적 고찰", 『법학논고』 제28권 제2호, 2018, 21쪽; 엄주희, "대만 「환자 자주 권리법」에 대한 연구", 『법학논고』 제64집, 2019, 47쪽.
22 보건복지부령 제620호에 의해서 2019.3.26.일자로 사전연명의료의향서 서식이 변경되어, 종전에 연명의료의 종류별(인공호흡기, 심폐소생술, 항암제, 혈액투석)로 V 표시하게 되어 있던 부분이 삭제되었다.

다. 그러므로 등록기관의 설명의무를 명시할 것이 아니라, 사전연명의료의향서 작성자의 사망으로 이익을 얻게 되는 등의 이해 상충 관계자를 배제하는 등의 등록기관의 상담사의 자격요건을 규정하는 것이 필요해 보인다.[23]

연명의료계획서는 의료기관에서 담당 의사가 말기환자등에게 설명을 제공하고 환자가 내용을 이해하였음을 확인함으로써 작성되는 것으로 연명의료중단등결정과 호스피스의 이용에 관한 사항, 담당 의사의 설명을 이해하였다는 환자의 서명, 기명날인, 녹취 등 증명, 담당 의사의 서명 날인, 작성 연월일 등을 포함한다(제10조 제4항, 법 시행규칙 별지 제1호 서식). 말기환자는 담당의사에게 연명의료계획서 작성을 요청할 수 있고(제10조 제2항) 담당 의사는 설명의무로서, 말기환자에게 환자의 질병 상태와 치료방법에 관한 사항, 연명의료의 시행방법 및 연명의료중단등결정에 관한 사항, 호스피스의 선택 및 이용에 관한 사항, 연명의료계획서의 작성·등록·보관 및 통보에 관한 사항, 연명의료계획서의 변경·철회 및 그에 따른 조치에 관한 사항 등을 연명의료계획서 작성 전에 환자에게 설명하여야 한다. 환자가 미성년자인 때에는 환자 및 법정대리인에게 설명하고 확인을 받는다(제10조 제3항). 미성년자의 경우 연명의료계획서 작성 시에 법정대리인이 대신 확인을 해야 하는 반면, 호스피스 신청에서는 지정대리인이 가능한데(제28조 제2항), 성인인지 미성년자인지 조건을 명시지 않았으므로 미성년자도 지정대리인에 의한 호스피스 신청이 가능하다고 해석된다. 연명의료계획서 작성에는 허락하지 않는 대리인을 규정함으로써, 임종기 보건의료체계 속에서 일관성 있게 다루어져야 하는 연명의료결정과 호스피스완화의료가 서로 다른 기준을 두고 있다는 것이 문제이다.

(4) 연명의료결정의 이행

이 법에서 연명의료결정의 절차는 본인의사에 기한 결정을 기본으로 하면서, 환자가족 2인을 증인으로 하는 환자의사의 추정, 그리고 환자가족의 대리 결정의 세가지 방식으로 이루어진다. 법 조항으로 보면 환자의 의사 확인을 중심으로 기술되어 있다. 즉, 임종 과정에 있는 환자는 사전연명의료의향서, 연명의료계획서, 환자가족의 진술과 합의를 통해 본인의 의사로 연명의료를 중단 내지 보류할 수 있다(제15조 내지 제18조).

---

23 엄주희, "대만 「환자 자주 권리법」에 대한 연구", 『법학논고』 제64집, 2019, 54쪽.

연명의료결정을 하기 위한 전제는 우선 임종 과정에 있는지 여부가 판단되어야한다. 환자가 임종 과정에 있는지 여부는 담당 의사와 해당분야 전문의 1명이 함께판단하여 기록한다(제16조 제2항, 법 시행규칙 별지서식 제9호 서식). 연명의료결정 방식 세 가지를 차례로 살펴보면 첫째, 환자 본인 의사에 기한 결정은 사전연명의료의향서와 연명의료계획서의 작성과 확인으로 이행된다(제17조 제1항 제1호, 제2호).둘째, 환자의사의 추정 방식에 의한 결정은 환자가족 2명 이상의 일치된 진술을요한다. 즉, 사전연명의료의향서나 연명의료계획서가 작성되지 않은 환자의 경우환자가 충분한 기간 동안 연명의료중단등결정에 관한 의사를 일관하여 표시하였다는 환자가족 2명 이상의 일치된 진술이 있으면 담당 의사와 해당 분야 전문의 1명의 확인을 거쳐 연명의료를 중단 내지 보류할 수 있다. 이때 환자가족은 19세 이상인 자로서 배우자, 직계비속, 직계존속, 또는 전술한 가족이 없을 때는 형제자매가이에 해당한다(제17조 제1항 3호, 법 시행규칙 별지 제11호 서식). 셋째, 환자의 의사를확인할 수 없는 경우는 환자 가족의 대리 결정이 이루어진다. 배우자와 1촌 이내직계존속과 직계비속의 전원의 합의와[24] 담당 의사와 해당 분야 전문의 1명의 확인으로 연명의료를 중단 내지 보류할 수 있고(제18조 제1항 제1호, 법 시행규칙 별지 제12호 서식), 미성년자 환자의 경우 친권자인 법정대리인이 연명의료중단등결정의 의사표시를 하고 담당 의사와 해당 분야 전문의 1명의 확인으로 가능하다(제18조 제1항제2호, 법 시행규칙 별지 제12호 서식). 환자의 의사 추정과 대리 결정 방식에는 오남용을 방지할 수 있는 객관적인 검증 장치가 필요하나 이 법에서는 이해관계의 당사자인 환자가족들에게 온전히 일임하고 있다. 임종 과정 중에 있는 환자로 연명의료결정의 시기를 매우 좁게 한정함으로써 오남용의 소지가 적어질 수 있다는 점을고려하더라도, 환자의 자기결정권을 표방하는 제도의 운영이라는 점을 감안하면 후술할 과잉금지의 원칙의 수단의 적합성 측면에서 문제의 소지가 있다.

이상 각각의 절차에 따른 서식에 기록을 하고, 연명의료중단등결정을 이행 시그 과정과 결과를 이행서에 기록한다(제19조 제4항, 법 시행규칙 별지 제13호 서식).의료기관의 장은 이행서를 관리기관의 장에게 통보하고(제19조 제5항), 연명의료계획서, 임종 과정에 있는 환자 판단서, 사전연명의료의향서에 따른 환자의 의사 확인서, 환자가족 진술에 대한 확인서, 미성년자 친권자 확인서 및 환자가족 전원

---

24 법 시행시에는 배우자와 직계혈족 전원의 합의로 제정되었으나, 고령 환자의 경우 직계혈족과 연락해서 연명의료 중단 관련 동의를 받기가 현실적으로 어려우므로 배우자와 1촌 이내 직계존속과 직계비속으로 축소, 2018.12.11.일자로 개정되었다(2019.3.28. 시행).

합의의 확인서, 이행서, 의료기관윤리위원회 심의 등 기록을 10년 동안 보존하여야 한다(제20조). 판단서, 이행서와 각종 합의서 등 다층적이고 복잡한 서류들을 건건이 요구하고 있으면서도 의무기록에는 포함하지 아니하고 별도로 관리기관에 통보하도록 하는 방식(제19조 제5항)을 취하는데, 의료행위에 관한 사항을 기록 관리되도록 하는 의료법상 의료기록의 관리 체계에 부합하지 아니하여 뒤에서 서술하는 체계정당성이나 사안의 적합성 측면에서 문제가 있다.

이상의 요건과 절차로 연명의료 중단·보류가 실행되는 경우는 자살이나 타살과 같은 인위적인 생명 종결이 아니라 규범적으로는 자연사로 평가되기 때문에, 보험금 또는 연금 급여시에 연명의료 결정으로 사망한 사람과 그의 상속인, 즉 보험금수령인이나 연금수령인에게 불리하게 대우하지 못하도록 규정하고 있다(제37조). 담당 의사가 본인의 가치관과 신념에 따라 연명의료 보류 중단의 이행을 거부할 때에는 의료기관의 장이 윤리위원회의 심의를 거쳐서 담당 의사를 교체하고, 이 경우에 의료기관의 장은 담당 의사에 대해서 해고나 그 밖에 불리한 처우를 해서는 안 된다(제19조 제3항).

III. 입법평가의 기준

1. 입법의 지도 원리

우선 헌법질서와 입법의 지도원리로서의 원칙들을 기준으로 평가할 수 있다.[25] 헌법 질서는 모든 실정법의 근본가치와 질서원리를 제시하고 법제화 후에도 합헌적인지를 가늠할 수 있는 기준이 되고 이 헌법 질서에서 나오는 입법평가의 기준으로 실체법적 원리와 조직법적·절차법적 원리로 제시할 수 있다. 헌법 질서를 관통하는 실체법적 지도원리로서, 평등의 원리, 과잉금지의 원리, 과소금지의 원리, 신뢰보호의 원칙, 적법절차의 원리를 들 수 있다. 헌법상 기본권의 보장과 기본권 보호 원리에서 도출되는 기준들이다. 조직법적·절차법적 지도원리로서 체계정당성, 사안의 적합성, 법률유보, 보충성의 원리를 들 수 있다. 조직법적·절차법

---

25 홍완식, "입법의 원칙에 관한 연구", 『법제』, 법제논단 2006.2.; 입법의 지도원리를 체계 및 형식면에서의 입법원칙으로 사안적합성, 보충성의 원칙, 체계정당성의 원칙, 포괄적 위임입법 금지의 원칙으로 들고 있고, 내용 면에서의 입법원칙을 기본권 존중, 헌법의 기본원리와 기본제도의 존중, 평등의 원칙, 과잉금지의 원칙, 과소금지의 원칙, 신뢰보호의 원칙(소급입법 금지의 원칙), 명확성의 원칙으로 설명하고 있다.

적 지도원리는 행정법의 요소들로도 볼 수도 있지만, 해당 영역의 법률 전반의 체계와 타법과의 관계를 조직적인 관점에서의 검토와 실체적 헌법정신을 실현하기 위한 절차적인 요소들이라고 이해된다. 이상의 기준들은 헌법재판소에서 법률의 위헌 심사에서의 기준으로 작용하기도 하는데, 입법 평가에서는 사법기관에서 심사를 받기 전이라도 법률 개정이나 정책 개선 요소로서 고려해 볼 수 있는 사항들이다.

2. 사회보장제도와 헌법질서

보건의료정책은 사람의 일생에 걸쳐 건강의 위해로 인해 국민의 사회생활과 가족생활에 부담과 와해가 일어날 수 있다는 위험을 고려하면서 전국민 건강 증진을 목표하기 때문에 국민의 건강과 안전을 담보하는 사회보장 제도와 맞물려 있다. 우리 헌법에서도 사회보장은 혼인과 가족생활의 보호, 장애인 보호 등에서 명시하고 있을 뿐 아니라 전국민 건강보험제도, 노인장기요양보험제도, 노인복지법, 장애인복지법, 암관리법 등으로 사회보험과 의료 및 복지서비스로서 질병의 치료와 돌봄에 관한 제도적 보장이 이루어지고 있다.[26] 연명의료 결정과 같은 삶과 죽음을 가르는 중대한 결정 제도에는 사회보장의 면이 고려되지 않을 수 없다. 본인이 원하지 않아도 죽음을 선택할 수밖에 없는 상황으로 내몰릴 수 있는 제도나, 본인의 책임이나 본인의 결정이 아닌 타인에 의해 한 사람의 삶과 죽음이 결정되는 제도는, 사법부의 사형 선고가 아니라 타인들에 의한 사형 선고 내지 사회적인 타살을 허용되는 것과 마찬가지가 된다. 그런 제도가 설계된다면 법질서의 근간을 이루는 인간의 존엄과 가치를 비롯하여 출생에서 죽음까지 전 생애에 걸쳐 모든 생명을 차별 없이 보호하고 국민의 기본권을 보장하려는 헌법정신을 훼손하게 되는 것이다. 그러므로 연명의료결정제도에서도 사회보장제도와 헌법에서의 사회보장적인 면을 기준으로 입법을 평가할 수 있는 것이다. 다음 장에서 이상의 기준들을 잣대로 하여 연명의료결정법을 평가하고, 위헌적 요소들을 제거하기 위하여 남겨진 과제들을 전망하기로 한다.

---

26 전광석, "가족의 사회보장기능과 사회보장법의 가족보호기능", 『사회보장연구』 제12권 제13호, 1996; 전광석, 『한국사회보장법의 역사』, 집현재, 2019.

IV. 입법 평가와 향후 과제

1. 실체법적 원리에 의한 평가

(1) 평등의 원리로 본 연명의료 결정에 있어서의 차별 문제

평등의 원리는 국가에 대하여 합리적 이유 없이 불평등한 대우를 하지 말 것과 평등한 대우를 요구할 수 있는 권리이다. 법 적용에 있어서의 평등, 법 내용에 있어서의 평등을 의미하므로 입법, 행정, 사법의 모든 국가기관을 구속하는 원리이다.

연명의료에 관한 결정을 하는 데 있어서의 차별 문제는 평등의 원리를 위반하게 될 요소가 있다. 법에서 연명의료 중단에 관한 결정을 하기 위해서는 의료기관 윤리위원회의 설치를 의무화해 놓음에 따라서 윤리위원회를 설치할 수 있는 병원인지 여부에 따라 연명의료 중단에 관한 결정 여부가 달라진다는 차별이 존재한다.[27] 또한 무연고자, 독거노인, 성직자 등 가족이 없거나 가족과 연락이 닿지 않는 환자의 경우 가족이 있는 환자들과 달리 임종기 권익을 실현할 수 없다는 차별이 문제가 있기 때문에 이를 해결하기 위해 대리인 지정 제도 등의 제도적 보완이 필요하다는 요구가 존재한다.[28]

(2) 임종기 자기결정권 실현에서의 과잉금지의 원칙 위반 문제

입법 행정 사법의 모든 국가작용의 권한행사에 적용되는 것으로, 헌법재판소에서 위헌 심사의 원리로 수단의 적합성, 피해의 최소성, 법익의 균형성을 기준으로 과잉금지의 원칙이 중요한 역할을 한다. 국민의 기본권을 제한하는 내용의 입법을 하려고 할 때는 과잉금지의 원칙이 입법 활동의 한계 내지 지도원리로 기능할 수 있다. 입법 목적을 실현하기에 적합한 여러 수단 가운데 최대한 국민의 기본권을 존중하고 최소한으로 침해하는 수단을 선택해야 한다. 이 법에서는 환자의 자기결정과 최선의 이익을 모두 추구하면서도, 사전연명의료의향서와 연명의료계획서가 없을 때 환자가족이 결정하는 구도를 취하고 있기 때문에, 이는 환자의 자기결정

---

27 김명희, "연명의료결정법의 문제점 및 개선 방안", 『Korean J Hosp Palliat Care』 21(1), 2018 March, 4쪽. 의원입법으로 발의되는 과정에서 국회본회의 상정을 거치며 각종 이해당사자들의 의견들이 영향력을 행사하고 다시 재논의 되는 절차 속에서 국가위원회의 권고가 담긴 내용들이 변경되거나 삭제되어 임상 현실과 다소 괴리된 조항들이 제정된 점은 문제점이라고 지적되고 있다.

28 선은애, "존엄사법에 대한 법·제도적 연구", 『인문사회 21』 제7권 제6호, 2016, 1125쪽.

이 아니라 환자를 대신하여 결정하는 대리판단 방식으로서 최선의 이익 판단에 가까운데,[29] 환자의 최선의 이익을 판단하기 위해서 필수적으로 요구되는 것으로서, 환자와 이해상반관계에 있는 환자가족의 진술을 뒷받침할 수 있는 객관적인 입증 절차 내지 가족들의 공모에 의한 허위 진술을 규제할 수 있는 장치를 요구하고 있지 않다는 점이 문제이다.[30] 국내 의료 임상에서 환자의 연명의료에 관해 결정하는 데에는 가족의 역할이 중요하고 환자가 의사를 밝히지 않고 가족이 환자를 대신하여 결정하는 문화가 여전히 강하며 환자의 상태를 보면 소생술을 상당히 짧은 시간에 급박하게 결정해야 하는 상황이지만, 환자의 의사를 확인할 수 없는 경우 배우자, 1촌 이내 직계존속·직계비속이라는 환자가족 전원의 합의를 요한다고 규정한 점과 환자 의사를 확인하고 이행 결과를 보고하는 서식(4종류)과 전산상 기록 절차가 비교적 복잡하다는 점은, 오히려 연명의료에 관한 결정 절차를 회피하고 연명의료를 조장할 수 있어 환자가 품위 있고 편안한 임종을 맞기 어렵게 한다는 문제도 향후 개선을 고려해야 할 사항이다.[31] 만성질환을 앓는 환자의 경우 말기환자와 임종과정에 있는 환자의 구분이 임상적으로 매우 어렵고 외국의 연명의료 결정과 관련한 입법례에서도 말기환자와 임종환자를 별도로 다루는 경우는 존재하지 않는다. 말기환자와 임종환자 구분 없이 연명의료 보류·중단 결정의 대상에 포함하는 것이 임종기의 환자의 자기결정권 실현에 있어서 적합한 수단이며, 임종기 환자의 자기결정권이 희생되지 않는 길이다.[32] 진정한 환자의 자기결정을 실현하기 위해서는 연명의료계획서의 작성 가능 시기는 말기환자나 임종과정에 있는 환자로

---

29 최경석, "김 할머니 사건에 대한 대법원 판결의 논거 분석과 비판: "자기결정권 존중"과 "최선의 이익" 충돌 문제를 중심으로", 『생명윤리정책연구』 제8권 제2호, 2014년 12월, 240-241쪽; 최지윤·김현철, "무의미한 연명치료중단에 대한 환자의 자기결정권", 『생명윤리정책연구』, 제3권 제2호, 2009, 171쪽.

30 이석배, "소위 「연명의료결정법」의 주요 내용과 현실적용에서 쟁점과 과제", 『법학논총』 제29권 제3호, 2017.2, 17-18쪽; 강태경, 연명의료결정법의 형사정책적 과제", 『KIC ISSUE PAPER』, 2016, 16쪽.

31 대한암학회, 한국의료윤리학회, 한국임상암학회, 한국호스피스완화의료학회 등 보도자료, "말기 및 임종과정에 있는 환자들이 편하게 돌아가시는 것을 돕기 위해 제정된 연명의료결정법, 입법취지와 반대로 무의미한 연명의료 조장 우려", 2017.4.26.일자. 고령환자의 경우 수십명이 될 수도 있는 모든 직계혈족에게 연락해 동의를 받는 것이 현실적으로 어렵고, 연명의료중단에 관한 환자의 의사를 추정할 수 있는 범위의 사람 이외에 모든 직계혈족에게 동의를 받도록 하는 것이 비합리적이라는 이유 때문에 개정 논의가 있었다. 그래서 직계 존속 및 직계비속 전원의 합의를 요하던 규정이 2018년 12월 11일자 법률 개정으로 1촌 이내 직계 존·비속의 합의로 축소되었다.

32 실제로 이 법에 따라 대상환자를 임종과정에 있는 환자만으로 좁게 해석하여 연명의료에 관한 결정을 할 수 있는 대상환자로 할 때는, 대법원 판결의 취지를 살리면서 환자의 최선의 이익에 따르게 되면 굳이 환자의 자기결정에 의하지 않더라도 의료진과 가족의 협의를 거쳐 죽음의 과정만 연장시키는 무의미한 연명의료는 중단할 수 있는 것이라는 타당한 비판이 있다.

한정할 것이 아니라는 점도 고려되어야 한다.[33] 이상의 연명의료결정제도에서의 문제들은 과잉금지원칙상 수단의 적합성과 피해의 최소성의 면에서 합헌적이지 않다고 판단될 여지가 있으므로 향후 개선되어야 할 점들이다.

(3) 국가의 임종기 기본권 보호에서의 최소한의 의무

기본권을 보호하기 위한 입법을 할 때에 기본권 보호를 위한 최소한의 필요사항은 있다. 입법자에게는 기본권을 보호하기 위한 최소한의 요구는 충족시키도록 하면서도, 입법자의 형성의 자유를 존중하는 것이기 때문에 최소한의 요구에 충족하지 못하는 경우에는 입법자의 형성의 자유의 한계를 일탈한 것으로 인정할 수 있다. 결국 국가의 기본권보호의무의 한계를 정하는 기준이 된다고 할 수 있다. 환자의 자기결정권, 인간의 존엄성을 보호하기 위한 최소한의 요구사항을 법률에 담을 필요가 있다. 즉 임종기 인간의 존엄성을 보호해야 하는 국가의 의무는 자기결정권의 이름으로 안락사 금지라는 규정으로 나타나야 한다고 판단된다. 이 법에서 정의하는 임종 과정에 있는 환자에 대한 연명의료의 중단·보류는 자연사로 평가되며 생명의 자기 처분을 규정하는 의사조력자살이나 적극적 안락사와는 명백히 구분되는 것으로, 규범적으로는 환자의 자기결정권의 한계로서 기능한다. 언론에서 이 법을 지칭할 때 자주 사용되는 존엄사라는 용어는 의사조력자살이나 안락사로 오인될 수 있는 것이므로 그 사용이 지양되어야 한다.[34] 존엄사 대신 행위를 정확히 명하면서도 가치중립적인 용어인 연명의료결정이라고 칭하는 것이 바람직하다.

임종기의 자기결정권에는 일정한 한계가 있다. 자율적이며 합리적인 존재는 그의 생명을 보존할 의무를 가진다. 따라서 생명유지에 필요한 의료처치를 거부해서는 안 되며 생명을 인위적으로 종결시켜서도 안 된다. 이 자율성의 대전제로서 삶과 생명이 존엄하다는 것이기 때문에 이를 부정하고 파괴하는 행위는 제한될 수 있다.[35] 자율성을 존중한다고 해서 자기 파괴적인 행위, 즉 생명을 종결할 자율성

---

33 김명희, 앞의 논문, 5쪽. 환자 의사를 확인하고 이행 결과를 보고하는 서식(4종류)과 전산 상 기록 절차가 비교적 복잡하다는 점도 간접적으로는 연명의료에 관한 결정 절차를 회피하고 연명의료를 조장할 수 있어 환자가 품위 있고 편안한 임종을 맞도록 하기 어렵다는 문제가 지적되고 있다.

34 엄주희, 김명희, "호스피스·완화의료와 의사조력자살 간 경계에 관한 규범적 고찰", 『법학연구』, 제28권 제2호, 2018.6; 이윤성, "아직도 안락사인가?", 『Korean Med Assoc』 제55권 제12호, 2012 December, 1169쪽.

35 민병로, "헌법상 자기결정권과 후견주의", 『법학논집』 제32권 제1호, 2012, 165쪽.

까지 부여되는 것은 아니다. 자율적이며 합리적 존재라는 지위는 우리에게 내재적인 존엄성을 제공하기 때문이다. 생명은 내재적 존엄성을 가지며 행복을 위한 필수조건이 된다. 따라서 고통을 해결하기 위해 생명을 종결시키는 행위는 행복의 모든 가능성을 단번에 박탈하는 결과를 초래한다.[36] 생명은 존엄하고 고귀한 것이며 개인이 그것을 처분할 수 있는 권리를 가질 수 없다는 점에서, 자율성에 근거하여 의사조력자살, 조력사망과 같이 적극적이며 포괄적인 개념의 죽을 권리가 도입되지 않도록 법률에 명문화할 필요가 있다.

(4) 신뢰보호의 원칙의 실현

새로운 법률의 제정이 기존의 법체계 하에서 보호받던 일정한 권리와 이익을 부당하게 제한하거나 침해하지 않도록 해야 한다는 것이 신뢰보호의 원칙이다. 이는 법률이나 제도 또는 행정기관이 행한 결정의 정당성과 존속성을 신뢰하였을 때, 그 신뢰가 보호받을 가치가 있는 것이라면 보호해 주어야 한다는 것이다. 헌법상 법치주의 원리에 근거하여 이미 시행되고 있는 법질서에 대한 국민들의 신뢰를 보호할 필요가 크기 때문에 구법에 의하여 이미 획득한 자격, 권리 등에 대한 신뢰는 새로운 입법을 하는 경우에도 존중하고 보호해야 할 필요가 있다. 연명의료법 제정 이전이라도 민간단체 등을 통해서 작성한 연명의료 결정에 관한 서류들, 특히 공증을 받은 의향서 서류들도 법에 의해 등록기관에 등록된 서류가 아니라는 이유로 배척될 것이 아니라 환자 본인의 의사로 존중을 받을 수 있도록 할 필요가 있다. 등록기관에 사전연명의료의향서를 등록하도록 하는 이유는 연명의료에 관한 중단 또는 보류를 원하는 환자의 진실한 의사를 증명하고 확인하기 위한 것이고, 환자가 본인의 임종기에 시행될 의료행위에 대해 스스로 결정하고자 하는 것이 연명의료결정법의 취지이자 목적이다. 등록 절차나 등록기관의 운영 등 절차적 형식에 매여서 환자의 진실한 의사를 확인하고 존중하고자 하는 데 신뢰보호의 원칙을 깨고 있지 않은지에 대해 고려가 필요하다. 그러한 의미에서 기존에 의료관행으로서, 그리고 현재도 임상현장에서 활발하게 사용되고 있는 심폐소생술금지 서식(DNR:do-not-resuscitate)의 사용도 사전연명의료의향서와 유사한 환자의 의사로 추정할 수 있는 서식으로서의 지위를 부여할 필요가 있다.[37]

---

36 이종원, "안락사의 윤리적 문제", 『철학탐구』, 제21집, 2007, 170쪽.
37 Dong Joon Kim, et al, "Life-sustaining treatment and palliative care in patients with

2. 조직법적·절차법적 원리에 의한 평가

(1) 체계정당성: 타법과의 체계 분석

체계정당성 또는 체계정합성이란 법규범 상호간에 규범구조나 내용 면에서 서로 모순되거나 상치되지 않아야 한다는 원리이다.[38] 규율대상이 같다면 동일한 가치 기준을 가지도록 해야 하지만, 입법 목적이 법률마다 상이할 수 있다는 점과 구체적인 법률 내에서의 규율되는 각 사안의 특수성과 관계성을 종합하여 체계 정당성에 반하는 경우라고 하더라도 합리적인 근거가 있다면 정당화될 수 있으나,[39] 합리적 근거 없이 이러한 일관된 기준과 원리에서 어긋나는 경우에는 입법자의 자기구속의 법리에 위반하는 것으로 위헌의 문제가 발생할 수 있다.[40] 입법자가 법질서를 형성함에 있어서나, 법을 집행하고 적용하는 행정의 영역에서, 그리고 집행의 최종 판단 과정인 재판의 판단 적용 기준에서도, 동일한 사안에 대해서 모든 법체계에서 동일한 가치 기준을 적용해야 한다는 정당성의 요청이다. 최종적인 판단 부분인 사법에서도 체계정당성의 원리는 작동하고 있으므로 헌법재판소에서 법률의 위헌을 선언하기 위한 주요한 판단 기준이다. 임종기 환자를 포함한 보건의료 영역의 각 법률들도 이러한 체계 정당성을 갖추어야 하고, 그렇지 못한 법률 조항들은 위헌으로 선언될 가능성이 높아진다.[41] 이에 따라 공법·사법의 거시적인 안목에서 실정법 간 체계정당성을 검토하여 향후 예측되는 문제 상황과 위헌 요소를 점검할 필요가 있다.

의료법은 의료에 관한 전반의 사항을 규율하면서 연명의료결정법상의 임종기 의료행위 관련하여 지도원리를 제공할 수 있는 법이다. 의료법상에는 진료 및 의료행위에 관한 사항을 의무기록으로 관리하도록 하면서 전자의무기록의 변조, 훼손 금지 의무를 부과하고 이를 위반한 경우 제재를 가하고 있다(의료법 제22조, 제23조, 제82조의2). 그런데 연명의료결정법상의 의료기관에서 행해지는 각종 서식과 기록도 의료법상 의무기록과 다르지 않음에도 불구하고, 의료법과 연명의료결정법

---

liver cirrhosis-legal, ethical and practical issues", Clin Mol Hepatol Volume 23 Number 2, June 2017, p.121.

38 헌재 2004.11.25, 2002헌바66 결정; 체계정당성의 헌법적 요청은 국가 공권력의 통제를 통한 국민의 자유와 권리의 보장을 이념으로 하는 법치주의원리로부터 도출된다.

39 헌재 2004.11.25, 2002헌바66 결정.

40 홍완식, "헌법재판소의 결정을 통해 본 입법의 원칙", 『헌법학연구』 제15권 제4호, 2009. 489쪽.

41 전광석, 『한국헌법론』, 집현재, 2016. 306-307쪽.

이 서로 기록의 방식과 관리를 이원화하여 이에 관한 제재도 다르고 불필요한 행정 절차가 가중되는 면이 있다.[42] 또한 의사표시에 관해서는 민법이 일반법으로 기능하므로 연명의료결정법상 환자의 사전 의사표시도 민법상 의사표시의 법리를 기본으로 하여야 한다. 장기등 이식에 관한 법률(제22조)에서도 장기 적출에 관한 본인의 의사표시를 규정하고 있는데, 연명의료결정법에는 특이하게 '의사표현'이라는 용어를 사용하고 있다. 민법상 성년후견제도가 있어 연명의료결정에 있어서도 후견인의 대리 결정을 가능하게 할 수 있음에도 불구하고 연명의료결정법에서는 본인의 의사표시가 없는 경우에는 가족의 대리결정만을 명시하고 있어 후견제도의 이용을 어렵게 하고 있다.[43] 성년후견제도에서는 후견인의 자격을 정하고 후견인에 대한 감독을 할 수 있도록 후견감독인을 두도록 함으로써 후견인에 의한 대리 결정의 오남용을 방지하고 있다. 설령 연명의료결정법상 후견제도 이용에 관한 규정을 둔다하더라도 환자의 가족이 있는 상태에서는 환자 가족이 결정하지 않고 후견개시심판을 받기 위해 여러 비용과 수고를 들여 후견제도를 이용하기는 쉽지 않을 터이지만, 가족이 없는 무연고자나 가족과 연락이 두절되거나 해체된 가정의 경우 등에서 성년후견제도를 활용하는 데 효용성이 있다.[44] 현재 연명의료결정법에서는 미성년자의 경우 호스피스 이용 신청은 대리인을 통해 가능한데 연명의료계획서는 법정대리인의 동의를 요하는 방식을 취하여, 민법상 미성년자의 법률행위의 방식에 적용되는 법리와 맞지 않는다.[45] 질병, 노령 등의 사유로 인해 정신적 제약으로 의사결정에 어려움이 있는 사람을 대리하는 후견제도를 실행하고, 미성년자의 경우에도 권리만을 얻는 경우에는 법정대리인의 동의 없이 행할 수 있도록 하고 있

---

42 의료법에서는 진료기록부 및 의무기록의 변조, 훼손 금지의무 위반시 5년 이하의 징역이나 5천만원 이하의 벌금을 부과(제22조, 제23조, 제87조의2)하는 제재가 있는 반면, 연명의료결정법의 경우 허위로 기록한 자에 대해 3년 이하의 징역 또는 3천만원 이하의 벌금을 부과한다(제39조).

43 이은영, "연명치료 중단의 입법화 방안에 관한 연구 – 성년후견제도의 도입과 관련하여", 『의료법학』 제10권 제2호, 2009, 229–232쪽; 성년후견제도 시행 전이면서, 연명의료결정법 제정 전에 국회 법안(박은수 의원안 등)과 논문 등에서 성년후견제도로서 연명의료결정을 포섭할 수 있도록 제안되었던 바 있다.

44 현소혜, "의료행위 동의권자의 결정– 성년후견제 시행에 대비하여", 『홍익법학』 제13권 제2호, 2012, 198쪽. 스위스의 경우 의료행위에 대한 후견인제도뿐 아니라 후견인이 존재하지 않으면서 친지, 친구 등이 전혀 없는 경우 국민의료보험이 선임하는 대리인, 동의권을 대행할 자의 순위(거주를 같이 하는 배우자, 거주를 같이 하는 배우자 이외에 자, 비속, 존속, 형제자매 순) 등에 대해 규율하여 환자의 임종기 의료결정을 보조할 수 있는 다양한 장치를 마련하고 있다.

45 엄주희, "미성년자 연명의료 결정에 관한 소고: 미국에서의 논의를 중심으로", 『법학논총』 제41집, 2018.5, 20–21쪽.

고. 친권자와 그 자녀 사이의 또는 미성년후견인과 미성년자 간의 이해상반행위에 대해서는 법원에 특별대리인의 선임을 청구하도록 하는 민법상의 법리에 부합하도록 연명의료결정법도 개선될 필요가 있다.

(2) 사안의 적합성 검토

사망에 임박한 환자에 대한 연명의료 중단은 의료기기에 매달려 죽음의 과정만 길게 연장하는 데 대한 거부로서 임종기에 자연스러운 사망의 형태로 전세계적으로 인정되는 것이다. 우리나라 연명의료결정법에는 분명 임종 과정에 있는 환자에게 연명의료 보류나 중단의 결정을 하도록 하고 있는데, 사실은 이 법률이 존재하지 않아도 대법원 판결[46]의 논리로 인정된 바 있듯이 의료윤리의 실천으로서 의료현장에서 행해질 수 있는 것이다. 우리 법률에서는 환자 연명의료 결정에 대해 절차적인 면이 상술되어 있는 절차법적 성격이 강하다. 사전연명의료의향서의 등록, 환자의 의사를 확인하는 절차와 의료기관에서 연명의료 보류, 중단하기 위한 절차와 서류 등을 상세히 규정하면서 환자의사 확인이 불가능한 경우에는 1촌 이내 직계존속과 직계비속의 합의를 요구하고 있다. 임종 현장에서 보고해야 할 서식이 복잡하고 절차가 너무 상세하다보니 실체적으로는 임종기에 있는 환자의 자기결정권 존중과 최선의 이익 보장으로서 인간의 존엄성을 보장한다는 입법 목적과는 다소 괴리감이 존재하는 것이 사실이다.

의료윤리로만 해결될 수 없는 의료현장의 문제와 생명권의 문제에서 법률유보의 의미상으로 연명의료결정법을 제정할 필요성이 인정된다. 그러나 임종기 과정의 의사결정이 절차적 정의를 실현하려는 면이 있으나, 내용적 정의에 더 본질적으로 다가가야 할 필요성이 있다. 현행 법률에서는 연명의료 중단·보류 결정이 사망에 임박한 임종과정에만 가능하기 때문에 사실상 환자의 자기결정권이 아니라도 인간의 존엄과 가치로부터 도출할 수 있는 편안한 임종의 권리로도 실행할 수 있다.[47] 연명의료 중단 보류의 대상이 아닌 사람에게 실행한 의료진에 대해 1년 이하의 징역 또는 1천만원 이하의 벌금이라는 벌칙 규정을 두고 있다. 이 벌칙 규정의 적정성에 관하여 논란이 있는데, 법의 취지가 환자의 존엄과 가치를 보호하는 임종을 보장하기 위해서 연명의료중단 보류 실행에 대한 비범죄화이므로 의료진에

---

46 대법원 2009.5.21, 2009다17417 전원합의체 판결(무의미한 연명치료장치제거등 사건).
47 대법원 2009.5.21, 2009다17417 전원합의체 판결; 헌재 2009.11.26, 2008헌마385 결정.

대한 처벌 규정은 이에 부합하지 않고, 환자의사에 반하거나 대상환자가 아닌 사람에게 행하는 연명의료 중단·보류 행위에 대해서는 살인죄 등의 형법상 규율로 충분히 규제할 수 있다.[48] 의료진이 환자의 생명을 단축시킨다는 인식을 가지고 한 행동은 형법상 형사처벌로도 충분이 규율할 수 있는 것이고, 임종기 환자에 대한 연명의료의 보류 중단에는 위법성을 가진다고 할 수도 없으므로, 우리 법률에서는 이를 벌하지 아니한다는 면책조항으로 다루어야 한다고 판단된다.[49]

3. 사회보장적 헌법 원리에 의한 평가

사회보장적 측면에서 삶의 마지막까지 돌봄을 유지할 수 있도록 하고, 병원비 부담 때문에 원치 않는 치료의 중단을 강제당하지 않도록 하면서도 임종기 자기결정이 제대로 실현될 수 있는 보건의료제도가 운영되어야 할 필요가 있다. 이에 따라 연명의료결정제도가 정착되는 데 큰 역할을 할 의료기관과 등록기관에 연명의료계획서의 작성이나 임종 과정 환자 판단 등에서 국민건강보험법에 따라 재정 지원이 가능하도록 한 점(제38조)이나 등록기관에 행정적·재정적 지원을 할 수 있는 법적 근거를 마련한 점(제11조)은 고무적이다. 그러나 연명의료결정제도 운영이 가능하기 위해서 의료기관 윤리위원회의 설치, 정부에 등록을 요구하면서도(제14조) 의료기관 윤리위원회 운영에 대한 지침이나 재정지원 없이 의료기관 자율에 맡기다 보니 위원회 운영이 유명무실해지고 법상 요구하는 심의, 환자 등에 대한 상담, 의료인에 대한 의료윤리교육 등 역할을 제대로 수행하지 못하게 된다. 중소형 의료기관에서는 의료기관 윤리위원회의 설치가 용이하지 않다 보니, 암묵적으로 연명의료 보류의 방식으로 연명의료결정제도를 운영할 수 있는 요양병원 등이 법률의 사각지대에 남아 있게 된다. 의료기관 윤리위원회를 통한 연명의료결정 이행의 방식은 제고될 필요가 있고, 의료기관 윤리위원회의 역할과 기능이 환자 개개의

---

48 형법상 타인의 생명 침해에 대한 형벌 규정 원리에 부합하기 위해서는 의료진의 고의·과실을 구분하여 제재해야 한다는 견해도 있다. 강태경, 앞의 글, 18쪽; 형법상 살인죄 사형, 무기 또는 5년 이상의 징역이므로, 환자의 의사에 반하여 연명의료 중단 보류해서 사망에 이르게 한 경우 3년 이상의 징역, 사전의료의향서를 위조, 변조해서 사망에 이르게 한 사람은 무기 또는 5년 이상 등으로 무거운 형량을 주장하는 반대 견해도 있다; 임종희, "연명의료결정법의 문제점과 개선방안", 『인문사회 21』 제8권 제2호, 2017, 1006-1007쪽. 2015년 6월 신상진 의원이 발의한 법안에서와 같이 형벌의 수위를 중하게 해야 한다는 의견.

49 이인영, "미국의 자연사법 규범과 의료인의 면책규정이 주는 시사점", 『비교형사법연구』 제10권 제1호 등.

결정에 개입하는 것보다는 의료기관이 임종기의 전반적인 돌봄 체계를 향상시키고 죽음의 질을 높일 수 있도록 의료인과 관련자들을 조력하도록 하는 기능으로 발전시킬 필요가 있다. 등록기관에 대한 지원도 오랫동안 연명의료결정제도 관련 사업을 하고 있던 몇몇 큰 단체들을 중심으로 선별적으로만 이루어지고 있어 사전연명의료의향서가 보편적인 국민들의 권리로서 접근성을 제고하지 못하고 있는 점은 개선되어야 할 사항으로 보인다.[50]

임종기 의료비용 면에서도 환자의 주부양자인 가족을 대신하여 경제적 부담을 국가가 보조할 수 있도록 하는 방안은 혼인과 가족생활의 보호라는 사회권적 요청에 의하여 현실적으로 도출될 수 있는 정책이다. 그런데 현행 법률과 같이 환자의 사전 의사표시가 없을 때 연명의료 결정 자체를 단순히 가족에게 위임하는 것은 환자의 기본권을 침해할 여지가 있을 뿐 아니라 가족들 간 갈등과 분열을 조장하여 가족생활의 보호에 악영향을 주는 요소가 될 수 있다. 1인 가족의 증가와 가족 형태의 변화와 같은 사회적 변화를 감안하면서 민법상 성년후견제도를 활용하도록 하거나, 성년후견제도의 법리에 부합하는 환자의 임종기 권익을 위한 대리인 제도를 연명의료결정제도에의 도입을 검토함으로써 임종기 돌봄과 사회보장이 이루어지도록 하는 것이 바람직하겠다.

V. 결론

연명의료결정법은 연명의료중단의 법적 근거를 마련함으로써 생애 말의 마지막 기본권을 실현하도록 초석을 놓았다는 데 의미가 있다. 의료 현장의 의견과 국민들의 필요와 소망을 연료로 하여, 사회적 합의체 구성·국가 생명윤리위원회의 협의의 과정 등의 오랜 사회적 합의를 발화점으로 하고, 국회의원 법률안과 정부 입법안이 합해져서 법률 제정이 이루어짐으로써, 국민적 컨센서스를 바탕으로 한 합의적 정책 결정 과정의 모델을 보여준 점은 높이 평가받을 만하다. 품위 있는 삶의 마무리라는 화두를 국민들에게 제시하고 이를 실천할 수 있도록 하였으며, 임상 현장에서 환자의 자율성이 정착될 수 있는 문화적 토양을 제공하였고, 환자의

---

50 노인복지관을 등록기관으로 지정할 수 있도록 하는 개정안(의안번호: 2022288, 2018.8.30. 인재근 의원 대표발의), 모든 공공의료기관을 의무적으로 등록기관으로 지정하고 사전연명의료의향서를 등록기관 홈페이지나 전자우편을 통해 제출 가능하도록 하는 개정안(의안번호: 2015331, 2018.9.5. 김승희 의원 대표발의)이 국회 계류 중이다.

의사를 무시하는 전단적 의료행위나 과잉 의료행위를 거부하면서도 존엄성을 유지하며 삶의 마지막까지 돌봄을 받을 수 있도록 임종 돌봄의 법적 제도적 기반을 마련했다는 점에서도 인권의 발전에 한걸음 더 나아갔다고 평가된다.

법률은 추구하고자 하는 정책 목표와-법제화될 때 법조항에는 입법목적으로 표현된다-이를 달성하기 위해 필요한 정책수단에 대하여 대의기관인 국회를 통해 공식적으로 결정하고 국민적 정당성을 획득한 정책의 기본방침을 나타낸다. 입법 과정은 곧 정책결정 과정이며 입법 과정의 참여자는 정책결정 과정의 참여자가 된다.51 그렇기 때문에 입법하는 과정에서도 국민적 정당성을 가질 수 있는 기준이 필요하지만, 사후에도 입법에 대한 평가가 이루어져서 입법 개선에 반영되도록 하는 것이 바람직하다고 하겠다. 의료에 관한 전문지식이 전제되어야 하는 보건의료 정책에서 의료적인 전문지식과 경험을 국민들에게 정확히 알려질 필요가 있지만, 일부 사회계층의 독선과 편협한 전문지식만을 고수할 것이 아니라 국민들과 합일 조우할 수 있는 논의의 장이 필요하다. 국민적 법감정과 헌법 질서 속에서 정책의 방향을 정하고 이것이 법률에 반영되도록 하여야 한다. 한 사람의 일생을 마무리 하면서 가장 나약한 상태로 보호받아야 하는 존재론적 지위에서 임종기의 의사결 정만큼 중요한 것이 없을 것이다.

앞에서 문제점으로 지적되었던 사항들, 즉 환자의 의사를 확인할 수 없는 경우의 환자의 가족 동의 요건52과, 무연고자, 독거노인, 성직자 등 가족이 없거나 가족과 연락이 닿지 않는 환자의 연명의료 결정을 위한 제도적 보완이 필요하고, 이와 더불어 지정대리인제도 도입을 신중히 검토하고 도입을 준비하여야 한다. 작성 해야 하는 서식과 등록 시스템 전산상 기록의 간소화를 추구하여 불필요한 관료적 행정절차를 지양하고 임상 현장에서의 수용성을 향상시킬 필요가 있다. 심폐소생 술 금지 서식(DNR)도 현장의 수용성을 고려하여 법에 반영할 필요를 검토해야 할 것이다. 장기적으로는 환자의 자기결정권을 최대한 보장하고 성년후견제도를 규율

---

51 이선규, "보건의료입법론에 관한 연구- 입법과정의 역사적, 정책적 분석을 통한 보건의료 관련 입법활동 고찰", 연세대학교 대학원 의료법윤리학협동과정 의료법윤리학전공 박사학위논문, 2004.12, 11-12쪽.

52 "복지부, 연명의료 중단 결정 위한 '환자가족' 범위 축소 검토", 청년의사, 2018.4.27.일자 2018년 5월 9일, 국가생명윤리심의위원회의 연명의료 전문위원회를 개최하여 환자가족의 범위 축소에 대해서 논의하였다. 그리고 연명의료 중단에 관한 합의를 할 수 있는 환자가족의 범위를 배우자 및 1촌 이내의 직계 존·비속으로 하는 개정안이 발의되어 2018년 12월 11일자로 개정, 공포되었고, 2019년 3월 28일자 시행되고 있다. 최도자 의원 대표발의(의안번호: 2013991, 제안일자: 2018년 6월 25일자).

하는 민법과 같은 법령과의 체계정당성을 확보하기 위해서 환자가족의 대리 판단의 객관성을 담보할 수 있는 장치와 규제 마련, 말기환자와 임종환자 구분 문제 해소와 연명의료계획서 작성 대상 환자의 범위의 조정, 의료진 처벌 규정의 합리화 등은 향후 재검토되어야 할 과제로 보인다. 현재 법으로는 특수 연명의료를 중심으로 환자의 자기결정이 가능하지만, 외국의 경우와 같이 우리나라도 머지않아 영양과 수분 공급의 중단 문제를 제기할 시기가 오게 될 것으로 예상되므로, 진정한 의미에서 환자의 자기결정이 되기 위한 연명의료의 범위나 대상 환자의 범위의 확대에 대해서도 열어놓을 필요가 있다.[53] 환자가 궁박한 상태가 아닌 의사결정능력이 충분할 때 본인의 임종기의 의사결정을 미리 해두는 데서 임종기에 환자의 자기결정에 의미를 더할 수 있을 것이므로, 가족이 환자 대신 의료진과 소통하는 관행을 지양하고 환자가 임종기에 가까워지기 이전에 사전돌봄계획(Advance care planning)과 같은 통로를 이용하여 환자와 의료진, 가족들 등 관계자가 공동으로 참여하는 치유적인 커뮤니케이션을 활성화해야 한다. 사전연명의료의향서를 작성·등록하는 데 대한 접근성을 증진시킬 수 있도록 제도적인 노력도 필요할 것이다. 연명의료에 관한 결정을 이행해야 하는 기관에서 필수적인 요구사항일 뿐만 아니라 임상현장의 갈등과 난제를 해결하기 위해서도 의료기관 윤리위원회가 중요한 역할을 하게 될 것으로 기대되었지만, 실제 의료기관 윤리위원회가 잘 활용되지는 않고 있다는 문제가 있다. 의료기관 윤리위원회의 역할과 기능을 제고할 수 있도록 법제도적인 개선이 필요하다. 예컨대 의료기관 윤리위원회 설치 의무화를 개선하고, 환자와 환자가족들에게 자문과 상담이 활성화될 수 있도록 상담사 역할을 하는 의료인이나 전문인의 역량 제고를 지원하는 것, 의료기관 윤리위원회에 대한 조직적 재정적 지원을 하는 법적 근거를 마련하는 것 등이다.

　의사조력자살과 적극적 안락사와 같이 자기결정권이나 권리의 옷으로 포장하여 인간의 존엄과 가치를 무시할 수 있는 법제가 되지 않도록 경계하면서도, 인간의 존엄성을 바탕으로 하는 윤리적인 임종문화가 보편화되고 삶의 종기까지 돌봄과

---

53 대만의 경우 일반 연명의료나 특수 연명의료의 구분 상 다른 점이 있을 수 있지만, 모두 인공적인 방식으로 생명을 연장하는 것으로 결국 의료행위를 수반하여 사망에 이르는 것이므로 환자의 최선의 이익을 고려할 때 인공 영양과 수분공급의 중단의 합법성이 인정된다고 평가한다. 박미숙, 강태경, 김현철, 『일명 웰다잉법(존엄사법)의 시행에 따른 형사정책적 과제』 16-AB-01 연구총서, 한국형사정책연구원, 2016.7, 76-77쪽 등; 대만에서 2016.1. 제정, 2019.1. 시행을 앞둔 환자자주권리법 제8조에서는 중단할 수 있는 치료범위에 인공 영양 및 수분 공급을 명시적으로 포함하고 있다. 엄주희, "대만「환자 자주 권리법」에 대한 연구", 『법학논고』 제64집, 2019, 47-48쪽.

존엄성이 보장될 수 있도록 지속적인 관심을 보이는 것이 입법자와 정책 집행자의 몫일 뿐 아니라 죽음을 향해가는 우리 모두의 과제라고 할 것이다.

◆『법제』통권 제687호, 2019, 36-67쪽

제2절 유전자 프라이버시와 적법 절차[1]

- 헌재 2018. 8. 30. 2016헌마344에 대한 평석 -

I. 서론

2018년 4월, 미국에서는 민간에서 가지고 있던 DNA 데이터베이스를 분석함으로써 1970년대부터 1980년대에 12명을 살해한 연쇄살인범, 이른바 골든 스테이트 킬러(Golden State Killer) 사건의 범인을 검거하는 사건이 있었다. FBI 수사로도 범인을 검거하지 못하고 있던 사건이었는데, 100만 명 남짓한 사람의 DNA 정보가 등록된 DNA 족보 사이트(GEDMatch: 지원자들의 공유로 만들어진 약 100만 개의 DNA 크라우드 소스 데이터베이스)에서 연쇄살인마의 먼 친척으로 추정되는 DNA를 찾아내고 이 단서를 가지고 가족관계, 연령대, 위치정보 등을 종합해서 범인을 검거하는 데 성공한 것이다. 골든 게이트 킬러 사건을 수사했던 수사관들이 GEDMatch를 사용하기 전에 법원의 명령이 필요없다고 하면서, 국민들 사이에 어떠한 강제력 없이도 사람들의 생물학적 데이터에 너무나 쉽게 접근할 수 있고 DNA 유전자 정보에 의한 차별 등의 오남용이 발생할 수 있다는 두려움이 제기되면서 미국 사회에 유전자 프라이버시의 중요성이 부각되었다. 23andMe 등 유전체 분석업체들은 2018년 7월 유전정보 보호에 관한 가이드라인(Privacy Best Practices for Consumer Genetic Testing Service 소비자 유전자검사 서비스에 대한 프라이버시 보호 모범 사례)을 발표하기도 하였다. 이 가이드라인은 유전체 분석업체들이 보유한 개인 DNA 정보를 연구자들과 공유하거나 경찰에 넘겨주거나 또는 제약사 등 타기업에게 제공할 경우를 대비하여 DNA 정보 주체인 당사자로부터 별도의 명시적인 동의를 받도록 하였고, 매년 수사기관으로부터 DNA 정보 제공을 요청받은 경우를 설명하는 공개 보고서를 소비자들에게 제공하도록 하고 있다.[2] 이처

---

1 본고는 2019년 한국헌법판례연구학회 3월 월례발표회에서 발표한 초고를 바탕으로 수정 · 가필 · 보완한 것이다.

2 BioINwatch(BioIN + Issue + Watch): 18-68, "23andMe 등 미국의 유전체 분석업체, 유전자정보 프라이버시에 관한 가이드라인 발표", 생명공학정책연구센터(2018. 8. 28), 1-2쪽; DNA 정보 보호에 관한 가이드라인은 이 밖에도 DNA 정보의 수집, 보전, 공유 및 이용을 위한 정책 프레임워크를 제공하고, 기업들이 유전자분석 서비스를 제공할 때 지켜야 할 원칙들로서 개인정보 정책과 절차의 투명성(Transparency), 동의(Consent), 제3자 이용(Use and Onward Transfer), 접근성 ·

럼 유전자 분석 서비스와 공개 데이터베이스는 과학수사기법을 통해 범죄 현장에 남겨진 DNA로 범인을 수색할 수 있고, 더 나아가 가족관계, 눈동자의 색상과 같은 외모 정보, 질병 등과 같은 의료정보까지도 상세히 밝혀내는 데 사용될 수 있어 범죄 해결에는 유용하지만 사생활과 개인정보 침해 논란을 불러온다.[3]

우리나라는 미국과 같이 일반인이 이용할 수 있는 DNA 데이터베이스가 없지만, 형이 확정된 수형인과 구속피의자를 상대로 DNA를 수집하고 데이터베이스화하는 법제가 마련되었고 이 법률의 일부 조항들에 대해 헌법적 판단이 내려졌다.[4] 디엔에이신원확인정보의 이용 및 보호에 관한 법률(약칭 '디엔에이법')은 범죄의 수형인이나 구속피의자에게 DNA 정보를 취득하여 데이터베이스화 하는 것을 골자로한 법률인데, 피의자의 무죄추정의 원칙을 위반하고 적법절차와 영장주의에 반하며, 침해의 최소성 원칙에 반한다는 주장이 제기되어 오다가[5], 2018년 해당 사건에서 헌법불합치 결정을 받게 되었다. 이에 본고에서는 DNA의 헌법적 지위와 특수성을 검토하면서 유전체 검사 시장이 활성화되어 있는 미국 법제의 유전자 프라이버시 논의에서 촉발된 유전자 프라이버시권 내지 DNA 프라이버시권의 성립가능성을 검토하고 사건의 쟁점이 된 기본권들과의 관계성을 살펴본 후(Ⅲ), 이 사건의 또 하나의 핵심 쟁점인 영장 절차를 포함한 적법절차원리상 쟁점과 평가를(Ⅳ) 탐구한다. 이를 통해 프라이버시의 영역에서 중요한 보호영역으로 떠오르고 있는 DNA, 유전자에 대한 보호방안에 주는 시사점을 음미해 보기로 한다.

완전성 · 보존성 · 삭제의 권리(Access, Integrity, Retention, Deletion), 책임성(Accountability), 보안성(Security), 개인정보 보호 적용 설계(privacy by Design), 소비자 교육(Consumer Education) 등을 상세히 명시하였다. 이 가이드라인에는 법적 구속력은 없으나 유전체 분석업체들이 시민단체와 함께 자율 준수 규범으로 마련한 것으로서 소비자 신뢰를 얻는 데 기여하고 있다고 평가받는다.

3 미국 컬럼비아대 연구진이 국제학술지 「사이언스」에 발표한 연구에 의하면, 백인이면서 미국에 살고 있다면 자기 DNA샘플을 DNA 족보 데이터베이스에 올리지 않았더라도 약 60%는 수사망에 걸릴 것이라고 예측했다. GED매치에 정보를 등록한 이용자가 미국 성인 인구의 0.5%에 불과한데도 이 정도인데, 이용자 비율의 2%만 되어도 유럽계 백인 미국인 90%의 신원이 밝혀질 것이라고 한다. 매일경제, "[Science] 미국판 '살인의 추억'…DNA족보가 범인을 지목하다"(2018.11.2).

4 헌재 2018.8.30, 2016헌마344 · 2017헌마630(병합) 결정.

5 이호중, "DNA 법의 문제점과 위헌성 검토", 「민주법학」 제51권, 2013 등.

Ⅱ. 사건 개요 및 결정요지

1. 사건 개요

2016헌마344 사건의 청구인들은 주식회사 ○○○○(이하 '□□□'라 한다)의 직원으로서 전국민주노동조합총연맹 금속노조 경북본부 구미지구 산하의 □□□노동조합 조합원들이다. 청구인들은 2010.10.30.경 직장폐쇄로 출입금지된 공장을 점거함으로써 타인의 건조물에 침입하였다는 등의 범죄사실로 2011.2.11. 대구지방법원에 기소되었고 위 사건의 항소심에서 청구인들에 대하여 유죄판결이 선고되었다. 검사는 위 유죄판결 확정 이후에 법원으로부터 발부받은 디엔에이감식시료채취영장에 따라 청구인들의 디엔에이감식시료를 채취하였다. 청구인들은 2016.4.25. 디엔에이감식시료채취영장의 발부 절차에 관하여 규정하고 있는 「디엔에이신원확인정보의 이용 및 보호에 관한 법률」 제8조 등에 대한 헌법소원심판을 청구하였다.

2017헌마630 사건의 청구인들은 민주노점상전국연합의 임원들이다. 청구인들은 2013.8.경 서울 금천구 가산동 소재 ◇◇◇아울렛 매장 부근에 노점 추가 설치를 요구하는 과정에서 매장 직원들의 제지에도 불구하고 수십 명의 민주노점상전국연합 회원들과 함께 다중의 위력으로 ◇◇◇아울렛 매장 안에 침입하였다[폭력행위등처벌에관한법률위반(집단·흉기등주거침입)]는 등의 범죄사실로 2014.8.13. 기소되었고(서울남부지방법원 2014고단2934), 2015.10.28. 위 폭력행위등처벌에관한법률위반(집단·흉기등주거침입)의 점을 포함한 범죄사실에 대하여 유죄판결이 선고되었다. 검사는 위 유죄판결 확정 이후에 법원으로부터 발부받은 디엔에이감식시료채취영장에 따라 청구인들의 디엔에이감식시료를 채취하였다.

청구인들은 2017.6.5. 디엔에이감식시료채취영장의 발부 절차에 관하여 규정하고 있는 「디엔에이신원확인정보의 이용 및 보호에 관한 법률」(2010.1.25. 법률 제9944호로 제정된 것) 제8조 등에 대한 헌법소원심판을 청구하였다.

2. 결정요지

헌법재판소는 2018년 8월 30일 디엔에이감식시료채취영장 발부 과정에서 채취대상자가 자신의 의견을 진술하거나 영장발부에 대하여 불복하는 등의 절차를 두지 아니한 '디엔에이신원확인정보의 이용 및 보호에 관한 법률' 제8조는 과잉금지원칙을 위반하여 청구인들의 재판청구권을 침해한다는 이유로 헌법불합치 결정을 선고하고, 2019.12.31.까지 잠정 적용을 명하였다. 다만 이 결정에 대하여는 재판관 3인의 반대의견이 있다.

주거침입죄와 경합된 죄에 대해 형의 선고를 받아 확정된 사람 즉, 수형인으로부터 디엔에이감시시료 채취할 수 있다는 조항(제5조 제1항 제4호의2, 이하 '채취조항')이 신체의 자유를 침해했는지 여부, 영장 발부 후 불복할 수 있는 절차 등에 관하여 규정하지 않은 조항(제8조, 이하 '영장절차조항')이 재판청구권을 침해하는지, 수형인이 사망한 경우 데이터베이스에 수록된 디엔에이신원확인정보를 직권 또는 친족의 신청에 의해 삭제하여야 한다는 조항(제13조 제3항, 이하 '삭제 조항')이 개인정보자기결정권을 침해하는지 여부 등이 이 사건의 쟁점이 되었다. 즉 신체의 자유, 재판청구권과 적법절차, 개인정보자기결정권의 침해 여부가 판단의 쟁점이 되었는데, 신체의 자유와 개인정보자기결정권은 침해되지 않는다[6]고 판단하였다. 반면 영장철차조항은 영장 발부 과정에서 자신의 의견을 진술할 수 있는 기회를 절차적으로 보장하고 있지 않고, 영장 발부에 대하여 불복할 수 있는 구제절차가 마련되어있지 않다는 이유로 침해의 최소성 원칙에 반하여 재판청구권이 침해되었다고 판단하였다.

3. 반대의견 요지

(1) 채취 조항이 과잉금지원칙에 반한다는 의견[7]

재범의 위험성 요건을 전혀 규정하지 아니하고 획일적으로 특정 범죄를 범한 수형인 등에 대하여 획일적으로 디엔에이감식시료를 채취할 수 있게 했다는 것이 침해의 최소성 원칙과 법익의 균형성 원칙에 반하므로 과잉금지원칙 위반이다.

(2) 영장절차 조항이 과잉금지원칙의 위반이 아니라는 의견[8]

유죄확정판결을 받은 사람에 대해 디엔에이감식시료를 채취하는 것은 형사처벌에 추가하여 법적 제재를 부과하는 의미를 가지는데, 이러한 법적 제재는 비례원칙에 위배되지 않는 한 법원의 판단 없이도 직접 법률로 이루어질 수 있다. 이 사

---

6 헌재 2014.8.18, 2011헌마28 결정 등에서 앞서 개인정보자기결정권을 침해하지 아니한다고 판단하였고, 이 결정 때의 반대의견도 이 사건(헌재 2016헌마344)의 반대의견상 개인정보자기결정권 침해라는 논거와 동일하다.

7 재판관 이진성, 김이수, 강일원, 서기석의 채취 조항에 대한 반대의견.

8 재판관 김창종, 안창호, 조용호의 영장절차 조항에 대한 반대의견.

건에서 영장절차조항에 의해 영장 발부 과정에서 검사가 청구서 및 소명자료를 제출해야 하므로 법원이 이를 검토하여 비례원칙에 위반되는지, 본인의 동의가 있었는지를 확인하여 영장을 발부하게 되므로, 디엔에이감식시료의 수록, 관리에 따른 기본권 제한은 한정적이기 때문에 구속영장 청구시와 같이 엄격한 절차적 권리가 보장되어야 하거나 영장 발부 후 반드시 구제절차를 두어야 하는 것은 아니다. 그러므로 영장절차조항이 침해 최소성의 원칙을 위반한 것이 아니다.

(3) 삭제 조항이 개인정보자기결정권을 침해한다는 의견[9]

수형자의 디엔에이신원확인정보를 데이터베이스에 수록한다는 것은 생존하는 동안 재범의 위험성이 상존한다는 것을 전제로 하는 것이므로, 일정 기간이 경과하면 일괄적으로 삭제하도록 하는 등 적정한 방안을 강구할 필요가 있다. 이러한 방안 없이 수형자가 사망할 때까지 디엔에이신원확인정보를 수록, 관리하는 것은 장래의 범죄수사와 범죄예방이라는 입법목적에 비추어 봐도 지나치게 과도한 제한이다. 주거침입, 재물손괴 등 죄질이 상대적으로 약하고 재범 위험성이 크지 않은 범죄로 집행유예판결을 선고받아 확정된 자까지 디엔에이신원확인정보를 보관하는 것은 지나치게 가혹하다. 또한 디엔에이의 인트론 부분(junk DNA)만을 디엔에이감식 대상으로 한다고 해도, 인종, 성별, 가족관계 등을 판별하는 데 이용될 수 있고, 향후 과학기술의 발달에 따라서는 현재 수준으로는 예상하지 못한 새로운 정보를 얻어낼 수 있는 가능성도 있다. 디엔에이신원확인정보를 컴퓨터파일 형태로 보관하게 되는데 그 정보의 유출, 오용, 오염 등의 문제가 발생하기 쉽고, 그러한 위험이 발생할 경우 범죄 전과자라는 낙인이 찍히게 되는 불이익의 발생가능성도 존재한다. 따라서 이 삭제조항이 과잉금지원칙을 위반하여 개인정보자기결정권을 침해한다.

III. 유전자 프라이버시 논의

1. 디엔에이의 존재적 지위에서 기본권 논의

(1) 디엔에이의 헌법적 지위

디엔에이(이하, DNA)에는 건강과 관련된 수많은 정보와 개인을 특정할 수 있는

---

9 재판관 이진성, 김이수의 삭제 조항에 대한 반대의견.

유전정보가 포함되어 있다. 인체로부터 나온 물질이기 때문에 인체유래물 중 하나로서 생명윤리 및 안전에 관한 법률(약칭: 생명윤리법)에 규정되고 있다.[10] DNA에는 생물학적으로 의미 없는 부분도 있고 – 그래서 junk DNA라고 불리는 부분 –, 특정한 단백질을 만드는 정보가 담긴 부분도 있는데 이 특정 단백질에 대한 정보를 담고 있는 부위를 유전자라고 한다. 유전자는 DNA에서 유전정보를 저장하고 있는 부분이다.[11]

유전정보(genetic information)는 전체 단백질과 전체 RNA의 구조를 결정하여 세포나 조직의 구성 성분이 순서대로 생성될 수 있도록 프로그램화하고 생물체의 활동을 결정하며, 특유의 개성을 결정하는데 필요한 정보이다.[12] 유전정보는 개인정보보호법상 민감정보로서 개인정보처리자가 처리해서는 안 되는 엄격한 정보로 분류된다(개인정보보호법 제23조 제1항).[13] 유전정보는 한 사람의 건강, 생물학적 특성까지 매우 내밀하고 사적인 정보이고 혈족 관계를 추정할 수 있게 하는 정보이다. 미래에 발현될 수 있는 질병의 위험 가능성까지 예측할 수 있는 미래정보이다.[14] 예측성 유전자 검사의 경우에는 다양한 유전자들과의 상관관계, 식습관, 생활습관, 환경 등 다양하고도 복합적인 요인으로 발현하는 질병의 특성으로 인해 발생 가능성을 예측하는 정확성, 불확실성과 위험성에 대해 논란이 있긴 하지만, 잠재적으

---

10 2012년 생명윤리법을 전면개정하면서 '인체유래물'이라는 용어를 사용하기 시작했다. 생명윤리법 제2조 제11호로 인체유래물이란 인체로부터 수집하거나 채취한 조직·세포·혈액·체액 등 인체구성물 또는 이들로 분리된 혈청, 혈장, 염색체, DNA(Deoxyribonucleic acid), RNA(Ribonucleic acid), 단백질 등을 말한다고 정의하고 있다.

11 이은희, "생명과학 새롭게 이해하기 – DNA와 유전자, 그리고 염색체", 『Biosafety』 Vol.10 No.1, 2009, 68쪽.

12 정재황(연구책임), "생명과학기술의 발전과 헌법", 『정책개발연구』 제4권, 헌법재판소, 2012, 161쪽.

13 개인정보보호법 제23조(민감정보의 처리 제한) ① 개인정보처리자는 사상·신념, 노동조합·정당의 가입·탈퇴, 정치적 견해, 건강, 성생활 등에 관한 정보, 그 밖에 정보주체의 사생활을 현저히 침해할 우려가 있는 개인정보로서 대통령령으로 정하는 정보(이하 "민감정보"라 한다: 시행령 제18조(민감정보의 범위)에 따라 유전자검사 등의 결과로 얻어진 유전정보, 범죄경력자료)를 처리하여서는 아니 된다. 다만, 다음 각 호의 어느 하나에 해당하는 경우에는 그러하지 아니하다.
  1. 정보주체에게 제15조 제2항 각 호 또는 제17조 제2항 각 호의 사항을 알리고 다른 개인정보의 처리에 대한 동의와 별도로 동의를 받은 경우
  2. 법령에서 민감정보의 처리를 요구하거나 허용하는 경우
  ② 개인정보처리자가 제1항 각 호에 따라 민감정보를 처리하는 경우에는 그 민감정보가 분실·도난·유출·위조·변조 또는 훼손되지 아니하도록 제29조에 따른 안전성 확보에 필요한 조치를 하여야 한다.

14 Ludvig Beckman, "Scientific Contribution – Democracy and genetic privacy: The value of bodily integrity", Medicine, Health Care and Philosophy 8(2005), pp.98-99.

로 질병의 발생 가능성을 추정할 수 있게 하는 수단이 되기도 한다. 그래서 한 사람의 과거, 현재, 미래를 모두 담고 있는 특별한 정보이면서, 생명체 자체를 형성할 수 있는 가능성을 담은 존재론적 의미가 있다.[15]

그리고 디엔에이신원확인정보(information of DNA identification)[16]는 유전정보가 없는 부위, 소위 junk DNA를 검사 분석[17]하여 얻어진 정보로서 일련의 숫자 또는 부호의 조합으로 표기되어 개인식별기능을 가진 정보를 의미하는 것으로, 생물학적으로는 중요하지 않으나 지문과 같이 개인을 식별할 때 사용될 수 있는 고유의 패턴을 제공하는 것이다.[18] 디엔에이법에는 유전정보가 포함되어 있지 아니한 특정 염기서열 부분을 검사 분석하여 디엔에이신원확인정보를 취득(디엔에이법 제2조 4호)하도록 하고 있다. 즉, 디엔에이신원확인정보는 DNA 전체의 정보를 의미하는 것이 아니라 유전정보를 뺀 부분을 가공하여 개인식별정보로만 기능할 수 있는 특정한 코드 내지 패턴을 의미한다. 개인정보보호법상 민감정보로서 특별히 보호되는 정보는 개인의 사생활을 침해할 수 있는 정보들을 의미하기 때문에, 단순히 개인을 식별할 수 있는 코드를 의미하는 디엔에이법상 디엔에이신원확인정보는 민감정보에 해당하지 않는 일반 개인정보로 볼 수 있다.

그리하여 디엔에이신원확인정보는 중립성, 의존성, 공유성의 특징을 가진다. 즉 개인의 동일성을 확인할 수 있는 표시이며 종교, 학력, 병력, 소속 정당, 직업과 같은 정보 주체의 신상에 관해 평가가 가능한 내용이 담겨져 있지 않다는 중립

---

15 유명 할리우드 여배우 안젤리나 졸리는 유방암 징후가 전혀 없었지만 유전자 검사와 가족력을 근거로 미래 유방암 발병 가능성이 높다는 이유로 유방절제술을 받았다. 자신의 유방을 과감히 제거하고 보형물로 가슴을 재건한 경험을 공개하면서, "유전적 위험에 처한 여성들이 질병 예방법으로 유방을 절제함으로써 자신이 권능을 가졌다는 점(empowered)을 느낄 것"이라고 말했다. 질병 위험을 자신이 통제 아래 둘 수 있는 기회와 힘을 가질 수 있다는 의미이다. 하대청, "유전자검사의 윤리적·사회적 쟁점- 예측성 검사와 유전자 특허 문제를 중심으로", 『생명윤리포럼』 제2권 제3호, 2013, 1-2쪽.

16 DNA Identifying information도 디엔에이신원확인정보의 의미로 동일하게 사용된다.

17 유전자감정, 유전자감식이라고도 칭한다. 디엔에이법 제2조 제3호에서 디엔에이감식(DNA감식)이라고 정의하고 있다. 과학수사의 방법으로서 법정증거물에 DNA 분석법을 감정에 적용한다. 우리나라에는 서울대, 연세대·고려대 의과대학교 법의학실, 대검찰청 중앙수사부 유전자감식실, 국립과학수사연구소 등에 존재한다.

18 김성준, "범죄자 DNA정보채취에 대한 헌법적 고찰- DNA 신원확인정보의 이용 및 정보에 관한 법률을 중심으로", 『세계헌법연구』 제15권 제3호, 2009, 68쪽; 디엔에이식별확인정보를 유전자정보라고 칭하기도 한다. 유전자정보라고 하면 유전정보와 매우 혼동을 주기 때문에 DNA신원확인정보 내지 junk DNA 정보라고 칭하는 것이 더 명확히 구별이 되기는 한다. 그런데 DNA가 유전자를 담는 그릇 같은 것으로 비유되기도 하면서, 어떤 관점에서 보느냐에 따라서 DNA와 유전자가 동일하게 지칭되기도 하므로 디엔에이신원확인정보를 유전자정보라고 칭할 수 있다고 생각된다.

성, 그 자체로는 정보 주체를 파악하는 것이 불가능하고 인적관리시스템에서 인적 사항 등과 식별코드를 확인해야만 정보주체를 확인할 수 있다는 의존성, 전후세대의 혈족들과의 공통된 특징을 보유하고 있다는 혈족과의 공유성을 가지는 특성이 있다. 따라서 디엔에이신원확인정보는 유전정보를 담고 있는 DNA 자체의 정보와는 구별될 수 있다. 다만 한 사람의 디엔에이신원확인정보가 획득되기 위해서는 애초에 그 사람의 DNA를 수집하여 가공, 추출, 감식함으로써 얻어지는 것이기 때문에, 디엔에이신원확인정보를 수집을 위한 정당성이나 절차도 유전정보와 같은 민감정보의 채취, 수집과 마찬가지의 엄격함이 요구될 수밖에 없고, 그 정보의 보호 정도 또한 유전정보와 동일한 수준으로 다루어질 수밖에 없다.

결국, 유전정보와 디엔에이식별확인정보를 담고 있는 DNA는 한 개인의 특징을 결정하는 개성의 원천이자 신체를 구성하는 요소로서, 개인의 자율성(autonomy) 내지 자기결정권에 근거하여 DNA가 변형, 훼손되거나 외부로 수집, 이용되는 것을 예방하거나 보호받을 수 있도록 하는 기본권 보호의 대상이 된다.[19] DNA는 유전자를 담고 있는 저장소이기 때문에, 기본권 보호의 대상으로서의 DNA의 보호는 결국 유전자의 보호가 되고, 그런 의미에서 후술하는 DNA 프라이버시와 유전자 프라이버시는 동일한 용어로 사용될 수 있다.

(2) DNA와 인간의 존엄과 가치

DNA와 유전자는 인간의 몸을 이루고, 몸의 일부분에서 나오는 유래물이지만, 단순히 개인을 식별할 수 있는 객체만이 아닌 DNA와 유전자 그 존재 자체로 생명체의 형질과 특성을 결정하는 고유의 의미를 지닌다.[20] 칸트의 철학적 관점에서 DNA는 인체를 구성하는 요소이지만, 인간 존재의 수단이 아니라 목적 그 자체로 대우해야 하는 인간으로부터 획득되는 것이기 때문에 그 자체로 인격성을 지닌 것으로 취급해야 한다.[21] 헌법상 기본권질서의 핵심이자 이념적 기초인 인간의 존엄

---

19 Sonia M. Suter, "All in the family: Privacy and DNA Familial Searching", Harvard Journal of Law & Technology Vol. 23, No. 2(Spring 2010).

20 리처드 도킨스 지음, 홍영남 이상임 옮김, 『이기적 유전자』, 을유문화사, 2018, 100-101쪽; 전방욱, 『DNA 혁명 크리스퍼 유전자가위』, 이상북스, 2017, 201쪽; DNA의 고유성으로 인해, 새로운 유전자 편집 기술인 크리스퍼 유전자가위를 이용하여 코끼리와 매머드의 DNA를 조합하고 인공 배아에 넣는 기술을 이용하면 멸종 동물인 매머드의 부활을 기대할 수 있을 정도이다.

21 배그린·최경석, "유전자 검사 및 연구에서의 동의 획득의 문제", 『생명윤리정책연구』 제3권 제1호, 2009, 24쪽.

과 가치로부터 인격권이라는 기본권이 도출할 수 있는데, 인격권은 인간의 본질과 고유한 가치를 보호하는 것이다.[22] DNA는 한 인간의 특성을 결정짓는 요소들을 가지고 있는 고유한 가치가 있고, 인간의 고유한 가치를 보호하는 기본권으로서 인격권으로부터 DNA가 변형, 훼손되는 것을 강요받지 않을 수 있다.

　　DNA는 단순히 생명의 구성요소를 간직한 인체유래물이 아니라, 유전자편집 기술, 바이오기술과 같은 생명과학기술의 발달로 인간복제와 인간의 재창조가 가능해지도록 만드는 플랫폼이 될 수 있는 잠재력을 감안할 때 인격적 요소에 따른 특별한 보호를 인정해야 할 필요가 있다.[23] 유전자 편집 기술 등 바이오기술의 발달로 인해 생식세포 유전자 편집을 통해서 디자인된 맞춤아기(designer babies)의 탄생을 가능하게 할 수 있는 가능성이 존재하는 현실이다.[24] 그렇다고 인간 존재와 인간의 DNA가 동일하게 취급된다는 의미가 아니다. 인간이 DNA로만 파악될 수 있는 것도 아니고 세포들로 이루어진 신체와 정신, 영혼이 통합된 전인적 존재로서 의미가 있다.[25] 이는 생식세포, 수정란, 배아 등을 인간 개체와 도덕적으로 동

---

22 전광석, 『한국헌법론 제14판』, 2019, 289쪽.

23 유지홍, "인체유래물의 법적 지위에 대한 인격적 측면에서의 고찰 – 인격성의 본체로서 DNA의 성격을 중심으로", 『서울대학교 법학』 제56권 제2호, 2015, 126-128쪽.

24 중국의 허젠쿠이(He Jiankui) 교수가 2018년 11월 25일 홍콩에서 개최된 인간게놈편집 정상회의 (Human Genome Editing Summit)에서 HIV 감염에 내성을 갖도록 유전자 변형된 쌍둥이를 낳았다고 발표한 사건이 발생했다. 전세계의 과학자들과 윤리학자들이 엄청난 비난을 쏟아 부었고, 그로 인해 중국 정부가 나서서 수습하고 허젠쿠이 교수도 대학에서 사직하였으나, 이미 인간 생식세포에 대한 유전자편집은 판도라의 상자가 열린 것으로 평가되고 머지않은 미래에 맞춤아기의 등장도 예고되고 있다. 유전자편집술 이외에도 체외수정 보조생식술(IVF)에서도 맞춤아기가 현재 가능하다. 미국, 멕시코, 인도에는 2만불 비용을 내면 아기 눈동자 색상과 성별을 선택할 수 있도록 해주는 체외수정 시술 클리닉이 있어 맞춤아기 논란이 되고 있다. 이 불임 클리닉은 부모의 유전자를 사전 선별검사하고 체외 수정을 통해 생성된 배아 중 선택함으로써, 눈동자 색상과 성별을 부모가 원하는 대로 선택할 수 있는 맞춤아기가 탄생하게 된다고 설명한다.
Mail Online, 2019.6.12.자, "'This is what the Nazis wanted to do': Aussie couples are spending $20,000 to choose the eye colour and sex of their children - as the overseas clinic is slammed as promoting 'eugenics'"
https://www.dailymail.co.uk/news/article-6869463/This-Nazis- wanted-Aussie-couples- spending-20-000-designer-babies.html(검색일자: 2019.6.1).

25 인간의 존재를 육체의 최소단위로 쪼개서 파악하는 환원주의를 경계하면서, 인간은 DNA와 같은 부분으로만 이루어진 것이 아니라 영혼, 정신, 육체가 통합된 인격적 통일성을 지닌 존재라고 본다. 인격주의적 생명윤리에서 인간의 존재는 육체와 영혼이 결합된 통합적 존재이자 생명과 정신, 육체와 영혼이 합일된 존재이다. 홍석영, "인격주의에 기초한 생명윤리 모색", 『윤리연구』 제55권, 2004, 246-249쪽; 최미선, "국내학술지에 게재된 간호연구의 생명윤리 의식 측정에 관한 비판적 고찰 – 인격주의 생명윤리 관점으로", 『인격주의 생명윤리』 제9권 제1호, 2019, 49-50쪽; 오석준, "인격주의 생명윤리 관점에서 본 '자기결정'에 대한 고찰", 『인격주의 생명윤리』, 제8권 제1호, 2018, 85-86쪽.

일하게 취급하지는 않으나 일반 물건과는 다른 특수한 지위를 인정하는 것과 마찬가지이다. 배아 유전자 편집 연구를 위해서 다른 배아를 도구로 사용하는 것에 대해 도덕적 윤리적 정당성을 제기할 수 있는 근원이, 배아의 인간으로의 잠재력을 가진 특수한 도덕적 지위 때문인 것과 마찬가지 원리로,[26] DNA와 유전자에 대한 보호의 근원은 인간으로서의 존엄과 가치와 그로부터 도출되는 인격권에 있다. DNA 주체의 동의 없이 DNA가 편집, 조작, 이용될 때 DNA 주체가 이의를 제기할 수 있는 권리의 실체와 내용은, DNA에 내포된 한 인간 고유의 본질성과 가치 그리고 이를 보호받을 만한 존엄성과 인격성이라는 도덕적 가치 때문이다.

(3) 유전자 프라이버시권 성립 가능성과 독립적 보호

DNA와 유전자는 단순한 생체정보 내지 물리적 생리적인 정보로 가치중립적인 것이 아니라 DNA, 유전자 정보를 통해 한 사람의 과거, 현재, 미래에 대한 내밀한 영역을 탐색하게 한다는 잠재가능성으로 인해 사생활의 비밀과 자유의 대상이 되고, 민감정보로서 개인정보자기결정권의 보호 대상이 된다. 그뿐 아니라 잠재적 인간으로서의 존재 양식을 지닌 특별한 인격적 보호의 대상이 된다. 유전자 부분은 특히 개성과 유전적 소인에 관련된 정보를 담고 있기 때문에 유전자는 디엔에이신원확인정보 보다 더 강한 프라이버시 보호의 이슈가 따라오게 된다.

헌법 17조에서 보호하는 사생활의 비밀과 자유는 '사회공동체에서 개인이 일반적인 생활규범의 범위 내에서 자신의 사생활을 자유롭게 설계·형성하고 이에 대해 간섭을 받지 않을 권리'[27]로 인정되고, 개인정보자기결정권은 자신에 관한 정보가 언제 누구에게 어느 범위까지 알려지고 또 이용되도록 할 것인지를 그 정보주체가 스스로 결정할 수 있는 권리로서 헌법 제10조 제1문으로부터 도출되는 일반적 인격권과 제17조의 사생활의 비밀과 자유에 의해 보장된다.[28] 우리 개인정보보호법제[29]에서도 동의의 원칙과 유효 요건에 관하여 사전 동의의 원칙(개인정보보호법

---

26 전방욱, "크리스퍼 유전자가위에 의한 생식세포 유전체 편집의 윤리적 프레이밍", 『생명, 윤리와 정책』 제2권 제2호, 2018, 28쪽.

27 전광석, 앞의 책(주 22), 342쪽.

28 헌재 2015.6.25, 2014헌마463 결정 등.

29 개인정보 보호에 관한 일반법으로서 개인정보 보호법을 근간으로 하여, 정보통신망 이용촉진 및 정보보호에 관한 법률, 전자상거래 등에서의 소비자보호에 관한 법률, 신용정보 및 보호에 관한 법률, 금융실명거래 및 비밀보장에 관한 법률, 위치정보의 보호 및 이용에 관한 법률, 통신비밀보호법 등이 있고, 공권력에 의한 개인정보 이용과 보호에 관한 법으로서 공공기관의 개인정보보호에

제15조 제1항), 설명 고지의무와 동의거부 가능성을 전제로 한 자발적 동의(개인정보보호법 제15조 제2항) 및 필요최소한도의 범위 내에서의 개인정보수집 의무(개인정보보호법 제16조 제1항), 열람청구권, 정정, 삭제, 파기를 요구할 권리 및 개인정보 처리로 인해 발생한 피해에 대해 구제받을 권리(개인정보보호법 제4조) 등을 명시하면서, 동의 방법(개인정보보호법 제22조)에 대해서도 상세히 규정하고 있다. 개인정보자기결정권의 적극적 형태의 권리는 자기정보관리통제권이라는 권리로 도출될 수 있다. 공권력이 정보 이용 목적이 불분명하거나 자의적인 수집일 경우에 자신의 개인정보에 관한 정보의 수집, 분석, 처리 등을 배제할 수 있는 권리, 자신의 개인정보를 보유한 정보보유기관을 상대로 본인에 관한 정보에 자유롭게 접근할 수 있게 하고 열람을 청구할 수 있는 권리, 정보 내용이 정확하지 않거나 불완전할 때 정정을 요구할 권리, 정보보유기관이 법에 정한 취지와 목적에 맞지 않게 부당하게 개인정보를 이용하는 경우에 이용 중지나 삭제를 요구할 수 있는 권리, 정보보유기관이 이를 거부할 경우나 의무를 위반하였을 경우 불복 신청 내지 손해배상을 청구할 수 있는 권리 등을 내용으로 한다.[30]

DNA 정보와 다른 사적인 정보 데이터가[31] 상호 연계되고, 이것이 노출되어 개인의 사생활과 개인정보가 침해될 경우의 피해는 돌이킬 수 없게 된다. 보통의 개인정보나 민감정보의 노출로 인한 피해의 양상과 DNA 정보 노출과 오용으로 인한 피해는 비교할 수 없을 정도로 막대하다. 따라서 유전자 프라이버시는 DNA 정보 주체의 원치 않는 노출로 인해 사생활의 침해와 이로 인한 유전자 차별을 방지할 수 있도록, 수집뿐 아니라 정보 관리와 통제 단계에서도 필요한 적절한 보안조치가 있어야 하는 근거가 된다. 유전자 프라이버시는 유전자 자체의 특성과 개성으로 인한 고용, 보험 등 생활영역에서의 차별을 받지 않도록 보호될 수 있는 사적 내밀한 영역에서의 권리로 이해될 수 있다.[32] 유전자 프라이버시는 사적 내밀

관한 법률이 존재한다. 허성욱, "한국에서 빅데이터를 둘러싼 법적 쟁점과 제도적 과제", 『경제규제와 법』 제7권 제2호(통권 제14호), 2014, 13쪽.

30 "손명세·엄주희 등, 『보건의료법윤리학』, 박영사, 2021" 중에서 필자 집필 부분.

31 DNA의 보호를 일반적 인격권과 개인정보자기결정권 보호의 문제로 보아 독일의 데이터보호법을 중심으로 다룬 논문은 다음을 참조: 조인성, "독일법상 DNA분석에 있어서 데이터보호", 『공법연구』 제35권 제4호, 2007.

32 Laura A. Matejik, "DNA Sampling : Privacy and Police Investigation in a Suspect Society", 61 Ark. L. Rev. 53 (2009), pp.64-65; Shawneequa L. Callier/John Huss/Eric T. Juengst, "GINA and Preemployment Criminal Background Checks", The Hastings Center Report, Vol. 40, No. 1(Jan. - Feb., 2010), pp.16-17.

한 영역에서 보호받아야 될 권리로서 '모를 권리'(right not to know)의 대상이 되기도 한다.[33] 모를 권리는 사적인 영역에 대해서 알려지지 않은 상태를 유지할 수 있어야 한다는 것이다.[34] 헌법 제10조의 인간의 존엄과 가치와 행복추구권으로부터 알권리와 모를 권리를 도출할 수 있는데, 유전자 프라이버시는 알 권리와 동시에 모를 권리로부터의 보호가 긴요하게 요구된다. 모를 권리는 앞으로 발생할 수 있는 불운한 인과적 사실을 미리 알게 됨으로써 오는 불안, 근심, 걱정으로부터 무지의 상태를 유지하고자 하는 소망을 유지할 수 있는 권리이다.

따라서 DNA와 유전자의 사생활적 요소와 그것이 담고 있는 개인정보의 가치 및 전인격적 요소를 감안할 때, 우리 기본권 체계에서 인간의 존엄과 가치로부터 나오는 인격권, 사생활 비밀과 자유, 그리고 개인정보자기결정권의 권리를 통합적으로 포괄하는 의미의 유전자 프라이버시권으로 인정될 가치가 있다고 판단된다.[35] 유전자 프라이버시권의 내용으로는 수집·채취·사용 등에 있어서 설명 동의, 사전 동의의 원칙, 필요최소한도 범위 내에서의 수집 의무, 열람청구권, 정정 삭제 파기를 요구할 권리, 유전정보가 임의로 사용·변형·조작·훼손되지 아니하도록 요구할 권리, 수집·채취·보관으로부터 발생하는 피해에 대해 구제받을 권리, 자기정보관리통제권, 알 권리와 모를 권리, 유전자 차별 금지의 권리 등으로 설명할 수 있다. 유전정보의 임의 사용 등 금지의 권리, 모를 권리와 유전자 차별 금지의 권리는 다른 프라이버시의 내용에 더하여 독특하게 유전자 프라이버시에서 보호되어야 할 요소들이다.

(4) 사안의 적용

이 사건에서 형이 확정된 수형자로부터 DNA 정보를 채취, 수집하는 목적은 전과자들의 신원정보를 미리 확보하여 범죄 예방에 활용하겠다는 것이다. 범죄가 발생하였을 경우 수사 선상에서 전과자의 DNA 정보를 우선 조사할 수 있고, 발

---

33 Jonathan hsrring/Charles Foster," "Please Don't Tell me"–The Right Not to know", 21 Cambridge Q. Healthcare Ethics 20 (2012), pp.23–24.

34 석희태, "환자의 모를 권리와 의사의 배려 의무", 『의료법학』 제19권 1호, 2018, 5쪽.

35 김동복, "미국헌법상 프라이버시권의 보장근거– 실체적 적법절차이론을 중심으로", 『한국동북아논총』 제18집, 2001, 14–18쪽; Hugh Ⅲ Miller, DNA Blueprints, personhood, and Genetic privacy, 8 Health Matrix 179, 1998, pp.187–188. 프라이버시권의 개념이 발달한 미국에서도 유전자 프라이버시는 결혼, 임신중절 등 여러 가지 다른 프라이버시 권리들과는 구별되는 독립적인 권리로 논의되고 있다.

생한 범행과 유사한 범죄 경력을 가진 전과자들을 우선 조사하기에도 용이할 것이다.[36] 범죄 전과자들이 다시 잠재적 용의자로 취급을 받아 그들의 신원정보가 관리된다는 것이 기본권의 침해 여부의 핵심 요소이다.[37]

　　DNA는 대표적인 개인식별정보이자 민감정보인 유전자를 포함하고 있다. DNA에 관한 사생활 보호는 몇 가지 측면에서 구체적 권리를 도출시킬 수 있다. 우선, 인체유래물로서 수집, 채취, 전달 등의 이용을 하려면 DNA의 소유자 본인의 동의가 필요하다. 이때의 동의는 동의능력을 가진 자가 정보와 설명에 근거하여 외부의 압력 없이 자발적으로 이루어져야 한다.[38] 자발적 동의로 보기 어려운 취약층의 경우에는 동의 요건은 강화될 필요가 있는데, 범죄 수형인이나 구속피의자의 경우가 동의권 행사 면에서 취약층에 속한다. 일반인보다 위축되어 있는 구금 상태에서 처벌될 수 있다는 공포와 불이익을 받을 수 있다는 압박감을 가진 상황에서 동의는 사실상 자발적인 동의라고 보기 어렵다. 수형인이나 구속피의자의 신분이라고 해서 동의요건이 완화되는 것은 아니고, 동의를 받지 않고도 강제적으로 집행을 해야 하는 불가피한 사유가 있는 경우에만 동의 없이 진행될 수 있어야 한다. 즉 어떤 경우에 동의 없이 DNA정보를 취득할 수 있는가하는 이익형량의 방식을 필요로 하게 되고, 법률적 근거 하에 절차적으로도 법관이 발부한 영장을 거치게 하는 적법 절차적 방식이 나타나게 되는 것이다. 디엔에이법 제8조 제3항[39]에서는 사전 동의를 규정하지만, 서면에 DNA의 채취·이용 목적, 수집·채취 항목, 보유 및 이용 기간 등을 채취대상자가 명확히 알아보기 쉽게 표시하는 등의 유효한 동

36　범죄 예측 시스템이 구축될 경우, 이 시스템과 전과자의 DNA 정보를 연동하여 사건 수사와 범죄 예측에 활용하게 될 가능성도 있을 것이다. 엄주희, "뇌신경윤리에 관한 법제 연구", 『법제』 통권 683호, 법제처, 2018, 54쪽.

37　이 법에 대한 대표적인 비판점으로 강력 범죄로부터의 안전을 빌미로 국가가 개인정보를 광범위하게 집적하는 것이 감시국가화 경향을 보여주는 정책이라는 것이다. 구속피의자로부터 DNA정보를 취득하는 것은 무죄추정의 원칙에 반한다는 주장, 수형인으로부터 취득한 정보로 데이터베이스를 구축하는 것도 잠재적 범죄자 취급한다는 점에서 무죄추정의 원칙에 반한다는 주장, 특정 범죄에 해당하기만 하면 자동으로 영장이 발부되도록 규정하고 있다면서 영장주의의 정신에 부합하지 않는다는 주장, 재범의 위험성 판단이 모호해서 적법절차 이념에 반한다는 주장 등이다. 이호중, 앞의 논문(주 5), 223쪽.

38　엄주희, "미성년자 연명의료 결정에 관한 소고: 미국에서의 논의를 중심으로", 『법학논총』 제41집, 2018, 6쪽. 설명에 의한 동의권(informed consent)은 치료에 있어서 정당성을 부여하는 권리이지만, 기본적으로 개인정보에 대한 동의권을 행사할 때도 적용될 수 있는 원칙이다.

39　제8조 ③ 제1항과 제2항의 채취동의자가 동의하는 경우에는 영장 없이 디엔에이감식시료를 채취할 수 있다. 이 경우 미리 채취대상자에게 채취를 거부할 수 있음을 고지하고 서면으로 동의를 받아야 한다.

의를 얻기 위해 요구되는 구체적인 절차와 내용은 구체적으로 적시하고 있지 않다.

두 번째, DNA의 채취, 이용, 관리, 변형 등에 관하여 유전자 프라이버시권과 개인정보자기결정권의 권리로부터 공권력에 대하여 필요최소한도 범위 내에서의 수집 의무, 열람 청구·정정 삭제 파기를 요구할 권리, 유전정보의 임의 사용·변형·조작·훼손 금지의 권리, 자기정보관리통제권, 유전자 차별 금지의 권리 등의 적극적인 형태의 권리를 주장할 수 있게 된다. 디엔에이법에는 DNA 수집시나 목적 이외의 사용 등에 있어서 정보 주체가 취할 수 있는 불복 절차 면에서 미흡하게 규정되어 있을 뿐 아니라, 정보 주체가 정정요구하거나 열람을 청구할 수 있는 방안 등이 존재하지 않는다.[40] 디엔에이법에 향후 추가되어야 할 필요한 조항으로, 공권력의 정보 이용 목적이 불분명하거나 법이 정한 취지와 목적에 맞지 않는 부당하고 자의적인 수집일 경우에 자신의 DNA에 관한 정보의 수집, 분석, 처리 등에서 배제·이용중지 및 삭제를 요구할 수 있는 권리, 자신의 DNA 정보를 보유한 정보보유기관을 상대로 본인에 관한 정보에 자유롭게 접근할 수 있게 하고 열람을 청구할 수 있는 권리, 정보 내용이 정확하지 않거나 불완전할 때 정정을 요구할 권리, 정보보유기관이 이상의 권리 요구를 거부할 경우나 의무를 위반하였을 경우 불복 신청 내지 손해배상을 청구할 수 있는 권리 등이다.[41]

해당 사건 결정의 반대의견에서는 영장 절차에서 채취자의 성명, 주소, 채취장소, 청구이유 등을 기재한 청구서를 제출할 때 청구이유에 대한 소명자료를 첨부해야 한다는 조항(제8조 제4항)이 있다는 이유로 정보 주체에게 의견 진술의 절차가 봉쇄되어 있다고 볼 수 없다고 하였으나, 이는 정보 주체에게 부여된 자기정보관리통제의 권리를 고려하지 않은 판단이라고 보여진다.

세 번째, DNA 채취, 수집, 검사로 당사자뿐 아니라 그 가족, 친족들까지 공

---

40 同旨: 서계원, "디엔에이신원확인정보의 이용 및 보호에 관한 법률」의 문제점과 개선방안", 『세계헌법연구』 제16권 2호, 2010, 221-222쪽. 정보열람청구관련 규정이 미비하다는 지적이다.

41 박지용, "환자의 프라이버시 및 정보보호의 법적 근거 고찰", 『한국의료법학회지』 제20권 2호, 2012, 168-169쪽: 오늘날 개인의 프라이버시가 상당 부분 개인정보화 되면서 정보의 형태로 발현됨에 따라 그에 대한 관리와 통제가 중요해진다. 결국 사생활의 비밀과 자유 및 개인정보자기결정권은 방어적이고 소극적인 권리 형태에서 벗어나서 자신에 대한 정보를 자율적으로 결정하고 적극적으로 관리할 수 있는 권리로 나타나게 된다. 헌법 제10조 인간의 존엄과 가치 및 행복추구권에 근거를 두고 있는 일반적 인격권, 제17조 사생활의 비밀과 자유, 제37조 제1항의 열거되지 아니한 기본권 조항 및 대판 1998. 7. 24, 96다42789 등에서 근거를 찾을 수 있다. 공공기관 개인정보보호에 관한 법률(제3조의2 제4항 정보주체의 권리, 제12조 처리정보의 열람, 제14조 정정 및 삭제, 제15조 불복청구 등)에서도 정보주체의 자기정보에 대한 적극적 통제의 권리를 규정하고 있다.

통적으로 신원이 노출된다는 면에서, 동의의 대상자는 본인으로 그치는 것에는 문제의 소지가 있다. 여기서 개인정보자기결정권의 주체로서 본인을 포함한 본인의 가족들까지도 모두 포섭해야 할 필요가 제기된다. 해당 사건 결정에서는 본인의 개인정보결정권만을 판단하였으나 가족, 친족까지 광범위하게 관련 다수의 자기결정권이 침해될 수 있다는 점이 포함될 필요가 있다.[42] 디엔에이법에서는 '개인의 사생활이 침해되지 아니하도록 필요한 시책을 마련해야 한다'(제3조 제1항)라고 원칙을 확인하는 수준의 규정만 있을 뿐이어서, 본인의 동의 없이 친족의 DNA 정보가 검색될 수 있는지 여부에 대한 가이드가 없기 때문에 이에 대한 규율이 필요해 보인다.[43]

2. DNA 수집, 데이터베이스화에 관련한 문제들

(1) DNA 수집 및 데이터베이스화

DNA에서 개인감식정보를 추출하여 이를 데이터베이스로 구축하게 되면, 강력범죄에서 범죄 용의자를 조기에 선별하고 밝혀내는 데 용이하게 되기는 하지만, 한번 수집된 정보는 반영구적으로 보관·활용됨으로 인한 사생활 보호에 위협 요소가 있다.[44] 범죄자의 DNA를 수집, 데이터베이스화해서 분석하는 시도는 많은 나라에서 이루어지고 있다.

국제적으로 DNA 수집에 대한 보호는 UNESCO의 선언으로부터 살펴볼 수 있다. UNESCO는 2003년도에 법의학과 형사절차에서 유전정보를 수집하는 데 대해서 국제인권법에 부합하도록 명시하는 선언을 채택하고 있다.[45] 미국은 50개 주거의 대부분의 주에서 성범죄자(sexual abuse), 모든 중범죄자(felony), 폭력범죄자

---

42 정규원, "법과학의 윤리적·법적 함의", 『법학논총』 32권 4호, 한양대 법학연구소, 2015, 205쪽.

43 2019년 7월 현재 국회에는 권미혁 의원 대표 발의안(의안번호 제16987호, 제안일: 2018.12.3.)과 김병기 의원 대표 발의안(의안번호 제15881호, 제안일: 2018.10.5.) 등 헌법불합치 결정을 받은 영장조항(제8조)에 대해서만 내용을 담은 개정안들이 계류 중이나, 전술한 유전자 프라이버시권의 보호 필요성을 감안하여 채취조항과 삭제조항도 개정되어야 할 필요가 있다.

44 Marco D. Sorani et al, "Genetic Data Sharing and Privacy", Neuroinform 13(2015), p.4.

45 International Declaration on Human Genetic Data 16 October 2003.
Article 12-Collection of biological samples for forensic medicine or in civil, criminal and other legal proceedings: When human genetic data or human proteomic data are collected for the purposes of forensic medicine or in civil, criminal and other legal proceedings, including parentage testing, the collection of biological samples, in vivo or post-mortem, should be made only in accordance with domestic law consistent with the international law of human rights.

(crime of violence)를 대상으로의 DNA 정보를 수집할 수 있게 하는 법제를 가지고 있고, 연방정부가 CODIS(Combined DNA Index System)라는 통합 데이터베이스로 구축, 운영하여 법무부 산하 연방수사국 FBI의 DNA 데이터베이스와 각 주와 지방정부의 자료가 상호연동 시키고 있다.[46] 미 연방 법률은 체포·구속피의자에 대해서도 DNA 신원확인정보를 취득할 수 있도록 규정하고, 약 28개 주의 법률도 체포·구속피의자의 DNA 신원확인정보 취득을 규정하고 있다. 영국은 경찰 및 형사증거법(Police and Criminal Evidence Act 1984, PACE)에 의하여 범죄현장에 대한 수색활동을 통해 인체유래증거물을 발견하거나 범죄혐의가 있는 자로부터 인체유래물을 압수하여 취득할 수 있다.[47] 1991년 4월에는 범죄현장에서 발견된 유체유래물을 통해 범죄를 해결용으로 분석하기 위하여 법과학연구소(Forensic Science Service)가 설립되었다. 1995년에는 세계 최초로 DNA 정보 데이터베이스(NDNAD: National DNA Database)를 구축하였고, 현장증거물과 수형인 내지 구속피의자 데이터베이스의 일치율이 매년 상승하고 2013-2014년에는 61.9%에 달하여 유럽에서 가장 높게 나타나고 있어 범죄자 DNA 데이터베이스 운영이 범죄 해결에 효과적이라고 평가되고 있다.[48]

그런데 데이터베이스로 DNA 정보를 집적·관리하는 데 대해서는 몇 가지 문제 상황을 검토할 필요가 있다. 첫째, 앞에서 소개한 미국의 '골든 스테이트 킬러' 사례에서 살펴보면 수사당국, 미연방수사국 FBI가 가지고 있는 공식적인 범죄자 DNA 데이터베이스가 아니라도, 미국과 같이 소비자 유전자 분석 서비스를 시행하고 있어 일반인 DNA 족보 데이터베이스가 활성화되어 있는 환경에서는 과학수사기법으로 얼마든지 범인의 신원정보를 확인하기가 용이하게 된 것이다. 이에 더하여 데이터베이스화하는 데 대해 다시 생각해볼 요소는 범죄현장 등에서 DNA가 발견되지 않는 경우이다.[49] 범죄현장 등에서 현장증거물로 DNA가 발견되지 않는 경우는 DNA 데이터베이스가 구축되어도 범인을 색출하는 데 별 소용이 없게 된

---

46 조성훈, "DNA확인과 영장주의 - 미국 연방대법원의 Maryland v. King 판결을 중심으로", 『정보법학』 제17권 제2호, 2013, 169쪽.

47 이정념, "형사절차상 유전자정보획득 및 이용에 관한 연구", 『법학논집』 제13권 2호, 이화여대 법학연구소, 2009, 247쪽. 2009년 이후에 영국의 범죄자 DNA 수집과 데이터베이스화에 대해 변화된 법제에 대해서 업데이트가 필요하다.

48 김택수, "디엔에이신원확인정보 데이터베이스의 효용성 강화를 위한 법정책", 『비교형사법연구』 제17권 3호, 2015, 104-105쪽.

49 Laura A. Matejik, ibid. (31), pp.58-59.

다. DNA 식별로 해결할 수 있는 범죄 해결을 위해 감시사회를 구축한다는 비난이나 기본권 침해 요소라는 오명만 남기고,[50] 범죄예방이나 범죄 해결이라는 목적에서는 멀어지는 결과가 나타나게 된다. 셋째 개별적이고 구체적인 혐의가 없는 사람에 대해 미래에 일어날지도 모르는 검증되지 않은 가능성만 가지고 강제적으로 정보를 수집해서 관리해 놓는다는 데 문제요소가 있다.[51] 수형자와 구속피의자라는 특수한 신분에 기초해서 형사처벌 이외에 덧붙여지는 제재라는 점에서 뒤에 살펴볼 무죄추정의 원칙에 반할 소지가 있다.[52]

(2) DNA 정보의 차별 · 왜곡된 사용의 방지 필요

DNA에 담겨있는 유전정보를 포함한 정보가 건강보험이나 고용 분야 등 사회 전반에서 부적절하게 사용되어 사회적 낙인이나 차별을 받게 되는 것을 방지하기 위한 법제적 노력이 2000년대 들어서 미국(2008년 유전정보차별금지법 제정, Genetic Information Non-discrimination Act of 2008)[53], 캐나다(2017년 유전정보차별금지법 제정, Genetic Non-Discrimination Act), 독일(2010년 인간에 대한 유전자검사에 관한 법률 제정, Gesetz über genetische Untersuchungen bei Menschen) 등의 나라에서 행해져 왔다.[54] 법에서 보호하고 있는 유전정보의 범위를 얼마나 넓게 상정하느냐

---

50 Devin Frank, "Privacy, Due Precess and the Computational Turn", 2 Birkbeck L. Rev. 157(2014), p.157.

51 형사소송법상 강제조치는 구체적인 범죄혐의를 전제로 해야 한다는 형사소송법 원칙에 반한다는 지적이 있다. 조성용, "범죄 유전자정보은행의 설립에 관한 법적 고찰-「유전자감식정보의 수집 및 관리에 관한 법률안」을 중심으로", 『고려법학』 제49권, 2007, 1008쪽; Guido Pennings, "Genetic databases and the future of donor anonymity", Human Reproduction, Vol. 34, Issue. 5(May 2019), pp.786-789. 소비자 직접 유전자 검사(DTC)가 활성화되면 헤어진 가족, 친족 관계 찾기, 보조생식술에서 생식세포 기증자 찾기 등에 이용될 때 데이터베이스에 등록해놓지 않은 사람까지 검색, 식별, 연락할 수 있게 되기 때문에 검색당하는 사람에 대한 프라이버시 침해 문제가 발생하기 용이해진다.

52 임석원, "유전자활용에 따른 형사법적 문제점과 개선방안 – 범죄수사를 위한 유전자채취와 활용에 대한 문제점을 중심으로", 『법학연구』 제53권, 2014, 48쪽.

53 Mark Petruniak et al, "The Genetic Information Nondiscrimination Act(GINA): A Civil Rights Victory", EP Magazine(October 2011), p. 15. 1996년부터 2000년대 초반에 걸쳐 유전자 차별 금지 법제화 노력이 계속 이어져 2008년에 조지 부시 대통령 때 마침내 유전자정보차별금지법 (GINA)이 제정되었다. 법안의 통과를 위해 의회의 연설에서는 이 GINA법안에 대해 '새로운 세기의 첫 번째 주요 시민권(first major new civil right bill of new century)'이라는 논평이 있었다.

54 자세한 내용은 다음을 참조: 김한나 · 김소윤, "한국의 인간 유전체 연구에 있어 개인 프라이버시권과 국제 데이터공유원칙 적용의 문제점", 『한국의료법학회지』 제23권 제1호, 2015; Noah Levin, "A Defence of Genetic Discrimination", The Hastings Center Report, Vol. 43, No.

에 따라 DNA 검사 자체가 사회적 차별을 내포하고 있고, 공권력에 의한 범죄자 DNA 수집과 집적에서도 차별적 요소가 포함되거나 예측될 수 있다. 현재 국회에 발의된 생명윤리법 개정안은 소비자가 직접 유전자 검사(DTC)를 의뢰할 때 민간 유전자 검사기관이 질 관리 향상을 위해서 검사서비스 전반에 대한 인증을 의무화 하는 내용을 담고 있다.[55]

Ⅳ. DNA에 적용되는 적법절차원리

적법절차원리는 신체의 자유를 제한하기 위해서 따라야 하는 절차이다. 헌법 제12조 제1항에서 체포, 구속, 압수, 수색, 심문 등은 법률에 의하지 않고는 이루 어질 수 없고, 처벌과 보안처분, 그리고 강제노역에 대해서 법률과 적법한 절차에 따를 것을 명시하고 있다. 적법절차 원리는 신체의 자유에만 적용되는 원리가 아 니라 법치국가원리의 실현원리로서 모든 기본권의 제한에 있어서나, 공권력에 의 해 개인에게 불이익처분이 이루어지는 국가작용 전반에 걸쳐서 모두 적용될 수 있 다. 헌법에 명시하는 경우만이 아니라 실질적으로 신체의 자유를 제한하는 경우도 적법절차 원리가 준수되어야 한다.[56] DNA의 수집, 채취과정에는 신체적 물리력이 행사되고 경미하나마 신체에 대한 불편감을 줄 수 있기 때문에 신체활동의 자유와 신체의 완전성을 훼손할 수 있다는 점에서 실질적으로 신체의 자유를 제한하는 행 위가 된다. 본인의 의사에 반한다고 하더라도 유죄판결 확정된 자나 구속피의자로 부터 DNA 정보를 취득함에 있어서, 범죄예방과 해결을 위해 사용한다는 공익상 의 목적을 가지고 적절한 수단과 방법 및 절차로 제한하고 있는지의 비교 형량하 는 것이 DNA의 채취, 수집 등에 적용되는 적법절차원리의 핵심이다.

1. 무죄추정의 원리와 범죄예방·해결이라는 공익 사이

디엔에이법은 애초에 법무부와 행정안전부가 조두순 사건으로 촉발된 아동 성

4(July-August 2013), pp.38-39. 홍콩의 경우 1999년에 부모가 조현병 진단을 받았던 사실을 근 거로 차별을 받았다고 3명의 공공서비스 분야의 근로자들이 소송을 제기했던 사례를 비롯하여 미국 에서는 유전자 차별과 관련된 수백 개의 판례가 존재한다.

55 의안번호: 2019513, 생명윤리 및 안전에 관한 법률 일부개정법률안, 제안일자: 2019.4.1, 윤일규 의원 대표발의.

56 전광석, 앞의 책(주 22), 327쪽.

폭력과 같은 흉악범 근절을 위해 실효성 있는 대책의 하나로 내놓은 것으로서, 재범 위험성이 높은 흉악범들의 DNA 신원확인정보를 따로 관리하여 범인의 조속한 검거에 활용되도록 하겠다는 취지로 2010년 1월에 제정되어 2010년 7월부터 시행되었다.[57] 흉악범들의 경우 초범이 아닌 경우가 많기 때문에 살인, 강도, 방화, 절도, 강간, 조직폭력 등 강력 범죄로 형이 확정된 수형자나 관련 혐의로 구속된 피의자들의 DNA 채취로 얻은 정보를 데이터베이스로 구축하여, 이 정보로 신원을 확인함으로써 수사와 재판에 활용한다는 것이다. 강력범죄자 또는 테러범죄 수사에 특히 더 유용하다고 주장되기도 한다. 즉 테러범이 일종의 확신범으로서 형벌의 교육적 효과를 기대하기 어렵고 재범의 위험도 높을 뿐 아니라 국제적인 조직망을 가지고 움직이면서 범죄 발생시 인적·물적으로 막대한 피해를 유발한다는 특성 때문에, DNA 신원확인정보를 수집, 관리하여 테러범죄 피의자의 신원확인을 위해서 검사나 판사의 허가를 받아 최후의 수단으로 사용되게 할 필요가 있다는 것이다.[58]

무죄추정의 원칙은 형사피고인이 유죄의 판결이 확정될 때까지 무죄로 추정된다는(헌법 제27조 제4항) 규정에 근거한다. 구속피의자, 피고인, 미결구금된 수용자에게 무죄추정의 원칙은 당연히 인정되겠으나, 수형인에게도 무죄추정의 원칙이 어떻게 작동할 수 있는지가 고려되어야 한다. 장래의 불확실한 범죄 가능성으로 인해서 DNA 채취의 방법으로 잠재적 범죄자의 반열에서 관리되는 것이 무죄추정의 원칙에 반할 소지가 있기 때문이다.

해당 사건에서 헌법재판소는 디엔에이법에서의 적법절차원칙에 대해 판단할 때 목적의 정당성, 수단의 적합성, 피해의 최소성, 법익의 균형성을 고려하여 무죄추정의 원칙을 완화할 수 있는지를 검토하였다.[59] 현재 디엔에이법(제5조)과 해당 사건은 재범의 가능성은 전혀 고려하지 않고 주거침입 등 비교적 경미한 범죄까지 상습성과 집단성을 이유로 DNA를 수집할 수 있는 대상범죄로 삼은 것은 피해의 최소성 관점에서 문제가 있다.[60] 따라서 재범의 위험성에 대한 예측을 명시한 규정

---

57 디엔에이신원정보의 이용 및 보호에 관한 법률[시행 2010.7.26. 법률 제9944호, 2010.1.25. 제정].

58 한제희, "테러범죄에 대한 수사 관련 입법방향", 『한국테러회보』 제4권 제2호, 2011, 63쪽.

59 헌재 2014.8.28., 2011헌마28 결정에서도 동일하게 무죄추정의 원칙을 검토하는 것이 해당 사건(헌재 2018.8.30., 2016헌마344 결정)의 판단의 전제가 되었는데, 별다른 논증 없이 피해의 최소성과 법익의 균형성까지 모두 인정하였다.

60 同旨: 이성대, "디엔에이신원확인정보의 형사상 활용에 따른 법률적 문제점과 개선방안 -미국의 CODIS 등 외국의 활용현황에 대한 고려를 기반으로", 『미국헌법연구』 제27권 2호, 2016, 214-218쪽 등에서 DNA 채취대상 범죄의 종류가 지나치게 넓다는 점을 지적한다. 그리고 피해의 최소성에

과 데이터베이스의 수록기간을 단축시키고 정보 삭제가 용이하게 되도록 하는 규정을 마련할 필요가 있다.[61]

2. 영장절차에서의 엄격성과 당사자 구제절차

DNA샘플을 채취하고 수집하는 행위가 대상자에게 다소간 불편감을 주고 신체에 대한 물리적 강제력이 사용된다는 점, 한번 수집된 DNA는 반영구적으로 보관 관리된다는 이유로 인해 DNA의 수집부터 보관, 이용, 폐기에 이르기까지 일련의 행위에는 절차적 정당성을 요구한다. 정보 주체의 동의가 없을 때에는 검사의 청구에 의하여 법원이 발부한 영장을 발부받아 DNA 수집이 가능하도록 하고 있는데, 영장 발부의 요건으로서 재범의 위험성과 같은 실체적인 요건을 요구하고 있지 않기 때문에 디엔에이법 제5조, 제6조상의 청구이유 및 청구이유에 대한 소명 자료 첨부 등 형식적 요건만 충족되면 영장이 발부될 수 있다는 점에서 영장주의가 유명무실해진다는 문제가 있다.[62] 또한 수형인의 경우 일단 디엔에이신원확인정보가 데이터베이스에 수록되면 사망시까지 보관되고, 삭제할 수 있는 다른 사유나 방법이 없다는 점, DNA 감식방법에 대해 제2조 정의조항 이외에는 별다른 규정이 없어 감식을 이유로 다양한 DNA 검사가 가능할 수도 있다는 점, DNA감식시료 채취 후 DNA 감식 시에 개인식별정보 이외에 유전정보까지 분석하거나 수집한 경우에 대해 제재가 없다는 점[63], DNA 정보 유출 등의 피해에 대한 구제 방법이나 절차도 명시하지 않고 있다는 점에서 절차상의 적법성뿐 아니라 실체적 내용의 합리성과 정당성을 요구하는 적법절차상의 문제가 있다.

반하지 않기 위해서는 범죄의 범위를 다음의 기준을 제시한다. 법적 평화를 심각하게 교란하거나 일반인의 법감정을 현저하게 침해하는 높은 불법 내용을 지닌 범죄(중대성), 통계적으로 재범의 위험성이 높은 범죄(재범성), 전형적으로 개인을 식별하는 데 적합한 검체를 남길 개연성이 있는 범죄(적합성)이 그것이다. 조성용, 앞의 논문(주 51) 1004–1011쪽.

61 김택수, 앞의 논문(주 48), 110–111쪽 등. 데이터베이스 운용실태를 분석한 조사를 보면, 우리나라 범죄자 DNA 데이터베이스 사이즈는 매년 증가하는 데 비해 미해결건수는 그대로 유지되고 있고, 현장증거물과 수형인 또는 구속피의자 데이터베이스의 일치 건수도 해마다 감소하고 있다. 그 이유는 현장증거물 정보의 수록 건수 증가에 비하여 구속피의자 또는 수형인의 데이터베이스의 증가폭이 낮다는 이유, 그리고 데이터베이스에 수록된 신원확인정보 중 재범의 가능성이 없는 정보가 상당수라는 점을 들고 있다.

62 이호중, 앞의 논문(주 5), 246쪽.

63 제16조 벌칙규정에 의하면 디엔에이신원확인정보를 거짓으로 작성하거나 변개한 경우, 인멸, 은닉, 손상 등의 경우, 디엔에이감식시료나 디엔에이신원확인정보를 업무 목적 외에 사용하거나 타인에게 제공, 누설한 경우만 처벌규정을 두고 있다.

해당 사건 결정의 반대의견에서는 대상자에게 구속영장 청구 시와 같은 엄격한 절차적 권리를 보장하거나 구제절차를 두어야 하는 것은 아니라고 하였으나 영장 절차를 두고 있는 이유가 공익상의 필요와 당사자 기본권을 형량하여 합리적 사유가 있을 때에만 정당한 절차로서 당사자의 기본권 침해의 피해를 최소화하려는 것이라는 영장 절차의 근본 취지를 감안하여야 한다. 앞서 살펴봤듯이, 유전자 프라이버시로서 특별히 보호되어야 하는 DNA의 기본권적 지위와 한번 수집·보관되면 거의 사망 시까지 잠재적 범죄자로서 데이터베이스화되어 관리되는 점에 비해서, 영장절차상 당사자의 진술권이 미흡하고 불복절차나 사후구제도 없다는 점에서 법익균형성에 반하여 과잉금지원칙 위반이라고 본 법정의견이 타당하다고 보여진다.

V. 결론

과학기술의 발전과 함께 DNA 연구도 지속적으로 발달하면서 이제까지 신원확인용으로 사용할 뿐 생물학적으로 의미 없다고 여겨졌던 junk DNA 부분의 잠재력을 재조명하는 시각과 개인의 의학적 정보를 밝히는 데 이용될 수 있다는 위험성에 대해서도 많은 다양한 시각과 가능성이 존재하고 있다.[64] DNA는 개인을 식별할 수 있는 신원확인 도구로서의 기능뿐 아니라, 일단 유출되면 프라이버시의 침해를 돌이킬 수 없게 되는 파급력을 보유함과 동시에, 인간으로 재창조할 수 있는 플랫폼으로 존재의 의미를 감안하여 인격권과 사생활의 비밀과 자유, 개인정보 자기결정권의 내용을 포함하는 유전자 프라이버시권이 독립적으로 인정될 필요가 있다. 디엔에이법도 개인식별정보로서의 디엔에이신원확인정보의 수집만의 문제가 아니라, DNA 수집으로 인해 발생하는 DNA 보호 가치의 침해까지 규율해야 한다는 점을 감안하여 이번 헌법재판소 결정을 계기로 DNA와 유전자에 대한 기본권 보호가 충실히 이루어질 수 있을지를 각 조항들의 면밀한 검토가 통해 재점검 하는 것이 필요하다고 생각된다. 개개인이 자유롭게 흘리고 노출하는 DNA 정보들이 결과적으로 사회적 빅데이터를 형성하는 문제는 변론으로 하고, 기본권 보호를 위한 제도적 설계와 법 적용 측면에서는 유전자 프라이버시가 충실히 보호되도록

---

64 Ronald J. Rychlak, "DNA Fingerprinting, Genetic Information, and Privacy Interests", 48 Tex. Tech L. Rev. 245(2015), p.258; Simon A. Cole, "Is the 'Junk' DNA Designation Bank?", 102 NW. U. L. REV. 54(2007), pp.56~57.

해야 함과 동시에 실체적 진실 발견을 통한 범죄 해결과 정의 실현의 공익도 보호
될 수 있도록 법 조항들을 설계해 가는 노력이 필요하다고 판단된다.

◆ 『저스티스』 통권 제173호, 2019, 435-359쪽

제5장
첨단 과학과
생명 이슈들

제1절 4차 산업혁명 시대의 과학기술 발전에 따른 공법적 과제
- 신경과학의 발전과 기본권 보호의 지형 -

Ⅰ. 서론

뇌신경과학[1] 연구는 뇌를 포함한 신경계를 연구의 대상으로 하여 인간 두뇌의 기능과 작용에 관해 탐구해가며 인간의 양심, 마음, 영혼, 지력, 감정 등 인간의 내면과 인간됨의 본질에 관해 재고하게 만들었다. 현대의 뇌신경과학 연구 영역은 신경을 주제로 하여 생물학, 심리학, 컴퓨터과학, 공학, 인지과학 등의 학문으로 넓게 분포하면서, 철학, 인류학, 인류학 등의 인간의 내면과 연관된 학문 분야들까지 확장되어 있다. 미국과 EU의 대규모 뇌과학 연구 프로젝트인 브레인 이니셔티브(BRAIN Initiative)는 최근 세계에서 가장 많은 투자를 받은 분야이다.[2] 또한 뇌신경과학은 4차 산업혁명 시대에 가장 유망한 기술 중 하나로 꼽힌다. 4차 산업혁명은 모든 사물이 인터넷으로 연결되고 인공지능과 빅데이터 기술을 통해 여러 정보가 서로 융합되어 일어나는 변화를 가리킨다. 4차 산업혁명이라는 용어는 2016년 다보스포럼에서 이 포럼의 운영자인 클라우스 슈밥(Klaus Schwab)이 사용하면서 화두가 되어[3], 현재 우리나라에는 '대통령 직속 4차 산업혁명 위원회'가 만들어질 정도로 국가전략과 정부 정책에 영향력을 발휘하고 있다. 당초 클라우스 슈밥이 4차 산업혁명이라는 용어를 사용할 당시에는, 사물인터넷(IoT)을 적극적으로 활용하여 산업생산의 자동화와 효율화를 극대화한 것을 의미하는 독일의 '인더스트리 4.0' 개념을 확대한다는 의미로 사용한 것으로 알려져 있다.[4] 여기에 더하

---

1 본고에서 사용하는 뇌신경과학과 신경과학이라는 용어는 동일하게 Neuroscience라는 학문적 명칭을 의미한다. 신경계의 일부인 뇌를 강조하는 뇌과학이라는 용어도 자주 사용되는데, 신경과학의 일부이다. "뇌과학과 신경과학", 한국일보, 2019.11.9. 일자.
   (https://www.hankookilbo.com/News/Read/201911081435397766 검색일자: 2019.12.10.)
2 엄주희, "국가윤리위원회의 법적 지위와 뇌신경윤리 활동 : 뇌신경윤리 거버넌스에 관한 시사점", 『법과 정책』, 2019, 175쪽; 미국의 브레인 이니셔티브(BRAIN Initiative에서 BRAIN은 혁신적 신경과학 기술 발전을 통한 뇌 연구 Brain Reaserch through Advancing Innovative Neurotechnologies의 줄임말)의 경우 2014년부터 2025년까지 12년간 매년 5천억원 가량을 투자하는 대규모 뇌신경과학 연구 프로젝트이다.
3 『인공지능과 포스트휴먼 사회의 규범1-제4차 산업혁명과 새로운 사회 윤리』, 아카넷, 2017, 102-103쪽.
4 클라우스 슈밥 지음, 송경진 역, 『클라우스 슈밥의 제4차 산업혁명』, 메가스터디, 2016. 클라우스

여 현재 4차 산업혁명의 의미는 뇌신경과학기술을 비롯한 바이오 기술(BT), 정보통신기술(ICT), 나노기술 등과 접목·융합하면서 인간과 기계의 경계가 허물어지고 증강된 인간의 모습을 그리는 트랜스 휴먼, 더 나아가 포스트휴먼으로 전망되는 신인류의 탄생까지도 예측되기도 한다.5 디지털 트랜스포메이션 내지 디지털 전환이라고 불리는 디지털화의 물결은 이러한 변화를 가속화시킬 수 있는 환경적 토양을 제공하고 있다. 인공지능, 블록체인, 빅데이터 기술 등 4차 산업혁명의 핵심 기술들의 융합과 디지털 플랫폼 산업의 발전, 바이오와 정보통신기술의 융복합 현상, 이러한 기술들이 초연결사회로 이어지는 디지털 트랜스포메이션은 뇌신경과학기술과 조우하면서 국가·사회적으로도 거버넌스 형성을 촉구하고 있다. 이러한 배경 속에서 뇌신경과학에 관련한 윤리는 인간 행위, 자유와 선택, 합리성 등 인간의 본성과 존재에 대한 새로운 이해를 제공하면서 생명윤리나 응용윤리와는 다른 특화된 독자성과 특수성이 있는 영역으로 인정되어야 할 필요성이 제기된다. 이로써 신경윤리(Neuroethics)라는 학문으로 발전하면서 철학, 윤리, 법적 측면에서의 연구 논의가 2002년을 기점으로 계속되어 왔다.6 본고에서는 뇌신경과학기술이 4차 산업혁명 시대에 실생활에 적용되는 양상을 살펴보면서, 신경윤리에서도 충분히 논의되지 않았던 공법학의 관점에서 뇌신경과학기술의 문제들을 찾아보고자 한다. 즉 뇌신경과학의 발전이 기존 헌법 체계상 기본권 질서에 문제가 될 수

슈밥은 제4차 산업혁명의 방법론으로 뇌신경과학기술 이외에도 체내 삽입형 기기, 웨어러블 인터넷, 유비쿼터스 컴퓨팅, 사물인터넷, 스마트시티, 자율주행자동차, 인공지능, 로봇공학, 비트코인과 블록체인, 3D 프린팅, 맞춤형 아기 등을 들고 있다.

5 이종관, 『포스트휴먼이 온다』, 사월의 책, 2017, 28-34쪽; 트랜스휴머니즘은 최첨단 과학기술을 이용해 사람의 정신적, 육체적 성질과 능력을 개선하려는 지적, 문화적 운동이다. 트랜스휴머니즘은 인간 증강(또는 인간 향상, 인간 강화로도 지칭한다)과 동의어로도 쓰이면서 가치적 논쟁과 윤리적 담론을 일으켜왔다. 인공지능, 나노기술, 바이오기술, 정보통신기술, 인지과학 등이 융합되어 새롭게 재창조된 인간 존재를 트랜스휴먼이라고 지칭할 수 있으며, 1998년 옥스퍼드의 철학자 닉 보스트롬의 주도로 세계 트랜스휴머니스트 협회(WTA)가 결성되면서 본격 등장했다. 닉 보스트롬, 레이 커즈와일과 같은 트랜스휴머니즘의 지지자들은 인류가 더 확장된 능력을 갖춘 존재로 자신들을 변형시킬 것이라고 예언하면서, 2050년쯤에는 본격적인 포스트휴먼이 도래할 것으로 예측하기도 한다. 포스트휴먼은 인간의 생물학적 몸은 도태되고 최첨단 기술에 의해 성능이 증강된 이후의 존재자이다.

6 Neuroethics(신경윤리 내지 뇌신경윤리로 지칭한다)는 2002년 다나 파운데이션(Dana Foundation)의 회장인 윌리엄 새피어(William Safire)가 뉴욕타임즈에 글을 기고하면서 처음 사용되었다고 알려져 있다. 2002년 5월 샌프란시스코에서 열린 신경윤리 컨퍼런스는 신경윤리가 새로운 학문의 분과로 정립되는 랜드마크가 되었는데, 이 컨퍼런스의 조직위원회는 신경윤리(Neuroethics)를 '뇌에 관한 과학적 발견이 임상 의학, 법적 해석, 보건의료와 정책에 가져오는 윤리적, 법적, 사회적 질문을 탐구하는 학문'이라고 소개하였다. Steven J. Marcus (Editor), Neuroethics; Mapping the Field, Conference proceedings, May 13-14 2002. San Francisco, California.

있는 지점들을 검토한다. 기존의 기본권 질서에서 일어나는 쟁점들을 일괄하고, 인지적 자유권이라는 새로운 기본권으로서 보호의 필요성을 구명(究明)한다. 이로써 뇌신경과학기술이 신경윤리를 넘어 법학에 주는 영향력이자 신경과학기술과 법학의 상호 교차점으로서 향후 뇌신경법학[7]으로 발전해 나아갈 토대와 기반을 모색한다.

II. 4차 산업혁명 시대의 신경과학기술 발전 양상

2017년 테슬라 모터스(Tesla Motors)의 CEO인 엘런 머스크가 설립한 뉴럴 링크(Neural Link)는 인간의 뇌에 있는 데이터를 사이버 공간에 업로드, 다운로드하는 기술을 연구하겠다고 발표하였다.[8] 신경과학의 발전은 과학기술의 진화가 인간 외적인 환경의 변화만이 아닌 인간에게도 직접 적용되는 시대가 도래하고 있음을 예고한다. 사물인터넷, 클라우드, 인공지능 등 4차 산업혁명의 핵심인 지능정보통신기술을 비롯하여, 뇌신경과학 기술과 함께 공학기술, 생의학 그리고 의료기기를 포함하는 바이오기술이 서로 융합한다. 이러한 현상은 뇌와 외부물질이 융합되는 가능성을 열어놓으면서 연구개발 혁신의 플랫폼이 사물이 아닌 사람 그 자체가 되고 있다. 이러한 과학기술의 발전은 기존의 법제도의 토대를 이루고 있는 사람의 정체성도 변화시킬 수 있는 가능성을 가지고 전통적인 법 이론이나 해석에도 도전을 가한다.[9] 4차 산업혁명과 동일한 의미의 용어로 또는 동일한 기술적 변혁을 의미하기도 하는 디지털 전환 내지 디지털 트랜스포메이션(Digital transformation)은 디지털 기술이 바탕이 된 전환 내지 변화를 말한다.[10] 디지털 트랜스포메이션은 뇌신경과학기술, 바이오기술, 정보통신기술의 융합을 더 가속화하는 환경이 된다.[11]

---

7 뇌신경법학(neurolaw)은 학자에 따라서 뇌법 내지 신경법이라고 번역하기도 하는데, 뇌과학 관련 법(law and neuroscience)이기 때문에 뇌법이라는 용어로 사용하다고 설명한다(예컨대, "이인영, 뇌법 뇌거버넌스에서의 신경윤리 논의, [뉴로 사이언스(neuro science)의 발전과 윤리·법적 이슈] 자료집, 2019.12.13., 40-41쪽"). 필자는 신경과학과 법학의 상관관계를 통하여 자유의지, 양심, 프라이버시 등 법학의 기초를 위한 개념들을 비롯하여 공법, 형사법, 민사법 등 법률 체계를 새롭게 정립하는 학제 간 연구이자 학문 영역이라는 점을 강조하고자 뇌신경법학 내지 신경법학이라는 용어를 사용한다.

8 연합뉴스, "머스크, 인간 뇌와 컴퓨터 연결하는 '뉴럴링크' 설립", 2017년 3월 28일자.

9 Merkel R, Neurolaw: Introduction, in J. Clausen, N. Levy(eds.), Handbook of Neuroethics (Ⅲ), Springer, Berlin, 2015, pp.1269-1271

10 장훈, "디지털 전환과 노동의 미래", 『과학기술정책』 제27권 제11호, 2017.11, 10쪽.

1. 인간과 과학기술의 공진화

신경과학기술은 인간과 함께 공존할 뿐 아니라 인간의 능력을 증폭, 증강시키면서 함께 진화하고 있다. 인간과 기계의 경계가 사라지면서, 인간이 단순히 진화과정을 거치는 존재라는 개념이 해체되고 인간과 비인간, 내지 인간과 이질적인것이 더불어 공진화(coevolution)하는 시대가 열리고 있다.[12] 인간과 기계의 공진화를 유발하는 신경과학기술 연구의 현황을 보면 다음과 같다.[13]

첫째. 항정신신병제, 조울증에 쓰이는 리튬, 주의력결핍과잉행동장애(ADHD)에 사용되는 리탈린과 암페타민, 우울증 치료제인 선택세로토닌흡수억제제(SSRI: selective serotonin reabsorption inhibitor), 수면장애 치료약물로 모다피닐(modafinil) 등의 약물로서 약리학적 방법으로 뇌를 직접적, 간접적으로 조작하는 연구가 있다.[14] 치료약물로 개발되었지만 정상인에게도 효과를 나타내면서 치료 이상의 목적 즉, 뇌의 기능 향상을 기대되고 있다. 이러한 약물들은 1) 수면, 잠, 성 등의 자율기능을 조절하고 향상시키는 작용, 2) 부정적인 감정을 완화시키고 행복감, 친화적 행동과 같은 긍정적인 감정을 유지, 향상시키는 정서 기능, 3) 주의력, 지각력, 기억력 등의 인지 기능을 향상시키는 작용에 관여할 수 있다.[15]

둘째, 2011년에 영국과 벨기에 연구팀이 뇌파를 측정해 식물상태 환자와 의사소통을 할 수 있다는 연구결과가 발표되었다. 식물상태 환자 16명에게 손과 발의 움직임을 상상하라고 하자 그들 중 3명에게서 정상인과 비슷한 형태의 뇌파 반응이 나타났던 것이다. 이와같이 뇌의 반응을 이용해 외부와 의사소통을 할 수 있게 돕는 기술이 BCI(Brain-Computer interface)는 BMI(Brain-machine interface)로 불리는 뇌- 컴퓨터 접속이다.[16] 향후 몇 년 이내에는 환자의 뇌신경과 인터페이스 할 수 있는 휴머노이드 로봇을 연결함으로써 사지마비 환자의 의사소통과 이동성

---

11 Stahl BC, Akintoye S, Fothergill BT, Guerrero M, Knight W and Ulnicane I, Beyond Research Ethics: Dialogues in Neuro-ICT Research, Front. Hum. Neurosci. 13 : 105, 2019, p.2.

12 김응준, "포스트휴먼 유토피아? - 공진화와 탈진화 사이의 포스트휴먼 인류", 『인문과학』 제58집, 2015, 342-345쪽.

13 차두원, 『인간과 기계의 새로운 관계 - 빅블러 시대의 퍼스털 트랜스포메이션』, 한국정보화진흥원, 2019, 24-28쪽.

14 닐 레비, 『신경인문 연구회 옮김, 신경윤리학이란 무엇인가 - 뇌과학, 인간 윤리의 무게를 재다』, 바다출판사, 105쪽.

15 이상헌, 『융합시대의 기술윤리』, 생각의 나무, 2012, 139-142쪽.

16 임창환, 『뇌를 바꾼 공학 공학을 바꾼 뇌』, MID(엠아이디), 2015, 42-63쪽.

을 도울 수 있는 데까지 발전할 것으로 전망되고 있다. 영화 〈써로게이트〉에서처럼 뇌파만을 이용해서 아바타를 조정하는 것은 현재 기술력으로는 불가능하지만, 신경재활(neurorehabilitation)이라고 불리는 재활의학의 한 분야로 뇌가소성을 이용해 뇌졸중 등 환자의 재활 훈련에 활용하는 연구로 발전하고 있다.

셋째, 뇌 심부에 전기 자극을 해주는 뇌심부 자극술(DBS: Deep brain stimulation), 외과적인 처치가 필요하지 않은 비침습적인 방법들로 경두개자기자극술(TMS: Transcranial Magnetic Stimulation), 경두개직류(교류)자극술(tDCS or tACS: Transcranial Direct or Alternative-current Stimulation)과 같은 신경 조절 (neural modulation) 기술은 수술을 하거나 약을 복용하지 않아도 뇌의 병을 치료하거나 뇌의 기능을 조절할 수 있게 해준다.[17] 신경조절 기술들은 웨어러블 디바이스 형태로 상품화되어 시판될 수 있다. 우울증, 조현병과 같은 뇌질환의 치료, 금연 요법, 뇌신경 관련 질병 예방, 인지 증강 등을 위하여 웨어러블 디바이스, 스마트아파트, 스마트시티에도 적용될 것으로 전망된다.

넷째, 2006년 미국 샌디에이고의 노라이(No-Lie) MRI라는 회사가 설립되었는데 MRI 자기공명영상으로 고객의 진실을 증명하는 기술을 구현하는 회사이다. 사람은 거짓말을 할 수 있지만 뇌는 거짓말을 못한다고 주장하면서, 거짓말탐지기에 뇌의 반응을 이용하기 시작한 것은 1991년 미국 일리노이주립대의 로렌스 페웰 박사가 뇌 지문이라는 개념을 제안하면서부터 시작되었다. 미국의 CIA 같은 정보기관에서 테러리스트를 가려내는 데 비공개적으로 사용하고 있다고 알려진다.[18] fMRI (functional magnetic resonance imaging), PET(positron emission tomography), CT(computer tomography) 등의 뇌 영상 기술은 질병의 진단용, 거짓말 탐지용 기술 뿐 아니라 마음 읽기 기술로 발전하고 있다. 즉 누군가의 성향과 미래의 정신질환 발병률과 행동까지 예측해낼 수 있다는 실증적인 연구로 발전하고 있다.[19]

이외에도 기억력 회복과 개선을 위한 연구로 미국방부 고등기술연구원(DARPA)의 활동성기억회복 프로그램, 인간의 시각과 뇌의 상호작용을 모방한 뉴로모빅(neuromorphic) 이미지 센서로 배터리 사용부터 로봇공학에 활용하는 연구[20], 자동

---

17 임창환, 앞의 책, 195-200쪽; 뇌에 약한 직류 전류를 흘려주는 tDCS 라는 기계를 이용하면 뇌의 특정 부위의 활성도를 높이거나 늦출 수 있어 기억력이 좋아지거나 계산을 더 잘할 수 있게 만든다.
18 임창환, 앞의 책, 142-144쪽.
19 송민령, 『송민령의 뇌과학 연구소- 세상과 소통하는 뇌과학 이야기』, 동아시아, 2017, 262-263쪽.
20 임창환, 『바이오닉맨 인간을 공학하다』, MID(엠아이디), 2018, 205-206쪽.

차 산업에서 운전자가 주행 중에 잠들면 자동차의 주행을 멈추도록 운전자의 주의력과 의식을 모니터링 하는 시스템 등으로 국민들 실생활에 적용할 수 있는 다양한 기술들이 연구 개발되고 있다.[21]

2. 생활 속의 신경과학, 4차 산업혁명의 생활화

4차 산업혁명은 기술적으로는 디지털 전환기의 특징 즉, 비대면화, 탈경계화, 초고도의 소비자맞춤형, 서비스화, 실시간화의 5가지 물결[22]을 보여준다. 디지털 전환기가 우리 사회와 가족생활 가져오는 변화를 보면 다음과 같다.

첫 번째, 비대면화(Untact)는 사람을 직접 만나지 않아도 되도록 비대면화를 가능하게 해주는 기술들(untact technology)의 발달이다. 가족생활에 필요한 국가 행정 인프라들과 가정 내외의 각종 도구들이 비대면 서비스로 대체될 수 있다.

두 번째, 탈경계화(Borderless)는 기업, 사업 등의 전통적인 영역이 붕괴되고 융합되는 현상이다. 제조업, 금융업, IT산업, 헬스케어 산업 등이 융합되고 있는데, 예컨대 뇌파분석과 뇌분석을 통해 뉴로마케팅 실행하는 기업들이 설문조사, 인지신경과학, 시선 추적 등 실험을 통해서 어느 부분에서 가장 강한 뇌반응을 보이는지 무의식과 잠재의식을 분석하여 광고, 브랜드에 활용하여 성공한 사례들이 늘어나고 있다.[23] 가족생활에 필요한 공공 사회서비스들도 탈경계화되면서 사기업들과의 공조가 더 필요해질 것이다. 혼인과 가족생활 유지에 필요한 사회적 인프라를 구축하고 발전시키기 위해서 정부 입장에서도 공평 타당한 사업과 예산 집행에 대해 더 고민할 수밖에 없어진다.

세 번째, 초고도 소비자 맞춤형(Hyper-Customization)은 개개인의 취향, 감정, 성향, 기호 등에 완벽하게 만족시키려는 경향이다. 포스트 게놈 시대를 맞아 유전자 분석, 검사를 기반으로 하는 맞춤형 정밀의료의 실현이 빅데이터를 통한 초맞

---

21 클라우스 슈밥, 앞의 책(각주 4), 250쪽, 뇌신경과학기술 연구 현황에 대하여 필자의 또다른 설명은 다음과 같다. 엄주희, "뇌신경과학 연구에서의 연구대상자 보호: 인격주의 생명윤리적 고찰", 『인격주의 생명윤리』 제9권 제2호, 2019, 93~97쪽.

22 김광석, 『경제 읽어주는 남자의 디지털 경제지도 – 디지털 트랜스포메이션 현장을 가다』, 지식노마드, 2019, 54~66쪽; 이 책의 저자가 디지털 트랜스포메이션의 특징으로 제시한 5가지 내용들을 차용하여 본고에 4차 산업혁명 환경에서 신경과학의 발전으로 변화되는 생활상을 그려보았다.

23 Micah L. Berman, Manipulative Marketing and the First Amendment, 103 Geo. L.J. 497 ; (2015) p.55. 우리나라의 기업 중에도 치토스, 나이키, 기아 K7 등 상품의 제조업과 소비재 기업 등의 광고 마케팅에서 뉴로마케팅을 실행한 사례들을 심심치 않게 찾아볼 수 있다.

춤형으로 구현될 수 있다. 가족생활이 출생 단계에서부터 유전자 분석 검사, 편집, 치료에 기반하여 맞춤형 아기(designer babies) 출생[24], 맞춤형 치료[25]와 돌봄, 맞춤형 교육도 가능해 진다. 엔터테인먼트도 아날로그 방식의 TV가 아닌 구독버튼을 누르는 유튜브 채널 등으로 초고도 소비자 맞춤형이 가능하다. 가족생활에서 각종 빅데이터화 된 정보들을 기반으로 출생에서 죽음까지 맞춤형 서비스를 제공받을 수 있게 되는 혜택과 더불어, 가장 내밀한 영역의 사생활의 침해나 감시 사회의 위험은 항상 공존하게 된다.

네 번째, 서비스화(Servicitization)는 제품과 서비스가 통합되어 제공되는 것이다. 자율주행자동차에 의해서 달리는 차 안에서도 업무와 가능한 모바일 생활공간으로 만들어 줄 수 있고, 스마트홈 서비스를 제공하는 주거 환경이 보편화된다. 신경과학기술과 사물인터넷(IoT)기술이 접목한 각종 스마트 기기들을 통해 의료서비스가 제공될 수 있다. 신경과학기술이 상용화되어 뇌파의 측정과 조절로 수면장애, 우울증, 두통 등 각종 인지 질환을 치료하는 뉴로피드백이 이용될 수 있다.[26] 이러한 기술들은 실시간으로 심전도 측정 등의 웨어러블 디바이스들로 스마트홈, 스마트 아파트에도 적용될 수 있다.

다섯 번째, 실시간화(Real time)는 데이터가 입력과 동시에 즉시 처리되는 일련의 작업 방식인데, 사물인터넷, 센서, 빅데이터 기술들이 실시간화를 주도하고 있다.[27] 예컨대 스마트공장, 스마트아파트, 스마트시티, 자율주행자동차, 스마트 병원과 같이 5G, AI, 신경과학 기술들이 적용될 수 있는 하드웨어들이 발달하고, 가사도우미 로봇, 치료 보조 로봇 등 신경과학기술이 적용될 수 있는 휴머노이드도 발전한다. 이러한 기술들로서 전통적으로 가족이 수행해왔던 가족 구성원의 돌

---

24 "영국, '치료용 맞춤아기' 세계 최초로 합법화", 매일경제, 2008.5.22.

25 표경호, "머신러닝을 활용한 항암신약개발 현황과 향후 전망 – 인공지능과 의학의 결합", 『Bric View』 2019-T32, 1-3쪽. 신약개발 분야에도 머신러닝 기반의 인공지능 분석을 이용하여 질환의 진단, 치료 과정에 있어 표적화된 환자 맞춤형 치료가 가능하도록 개발되고 있다.

26 강남세브란스병원 정신건강의학과, 검사 치료– 뉴로피드백(Neurofeedback) 인지학습치료 프로그램 http://gs.iseverance.com/dept_clinic/department/psychiatry/treatment/view.asp?con_no=47574&page=1&SearchField=&SearchWord= ; 서울대학교 어린이병원, 뉴로피드백클리닉 https://child.snuh.org/m/reservation/clinic/KC159/clinicInfo.do(검색일자: 2019년 12월 1일). 뉴로피드백은 뇌파를 분석하여 두뇌 기능 상태를 평가하고, 주의력결핍 과잉행동장애(ADHD), 학습장애, 수면장애, 우울증, 불안장애, 분노조절, 각종 중독 및 스트레스 장애의 진단과 치료에 사용되는 비약물치료방법으로 임상에서 활발히 활용되고 있다.

27 Mart Andrejevic and Mak Burdon, Defining the Sensor Society, Television & New Media, Vol. 16(1) 19-36 (2015).

봄의 기능과 역할이 공공 보건의료 서비스나 사기업 영역으로 넘어가게 되면서, 가족 구성원 자체와 구성원들의 역할에도 상당 부분 영향을 미치게 된다.[28]

디지털화된 사회 환경과 신경과학기술 발전의 파동이 아직은 멀리 남은 미래의 일로 보일지라도, 전통적인 가족의 모습과 가족의 관계는 구조적으로나 현상적으로도 필연적인 변화가 예상된다. 출생에서 죽음의 모습까지 전 생애에 걸쳐 삶을 변화시키는 4차 산업혁명과 디지털 전환기의 환경에서 전통적인 헌법 관념이나 이론적 해석만으로 국민의 기본권 보호에 충분하지 않다고 보여 진다.

III. 신경과학기술과 기본권과의 연관성[29]

기본권으로 보호하는 신체의 자유는 신체의 생리적 기능이나 외형이 외부의 물리적인 힘이나 심리·정신적인 압박에 의해 훼손되거나 침해되지 아니할 자유이며 임의대로 신체 활동을 할 수 자유를 의미한다. 공권력이나 제3자가 뇌신경과학기술로서 어떤 대상의 의지와는 무관하게 또는 의지에 반하여 그 사람의 신체 활동을 조작하거나 움직인다면 신체의 자유의 침해가 될 수 있다. 한 사람의 생각이나 기억도 신체의 일부분으로 보거나 정신과 신체를 일체로 취급할 경우, 생각이나 기억을 삭제 또는 삽입하는 것도 신체의 자유의 침해라고 할 수 있을 것이다.[30] 그런데 뇌신경과학기술로 정신, 마음, 생각, 성격, 성향의 변화 등 내면의 변화를 유발하여 한 개인의 정체성과 인격 전체를 바꿀 수 있다는 점에서 외형적이고 물리적인 변형을 가져오는 신체의 완전성 훼손과는 다른 양상을 보이기 때문에 후술할 인지적 자유권이라는 새로운 기본권으로 논의할 실익이 있다. 신체의 자유에서 보호하는 대상은 신체의 외형이고, 사생활의 비밀과 자유나 개인정보 자기결정권에서 보호하는 대상도 개인이 나타낸 사생활 내지 개인정보 주체가 외부에 나타낸 정보들이다. 즉 기본권 보호의 범위와 영역은 사생활과 개인정보와 같이 주체가 외적으로 드러낸 부분이나 주체를 떠나 바깥에 드러난 부분에 대한 자유이다. 이

---

28 엄주희, "디지털 트랜스포메이션 시대의 혼인과 가족제도와 관련된 기본권의 양면성과 국가의 보호의무", 헌법학자대회 〈현대 입헌주의의 발전과 한국 헌법학의 과제〉 자료집 발표자료, 2019.6.7.

29 전통적인 기본권상 쟁점에 대해서는 엄주희, "뇌 신경윤리 법제에 관한 연구", 『법제』 통권 제683호, 2018, 51-60쪽.

30 필자가 종전에 저술한 논문(엄주희, "뇌신경윤리에 관한 법제 연구", 『법제』 통권 제683호, 2018, 53쪽)에서는 신체의 완전성 보호라는 면에서 다루었다.

들의 보호를 통해 사생활의 주체가 되는 개인이나 개인정보를 생산하는 주체의 인격이 궁극적으로 보호를 받게 된다. 반면 신경과학기술이 변화를 가져오는 것은 정보와 사생활을 생산하는 사람 개인이고 보호할 법익이 개인 그 자체가 된다. 한 사람이 유발하는 정보나 그 사람의 사생활에 대한 것이 무단으로 유출되거나 주체의 의사대로 통제되지 못하는 것으로부터 보호하는 것이 아니라, 한 사람의 그 인간됨 자체에 대한 침해와 훼손으로부터 보호하는 것이 목표가 된다.

fMRI 와 같은 신경 영상을 통해 형성된 개인의 데이터나 tDCS와 같은 신경 조절 기기들이나 BCI, BMI 등 뇌-기계 인터페이스에서 소통되는 뇌파 등 신호 데이터들이 개인 정보 보호의 대상이 될 수 있는지 검토가 될 수 있다. 웨어러블 기기 형태의 경우에는 개인의 정보들이 무의식적 노출될 수 있고, 이러한 정보들이 집적되어 얼마든지 특정인으로 식별된다. 국가 공권력에 의한 수색, 감독 등의 침해 방식이 아닌 개인이나 단체도 얼마든지 사이버공간상의 안전을 침해할 수 있는 문제가 제기된다.[31] 웨어러블 기기는 사용자가 사용하는 시간과 장소를 특정할 수 있는 행동기반 정보들이라 사생활에 해당하는 영역의 정보가 많이 발생한다. 이로써 여타의 개인정보들의 관리와 마찬가지로 정보의 정확성, 신뢰성, 프라이버시와 기밀성 등을 보호할 수 있는 IT 정보 보안 시스템이 필요해지게 된다. 국가의 기본권 보호의무는 개인정보의 주관적 방어권을 넘어 객관적 법질서 영역에서 IT시스템의 보호까지 확장된다.[32]

IV. 신경과학의 발전이 불러오는 기본권 보호의 지형: 정신적·인지적 측면의 새로운 기본권 보호의 필요성

유전자 기술 등의 다른 생명과학의 발전이 국제적인 수준에서의 표준적인 지침과 규범을 수립해온 반면, 신경과학 기술에 관한 규범 영역은 여전히 미개척분

---

31 Karola V. Kreitmair and Mildred K.Cho (2017) The neuroethical future of wearable and mobile health technology, Neuroethics-Anticipating the Future, Oxford university press, pp.94-101.

32 독일 연방헌법재판소는 기존의 개인정보자기결정권과는 별개로 IT 시스템의 기밀성과 무결성을 내용으로 하는 IT기본권을 도출하였고, 2015년 7월부터는 사이버안전법이 제정, 시행되고 있다. 김태오, "사이버안전의 공법적 기초- 독일의 IT 기본권과 사이버안전법을 중심으로", 『행정법연구』 제45호, 2016, 115-120쪽.

야로 남아있다. 신경과학 기술은 인간의 마음과 정신에 영향을 미치는 가능성으로 인해서 기존의 기본권이 포섭하지 못하는 영역을 고려하여 기본권을 확장해야 할 필요성을 제기한다.

일찍이 2005년 UNESCO의 생명윤리와 인권에 관한 보편 선언(Universal Declaration on Bioethics and Human Rights)에서 신경과학이 적용될 수 있는 원칙들이 발표되었는데, 이는 광범위하게 생명과학과 인권의 접점과 교차점에서 논의될 수 있는 기본원칙을 천명한 것이다.[33] 유전자 검사 및 편집 등 유전자 관련 기술이 발전하면서 1997년 UN에서 인간 게놈에 관한 세계 인권 선언(The Universal Declaration on the Human Genome and Human Rights: UDHGHR)이 채택되어 유전 정보의 수집되어 인권에 적합하지 않은 방식으로 활용되지 않도록 한다는 원칙과 미래 세대에 해를 줄 수 있는 인간 유전 정보의 부적절한 조작을 하지 못하도록 보호해야 하는 원칙을 선언하였다. 그 후 2003년에 유전정보에 관한 국제 선언(The International Declaration on Human Genetic Data: IDHGD)은 유전정보에 관한 모를 권리(right not to know one's genetic information)와 같은 새로운 인권을 천명하였다. 이는 유전자 분야에서 프라이버시권과 차별 금지의 권리와 같은 오래된 권리의 개념에 더하여, 기술의 발전으로 인해 등장하는 새로운 권리 영역으로 채택된 것이다.[34] 신경과학 기술의 발전도 유전자 기술의 발전과 마찬가지로 권리의 측면에서는 인지, 마음, 정신적 측면에서 새로운 기본권으로서 보호되어야 할 필요성이 제기하고 있다.

새로운 기본권으로 인정되기 위한 표준으로 제시할 수 있는 기준은 기존의 기본권으로 보호되던 것과 중복되지 않으면서 국가적으로 보호해야 할 중요한 가치와 법익을 담고 있고, 국제적 규범적 합의를 달성할 수 있을 만한 것으로서, 기본권으로 보호되지 않으면 국민의 권익에 심각한 위협을 줄 있는 가능성이 있는 것이다.[35] 스

---

33 엄주희, "뇌신경윤리 법제에 관한 연구", 『법제』 통권 제683호, 2018, 48-49쪽.

34 김수갑, 유전자연구에 있어서 제기되는 관련 당사자의 기본권, 법학연구 제22권 제1호 2011, 17쪽; UDHGHR. IDHGD 등 국제인권법적 문헌을 통해서 유전적 동일성의 보호, 알 권리, 유전적 비밀에 대한 권리, 유전적 다양성보호 등 유전자와 관련한 새로운 인권과 기본권을 검토하였다.

35 Ienca M. and Andorno R. (2017) Towards new human rights in the age of neuroscience and neurotechnology, Life Sciences, Society and Policy 13:5, p.26; 국내에서 독자적이고 새로운 기본권으로 제기된 것은 정보기본권이다. 알 권리, 자기정보통제권(개인정보자기결정권), 액세스권 등 정보사회에서 새롭게 대두된 기본권의 내용들이 정보기본권으로 기존의 기본권과는 별개의 기본권으로 논의되었다. 김배원, "정보기본권의 독자성과 타당범위에 대한 고찰- 헌법 개정과 관련한 체계구성을 중심으로", 『헌법학연구』 제12권 제4호, 2006, 203쪽.

위스 바젤대 생명의료윤리연구소의 Lenca와 취리히대 법과대학의 Andordo 교수는 신경과학이 발전으로 인해 제기되는 새로운 기본권을 인지적 자유권으로서 정신적 프라이버시권, 정신적 완전성(mental integrity)의 권리, 심리적 연속성(psychological continuity)의 권리로 제시하였다. 이에 앞서 독일 함부르크대학 법과대학의 Bublitz 교수는 인지적 자유권을 개인이 새로운 신경과학 기술을 사용할 권리와 그러한 기술의 사용이 강요되지 않을 권리, 즉 동의를 받지 않은 채 강제로 사용되는 것으로부터 보호받을 권리라고 설명한다. 다시 말하면 신경과학 기술의 조력으로 정신 상태를 바꿀 수 있는 권리와 그것을 거부할 수 있는 권리이다.[36] 정신 상태를 바꾸는 방법과 수단을 선택할 자유, 정신적 완전성을 보호하기 위해 타인의 개입으로부터 보호할 자유, 인지적 자유를 증진하기 위한 윤리적, 법적 의무라고 설명하기도 한다. 인지적 자유권은 기존이 기본권들이 보호하지 못하는 인간의 마음과 인지적 측면을 보호하는 것으로서 인간 존재의 구성적 특징을 보호하는 것이다. 미국, 인지적 자유와 윤리 센터(Center for Cognitive liberty & Ethics)의 Sentenia 는 인지적 자유권을 생각의 자유가 개념적으로 발전한 형태라고 설명하면서 국가가 강제적으로 국민의 정신 상태를 강제적으로 조작하거나 뇌 상태를 조작하지 않도록 하는 권리라고 설명한다.[37]

이러한 인지적 자유권을 정신적 프라이버시권, 정신적 완전성의 권리, 심리적 연속성의 권리로 세분화하여 설명한다. 첫째로 정신적 프라이버시권이 등장하는 이유는 전통적으로 프라이버시권으로 보호되는 영역은 사람에 대한 외적 정보를 통해 사생활을 보호하려는 것인 반면, 신경과학기술의 발전은 뇌 속에 있는 정보와 뇌파 등 뇌에 관한 기록과 정보로 사람의 인격과 관련된 내면의 정신적 영역의 프라이버시를 보호해야 할 특수한 논제를 야기하기 때문이다. 또한 뇌파와 같은 뇌 신호는 개인을 식별하고 추적할 수 있기 때문에 DNA와 동일하게 개인의 고유한 생체 인식 식별인자로 사용될 수 있다. 뇌에 관한 프라이버시 권리, 즉 정신적 프라이버시권은 뇌 정보에 대한 불법적인 접근으로부터 사람들을 보호하고 정보 영역에서 뇌 데이터의 무차별한 노출을 방지하는 것을 목표로 한다. 이러한 정신

---

36 Bublitz J.C. (2013) My Mind is Mine!? Cognitive Liberty as a Legal Concept. In: Hildt E, Franke AG, eds. Cognitive Enhancement. An Interdisciplinary Perspective. Dordrecht: Springer, pp.233-264; Christoph Bublitz, (2015) Cognitive liberty or the International Human Right to Freedom of Thought, Handbook(Ⅲ), Springer, pp.1318-1319.

37 Sententia W. (2004) Neuroethical considerations: cognitive liberty and converging technologies for improving human cognition. Ann N Y Acad Sci. 1013(1): pp.221-228.

적 프라이버시는 피해자의 신경 계통에 직접적인 침입 뿐 아니라 개인이 인식하지 못하는 경우에도 발생할 수 있다. 예컨대, 뇌파 검사에서 연구 목적으로 수집된 뇌 데이터는 일반적으로 외부에 위치한 EEG 데이터베이스에 분석용으로 저장된다. 마찬가지로 BCI(Brain-Computer Interface)에서 생성된 두뇌 데이터는 연결된 앱으로 전송되어 클라우드 또는 다른 데이터 저장소에 저장될 수 있다. 두 경우 모두 해당 데이터를 생성한 사람, 즉 정보 주체가 정보 수집에 동의하지 않더라도, 또는 한 사람의 뇌 신호에 개입하지 않고도 이러한 데이터에 액세스 할 수 있다. 이러한 신경과학에서의 특정 문제들로 인해 기존의 개인정보 보호나 사생활의 자유에 관한 권리만으로는 인지적 자유를 충분히 보호할 수가 없게 된다. 결과적으로, 정신적인 정보에 대한 권리가 별도로 보호되어야 할 필요성을 제기하게 된다. 외부의 신경 장치에 의해 기록되고 디지털 생태계에서 공유되는 개인에 대한 모든 정보뿐 아니라 뇌 안에 있는 정보 내지 뇌 신경망 정보를 모두 보호하는 것을 목표로 한다. 또한 의식적인 뇌 정보뿐만 아니라, 비자발적이고 의식적으로 통제할 수 없는 정보도 포함한다. 특히 형사소송절차에서 뇌신경과학의 마음읽기(mind-reading) 기술을 강제하게 되는 경우, 묵비권이 무시되고 본인의 의사에 반하여 불리한 진술을 강요당하는 결과가 나타날 수 있다.

둘째로 정신적 완전성의 문제는 사람들의 뇌에 침입하면 정신적 프라이버시를 침해할 뿐 아니라 신경 기능에 직접적인 영향을 미쳐 그들에게 직접적인 해를 끼칠 수 있다는 것이다. Ienca와 Haselager는 연구 논문을 통해 컴퓨터 범죄에서 해킹되는 방식과 유사한 방식으로, 사람의 신경 작용에 영향을 미치는 신경 범죄 활동을 악성 뇌 해킹의 개념을 통해 설명하였다.[38] 이런 경우가 정신적 완전성에 대한 침해가 될 수 있다. 악의적인 외부 침입자가 BCI 등의 신경과학 애플리케이션을 사용하는 사용자의 통제권을 줄이거나 제거하거나 가로 채기 위해 노이즈를 추가하거나 장치로 전송되는 신호를 무시하도록 할 수 있다. 예컨대 범죄자는 사용자가 보낸 신호를 무시하고 사용자의 허락 없이 전자 휠체어 등에 활용되는 BCI 제어 장치의 신호를 가로 채거나 변경할 수 있다.

개인의 신체적, 정신적 완전성에 대한 권리는 EU의 기본권 헌장 제3조에 의해 "모든 사람은 자신의 신체적 및 정신적 완전성을 존중할 권리가 있다."고 명시되고

---

38 Ienca M, Haselager P. (2016) Hacking the brain: brain-computer interfacing technology and the ethics of neurosecurity. Ethics Inf Technol.18(2): pp.117-129.

있다. 생명 의학 기술은 사람들의 신체적, 정신적 완전성에 직접적인 영향을 미치기 때문에, 의약 및 생물학 분야에서 이 권리는 특히 자발적이고 정보에 입각한 동의(informd consent), 인체 조직의 비상업화, 인간 복제 금지와 같은 요구사항에 중점을 두고 있다. EU의 기본권 헌장이 신경 과학의 윤리적, 법적 영향에 대한 논의가 매우 초기 단계였던 2000년에 채택되었기 때문에 신경과학기술에 어떻게 적용될 것인지 논의는 없었다. 그러나 오늘날 신경과학 기술의 발전으로 인해 점차적으로 기술의 상용화 가능성이 커짐에 따라 개인의 정신적 완전성을 침해할 가능성을 열어놓고 있다. 따라서 규범적 틀은 정신적 완전성을 보호하는 방향으로 나아갈 수 있다.[39] 우리 헌법 제12조 신체의 자유도 신체의 온전성을 훼손당하지 않을 권리, 신체불훼손권으로 이해되는데 '신체의 안정성이 외부로부터의 물리적인 힘이나 정신적인 위험으로부터 침해당하지 아니할 자유'와 신체활동을 임의적이고 자율적으로 할 수 있는 자유라는 헌법재판소의 판시로써[40] 정신적인 부분이 자유도 간접적으로 포함하고 있다고 해석되기는 한다. 2017년에 제기된 개헌안에는 신체의 자유 규정과는 별개로, 신체불훼손권에 정신적 완전성[41]도 명확하게 추가함으로써 신체와 정신을 온전하게 유지할 권리라는 적극적인 형태로 제안되기도 하였다.[42]

마지막으로 심리적 연속성에 대한 권리는 정신적 완전성에 대한 권리와 밀접한 관련이 있는데, 정신적 프라이버시권에서 보호하는 정보와는 다르게 개인의 정체성을 보호하는 것이다. 정신적 완전성과 심리적 연속성 두 가지 권리의 성격은 주체의 동의 없이 한 사람의 정신적 차원의 정체성을 변경하지 못하도록 보호하는 것이다. 심리적 연속성의 권리는 제3자가 된 것으로 느끼는 경우와 같이 신경이나 정신적 해악을 직접적으로 포함하지 않는 경우에 적용될 수 있다. 또한 명확한 피해의 존재는 정신적 완전성에 대한 침해로 인정되기 위해 필요한 조건이 될 수 있다. 경두개 자기 자극(TMS, tDCS)과 심부 뇌 자극(DBS) 등 웨어러블 디바이스는 뇌 기능에 실질적으로 개입하는데, 치료 효과가 증가하고 기술이 빠르게 발전함에

---

39 엄주희, "뇌신경윤리에 관한 법제 연구", 『법제』 통권 제683호, 2018, 53~54쪽.

40 헌재 1992.12.24, 92헌가8 결정.

41 mental integrity는 정신적 완전성으로 칭하고, 완전성과 온전성은 동일한 의미로 사용한다.

42 엄주희, "뇌신경윤리에 관한 법제 연구", 『법제』 통권 제683호, 2018, 53쪽. 이 글에서는 2017년 12월 국가인권위가헌법 개정안에서 '신체와 정신을 온전하게 유지할 권리'를 제안한 것을 예시로 들어 신체의 자유의 내용에 정신적 완전성까지 포섭되는 것으로 설명했으나, 본고와 같이 신경과학기술이 야기하는 인지적 자유권의 내용으로 전면적으로 별도의 기본권 구성의 필요성을 고려한다면, 정신적 완전성의 권리는 신체의 자유보다는 인지적 자유권의 내용으로 설명될 수 있다.

따라 정신의학과의 환자 치료용으로 뿐만 아니라 일반 대중으로 확대될 가능성이 높다. 그런데 뇌 자극에 의한 뇌 기능의 변화는 성격, 성향 등 중요한 정신 상태의 의도하지 않은 변경을 야기할 수 있으며, 따라서 개인의 내적 정체성에 영향을 줄 수 있다.[43] 특히, 뇌 자극이 사람의 심리적 연속성에 영향을 줄 수 있음이 관찰되었다.[44] 즉 DBS 치료를 적용한 후에 충동성 및 공격성 증가하거나 또는 성적인 행동 변화가 나타났다고 보고되고 있고,[45] DBS로 치료받은 환자를 대상으로 한 연구에 따르면 절반 이상이 수술 후 본인에 대한 이상함과 익숙하지 않은 느낌을 나타냈다고 보고되고 있다.[46] 최근의 연구에서도 충동성이 증가하는 방향으로 성격 변화가 있음을 입증했다.[47] 이러한 심리적 연속성의 문제는 직접적인 뇌 자극과 조절뿐만 아니라 덜 침습적이거나 본인이 인식하지 못하는 상태에서 이루어지는 뇌 개입 방식에 의해서도 위협받을 수 있다는 점이 고려되어야 한다. 예컨대 뉴로마

43 Decker M, Fleischer T. (2008) Contacting the brain-aspects of a technology assessment of neural implants. Biotechnol J. 3(12): pp.1502-1510.

44 Klaming L, Haselager P. (2013) Did my brain implant make me do it? Questions raised by DBS regarding psychological continuity, responsibility for action and mental competence. Neuroethics. 6(3): pp.527-539; Sabine Müller, (2017) Ethical challenges of modern psychiatric neurosurgery. Neuroethics-Anticipating the Future, Oxford university press, pp.251-252. 베를린 자선 대학병원 (Charité Universitätsklinik Berlin) 신경철학과 의료 윤리학과의 Müller 교수는 DBS 시술 전후의 개인 정체성의 변화를 형이상학적으로 개념화하여 권리로 보장할 경우 DBS용 정신의학과 사전의료지시(psychiatric advance directives)를 받아두는 것이 소용이 없어지므로, 정신적 행동적 변화를 보다 실제적 개념으로 사용해야 함을 지적한다.

45 Houeto J, Mesnage V, Mallet L, Pillon B, Gargiulo M, du Moncel ST, Cornu P. (2002) Behavioural disorders, Parkinson's disease and subthalamic stimulation. J Neurol Neurosurg Psychiatry. 72(6): pp.701-707; Frank MJ, Samanta J, Moustafa AA, Sherman SJ. (2007) Hold your horses: impulsivity, deep brain stimulation, and medication in parkinsonism. Science. 318(5854): pp.1309-1312; Sensi M, Eleopra R, Cavallo M, Sette E, Milani P, Quatrale R, Granieri E.(2004) Explosive-aggressive behavior related to bilateral subthalamic stimulation. Parkinsonism Relat Disord. 10(4): pp.247-251.

46 DBS 등 웨어러블 디바이스로 치료받은 환자를 대상으로 한 연구 결과에서 "더 이상 나 자신을 느끼지 못한다.", "로봇인 것 같은 느낌이 든다." 또는 "수술 후에 내 자신을 찾지 못했다." 등 심리적 연속성에 문제가 발생한다는 사실이 보고되고 있다. Schüpbach M, Gargiulo M, Welter M, Mallet L, Behar C, Houeto J, Agid Y.(2006) Neurosurgery in Parkinson disease A distressed mind in a repaired body? Neurology.66(12): pp.1811-1816.

47 Lewis C, Maier F, Horstkötter N, Zywczok A, Witt K, Eggers C, Moro E.(2015) Subjectively perceived personality and mood changes associated with subthalamic stimulation in patients with Parkinson's disease. Psychol Med. 45(01): pp.73-85; Pham U, Solbakk A-K, Skogseid I-M, Toft M, Pripp AH, Konglund AE, Dietrichs E.(2015) Personality changes after deep brain stimulation in Parkinson's disease. Parkinson's Disease. Volume 2015.(http://dx.doi.org/10.1155/2015/490507).

케팅을 통한 무의식적 신경 광고의 경우가 바로 사람들이 인식할 수 없는 상태에서 마음을 조정당하는 예라고 할 수 있다. 마케팅 회사는 사람들이 의식적으로는 선택하지는 않겠지만 특정 상품이나 선택지를 선호하도록 유도하기 위해 잠재적으로 자극하는 신경과학 기술을 테스트하고 있다.

이상 인지적 자유권의 3가지 측면, 즉 정신적 프라이버시권, 정신적 완전성의 권리, 심리적 연속성에 대한 권리는 기존의 사생활의 비밀과 자유, 신체의 자유, 인간의 존엄과 가치 및 행복추구권 내지 이에 근거를 둔 일반적 인격권 그리고 우리 헌법의 자유민주적 기본질서 규정이나 국민주권원리와 민주주의원리 등에서 도출하는 것을 고려할 수 있으나, 각 기본권이나 헌법 원리의 일부에 완전히 포섭하는 것은 불가능하다고 보인다. 그러므로 어느 한두 개에 국한하기 보다는 독자적이 기본권으로서 헌법에 명시되지 아니한 기본권으로 볼 수 있다.[48] 또한 인지적 자유권이 절대적으로 보호되어야 하는 권리는 아니다. 여타의 자유권과 마찬가지로 과잉금지의 원칙을 적용하여 다소 제한될 수 있는 여지가 있다. 예컨대 연쇄 강간범, 연쇄 살인범, 소아 성애자와 같은 범죄자들에게 신경 기술적으로 성격과 정신의 변화를 유발하는 방식의 치료 처분도 고려할 수도 있을 것인데, 이들이 석방될 경우 다시 공격성을 보일 가능성이 매우 높은 잠재적 범죄자로부터 대중을 보호해야 할 필요성이 있다면 과잉금지의 원칙상 충돌되는 법익의 형량을 통해 그러한 조치들이 정당화될 수도 있을 것이다.

V. 결론

4차 산업혁명의 물결 속에서 신경과학의 발전은 환자들의 뇌신경 기능을 치료함으로써 이동성을 향상시키고 정신 질환에서 벗어날 수 있는 새로운 희망을 가져왔 고, 일반 국민들에게도 생활의 편리함과 동시에 생활 전반에 미치는 변화의 기대감을 불러일으키고 있다. 신경과학기술의 발전은 4차 산업 '혁명'이라고 불릴 만큼 사회에 미치는 영향이 큰 만큼, 그 발전의 혜택과 우려는 빛과 그림자 같이 공존한다. 인간과 기계의 공진화가 진행되면서 공권력과 제3자에 의해 본인이 전혀 인식하지 못하는 부지불식간에 침투·조정·파괴·훼손될 가능성이 있는 인간 내면

---

48 헌법재판소가 이와 같은 논리로 개인정보자기결정권이 독자성을 인정하였다. 헌재 1990.9.10, 89헌마82 결정; 헌재 1997.7.16, 95헌가6 결정; 헌재 2001.10.25, 2000헌바61 결정 등.

의 존재성과 정체성을 지키려는 것이 인지적 자유권 논의의 출발이라고 할 수 있다. 그래서 신경과학의 발전 속에서 인간의 존엄과 가치, 신체의 자유, 평등의 원리[49], 사생활의 비밀과 자유와 개인정보자기결정권 등의 전통적인 기본권들 외에도 인지적·정신적 관점의 새로운 기본권으로서 보호의 필요성이 있다. 정신적 프라이버시, 정신적 완전성의 권리, 심리적 연속성의 권리 등 세 가지 측면으로 설명되는 인지적 자유권은 기존의 기본권 체계로는 충분히 커버하지 못하는 사각지대인 심리정신적·인격적 내면의 영역과 인간됨의 정체성을 보호할 수 있게 된다. 인지적 자유권이 향하는 바는 궁극적으로는 인간의 존엄과 가치를 견고하게 하는 것이다.

향후 신경과학기술 발전과 함께 등장하는 사회문제를 해결하거나 예방하기 위해 법제도가 함께 진화되어져야 할 것으로 보인다. 인지적 자유권을 새로운 권리 영역으로서 고려하면서 기본권 보호가 충실히 이루어질 수 있도록 향후 법제도를 설계해 나아가야 할 필요가 있다.

◆ 『연세법학』 제34호, 2019, 119-139쪽

---

49 The Guardian, "Call for poor and disabled to be given NHS fitness trackers" 2019.5.5; 스마트워치와 같은 피트니스 추적기, 스마트폰 등 각종 스마트 기기들에서 극빈층과 장애인들의 경우 활용 능력, 리터러시 능력이 떨어지는 등 사용 면에서 소외되어 건강 불평등이 심화되고 있다고 보고되고 있다. 첨단 신경과학 기술의 도입에서도 취약층이 소외되지 않도록 배려해야 할 필요가 있다. (https://www.theguardian.com/inequality/2019/may/04/fitbits-nhs-reduce-inequality-health-disability-poverty 검색일자: 2019.12.1.)

제2절 인공지능 의료와 법제

I. 서론

2016년 12월에 국내 최초로 도입된 왓슨 포 온콜로지(Watson for Oncology)는 머신러닝을 통해 영상의학과 자료 판독법을 습득하여 암 환자의 진료 보조로 사용되면서 인공지능 의료의 활용 잠재력을 보여주었다. 미국의 경우 안과의사의 개입 없이 당뇨성 망막병증을 진단하는 인공지능 의료기기가 개발되어 FDA의 승인을 획득함으로써 미국 병원에서 활용되고 있다. 그 밖에도 알츠하이머 등 인지기능 장애를 치료해주는 태블릿PC 기반의 회상치료(reminiscence therapy), 페이스북 메신저 또는 전용 앱을 통해서 우울증 등 인지 행동 치료를 제공하는 인공지능 챗봇 등의 디지털 치료제(digital therapeutics)들이 개발되고 있다. 이와 같이 인공지능 의료는 병원에서 활용되는 의료기기뿐 아니라 웨어러블 형태의 의료기기로 허가를 받은 사례가 나타나면서 생활 속에 더 밀접하게 자리 잡을 가능성과 의료 환경의 변화를 예고하고 있다.[1] 인공지능 의료는 암 진단과 치료의 보조적인 기능뿐 아니라 심장, 당뇨병, 알츠하이머 등의 인지기능 장애, 우울증 등의 만성질환자의 진단, 치료, 관리 및 개인 맞춤형 건강 조언을 제공하는 툴로서 의료에 있어 활용 범위 가능성을 전방위적으로 넓히고 있다. 인공지능 의료가 인간 의사를 대신할 만한 수준은 아니지만, 4차 산업혁명의 파도와 함께 보건의료 영역에 들어와 국민들의 삶의 질에 영향을 주고 있고, 보건의료 환경에서의 커뮤니케이션과 규범에도 변화를 불러오고 있다. 인공지능 의료가 계속 발전하게 되면 수도권과 상급종합병원에 편중된 의료 자원과 이들 대형병원에 몰리는 환자의 수요를 분산시키면서 지역 주민들에게 첨단 의료의 접근성을 높이고 지방 어디서나 첨단 의료기술의 혜택을 고르게 누리게 할 수 있다는 기대와 함께,[2] 인공지능 의료의 혜택이 일부 계층에 편중된 경우에는 건강 불평등을 심화시킬 가능성도 동시에 존재한다.

---

1 2019년 4월 식품의약품안전처로부터 국내 최초로 웨어러블 의료기기로 허가받은 제품으로서 시계처럼 착용하면 심전도를 측정해주는 의료기기(손목시계형 심전도측정기)인 '메모 워치'가 2020년 5월에 건강보험심사평가원으로부터 요양급여 대상 확인을 받았다. 한국경제, "손목시계형 심전도측정기, 국산 웨어러블 의료기기 건보 첫 적용",
https://www.hankyung.com/it/article/202005195051Y 2020.5.19. 일자(마지막 방문일: 2020.11.1.).

2 이종철, 『4차 산업혁명과 병원의 미래』, 청년의사, 2018, 71–72쪽.

2018년 7월에 보건복지부가 의료기기 규제혁신 및 산업육성방안을 발표하여 인공지능 기반 의료기술(영상의학분야)과 3D 프린팅 이용의료기술 등에 대한 건강보험 적용 가이드라인 마련 계획을 발표하였다.[3] 또한 보건복지부가 과학기술정보통신부와 함께 인공지능 국가전략으로 인공지능 신약개발 플랫폼을 구축하고, 의료데이터 중심병원을 2020년 5개 지원하며, 인공지능 의료기기 임상검증 표본데이터 심사체계 및 인공지능에 관한 기본이념과 원칙, 역기능 방지 시책 등을 포함한 인공지능 기본 법제를 구축하겠다는 계획을 제시하였다.[4] 2020년 11월 27일자로는 인간의 존엄성 원칙, 사회의 공공선 원칙, 기술의 합목적성 원칙 등 3대 기본원칙과 인공지능 개발에서 활용까지 전 과정에서 충족되어야 할 인권보장, 프라이버시 보호, 다양성 존중, 침해 금지, 공공성, 연대성, 데이터 관리, 책임성, 안전성, 투명성 등 10대 핵심요건을 담은 '국가 인공지능 윤리기준'을 발표하였다.[5] 인공지능과 관련한 법제의 상황을 보면 최근 몇 년간 인공지능 정책 관련한 다양한 입법 시도가 계속 왔다.[6] 2020년에는 「국가정보화 기본법」이 「지능정보화 기본법」으로 전면 개정되어 2021년 6월부터 시행되었는데[7], 인공지능 기술에 관한 기본법으로서 향후 사회 각 영역에 적용될 인공지능 기술 정책에 관한 규범적 나침판으로 기대된다. 아직 인공지능 의료에 특화된 법률에 관한 논의가 본격화되지 않았지만, 인공지능 기술이 의료에 적용되어 환자와 의사의 커뮤니케이션의 면에서 많은 변화를 가져오면서, 규범적으로도 고려해야 할 지점들이 있다. 이에 본고는 인공지능 의료의 발전을 위한 법제도적 기반에 대한 연구로서 개발 중이거나 발표 또는 도입된 바 있는 인공지능 의료기기와 감염병 등의 의료 영역에 도입되는 인공지능 기술들을 우선 살펴본다. 그리고 인공지능이 불러오는 의료와 규범의

---

3 보건복지부·건강보험심사평가원 보도자료, '4차 산업혁명 시대 혁신적 의료기술의 건강보험 적용', 2019.12.7.

4 과학기술정보통신부 보도자료, 'IT 강국을 넘어 AI 강국으로!' 범정부 역량을 결집하여 AI 시대 미래 비전과 전략을 담은 'AI 국가전략' 발표, 2019.12.17.

5 과기정통부, 사람이 중심이 되는 「국가 인공지능 윤리기준」 (안) 공개, 과학기술정보통신부 보도자료 2020.11.27.

6 류현숙, "인공지능 기술 확산에 따른 위험 관리 거버넌스", 『KIPA 연구보고서 2017-21』, 한국행정연구원, 2017: 50-55쪽, 국가정보화 기본법, 지능정보사회 기본법, 디지털기반 산업 기본법, 제4차 산업혁명 촉진 기본법, 지능형 로봇 개발 및 보급 촉진 기본법(약칭: 지능형로봇법), 로봇 기본법 등의 법안들에서 인공지능에 대한 개념 정의와 인공지능 관한 기본법적 성격을 가진 법률의 제정이 시도되어 왔다.

7 지능정보화 기본법, 법률 제17344호, 2020.6.9. 전부개정.

패러다임의 변화를 짚어보고, 공법적 측면에서 고려되어야 할 지점을 개관함으로써 향후 인공지능 의료 법제의 나아갈 방향에 대해 전망하도록 한다.

II. 인공지능 의료의 발전

1. 한국에서 인공지능 의료에 대한 관심과 도입 가능성

우리나라에서 인공지능 의료에 본격적인 관심을 불러일으킨 것은 길병원에서 도입한 IBM 왓슨 포 온콜로지이다. 방대한 분량의 정형, 비정형 데이터를 분석하여 암환자들에게 데이터에 근거한 개별화된 치료 옵션을 제시하고 암환자의 진료 보조로 사용되고 있다.[8] 매일 수백개의 새로운 의학 논문이 발표되는데 인간 의사가 이 방대한 데이터를 따라잡는 것은 불가능하지만 인공지능 왓슨 포 온콜로지는 엄청난 분량의 연구 논문들을 신속하게 해당 환자의 치료법 선택에 반영할 수 있도록 한다. 다만 왓슨이 스스로 자동으로 학습해서 판단할 수는 없고, 어떤 의학 데이터를 가지고 훈련 시킬지를 인간 종양학 전문의가 결정하고 오류를 수정해야 한다. 질병을 진단하는 수준은 아니고 초록색(추천 recommended), 주황색(for consideration), 빨간색(not recommended) 3단계로 치료법을 권고하여 의사의 진료를 보조하는 역할을 한다.[9]

반면 의료진의 도움 없이 독립적으로 질병의 진단 기능을 수행하는 의료 인공지능도 있다. 미국에서는 안과의사의 개입 없이 당뇨성 망막병증을 진단하는 인공지능 의료기기가 개발되어 FDA의 승인을 획득함으로써 미국 병원에서 활용된다.[10] 스마트폰과 스마트워치 등의 웨어러블 디바이스를 통해서 측정한 심전도 데이터를 기반으로 부정맥을 진단하는 기계 학습 알고리즘이 개발되어 미국 FDA의 인허가를 받은 의료기기로 나와 있고, 일반인들도 의사의 처방 없이 구매할 수 있도록 FDA로부터의 OTC(over-the-counter)승인을 받기도 하였다. 현재 인공지능 부정

---

8 길병원, IBM '왓슨 포 온콜로지' 국내 최초 도입, 헬스조선 뉴스, 2016.9.9.일자.
　http://m.health.chosun.com/svc/news_view.html?contid=2016090901999(마지막 방문일: 2020.11.1.)

9 최윤섭, "IBM 왓슨 포 온콜로지의 의학적 검증에 관한 고찰", 『Hanyang Med』 Rev 2017;37: 49-60, 51쪽(https://doi.org/10.7599/hmr.2017.37.2.49). 기계 학습의 기본원칙은 garbage-in garbage-out이기 때문에 훈련시킬 때의 데이터의 양과 질이 인공지능의 성능을 좌우하므로, 왓슨을 훈련시킬 때 매일 쏟아져나오는 수많은 종양학 논문 중에 어떤 논문을 왓슨에 반영할 것인지를 결정하기 위해서 종양학 전문의들이 관여한다.

10 최윤섭, 『의료 인공지능』, 클라우드나인, 2018, 395-396쪽.

맥 판독은 인간 심장내과 전문의의 부정맥 측정에 비견할 수 있는 수준에 도달하였다.[11] 우리나라의 경우 뷰노가 개발한 뷰노메드본에이지(VUNOmed-boneAge)는 국내 처음으로 인공지능 기반의 의료 정보분석시스템 의료기기로 허가를 받았다. 의료영상과 진단자료를 분석하여 의료진단을 보조하는 기능을 할 수 있다.[12] 인공지능 의료 기업인 루닛은 서울삼성병원, 연세대학교 세브란스, 서울아산병원, 경희 의료원 등과 협력하여[13] 병원들로부터 얻은 수십만 건의 데이터를 인공지능 영상인식 기술을 활용하여 분석함으로써 엑스레이 사진에서 폐 질환과 유방암을 조기 진단하는 솔루션을 개발하고 있다.[14]

일상적인 건강 관리를 보조해주는 기능을 하는 기기로는, 의료기기 회사 메드트로닉스가 2016년 내놓은 슈거아이큐 앱을 들 수 있다. 스탠퍼드 대학병원의 연구 등에서는 인공지능 디바이스를 이용하여 개인의 혈당변화, 생활습관, 식습관, 활동량, 인슐린 등의 요소를 분석하여 개인 맞춤형 혈당관리가 가능하다. 또한 개인유전정보 분석 회사인 패쓰웨이 지노믹스는 IBM 왓슨을 이용해서 개인의 건강정보, 유전정보 등을 분석하여 개인에게 맞는 운동, 다이어트, 체중 관리, 식단 추천 등의 개인 맞춤형 건강 조언을 제공하는 OME라는 앱을 개발하였다.[15] 알츠하이머 등 인지기능 장애를 치료해주는 태블릿PC 기반의 회상치료(reminiscence therapy), 페이스북 메신저 또는 전용 앱을 통해서 우울증 등 인지 행동 치료를 제공하는 인공지능 챗봇 등의 디지털 치료제(digital therapeutics)도 개발되었다.[16]

이상에서 살펴본 것과 같이 인공지능 의료는 암 진단과 치료를 위한 보조적인 기능뿐 아니라 알츠하이머와 같은 인지기능 장애, 우울증, 심장병, 폐 질환 등의 만성질환자의 진단, 치료, 관리 및 개인 맞춤형 건강 조언을 제공하는 일상화된 의료의 툴로서 발전하고 있다.

11 최윤섭, 『디지털 헬스케어』, 클라우드나인, 2020, 345-349쪽.
12 뷰노, 국내 첫 'AI 기반 진단보조 의료기기' 허가, BioSpectator, 2018.5.16.일자.
   http://www.biospectator.com/view/news_view.php?varAtcId=5485(마지막 방문일: 2020.11.1.).
13 [2020 AI노믹스 산업지도] 보건소, 병원으로 들어간다. 2020.1.1.일자.
   https://www.etnews.com/20191229000067?m=1(마지막 방문일: 2020.11.1.).
14 루닛, 유방암 진단 "AI 이용시 정확도 높아"... '란셋 게재', BioSpectator, 2020.6.10.일자
   http://www.biospectator.com/view/news_view.php?varAtcId=9505(마지막 방문일: 2020.11.1.).
15 최윤섭, 『의료 인공지능』, 클라우드나인, 2018, 354-356, 362-365쪽.
16 최윤섭, 『디지털 헬스케어』, 클라우드나인, 2020, 412-413쪽.

2. 코로나에 소환된 인공지능 의료

빅데이터와 그와 결합된 인공지능 기술은 감염병의 예측, 의료기기와 치료제의 개발과 진단 등에서 유용하게 활용된다.[17] 빅데이터와 인공지능 기술을 기반으로 IT 플랫폼 기업들은 질병 발생에 대한 대중의 반응으로부터 수집된 데이터 소스를 통해 인공신경망을 이용하여 숨어있는 패턴을 추출하고 예측하는 방식으로 감염병 대응에 적절한 툴을 제공한다.[18] KAIST 산업시스템공학과의 연구팀과 블루닷과 같은 기업은 해외 각국의 확진자 수, 사망자 수, 코로나19 관련 키워드 검색 빈도, 일일 항공편수, 항공사의 발권 데이터 등 빅데이터를 분석하여 감염된 사람의 예상 이동경로를 파악함으로써 언제 어느 곳에서 감염자가 나타날 것으로 예측하는 기술을 개발했다.[19] 폐 CT 촬영에서 코로나바이러스 감염 사례를 발견할 수 있는 진단·검진 시스템을 선보이기도 하고, 인공지능 기술로서 코로나 바이러스의 유전자 구조를 분석하는데 걸리는 시간을 획기적으로 단축하기도 한다. 미국의 보스턴어린이병원에서 운영하는 실시간 세계보건지도 헬스맵(Healthmap)[20]은 각종 빅데이터를 수집·활용하여 질병 패턴을 분석하고 코로나 바이러스 감염증이 발병한 지역과 감염 범위를 식별해낸다. 한편 치료제와 백신의 개발에도 빅데이터와 인공지능 기술이 활용되는데, 미국과 영국의 제약회사인 인실리코 메디슨(Insilico Medicine)과 베네볼렌트 AI(Benevolent AI) 등은 코로나19의 분자 구조를 분석하고 실험하여 백신과 치료제를 개발하는 데 박차를 가하고 있다고 발표하였다. 그 밖에도 감염병의 예측과 예방, 긴급 운영과 대응, 감염 확산 방지, 치료와 신약개발 전 분야에서 전문가로서도 용이하지 않은 감염병의 감별진단, 수많은 신약 후보 물질들을 스크리닝하는 기술, 팬데믹 상황에서 한정된 의료 자원의 치료 효율을 증대시키기 위한 중증도 분류(Triage), 원격 환자 모니터링과 예후 예측 등에 유용

---

17 엄주희, 심지원, 김혜경, "데이터 접근성을 통한 보건의료와 인공지능의 융합– 일반정보보호규정 (GDPR)이 정책 입안자들에게 신호등 역할을 할 수 있는가", 『인권법평론』 제25호, 2020, 251-252쪽.

18 안세희, "신종감염병 대응 AI 기술 동향 분석", 『BIO ECONOMY BRIEF』 Issue 81, 2020, 1-2쪽.

19 "KAIST, 해외유입 코로나 확진자 예측하는 AI 개발", TV조선, 2020.8.19.일자 http://news.tvchosun.com/mobile/svc/osmo_news_detail.html?type=news&catid=&contid=2020081990108(마지막 방문일: 2020.11.1.).

20 미국 보스턴어린이병원에서 개발한 코로나 감염증을 추적 모니터링하는 실시간 감시 소프트웨어로서 웹사이트는 https://healthmap.org/en/, 모바일앱으로는 Outbreak Near Me가 있다. 해외 여행객, 정부, 도서관, 지역 보건 기관 등을 포함한 다양한 사용자들이 이용 가능하다. http://www.diseasedaily.org/about(마지막 방문일: 2020.11.1.).

하게 활용될 수 있다.[21] 빅데이터 기술은 방대한 데이터를 신속하고도 정확하게 처리함으로써 감염병 위기대응에 대처할 수 있는 미래의료의 가능성을 보여주고 있다.

3. 인공지능으로 인한 의료와 법제의 패러다임에의 영향

(1) 맞춤형 건강관리와 질병예방에 초점을 맞춘 가치 중심의 의료로 전환

전통적으로 의료 영역은 의료가 가지는 고도의 전문성 때문에 의료 분야를 전공하지 않은 일반인이 이해하기는 한계가 있으나, 인공지능이 의료에 도입되면서 전문가 영역의 경계를 허물게 될 가능성을 제공한다. 빅데이터를 기반으로 한 정확한 진단과 처방, 개인에게 초정밀하게 맞춤화된 치료 방식을 제공할 수 있는 인공지능 의료는 인간 의사에게 진단과 치료를 의존하던 방식에서 벗어나, 환자의 데이터를 기반으로 인공지능 기술에 더 무게가 실릴 수 있다.

보건의료에서의 당사자인 환자가 자기결정권을 행사하는 전통적 방식은 설명의 근거한 동의권(informed consent)의 행사이다. 그리고 의료에 관한 의사결정은 의사와 환자, 그리고 관계자 간의 상호적 자기결정(shared decision-making)으로 이루어지는 것이 이상적이라고 간주되어 왔다. 그러나 인공지능이 환자와 의사 사이에 개입되면서 설명의 주체가 의사가 아니라 인공지능을 설계한 존재 또는 인공지능 그 자체가 되어야 하는 가능성이 발생한다. 인공지능 작동 과정에서 발생하는 블랙박스 영역으로 인해 인공지능에 의해 수행된 의료 행위의 원인과 근거를 설명할 수 없게 되기도 한다.[22] 인공지능이 인간 의사와는 독립적으로 기능하면서 의사결정 할 수 있다고 하더라도 인공지능에게 법인격이 부여되지도 않은 이상, 법리적으로는 인공지능의 제작자나 소유자에게 인공지능 의료로 발생한 결과에 대한 책임을 어느 정도 부과할 수밖에 없다. 현재 인공지능 의료 수준에서는 인공지능의 역할이 진료와 진단의 보조적인 역할에 머물고 있긴 하지만, 인공지능 의료로 발생될 수 있는 진단의 오류 가능성, 치료의 효과, 예후 등은 환자가 알아야 할 정보는 인간 의사와 환자 사이의 커뮤니케이션에서와 마찬가지로 제공되어야 한다. 의료진은 환자에게 치료 관련 정보를 제공해야 하는 주체로서, 설명의 내용에는 인

---

21 감염병 재난에 대응하기 위한 의료 인공지능의 기술 표준화 동향 2020-01, ETRI Insight, 2020. 7월: 17-18쪽(DOI: 10.22648/ETRI.2020.B.000005).

22 Thomas Hoeren & Maurice Niehoff, Artificial intelligence in medical diagnoses and the right to explanation. European Data Protection Law Review (EDPL), 2018; 4(3): p.309.

공지능을 보조적으로 사용함으로써 환자가 받을 수 있는 영향이 포함되어야 한다.

　개인의 건강과 관련하여 실시간으로 생성되는 다양한 데이터가 모바일 기기를 통해 병원으로 전달되고, 이렇게 수집된 개인 데이터와 전자의무기록이 인공지능 기술로 자동 분석되고 치료에 관한 의사결정을 지원할 수 있게 되면, 의료의 패러다임은 질병이 발생했을 때 병원을 방문하여 치료를 시행하는 방식이 아니라 질병이 발생하기 전에 모니터링과 예측을 통해 개개인에 맞게 건강관리에 관한 코칭과 처방이 제공될 수 있고 질병을 예방하는 데 주안을 두는 방식으로 변화가 예상된다. 정밀의료, 맞춤형 의료가 가속화되면서,[23] 이제까지는 질병과 병원을 중심으로 한 의료가 실행되었다면, 앞으로 인공지능 의료가 활성화되면 환자와 사람 중심의 의료로 전환될 수 있다는 것을 의미한다.[24] 인공지능 의료기기를 사용하여 만성질환 환자들이 집에서 건강 관리를 할 수 있게 되면 병원에서 진료를 받는 횟수는 줄어들고, 병원은 어디서나 사용 가능한 인공지능 디지털 기기가 맡기 어려운 복잡한 검사나 수술에 집중하는 형태로 변화하고[25] 환자가 부착한 웨어러블 기기를 통해 집적되는 데이터의 허브가 될 수 있다.[26] 평상시에 웨어러블 모바일 기기를 착용한 사람의 건강 관련 데이터가 엄격한 보안 체계 하에서 지속적으로 수집, 분석되는 플랫폼 기반의 데이터 센터가 생길 경우, 환자에게 심정지가 왔을 때나, 또는 심정지가 발생하기 전에 선제적으로 예측하여 적시에 치료로 연결시킬 수 있다. 환자 중심의 의료는 가치 중심의 의료를 의미한다. 인공지능 의료는 데이터 중심의 맞춤형 의료가 가능하게 하는 특성으로 인해 양 중심 의료에서 가치 중심 의료로의 전환을 촉발하게 된다.

　인공지능이 필수적으로 빅데이터와 연동되어야 하는 특성이 있기 때문에 인공

---

23 한국인공지능법학회, 『인공지능과 법』, 박영사, 2019, 286쪽.

24 홍윤철, 『팬더믹』, 포르체, 2020, 97-98, 244-246쪽. 영국의 정신분석가 에니드 발리트(Enid Balint)가 '환자 중심 의료'라는 용어를 처음으로 사용하였다고 한다. 이는 질병 중심의 치료가 병태생리학에 지나치게 중점을 두면서 환자를 이해하고 치료하는데 필요한 다른 수단을 배제하기 때문에 이에 대한 비판과 대응으로서, 유전자, 세포 수준의 정보, 생활 습관, 그 밖에 임상적, 생리적, 환경적 정보 등을 모두 집약하고 개인의 질병 관련 요인을 모두 고려해서 질병 예방과 치료를 하는 개인 맞춤형 의료가 되어야 한다는 것이다. 팬더믹의 저자는 개인과 병원이 하나의 시스템 안에서 정보교환을 하고 정보에 근거하여 의료 서비스가 제공되는 플랫폼 의료라고 칭한다. 이를 통하여 의료 서비스 체계가 의료 전달 체계에서 의료 협력 체계로 바뀔 수 있고, 의료 플랫폼을 기반으로 병원이 아니라 지역사회가 중심이 되는 의료 서비스 체계가 되어야 한다고 제안한다.

25 김치원, 『의료, 미래를 만나다』, 클라우드나인, 2015, 306쪽.

26 아르준 파네사 저, 고석범 옮김, 『헬스케어 인공지능과 머신러닝』, 에이콘, 2020, 336쪽.

지능 의료에는 의료서비스의 소비자들의 개인정보를 제공하고 이 데이터를 통해 의료서비스를 제공받는 순환 구조를 이룰 수 있다. 정보보호와 관리의 패러다임에서도, 의료 소비자가 마지못해 정보 제공에 동의하는 수동적인 패러다임에서, 맞춤형 서비스를 제공받기 위해 적극적으로 본인의 데이터를 제공하겠다는 '마이데이터(MyData)' 패러다임으로 전환될 수 있다.

(2) 인간행위 중심의 기존 의료법제의 변화 요구

인공지능은 소프트웨어로 구현되는 알고리즘이다. 인공지능으로 인정하는 기준으로 구체적으로 합의된 것은 없지만, 고전적인 판정법으로는 수학자이자 암호해독가인 앨런 튜링이 제시한 튜링 테스트로서 인간처럼 자연스럽게 대화를 주고받을 수 있는지 판정을 통해서 해석 가능하다고 알려져 있다.[27]

인공지능의 법률적 개념은 인공지능을 탑재한 지능형 로봇에 관해 규율하는 「지능형로봇 개발 및 보급 촉진법」(약칭: 지능형로봇법)이나 최근 「지능정보화 기본법」[28] 조항을 통해서 살펴볼 수 있다. 지능형로봇법에서는 지능형 로봇을 '외부환경을 스스로 인식하고 상황을 판단해 자율적으로 동작하는 기계장치로 정의한다(지능형로봇법 제2조). 인공지능은 소프트웨어로 구현되기 때문에 「소프트웨어산업진흥법」과 「저작권법」상에서의 소프트웨어 또는 컴퓨터 프로그램 저작물로도 분류될 수 있다. 「지능정보화 기본법」에서 인공지능을 지칭하는 것은 '지능정보기술'의 개념이다(제2조 제4호). 이 법에서 지능정보기술은 전자적 방법으로 학습·추론·판단 등을 구현하는 기술(제4호 가목), 데이터를 전자적 방법으로 수집·분석·가공 등 처리하는 기술(제4호 나목), 물건 상호간 또는 사람과 물건 사이에 데이터를 처리하거나 물건을 이용·제어 또는 관리할 수 있도록 하는 기술(제4호 다목), 클라우드컴퓨팅기술(제4호 라목), 무선 또는 유·무선이 결합된 초연결지능정보통신기반 기술(제

---

27 김윤명, 『인공지능과 리걸 프레임 10가지 이슈』, 커뮤니케이션북스, 2016, 15-18쪽. 튜링 테스트는 1950년에 발표한 '기계도 생각할 수 있을까'라는 논문에서 유래된 것으로서 공학자가 지능적 시스템 제작을 추구하는 분명한 목표를 제시해준다는 평가도 있지만, 약한 인공지능의 단계에서 의미 있는 기준이다. 인공지능은 인간을 보조하는 수준인지 아니면 인간의 감성을 이해하고 인간의 뇌를 능가하여 인간의 마음까지 담은 수준인지에 따라, 특정 분야에서만 활용되는 약한 인공지능과 다양한 분야에서 보편적으로 활용되면서 인간과 같은 마음을 가지는 수준인 강한 인공지능으로 분류하기도 한다.
28 국가정보화 기본법 전부개정법률안과 일부개정법률안(의안번호: 2011978, 2021372) 2건이 국회 상임위원회에서 통합 조정되어 국가정보화 기본법 전부개정법률안(대안)으로 심의·의결되어, 2020년 5월 20일 국회 본회의를 통과하였다.

4호 마목) 등을 지칭한다. 여기에서 정의된 지능정보기술은 인공지능의 머신러닝, 딥러닝을 통한 의사결정 및 판단 능력, 방대한 데이터 처리 능력, 정보통신기반 기술을 활용하여 유무선 결합·연결 능력을 특징으로 한다. 인공지능은 지능형 소프트웨어, 유무선이 결합된 정보통신기술로 웨어러블 기기, 지능정보기술을 탑재하고 로봇의 외형을 가진 지능형 로봇까지 확장된다.

인공지능 의료도 기술별로 유형화하자면 진단용 측정 소프트웨어, 진료 보조용·치료용 로봇, 웨어러블 형태의 스마트 케어 등으로 분류할 수 있다.[29] 진단용 측정 소프트웨어나 진료 보조용으로 활용되는 인공지능 의료에서는 인간 의사의 의사결정과 판단에 참고할 수 있도록 함으로써 의사의 의료행위를 보조하는 역할을 하지만, 인공지능 의료는 기술의 발전 양상에 따라 의사 없이 질병의 진단을 독자적으로 수행하는 의료기기나, 치료용 로봇과 같은 경우에는 인공지능이 행하는 결정을 대리할 대리인(agent)을 통해서 기존에 인간 의사가 하던 역할을 직접 수행할 수 있다. 웨어러블 기기 등을 이용한 스마트 케어의 경우에도 환자와 직접적으로 상호작용을 하게 되므로 이에 따라 인간 의사와 환자 사이에서 이루어지던 기존의 의료행위 방식과 규율에 변화를 요구하게 된다. 인공지능 의료의 발전에 따라 의료인과 의료행위, 의료기기 등 의료와 관련된 법령들에서 전제하고 있는 의료인의 정의, 의료행위에 관한 개념을 비롯하여 인간 행위 중심의 의료 법제에 근본적인 변화와 재정립이 요구된다.

III. 인공지능 의료에 관한 공법적 논점

인공지능 의료에 관한 기본권 관점에서의 인간의 존엄과 가치를 출발점으로 인격권, 자기결정권의 또다른 이름인 자기책임의 원리로서의 책임 문제, 건강의 면에서 평등의 원리에 관한 논점과 인공지능 의료의 제도화로서 인공지능 의료기기의 허가 문제에 대해 살펴보도록 한다.

1. 의료 인공지능의 인격권의 문제와 자기책임의 원리

헌법상 기본권 질서의 가치 지표와 모든 국가작용의 실천기준이자 기본권의

---

29 김재선, "인공지능 의료기기 위험관리를 위한 규범론적 접근－인공지능 소프트웨어 규범화 논의를 중심으로", 『공법연구』 제46권 제2호, 2017, 138쪽.

출발이 되는 기본권은 인간의 존엄과 가치이다(헌법 제10조). 인간의 존엄과 가치는 모든 국민이 인격의 내용을 이루는 윤리적 가치를 지닌 존재로 인정받는다는 의미이면서[30] 국민 개개인에게 자기책임의 원리로 기능한다. 자기가 행동하고 결정한 범위 내에서 책임을 지고 자기결정이 아닌 행위에 대해서는 책임을 부담하지 않는다는 자기책임의 원리는, 인간의 존엄과 가치에서 도출된 자기결정권의 한계이면서, 법체계 내에서 개인에게 불이익과 처벌의 형식으로 이루어지는 책임의 근거가 그 개인의 행위에 있음을 나타낸다.[31] 인간의 존엄성은 인간으로서 본인의 행위에 기인한 위법 사실에 대해서 책임을 져야 한다는 자기책임의 원리로 구현되고, 인간의 존엄성이 모든 법률과 법체계의 목적이 되어야지 수단이 되어서는 안 된다는 의미이기도 하다. 인간이 공행정 내지는 공익적 목적을 달성하는 수단이 될 때 인간의 존엄이 법체계 질서의 기반이 흔들리게 되고, 인간의 존엄과 가치는 형해화된다. 인공지능 의료의 목적이 환자의 치료와 건강 증진을 도모함과 동시에 인간의 존엄성의 보호가 되는 이유도 바로 인간의 존엄과 가치라는 헌법적 가치를 보장하는 것이다. 환자에 대한 치료와 돌봄을 위하여 인공지능 의료로봇을 활용하더라도 의료의 기계화 내지 비인간화가 일어나지 않도록 하여 환자의 인간의 존엄성이 보장되도록 할 필요가 있다.[32] 인간의 존엄성은 인격권이라는 구체적 기본권으로 도출되기도 한다. 인격권은 인격주의적 인간상에 기반한 인간의 도덕적 자율성을 전제로 하여, 생명, 신체, 건강, 명예, 정조, 성명, 초상, 사생활의 비밀 등의 인격적 이익의 향유를 내용으로 하는 권리다.[33] 인공지능 의료와 인공지능 의료의 재료로 사용되는 데이터는 기본권으로서의 인격권의 보호 대상이 된다. 정보 주체가 본인에 관한 데이터의 활용 과정과 절차에 참여할 것을 요구할 수 있도록 하는 내용의 프라이버시 법익을 보호하는 차원에서, 그리고 데이터가 표출하는 개인의 인격성을 감안하여 데이터의 인격권으로서의 성격이 강조된다.[34] 인공지능 의료에

---

30 허영, 『한국헌법론』, 박영사, 2017, 339쪽.

31 엄주희, "낙태와 관련한 자기결정권의 행사와 그 한계에 대한 재조명", 『성균관법학』 제30권 제4호, 2018, 76쪽.

32 김경동, "4차 산업혁명의 도래와 윤리규범에 대한 소고", 『법학연구』 제19권 제3호, 2019, 343-345쪽; 김민배, "AI 로봇의 법적 지위에 대한 쟁점과 과제-Bryson 등의 법인격 이론을 중심으로", 『토지공법연구』 제87집, 2019, 806쪽.

33 박진완, "우리 헌법상의 일반적 인격권의 보장체계", 『공법연구』 제33권 제1호, 2004, 314, 323쪽.

34 엄주희, "코로나 통제에 따른 기본권의 제한과 국가의 역할", 제주대학교 법과정책연구원, 『법과 정책』 제26권 제2호, 2020, 57쪽.

있어서 웨어러블 기기 등을 통해 방대한 개인 데이터의 수집, 측정, 축적, 평가로 인한 개개인의 몸의 정량화·계량화가 이루어져 본인의 허락 없이 상업적으로 이용될 경우에는 인격권의 침해가 될 여지가 있다. 개인의 데이터가 상업적 목적으로의 사용 또는 목적 이외의 사용 등 부정한 목적으로 오용되거나, 불법 유출이 되는 경우 돌이킬 수 없는 인격권의 침해가 발생할 수 있다. 또한 인공지능 의료로 맞춤형 의료가 제공된다는 긍정적인 면이 있지만, 동시에 부정적으로는 데이터에 기반한 분석으로 계량화된 환자의 분류가 보험, 고용 등의 사회 각 영역에서 차별적 처우로 이어질 수 있다는 우려가 있어 이에 대한 대책도 필요하다. 이와 유사한 맥락에서 미국과 영국의 경우 첨단 기술의 적용으로 차별의 발생을 방지하고 궁극적으로는 인간의 존엄성 보장을 위한 조치로 유전자 검사의 활성화에 따라서 사회적인 유전자 차별의 발생을 막기 위해 「유전자 차별 금지법」을 제정했던 바 있다.[35]

자기책임의 원리에 의하여 의료 인공지능에서 살펴볼 부분은 의료 인공지능을 적용한 의료행위의 책임 귀속에 대한 문제이다. 의료행위는 의료인이 하는 의료, 조산, 간호 등 의료기술의 시행(의료법 제12조 제1항)으로서, 행위의 주체로서 의료인과 행위의 양태와 수단으로서 의료기술의 실행을 필요로 한다. 의료행위의 책임과 관련한 문제는 행위의 주체성에 관한 문제이다. 현재 인공지능 의료의 수준이 인간 의료인의 조정 없이 독자적이고 자율적으로 기능하는 수준에 이르지 않았다는 점과 법 개념에서 인공지능에 독립적인 법인격이 부여되지 않기 때문에 독자적인 책임을 부여할 수는 없지만, 향후 인공지능 기술의 발전 정도와 역할에 따라서 인공지능 자체에 전자인간이라는 새로운 권리 주체로서의 지위를 부여하여 인공지능 자신이 독립적으로 책임을 부담하도록 하는 방안이 검토될 수 있다.[36] 인공지능이 활용된 의료행위에서 사고가 발생할 경우 그 법적 책임을 누구에게 어느 정도 귀속시킬 수 있는지의 문제이다. 인간 의사에게 요구되는 주의의무가 인공지능 의료가 개입된 경우에 어떻게 달라질 수 있을지에 대해서 규범적으로 확정하는 문제

---

35 최창희, "해외 학술연구 분석–유전자 정보 차별 금지법 도입 검토 필요", 『KIRI 리포트』, 2018.6.4. 32쪽.

36 김윤명, 『인공지능 리걸 이슈 10가지』, 커뮤니케이션북스, 2019, 32–40쪽; 장재옥, 김현희, "인공지능의 법적 지위에 관한 논의 – 전자인(간)과 관련하여", 『법학논문집』 제43권 제1호, 2019, 128–134쪽; 유주선, "인공지능 의료행위의 법적 책임에 관한 연구", 『비교사법』, 제27권 제4호, 2020, 137–138쪽. 독일 민법의 1990년 개정시 90a조를 신설하여 경우 사람과 물건 사이에 동물에게 제3의 지위를 부여하여 별도의 법률을 통해 보호되도록 하고, 독일 연방 동물보호법에서 동물을 이웃이라는 개념으로 정의하고 있는 예와 2017년을 참조하여, 향후에는 인공지능 의료에서도 인공지능 의료 로봇에게 전자인격을 인정하는 형태로 발전할 수 있다는 것이다.

이기도 하다. 인공지능에는 블랙박스가 존재하여 제조자도 결과물이 생성된 이유를 알 수 없는 경우가 존재하기 때문에 과정과 절차의 공정성에 대한 신뢰가 떨어질 수 있다.[37] 의료에서 의사결정의 결과가 공정한지를 판단하기 위해서는 과정의 투명성을 요구할 수 있는데, 자동화 알고리즘이 적용되면 투명성을 보장하기 어려워지기 때문이다. 이 경우에 전통적으로 투명성을 전제로 하여 책임을 판단하는 전통적인 법리는 적용되기 어렵다는 문제가 있다. 그러나 인공지능을 매개로 한 의료행위에 있어서도 인간 의사에게 부여되는 설명의무는 인공지능이 개입할 때도 환자에게 제공되어야 한다. 인공지능 의료를 적용할 경우에 자동화된 처리에 기반한 결정이 존재할 수 있고, 이러한 결정이 환자의 치료에 가지는 의미, 중요성, 예후 등의 설명이 환자에게 주어져야 한다. 그래서 유럽연합(EU)의 「일반정보보호규정」(GDPR: General Data Protection Regulation)에서는 프로파일링을 포함한 자동화된 의사결정에 관한 정보 주체의 권리로서 인공지능이 내린 의사결정에 대해 설명을 요구할 권리를 명시하고 있는데, 이것이 인공지능 의료 관련한 법제에도 포함되어야 할 필요가 있다.[38] 2017년에 국회에 입안되었던 로봇기본법안에서 로봇의 개념은 '외부 환경을 스스로 인식하고 상황을 판단하여 자율적으로 동작하는 기계장치 또는 소프트웨어'이다. 이 법안에서 자율성이 인정되는 정교한 로봇에 대한 새로운 법적 지위의 부여, 로봇으로 인한 손해에 대한 책임 확보 및 보상 방안 등에 관한 정책을 마련해야 한다는 국가의 의무를 규정한다. 그리고 로봇의 결함으로 인한 생명, 신체, 재산에 발생한 손해에 대해 로봇의 제조자에게 손해배상의무를 부과하고 있다.[39] 일반 불법행위의 법리와는 달리 기본적으로 로봇이 야기한 손해에

---

37 이인영, "보건의료에서의 인공지능 적용과 관련된 법적 과제에 대한 개관", 『한국의료법학회지』 제
    27권 제2호, 2019, 57-61쪽.

38 국정현안점검조정회의 관계부처 합동, 인공지능 법·제도·규제 정비 로드맵, 2020.12.24, 2쪽.
    정부가 발표한 인공지능 로드맵에 따르면, 인공지능 공통 기반 추진과제로 자동화된 개인정보 처리
    에 의존한 의사결정에 대하여 설명을 요구하고 이의제기를 할 수 있도록 2021년에 개인정보 보호
    법 개정을 추진하겠다는 시책을 밝혔다.

39 로봇기본법안(의안번호: 8068, 박영선의원 대표발의, 2017.7.19) 제23조 (손해의 배상책임) ① 로봇
    의 제조자는 로봇의 결함으로 생명·신체 또는 재산에 손해(그 로봇에 대하여만 발생한 손해는 제외
    한다)를 입은 자에게 그 손해를 배상하여야 한다. 다만, 그 손해의 발생이 손해를 입은 자의 고의
    또는 과실로 인한 경우에는 그러하지 아니하다.
    ② 로봇의 제조자를 알 수 없는 경우에는 그 로봇을 영리를 목적으로 판매·대여 등의 방법으로
    공급한 자는 로봇의 제조자 또는 로봇을 자신에게 공급한 자를 알거나 알 수 있었음에도 불구하
    고 상당한 기간 내에 그 제조자나 공급한 자를 피해자 또는 그 법정대리인에게 고지하지 아니한
    경우에는 제1항에 따른 손해를 배상하여야 한다.
    ③ 제1항 또는 제2항에 따라 손해배상책임을 지는 자가 다음 각 호의 어느 하나에 해당하는 사

대해 제조자에게 무거운 책임을 지우면서, 제조자가 피해자의 고의나 과실을 입증하면 책임을 면하도록 하고 있다. 로봇기본법안에서의 로봇은 기계뿐 아니라 소프트웨어까지 포함하고 있기 때문에, 소프트웨어의 경우에도 제조자에게 무과실책임을 지우게 된다. 제조되거나 가공된 동산인 제조물의 경우에만 무과실책임을 지우는 「제조물책임법」상의 엄격책임보다 더 강화된 책임을 명시하는 것인데, 의료 로봇과 같은 인공지능 의료의 개발과 생산을 위축시킬 수 있는 부정적인 요소를 감안하여 책임의 분배와 손해의 배상 방식이 조정되고 규정되어야 할 필요가 있다.[40]

　　인공지능 의료 수준이 발달하여 의료인을 통하지 않은 의료로봇의 원격진료 의료 행위가 가능해질 때를 대비하여 현재 의료법에서 각종 행위의 주체와 원격의료에 관한 규정도 개정이 검토되어야 한다. 현재 의료법에서는 의료행위의 주체를 의료인으로 전제하고 있기 때문에 태아 성감별 행위의 금지의 주체(의료법 제20조), 진료기록부 작성 및 전자의무기록 작성의 주체(의료법 제22조, 제23조), 진단서, 처방전 등을 작성 및 활용 가능한 주체(의료법 시행규칙 제16조), 원격의료 행위를 하는 주체(의료법 제34조)가 의료업에 종사하는 의사, 치과의사, 한의사 등의 의료인(의료법 제2조 제1항)에 한정되어 있다. 의료인만이 의료행위를 할 수 있다는 무면허 의료행위 금지 조항(의료법 제27조)도 의료행위의 주체를 의료인으로만 한정하고 있다. 인공지능 의료로봇에 의한 태아 성 감별행위도 금지하는 내용, 진료기록부 및 전자의무기록의 기록 행위의 주체에 인공지능 로봇에 의한 기록도 포함되도록 하는 내용, 원격의료와 의료행위의 주체를 인공지능 로봇까지 확대하는 내용으로의 개정이 검토될 필요가 있다.

2. 의료 빅데이터 활용으로 인한 데이터 보호에 관한 문제들

　　인공지능 의료의 기반이 되는 의료 정보의 집합체, 즉 의료 빅데이터는 실시간

실을 입증한 경우에는 이 법에 따른 손해배상책임을 면한다.
1. 제조자가 해당 로봇을 공급하지 아니하였다는 사실
2. 제조자가 해당 로봇을 공급한 당시의 과학·기술 수준으로는 결함의 존재를 발견할 수 없었다는 사실
3. 로봇의 결함이 제조자가 해당 로봇을 공급한 당시의 법령에서 정하는 기준을 준수함으로써 발생하였다는 사실
4. 원재료나 부품의 경우에는 그 원재료나 부품을 사용한 로봇 제조자의 설계 또는 제작에 관한 지시로 인하여 결함이 발생하였다는 사실
40 황의관, "로봇기본법제와 소비자 문제에 관한 연구 - 로봇기본법안의 검토를 중심으로", 『가천법학』 제10권 제4호, 2017, 106-108쪽.

으로 또는 신속하게 생성되고 규모가 방대한 개인의 의료 관련 데이터를 의미한다. 요리로 비유하자면 빅데이터는 재료로, 인공지능은 조리법으로 비유할 수 있다. 빅데이터는 인공지능 입장에서 학습의 재료이고, 이 재료가 없으면 조리가 불가능하기 때문에 인공지능과 빅데이터는 동전의 양면과 같이 필수불가분의 관계이다.[41] 컴퓨터와 인터넷의 발달로 모든 데이터가 디지털화 되면서 쉽고 빠르게 저장, 수집, 전송될 수 있게 된다. 한 사람이 움직이면서 만들어내는 심박수, 체온, 정맥 패턴, 뇌파 등의 생체정보들도 실시간으로 저장, 수집되어 대규모의 데이터가 실시간으로 축적될 수 있다. 디지털화된 데이터는 이진법의 코드로 전환되어 원본과 복사본 사이의 차이가 거의 사라지고 인터넷과 같은 초연결망을 통해서 간편하게 저장, 복사, 활용된다.[42] 인공지능 의료에서의 빅데이터는 수학적 알고리즘을 통한 분석으로 대상자의 각종 질병이나 건강 상태를 진단, 예측할 수 있게 하여 치료와 예방에 도움을 줄 수 있는 툴이 된다는 점에서 중요한 의미를 가지고 있다. 빅데이터 분석에서는 표본 추출을 하지 않는다. 즉 전체 인구가 5천만 명이라고 가정할 때 그중 50만 명만을 뽑아서 분석하는 것이 아니라, 5천만 명 전부를 분석한다. 샘플이 아닌 전수조사가 가능해졌기 때문에 일정 인구의 성향과 트랜드가 아니라 개인 한 사람에 대한 이해와 예측이 가능해진다. 즉 개인화 내지 초맞춤형 서비스가 가능해진다.[43] 인공지능을 통해 개인의 유전자 정보를 포함하여 체질적, 유전적 특성을 통합적으로 분석해 낼 수 있게 되면서 개인에게 가장 최적화된 치료법을 개발하는 계기를 앞당기고, 초맞춤형 의료가 가능해질 수 있다.

의료 데이터와 관련한 법적 문제는 개인정보에 관한 전반적인 규율을 담당하는 「개인정호 보호법」의 법리를 살펴볼 필요가 있다. 우리 「개인정보 보호법」에서 개인정보의 개념은 살아있는 개인에 관한 정보로서 그 정보만으로는 개인을 식별하지 못하더라도, 그 정보와 다른 정보를 쉽게 결합시켜 개인을 식별할 수 있게 되는 정보도 포함한다. 이러한 정보를 「개인정호 보호법」에서는 가명정보라는 용어를 사용하고 있다. 특히 살아있는 사람의 건강과 관련한 정보는 민감정보로 분류하여 정보 주체로부터 별도의 동의를 취득하거나 다른 법령에서 민감정보의 처리를 요구하거나 허용하는 경우가 아닌 한, 이 민감정보를 처리하지 못하도록 하고,

41 조성준, 『세상을 읽는 새로운 언어, 빅데이터』, 21세기북스, 2019, 61쪽.
42 양천수, 『제4차 산업혁명과 법』, 박영사, 2017, 39쪽.
43 조성준, 『세상을 읽는 새로운 언어, 빅데이터』, 21세기북스, 2019, 24쪽.

분실, 도난, 유출, 위조, 변조, 훼손되지 않도록 안전성 확보를 위한 특별한 조치를 요구하는 등 개인정보 중에서도 특별한 보호를 예정하고 있다(개인정보보호법 제23조 제1항, 제2항). 우리 개인정보 보호법제는 기본적으로 정보 주체의 사전 동의에 기반하여 이용될 수 있게 하는 방식인데, 2020년 2월 4일 법 개정으로 가명정보 및 익명정보의 개념을 도입하고, 가명정보의 개념과 가명처리에 관한 특례 조항을 도입·신설함으로써 가명처리 방식으로 통계작성, 과학적 연구, 공익적 기록보존 등을 위하여 정보 주체의 동의 없이 처리할 수 있게 하였다. 가명처리는 개인정보의 일부를 삭제하거나 일부 또는 전부를 대체하는 등의 방법으로 추가 정보 없이는 특정 개인을 알아볼 수 없도록 처리하는 것(개인정보 보호법 제2조 제1호의2)이라고 정의되면서, 이러한 가명처리로 원래의 상태로 복원하기 위해 추가 정보의 사용, 결합 없이는 특정 개인을 알아볼 수 없는 정보는 가명정보라고 일컬어진다. 가명정보의 결합은 개인정보 보호위원회나 관계 중앙행정기관의 장이 지정하는 전문기관이 수행하도록 하고 있다(제28조의3). 가명정보는 「개인정보 보호법」상의 개인정보에 포함된다(제2조 제1호). 반면, 익명정보는 그 자체로 또는 다른 정보와 결합해서도 개인 식별이 불가능한 상태로 처리한 것이므로 가명정보와는 구별되는 것으로 「개인정보 보호법」 상의 개인정보가 아니므로 이 법에 따른 규제나 제한 없이 자유롭게 이용할 수 있게 된다(제58조의2).[44] 그런데 「개인정보 보호법」 이외에도 의료에 관한 데이터를 다루는 법률로서, 「의료법」과 「국민건강보험법」에서 개인정보를 보호하는 규정이 존재하고 있지만, 개인정보 활용에 대해서는 언급하지 않고 있다.[45] 「생명윤리 및 안전에 관한 법률(약칭: 생명윤리법)」에서도 인체유래물 및 사람을 대상으로 한 연구에 있어서의 개인정보에 대한 보호는 별도로 규정하고 있다. 개인식별정보를 영구적으로 삭제하거나, 개인식별정보의 전부 또는 일부를 해

---

44 이재훈, "데이터 3법 개정에 따른 바이오 의료정보 활용 방향과 시사점", 「BioIn」 VOL.71, 2020, 4-6쪽.

45 국민건강보험법 제102조는 건강보험공단, 심사평가원에 종사했던 사람이나 종사하는 사람이 가입자 및 피부양자의 개인정보를 누설하거나 직무상 목적 외의 용도로 이용하지 못하도록 하고, 정당한 사유 없이 제3자에게 제공하는 행위도 금하고 있다. 의료법은 제18조 제3항, 제23조 제3항, 제21조의2 제8항 등의 조항을 통해 전자처방전, 전자의무기록, 진료기록전송지원시스템상 개인정보를 누출, 변조, 훼손하지 못하도록 하고 있다.
대통령직속 4차산업혁명위원회 설문조사 결과, 개인정보보호법 개정안과 의료법, 국민건강보험법상 개인정보의 보호 체계가 충돌 가능성이 있다는 전문가 응답이 74.8%로 나타났다.; 서울경제, "국민 10명 중 9명 "의료보건기술 위해 개인정보 제공할 것"...의료-헬스케어 청신호", 2020.5.18. 일자 https://www.sedaily.com/NewsView/1Z2SR9T7LP(마지막 방문일: 2020.11.1.).

당 기관의 고유식별기호로 대체하는 것을 익명화라고 함으로써(생명윤리법 제2조 제19호) 개인정보를 제3자에게 제공하는 경우나(생명윤리법 제18조 제2항), 인체유래물 연구자 또는 인체유래물은행장이 인체유래물을 다른 연구자에게 제공하는 경우(생명윤리법 제38조 제2항, 제43조 제2항) 인체유래물은행이 잔여검체를 제공받는 경우에(생명윤리법 제42조의3 제3항) 익명화하도록 하고, 익명화하기 전에 연구대상자(제18조 제1항) 또는 인체유래물 기증자로부터(제38조 제1항) 서면동의를 취득하거나 또는 연구대상자 또는 피채취자 등 개인정보주체자에게 서면 고지하도록 하고(생명윤리법 제42조의2 제2항) 기관생명윤리위원회(이하, IRB라 한다)에 승인(생명윤리법 제42조의2 제5항)을 받도록 하고 있다. 「생명윤리법」의 취지와 조문의 해석으로 볼 때 「생명윤리법」상의 익명화는 개인정보를 보호하는 수단과 조치이기 때문에, 익명화 조치 자체가 정보주체의 서면 동의나 IRB라는 절차를 생략하도록 하는 요건이 되지는 못한다. 즉 개인정보를 익명화했다고 해서 IRB 심의가 면제되는 것은 아니고, 제3자 제공이나 잔여검체를 제공받는 경우 등에서는 익명화가 필수 사항이고 IRB의 승인도 요구된다. 이러한 「개인정보 보호법」과 「의료법」, 「생명윤리법」 등 관련 법률들 간의 관계와 충돌 상황에 대해서 개인정보보호위원회와 보건복지부는 보건의료 데이터 활용 가이드라인을 제정하여 유권해석을 내리고 있다.[46] 가이드라인에서는 「개인정보 보호법」상의 가명처리가 생명윤리법상의 익명화에 포함되는 것으로 해설하면서, 의료기관에서 진료목적으로 수집된 의료데이터 등을 「개인정보 보호법」 상의 가명처리를 통해 연구 목적 등으로 이용하려는 경우에는 연구대상자 등에 대한 기존의 자료나 문서를 이용하는 연구로 간주하고 기관 차원에서 가명처리가 확인된 경우 IRB 심의 및 연구대상자의 서면동의를 면제할 수 있다고 해석하고 있다. 그런데 이러한 유권해석에도 불구하고 「생명윤리법」 조문체계의 해석상 「생명윤리법」의 익명화는 무조건 IRB 심의나 연구대상자의 서면동의를 면제하기 위한 요건이 아니라, 연구대상자의 개인정보나 인체유래물에 관한 연구에서 IRB의 심의 면제가 되기 위해서는 연구대상자와 공공에 미치는 위험이 미미한 경우에 IRB가 심의 면제를 판단할 수 있다는 것이다(생명윤리법 제15조 제2항, 동법 시행규칙 제13조). 따라서 법률 간의 정합성의 해결을 위해서는 「생명윤리법」상의 익명화의 의미와 보건의료 데이터의 합법적 사용 방안에 대하여 조문 상으로도 명확해질 필요가 있다. 「생명윤리법」의 익명화 조항과 IRB 심의 등의 관련 조항들이 「개인정

---

46 개인정보 보호위원회, 『보건복지부, 보건의료 데이터 활용 가이드라인』, 2020.9. 33, 56쪽.

보 보호법」의 가명처리 조항에 부합하도록 개정될 필요가 있다.

데이터에 대해 고려해야 할 점으로 또한 고려되어야 하는 것은 보안의 문제이다. 데이터의 보안을 강화하고 체계적으로 관리하도록 블록체인 기술을 이용하는 등의 사이버 안보 대책이 필요하다.[47] 사물인터넷을 이용해서 인공지능 의료 장비에 실시간으로 수집되는 경우, 해킹, 오작동 등의 사이버 사고 발생을 미연에 방지하기 위해서 네트워크와 정보 시스템의 보안 기준을 강화하는 사이버 안보 조치가 필수적이다.[48]

환자 자신에게 모든 의료 데이터의 소유권을 부유하여 환자 자신이 데이터에 접근하고 활용 여부를 결정할 수 있도록 하는 마이데이터(My data) 접근법도 고려되어야 한다. 예컨대 병원에서 검사를 위해 엑스레이를 찍고 혈액 검사를 하면 그 결과인 엑스레이 사진과 혈액 검사 결과 등 데이터는 병원에 보관된다. 검사 항목, 진단과 처방 기록은 건강보험공단으로 전달되지만, 현재 제도상으로는 정작 데이터의 주인인 당사자가 본인의 의료 데이터에 대해서 요구할 수 있는 방법이 없다. 이제까지는 의무기록으로 요청해서 받을 수 있는 CD 이외에는, 환자가 본인의 의료·건강 관련 데이터를 체계적인 디지털 형태로 확보하기가 곤란하다. 그러나 이 데이터를 모두 개인에게 귀속시키자는 주장이 마이데이터(MyData) 개념이다.[49] 이제까지 공법적으로는 개인정보자기결정권을 비롯하여 데이터의 인격권적 성격을 인정해왔다면,[50] 마이데이터는 데이터의 소유권을 적극적으로 인정하고 활용할 수 있도록 하는 개념이다. 개인정보자기결정권에서 인정되는 정보 주체 본인

---

47 4차산업혁명 융합법학회, 『4차산업혁명의 이해』, 박영사, 2020, 124-127쪽. 미국의 '사물인터넷과 사이버보안을 위한 상무부의 보고서'에서 의료장비에 활용된 사물인터넷기술의 사이버 보안 대책을 위한 가이드를 제공하고 있다.

48 성봉근, "사이버상의 안전과 보호에 대한 독일의 입법동향과 시사점", 『법과 정책연구』, 제17권 제1호, 2017, 94쪽. 독일의 경우 사이버보안법이 제정되어 전반적인 정보 시스템이 보안 기준을 세우고 있다. 개인정보보호위원회, 인공지능 및 로보틱스 분야의 개인정보보호에 관한 연구, 진한엠앤비, 2017, 74쪽. 전자의무기록 시스템을 갖춘 의료기관들이 해커들에게 랜섬웨어 공격으로 네트워크 시스템이 마비되고 환자 진료와 치료에서 큰 차질이 생기는 사례들이 발생하는데 이에 대비한 의료 개인정보 위협의 예방과 보안대책이 필요한 것이다.

49 대통령직속 4차산업혁명위원회가 2018년 6월 '데이터 산업 활성화 전략'을 발표하면서 데이터 이동 제도 패러다임 전환을 제시하였다. 정보 주체 중심의 데이터 소유권을 강조한 것으로서, 정보주체가 본인의 데이터를 보유기관으로부터 제공받아 이용하거나 제3자에게 제공하는 것을 허용하는 방식을 마이데이터(MyData)라고 하여 설명한 바 있다. 윤수영, "4차 산업 혁명 시대의 소비자 데이터 주권에 대한 고찰: EU GDPR을 중심으로", 『소비자학연구』 제29권 제5호, 2018, 108쪽.

50 엄주희, "코로나 통제에 따른 기본권의 제한과 국가의 역할", 『법과 정책』 제26권 제3호, 2020, 56-57쪽.

의 데이터에 대한 열람, 정정, 수정 요구에 더하여 본인 데이터를 디지털화된 기계 판독이 가능한 형식으로 수령할 수 있는 권리와 다른 개인정보처리자에게 본인의 개인정보를 이전할 요구할 수 있도록 하는 등 데이터의 소유권적 권리성을 인정하는 것이다. 우리 개인정보 보호법에서는 이러한 권리를 명시하지 않지만 유럽의 일반정보보호규정(GDPR)에서는 데이터 이전에 대한 권리를 명확히 하고 있다.[51] 개인은 일상에서 엄청난 양의 다양한 생체 데이터와 건강 상태 관련 데이터를 만들어내게 되는데, 이 생체 데이터 및 의료 기록 데이터를 필요로 하는 기업이나 기관에 넘겨주고, 그 기업이나 기관에서 개발한 운동, 건강 모니터링, 의료 추천 앱 등의 의료와 건강 관련 서비스를 제공받을 수 있다.[52] 이 경우 개인들이 자발적으로 개인정보 제공에 동의한 것이므로 개인정보나 프라이버시 침해 문제에서 자유롭고, 소비자 입장으로서 대가를 받으면서도 기업이나 기관이 데이터를 합법적으로 확보할 수 있게 된다.[53] 감염병 발병의 진단과 예측 시스템을 구축하는 경우와 같이 빅데이터가 필요한 분야에 개인들이 자발적인 데이터 제공하게 된다면 개개인이 공중보건 시스템에 협력자로서 공중보건 수준의 향상에 기여한다는 의미도 가질 수 있게 된다.[54]

---

51 GDPR Article 20 (Right to data portability) 1. The data subject shall have the right to receive the personal data concerning him or her, which he or she has provided to a controller, in a structured, commonly used and machine-readable format and have the right to transmit those data to another controller without hindrance from the controller to which the personal data have been provided

52 조성준, 『세상을 읽는 새로운 언어, 빅데이터』, 21세기북스, 2019, 266-267쪽.

53 조현석 외, 『빅데이터 시대의 기회와 위험』, 나남, 2016, 77, 81-82쪽. 영국의 마이데이터 정책은 기업이 보유하고 있던 개별 소비자들의 소비행태나 구매행태 등에 관한 데이터를 각 소비자에게 제공함으로써 그동안 기업들이 독점하고 있던 개인 데이터 편중 문제를 해결하고 소비자들이 더 현명한 의사결정과 행동을 하도록 한다. 영국의 마이데이터 헌장(Midata Charter)와 소비자 데이터 원칙(Consumer Data Principles)에 개인데이터 활용정책이 잘 나와있는데, 소비자 데이터 권한 강화, 소비자 데이터 투명성, 소비자 데이터가 안전하고 휴대 가능하며 재활용 가능한 방식으로 소비자들에게 제공될 수 있도록 개발하고 지원한다는 소비자 데이터 접근성, 소비자 데이터 보안, 소비자 데이터 혁신을 제시하고 있다.

54 예컨대, 미국의 경우 개개인이 자발적인 동의를 함으로써 웨어러블 형태의 기기를 통해서 수집된 생체 데이터를 모니터링하여, 코로나 바이러스 같은 감염병 질환의 발병 트렌드를 파악하고 대응하는 공중보건 감시 방식에 활용된다. "Scripps Research invites public to join app-based DETECT study, leveraging wearable data to potentially flag onset of viral illnesses",Scripps Research, March 25, 2020.
https://www.scripps.edu/news-and-events/press-room/2020/20200325-detect-study-viral-illnesses.html (last visited June 1, 2020.)

우리나라는 전국민을 대상으로 국민건강보험제도와 건강검진서비스제도를 운영하고 있고 주요 대학병원들을 중심으로 전자의무기록 시스템(EMR: Electronic Medical Record)이 운영되고 있기 때문에 병원, 의원이용내역, 건강검진결과, 건강검진 가입자의 암 등록 등 질병정보, 의료급여 자료 등의 의료정보 데이터가 풍부하게 확보된다는 점이 데이터를 이용한 의료 시스템을 구축하는 데에는 유리한 점으로 꼽힌다. 국민건강보험공단, 건강보험심사평가원, 보건복지부 등의 기관을 비롯한 의료기관들 간의 데이터가 표준화되어 있지 않고 데이터의 공개가 미약하며, 기관 상호간 데이터의 교류가 미미하다는 점이 데이터를 통합적으로 관리, 활용하는 데 걸림돌이라고 지적되어 오다가 2016년부터 기관들의 협력으로 건강보험 빅데이터 활용 협의체가 발족되었다.[55] 희귀질환자의 의료정보를 수집하는 것을 시작으로 국민의 유전정보 데이터를 수집하여 빅데이터를 구축하는 국가 바이오 빅데이터 구축 시범사업도 진행 중이기 때문에[56] 향후 인공지능 기술을 적용하여 환자 맞춤형 질병 예측과 치료 방식으로 발전할 기반이 형성되고 있다고 보여진다.

3. 인공지능 의료기기의 허가

국민 건강에 직접적인 영향을 줄 수 있는 의료기기는 허가, 인증, 신고의 절차를 통해 국가의 관리를 받도록 하고 있는데, 전시할 목적 이외에 판매, 임대, 수여, 사용의 목적으로는 허가를 득하지 않은 의료기기의 제조, 수입, 수리, 저장, 진열이 금지되어 있다(의료기기법 제26조). 법령에 의하여 의료기기 제조에 관련한 일반 행위를 금지하고, 일정한 요건을 갖추어 허가신청을 한 경우에 제한을 해제하여 적법하게 의료기기를 활용하도록 하는 제도는 국민 건강상의 위해를 방지하고 보건의료 체계를 유지해야 하는 국가의 보건에 관한 의무와 헌법상 보건에 관한 권리로부터 나오는 객관적 질서이다.[57] 인공지능 의료의 발전에 따라 인공지능이 적용되는 의료기기는 소프트웨어부터 로봇 등의 외형을 갖춘 기기와 장치를 포함

---

55 보건복지부 보도자료, "건강보험 빅데이터, 누구나 편리하게 이용할 수 있게 된다" – 전국 16개로 빅데이터 분석센터 확대 운영, 복지부, 공단, 심평원 건강보험 빅데이터 활용 협의체도 출범, 2016.8.29.(8.30. 일자 석간).

56 질병관리청 국립보건연구원의 국가 바이오 빅데이터 구축 시범사업 소개
   http://www.nih.go.kr/contents.es?mid=a40510010100(마지막 방문일: 2020.11.30.).

57 엄주희, "코로나 통제에 따른 기본권의 제한과 국가의 역할", 『법과 정책』 제26권 제3호, 2020, 63-64쪽.

할 수 있지만, 현재 인공지능 기술 수준으로 가장 많은 부분을 차지하는 의료기기 품목은 소프트웨어이다.

인공지능 의료기기와 관련하여 행정상의 유권해석으로 볼 수 있는 식품의약품안전처에서 발간한 가이드라인에 따르면58 빅데이터 및 인공지능 기술을 활용하는 소프트웨어의 의료기기 해당 여부는 의료기기법 제2조에 근거한 사용 목적과 위해도에 따라 평가하게 된다. 사용 목적은 질병의 진단, 치료, 경감, 처치 또는 예방의 목적, 상해 또는 장애를 진단, 치료, 경감, 보정 할 목적, 구조 또는 기능을 검사, 대체, 변형할 목적, 임신을 조절할 목적을 말한다. 위해도는 소프트웨어가 의도한 대로 작동하지 않아 환자에게 위해를 끼칠 가능성이 있는지와 소프트웨어가 의료인의 개입하는 과정이 있는지 또는 의료인이 판단하기 어려운 영역에 있는지, 즉 의료인의 임상적 판단을 보장하는지 여부를 가지고 종합적으로 판단한다는 것이다. 이렇게 의료기기로 판단하는 기준을 두는 목표는 본래의 목적대로 기능을 하지않을 경우에 환자에게 위험을 끼칠 수 있는 소프트웨어를 의료기기로 관리하기 위함이라고 밝히고 있다. 인공지능 의료기기의 예시로서 폐 CT 영상을 분석하여 폐암의 유무나 폐암의 진행상태를 자동으로 진단하는 소프트웨어, 심전도 측정 결과를 이용하여 부정맥을 진단하거나 예측하는 소프트웨어, 조직검사, 전자의무기록 등 의료정보를 기반으로 특정 암의 발병확률을 계산하는 소프트웨어, 의료데이터를 기반으로 방사선 치료계획을 수립하는 소프트웨어 등을 들고 있다. 반면 의료기기에 해당하지 않는 의료용 소프트웨어의 예시로는 병실, 재고관리, 전자수속 등의 의료기관의 행정사무를 지원하는 소프트웨어, 건강데이터를 수집 분석하여 유산소 운동프로그램을 제공하는 소프트웨어와 같이 운동, 레저 그리고 일상적인 건강관리(웰니스) 목적의 소프트웨어, 의료인 교육훈련을 위해 해부학 그림이나 의료영상 등을 제공하는 소프트웨어와 같은 교육·연구 목적의 소프트웨어, 의료인에게 환자의 건강 정보나 진료 정보를 정리하거나 추적하는 툴을 제공하는 소프트웨어 내지 의학 정보에 쉽게 접근하도록 도와주는 소프트웨어 등이 있다. 인공지능 의료 기술이 진단과 예방의 목적으로 제조가 된 소프트웨어라면 의료기기에 해당되지만, 의료정보검색용으로 단순 보조적인 기능을 하는 경우에는 의료기기에 해당되지 않는다. IBM 왓슨은 인공지능 기술은 환자의 증상에 대해 권고, 비권고

---

58 식품의약품안전처 식품의약품안전평가원 의료기기심사부, 빅데이터 및 인공지능 기술이 적용된 의료기기의 허가·심사 가이드라인[민원인 안내서], 2019.10.

사항의 치료법을 신호등 방식으로 제시를 할 뿐 의료인이 최종 판단을 하고 어떤 치료법을 취할 것인지를 의료인과 환자가 상호 결정하기 때문에 비의료기기로 분류된다.[59] FDA에서 2018년에 허가하여 의료기관에서 활용되고 있는 망막검사기기 IDx-DR[60]의 경우에는, 의료인의 개입 없이도 독자적으로 당뇨성 망막 병증을 진단하는 작용을 하는 의료기기로 허가를 받았다.[61]

4. 인공지능 의료와 건강 불평등

건강 불평등은 사회·경제·제도·정치적인 구조와 자원분배가 불평등함으로써 발생하는 건강 격차로서, 불필요하고 피할 수 있는, 불공정하고 부당한 건강 수준의 차이라고 정의된다.[62] 헌법상 평등의 원리와 보건에 관한 권리, 이에 따른 국가의 의무는 국민들에게 보건의료 체계와 공중보건시설에 대한 접근성을 형평성 있게 보장하고 보편적인 건강을 누릴 수 있는 기반을 마련해야 하는 과제로 귀결된다.[63] 그런데 의료 빅데이터에 의한 인공지능 의료가 발달하면 개인의 생명과 건강에 대한 예측이 정밀화될 수 있으므로 새로운 운명론으로 생명결정론이 지배할 수 있고 이 생명결정론에 따라 각 개인을 평가하고 차별화, 서열화를 하여 생명불평등이 심화될 수 있다는 부정적인 전망이 있다.[64] 인공지능 의료가 유전적 결함과 한계를 극복할 수 있는 의료기술로 발전하면서, 이러한 인공지능 의료기술이 보편적으로 적용되지 못하고 한정되고 값비싼 의료를 누릴 수 있는 재원을 가진 사람만이 향유할 수 있게 된다면 건강 불평등은 심화될 수 있다.[65] 의료 인공지능의 혜

---

59 식품의약품안전처 2016년 12월 빅데이터 및 인공지능 기술이 적용된 의료기기의 허가·심사 가이드라인(안)에서 의료기기 여부 판단기준.

60 최윤섭, 『의료 인공지능』, 클라우드나인, 2018, 395-396쪽.

61 [보도자료] 인공지능 시대를 준비하는 법 제도 규제 정비 로드맵 마련 – 인공지능 활용 촉진과 부작용 최소화를 달성하기 위한 30개 과제 제시, 2020.12.23., 5쪽; 정부 과학기술정보통신부가 발표한 인공지능 법·제도·규제 정비 로드맵에 따르면 의료 분야에서는 인공지능 의료기기의 국제기준 (가이드라인) 마련과 건강보험 적용범위 확대를 과제로 도출하고 있다.

62 유승현, 김동하, "건강불평등과 지역사회 건강증진: 국가건강증진계획 사례 비교", 『보건교육건강증진학회지』 제34권 제2호, 2017, 1-2쪽.

63 엄주희, "코로나 팬데믹 사태(COVID-19)에서 빅데이터 거버넌스에 관한 공법적 고찰", 『국가법연구』, 제16권 제2호, 2020, 11쪽.

64 양천수, 『제4차 산업혁명과 법』, 박영사, 297쪽; 한국인공지능법학회, 『인공지능과 법』, 박영사, 2019, 297쪽.

65 이관용, 김진희, 김현철, "의료 인공지능 현황 및 과제", 한국보건산업진흥원, 『보건산업브리프』 219, 2016.8.22., 25쪽.

택을 받기 위해 고액의 비용이 소요되어야 한다면, 지불 능력이 없는 취약층에게는 무용지물이고 건강 불평등을 더 심화시키는 요인이 될 수 있다. 생명양극화 내지 생명 불평등이라는 비판과 문제의식이 제기되는 이유이다. 경제적 사회적 지위를 가진 자들에게 의료 인공지능이 혜택이 편중되게 할 것이 아니라 의료 서비스의 취약층에게 우선 개발, 보급되도록 하는 방안이 필요하다. 「지능정보화 기본법」은 지능정보기술 이용에 있어서 모든 구성원에게 공정한 기회가 주어지도록 노력해야 한다는 기본원칙(제3조)을 밝히고, 국가와 지방자치단체가 불평등 해소를 위해 노력해야 한다는 책무도 명시하고 있다. 정보 격차의 해소를 위한 종합계획 수립(제6조 제4항 제9호, 제45조), 고령인구와 장애인에게 적용될 서비스의 접근성과 이용 편익을 제고하기 위해 노력(제46조 제2항)하도록 하는 정도의 규정을 두고 있다. 「지능정보화 기본법」에서 이러한 내용을 정책적인 지향점으로 삼고 있는 점은 좋으나, 불평등 해소를 위해 노력해야 한다는 정도의 권고 내지 목표를 상징하는 정도의 규정이다 보니 실효성을 담보할 수 있는 방안이 필요하다는 과제를 안고 있다.[66]

또한 잠재적으로 예측되는 차별 문제로는 첫째로, 인공지능 기술로 개인의 의료 데이터를 분석하여 생애 의료비용이 많이 들 것으로 예측되는 대상자를 잠재적으로 분류하여 보험에서 배제하거나 보험료를 차등하여 고액을 부과하는 방식으로 차별이 일어날 수 있다. 두번째 인공지능 기술의 딥러닝을 위한 학습 데이터가 편향됨으로써 발생하는 차별 문제가 있다.[67] 세 번째로는 인공지능 의료를 활용하는 능력의 차이로 인해 발생하는 차별이다. 이것은 장애인, 고령자, 만성질환자 등에 적용되는 인공지능 의료 기술에 대한 인식과 수용태도, 활용도에 본인의 기술 친숙도나 사회경제적 지위에 영향을 받게 됨으로써 발생하는 차별이다.[68] 교육 수준

---

66 엄주희, "국가윤리위원회의 법적 지위와 뇌신경윤리 활동 고찰 : 뇌신경윤리 거버넌스에 주는 시사점", 『법과 정책』 제25권 제1호, 2019, 192-194쪽. 신경과학 기술의 윤리적 법적 영향을 검토한 보고서로 미국의 Gray Matters 2에서도 신경과학 연구에 장애인과 같은 취약층의 윤리적인 참여를 권고하고 있다. 인공지능과 신경과학과 같은 첨단 기술에 대하여 미국의 경우 정부가 주도하여 정책적인 방향과 계획을 추진하는 반면, 우리는 입법을 통해서 이러한 정책 사항을 명시하고 있다는 점이 다른 점이다.

67 Nicolas Terry, OF REGULATING HEALTHCARE AI AND ROBOTS, YALE JOURNAL OF LAW AND TECHNOLOGY, 21(3), 2019, 49쪽; 김형수 외 5인, "인공지능 시대, 보건의료 미래 전망", 『의료정책포럼』 제15권 제1호, 2017, 89쪽.

68 Emil Øversveen, Stratified users and technologies of empowerment: theorising social inequalities in the use and perception of diabetes self-management technologies. Sociology of Health & Illness, 42(4), 2002, pp.862-876. 노르웨이에서 당뇨병 자가관리를 돕기 위해 개발된 연속혈당측정기와 인슐린자동주입기를 사용하는 제1형 당뇨환자 24명을 대상으로 신의료기술의

이나 사회적 지위, 기술의 친숙도 등에 따라서 새로운 의료기술을 따라가지 못하고 좌절, 모멸감, 무력감을 느끼면서 기술의 낙오자가 될 수 있다는 것이다. 단순히 첨단 기술을 본인의 취향에 따라 사용할 것인지를 고르는 선택의 문제가 아니라, 치료에 필수적인 기술을 사용하지 못하여 발생하는 건강 불평등이 발생하지 않도록 기술 개발과 기술의 활용 서비스 구현에서도 첨단 기술에 친숙하지 않은 사용자를 고려해야 한다는 것이다. 이를 인공지능 의료 리터러시(literacy)라고 칭할 수 있을 것이다. 이같이 보험과 기술 면에서의 의료 서비스 접근성의 차이와 인공지능 의료 리터러시의 격차가 발생함으로써 건강 불평등을 야기하게 되는 것이므로 이러한 차별을 예방하는 것도 공법적 과제의 범위에 포함되어야 한다.

Ⅳ. 결론

인공지능이 의료에 적용되면서 가져오는 파장은 의료 방식의 변화에 그치지 않고 의사와 환자의 커뮤니케이션의 변화와 관련 법제의 근본적인 전제에까지 영향을 미친다. 인공지능 의료가 법제에 미치는 영향을 살펴보기 위해서 본고는 우선 인공지능 의료의 발전상을 일고하였다. 인공지능 의료에 대해 우리나라 최초로 관심을 불러일으킨 왓슨 포 온콜로지를 비롯하여 웨어러블 디바이스를 통해 인체를 진단, 분석하는 의료기기와 의료 정보에 관한 영상 자료를 판독하는 소프트웨어, 일상 건강 관리를 보조하는 앱과 인지 행동 치료를 제공하는 디지털 치료제, 그리고 코로나(COVID-19)와 같은 감염병 확산의 예측과 예방, 백신과 치료제 개발에 활용되는 인공지능 의료까지 의료의 영역에서 전방위적으로 발전하고 있는 인공지능 의료의 모습을 살펴보았다. 그리고 공법적인 측면에서 인공지능이 의사를 대체하는 수준에 이르면 필연적으로 인간의 존엄과 가치 및 이로부터 도출되는 인격권의 문제, 인공지능이 기반으로 삼고 있는 데이터의 수집과 활용에 따른 법적 문제들, 인공지능 의료기기의 허가와 의료행위에 대한 법적 책임, 인공지능이 구동되면서 발생하는 편향성에 따른 건강 불평등 문제까지 공법적으로 살펴볼 수 있는 지점을 검토하였다. 「지능정보화 기본법」이 제정되어 인공지능이 우리 사회에

사용의 인식과 활용 차이를 보여준 2018년도에 수행된 실증적인 연구결과로서, 누구나 접근할 수 있는 신의료기술에서도 적극적 사용자, 수동적 사용자, 반항적 사용자로 활용 태도와 인식이 구분된다. 사용자의 사회·경제적 지위가 치료 관리 기술을 받아들이고 활용하는 데 영향을 미치고 건강 불평등이 발생하는 기전으로도 작용함을 볼 수 있다.

적용되는 전반적인 방향성을 제시하고 있지만, 향후 인공지능이 의료에 더 깊숙이 자리잡게 되면 의료법 등의 의료 관련 법률의 개정이나 인공지능 의료를 위한 독자적인 법률의 제정이 검토되어야 할 것이다. 인공지능 의료의 발전에 있어서 데이터가 가진 중요성과 잠재력은 긴용하기 때문에 해외에서는 인공지능 의료에 대한 직접적인 법제를 구축하기보다는 「일반정보보호규정」(GDPR: General Data Protection Regulation)과 같은 법률로서 데이터 보호와 활용에 관한 규율을 시작하는 것을 볼 수 있다.[69] 인공지능의 발전과 활용을 예의 주시하면서 인공지능 의료와 법제에 관한 연구가 지속 발전되어야 하기에, 그 첫걸음으로 인공지능 의료의 전반에 걸친 공법적 지점을 살펴보았다. 인공지능 의료에 관한 구체적인 법률의 제·개정을 논의하기 이전 단계인 현재 시점에서, 본고가 미약하나마 법제의 개선에 의미 있는 방향성을 제시할 수 있기를 바란다.

◆ 『한국의료법학회지』 제28권 제2호, 2020, 53-77쪽

---

69 엄주희, 심지원, 김혜경, "데이터 접근성을 통한 보건의료와 인공지능의 융합—일반정보보호규정 (GDPR)이 정책 입안자들에게 신호등 역할을 할 수 있는가", 『인권법평론』 제25호, 2020, 247쪽.

제3절 인간 증강에 관한 헌법적 고찰: 군사적 목적의 인간 증강과 기본권

I. 서론

인간 증강(human enhancement)은 신경과학, 인공지능, 정보통신기술(IT), 네트워크기술(NT), 생명공학기술(BT) 등의 다양한 기술 간의 융합을 통해서 인간의 신체와 두뇌 및 감성 능력의 약화를 예방하고, 노화, 장애, 질병 등으로 저하된 능력을 회복할 뿐 아니라 적극적으로 향상시키는 것이다.[1] 다양한 기술 간의 융합을 바탕으로 노화, 장애, 질병으로 저하된 신체의 한계를 극복하고 생산성과 삶의 질을 개선하기 위한 시도의 일환으로 등장한 인간 증강의 개념은 기술들 간의 결합을 뛰어넘어 인간과 기계의 융합으로 발전하리라 전망되고 있다.[2] 인간 증강의 유형으로는 신체적으로는 근력과 감각을 증강시키는 기술, 인공지능을 기반으로 하는 면역 진단 시스템과 인공장기 지능형 관리 시스템, 기억, 인지, 창의력을 향상시키는 기술들이 있으며, 감성적으로는 인공지능 기술을 활용해 마음을 나눌 수 있는 감성친구로 개발된 인공지능 로봇이라든지, 정신질환 치료와 부정적인 감정을 완화하는 디지털 서비스, 그리고 신체, 인지, 감성에 모두 작용하는 인간과 기계의 상호작용을 통한 지능형 뇌-기계 인터페이스 기술(BCI: Brain-Computer Interface, 이하 'BCI'로 한다) 등이 인간 증강 기술로서 유망한 분야로 손꼽힌다. 인간 증강은 환자나 장애인의 치료와 재활의 목적의 기술들과 근력 지원을 중심으로 발전해왔고, 인공지능, 빅데이터 기술과 접목하여 지능형 개인 맞춤형 기술로 사용자 데이터 분석 기반 인지 능력 향상과 심리 치료, 근력 지원용의 외골격 로봇과 같은 지능형 웨어러블 슈트 기술 등으로 개발되고 있고, 다양한 인간 증강 기술이 민간뿐 아니라 군대의 전투력을 증대하는 군사의 영역에도 도입이 되고 있다.[3] 인간 증강은 신체에 부착하거나 신체의 일부분으로 결합시켜 인체의 능력을 증강 보완하고

---

[1] 한국과학기술기획평가원, "〈디지털 휴먼증강〉 미래 유망 기술.서비스", 『KISTEP 미래예측 브리프』 2020-04, 2020, 4쪽.

[2] Fritz Allhoff; Patrick Lin; James Moor; John Weckert, "Ethics of Human Enhancement: 25 Questions & Answers," Studies in Ethics, Law, and Technology 4, no. 1 (February 2010): 35.

[3] Gerald Walter, "Weaponization of Neuroscience", 『Handbook of neuroethics (Ⅲ)』, Springer Reference, 2015, p.1175.

인간의 의지에 따라 조절이 가능한 모든 기술을 의미하는 것으로 정의하기도 한다.[4] 일반적으로 인간 향상이나 인간 강화로도 번역되는 Human Enhancement의 의미는 질병 치료를 위한 목적이 아닌 인간의 신체적, 인지적, 정서적 능력 등을 향상시키려는 목적으로 기술을 개입하는 것을 의미하지만 본고에서 인간 증강이라는 용어는 일반적으로 인간에게 일반적인 수준 또는 인류 통계적으로 정상적인 기능 범위를 넘어서는 능력을 부여하는 것으로 정의한다.

우리나라 군대에 인간 증강이 도입된 사례를 보면서 미래 연구개발의 방향을 볼 수 있다. 홀로그램 고글 헬멧, 조준경 등의 최첨단 전투 장비로 무장한 이른바, 워리어 플랫폼이라는 개인 전투장비를 착용하고 미래 전투를 수행체계를 시연하는 모습을 2019년 국군의 날 기념식에서 군사 시범 훈련으로 선보인 바 있고,[5] 착용한 로봇을 통해 병사의 신체 의도를 예측해 움직임을 극대화 해주는 근력증강 플랫폼 제어 로봇, 방호전투 착용 로봇을 포함하여 유인·무인 복합체계로 국방로봇 사업도 본격화하고 있다.[6] 2019년 7월 국방부보고서에 따르면 교육, 훈련 시스템에도 가상현실(VR), 증강현실(AR) 등의 첨단과학훈련시스템을 도입하고 있고, 인공지능과 빅데이터 기술을 활용한 군사 맞춤형 복장과 군수물품 관리 등에 현재 도입되었거나 개발 중인 것으로 보고되고 있다.[7]

군사적 목적의 인간 증강은 인체에 직접 첨단 기술을 적용하는데 따르는 윤리적 문제와 국가로부터 보호받아야 할 근본적 권리로서의 기본권적 논의를 야기한다. 본고는 국가 안보 분야에 적용되는 첨단 기술이고 인간의 근본 권리의 관점에서도 중요한 문제이며 해외에서는 이에 관한 논의를 진행해왔으나, 아직 우리나라에서 논의되지 않았던 군사적 목적으로 인간 증강에 관한 헌법적 쟁점을 살펴본

---

4 한국연구재단, "2017 미래유망기술 프로그램 – 신체증강휴먼", 한국연구재단 국책연구본부, 2017.6.2, 6쪽.

5 5G 시대 '아이언맨' 군인 등장 – 세계 각국 '워리어 플랫폼' 경쟁 가속화, The Science Times, 2019.7.4.일자.
https://www.sciencetimes.co.kr/news/5g-%EC%8B%9C%EB%8C%80-%EC%95%84%EC%9D%B4%EC%96%8%EB%A7%A8-%EA%B5%B0%EC%9D%B8-%EB%93%B1%EC%9E%A5/ (검색일자: 2021.2.2.).

6 전투원 생존성 높이는 '국방로봇'… 군 8개 사업 본격화, 이데일리, 2020.11.30.일자.
https://www. edaily.co.kr/ news/read?newsId=02361606625970968&mediaCodeNo=257 (검색일자: 2021.2.2.).

7 한국군, 첨단 기술 도입, Indo-Pacific Defense FORUM, 2019.9.7.일자.
https://ipdefenseforum.com/ko/2019/09/%ED%95%9C%EA%B5%AD%EA%B5%B0-%EC%B2%A8%EB%8B%A8-%EA%B8%B0%EC%88%A0-%EB%8F%84%EC%9E%85/(검색일자: 2021.2.2.).

다. 우선 인간 증강 기술로 개발되어 군대에 적용되고 있거나 연구개발이 진행 중인 현황을 정리함으로써 국가 안보와 군사력 증진에 활용되는 인간 증강 기술이 유발하는 윤리적·법적 논점을 연결하고, 이를 토대로 기본권적 논점과 세계의 인권협약에 나타난 기본적 인권의 측면에서 증강의 문제를 탐구한다.

Ⅱ. 군사적 목적의 인간 증강의 시도와 개발 현황

생의학 관련 기술은 전투원의 정신적 육체적 건강 상태를 점검·치료·재활하는데 도움을 주고 정신적 육체적 능력을 증강하는 기술로 발전하고 있다.[8] 유전자 편집, 유전자 치료를 연구 개발하는 생의학분야는 부상자 치료 시에 군인의 생존율과 회복률을 증대시키는 방식으로 인간 증강 기술을 구현한다. 인간 근육 증강 기술(Exo-skeletons, 강화 외골격)[9], 시력 강화, 청력 강화와 같은 육체적 능력을 증강하는 기술이나 집중력이나 기억력을 증강시키는 약품 등은 군인의 신체적 능력을 한층 향상시킨다.[10]

근력 증강 로봇은 개발 초기에는 무거운 장비를 운반할 목적으로 미국에서 처음 개발되었다.[11] 1965년 제너럴 일렉트릭사가 최초로 착용형 근력 증강 로봇 '하디맨(Hardimen)'을 제작한 이후, 2009년 미국 국방부 산하의 국가 안보 관련 연구개발기관인 방위 고등 연구 계획국(DARPA: Defense Advanced Research Projects Agency)의 지원을 받아 방위산업체인 록히드 마틴(Lockheed Martin)이 개발한 HULC(Human Universal Load Carrier)가 군사 목적으로 개발된 대표적인 근력 증

---

8 여기에 소개하는 군사적 인간 증강 사례 이외에도 독일, 호주, 영국, 중국 등 많은 나라의 국가 안보 분야에 인간 증강 기술이 적용되는 사례로는 다음을 참고; Michael N. Tennison, et al, "Security threat versus aggregated truths: Ethical issues in the use of neuroscience and neurotechnology for national security", Neuroethics, Anticipating the future, Oxford University press (2017), pp.540-544.

9 몸에 착용(신체에 장착)하여 근육, 신체 기능을 강화해주는 장치이기 때문에 착용 로봇, 웨어러블 로봇(wearable robot), 엑소수트(exo-suite) 등으로도 칭한다.

10 미래 방위산업 기술은 어떻게 바뀔까? 밀리테크 4.0으로 살펴보는 미래의 군사기술 (2편), 한국방위산업진흥회, 2020.2.20.
https://m.post.naver.com/viewer/postView.nhn?volumeNo=27520270&memberNo=38486222 (검색일자: 2021.2.2.).

11 미래 군인, 근육을 입다!- 착용형 근육 증강 로봇 심층분석, 유용원의 군사세계, Chosun.com, 2020.1.6. https://bemil.chosun.com/nbrd/bbs/view.html?b_bbs_id=10158&num=5728 (검색일자: 2021.2.2.).

강 로봇이다. HULC는 자체 무게가 37kg이며, 최대 하중을 탑재한 상태에서 행군 속도로 동력을 지속 공급할 때 8시간 동안 계속 작동 가능하고, HULC를 착용한 사람이 91kg 무게의 물건을 20km 이상 이동할 수 있는 것으로 알려져 있다. 그러나 장비 무게가 너무 무겁고 보행이 부자연스러워 실전에 활용되지 않다가, 하버드대 연구소에서 6kg의 근력강화용 착용 슈트인 엑소슈트(exo-suite)를 개발하였다.[12]

이스라엘은 주변국과 오랫동안 전쟁을 치르는 와중에 군 인력 손실을 최소화하기 위한 목적으로 활발히 연구를 진행 중이고, 이스라엘에 본사를 둔 기업인 리워크 로보틱스(Rewalk Robotics)는 하지마비 환자가 마비된 두 발로 일어나 다시 걸을 수 있도록 도와주는 동력식 외골격 시스템 분야에서 가장 앞선 기업으로 알려져 있다.[13]

근력 증강 이외에도 시력 증강, 청력 증강 형태로 병사들이 개별적으로 착용하는 무기 형태로 개발, 제공된다.[14] 4차 산업혁명의 핵심기술이라고 불리는 첨단 기술들을 군방과학기술에 도입하여 인간의 전투력 자체를 증강하거나 무기화하는 형태를 띄고 있다.[15] 미국의 DARPA는 2001년 탄저균을 이용한 우편물 테러로 5명

---

12 미 특수작전사령부(US SOCOM: United States Special Operations Command)에서 방탄 기능과 화염을 견디고, 인지 기능 강화와 센서 기능 탑재로서 초인간적인 힘과 속도를 낼 수 있도록 보조하는 장갑전투복을 개발하기 위해 TALOS 프로젝트를 수행 중이다. TALOS(Tactical Assault Light Operator Suit)는 미 특수작전사령부에서 2013년에 처음 제안된 로봇형 외골격을 지칭하는 것으로서, 2019년도에 발표한 바에 따르면 애초에 구상했던 수퍼수트(Supersuit) 수준보다는 낮은 정도로서, 장시간의 행군을 용이하게 해주는 정도의 신체 기능을 보강해주는 외골격 형태로 개발되고 있다. 박성원 등, "트랜스휴머니즘 부상에 따른 과학기술 정책이슈의 탐색", 『정책연구 2016-19』, 2016, 79쪽; "Exoskeleton/Physical Augmentation meeting focuses on capability requirements", U.S. Army, March 26, 2019. https://www.army.mil/article/219219/exoskeletonphysical_augmentation_meeting_focuses_on_capability_requirements (검색일자: 2021.2.2.).

13 임창환, 『바이오닉맨』, MID(엠아이디), 2018, 26쪽.

14 미군이 2019년 군대 현대화 전략에 따르면 병사의 치명률을 감소시키고 병사 개개인의 전투력을 강화할 수 있도록, 정밀 감시 기능이 탑재된 야간 시력 증강 고글 장비(enhanced Night Vision Goggle)등의 첨단 장비로 무장하고 있다. U.S. Army, 2019 Army Modernization Strategy-Investing in the Future, pp.6-8. 미 해군의 경우 군사 전략적으로 중점을 두고 있는 분야로서 전투원 능력 증강 기술이 손꼽힌다.; 김종열, "미래 무기체계와 군사과학기술 발전주체 분석- 미국을 중심으로", 『전략연구』, 제25권 제3호(통권 제76호), 2018.11, 97-98쪽.

15 박준혁, "미국의 제3차 상쇄전략: 추진동향, 한반도 영향 전망과 적용방안", 『국가전략』 제23권 제2호, 2017, 35-65쪽; 미국은 기술력으로 적대국의 수적인 우세를 상쇄시킨다는 뜻으로 상쇄전략이라고 칭해지는 군사 전략을 설립하고 있는데, 최근 상쇄전략으로 추진하는 기술이 인간과 기계의 협동, 기계보조 인간 활동, 인간과 기계의 전투 조합, 반자율화무기 등이다.

의 사망자가 발생한 사건을 계기로 바이오 테러에 대해 본격적으로 연구하기 시작하였고, 아프가니스탄과 이라크 전쟁에서 부상 당한 재향군인의 재활과 치료를 위한 연구를 계기로 신경과학, 인지과학, 심리학, 생의학을 포함하여 다학제적인 기술 융합 분야에 연구 개발과 투자를 진행하고 있다. 군인들의 극심한 신체적 상해와 PTSD와 같은 정신적 스트레스로부터 복원력을 개선하고 부상당한 기능을 복원하는 기술 개발부터, 차세대 전쟁에서 인간의 인지 능력을 향상시키고 고해상도의 비침습적 BCI와 같이 훈련의 효율성을 향상시키는 기술까지 혁신적인 생명과학기술을 개발한다.[16] BCI가 적용되는 실례로 '생각 헬멧'이 있는데, 이는 뇌에 직접 전극을 삽입하지 않고 뇌파를 해독하는 헬멧을 쓰고 인간 군인의 생각과 기계를 연결한다. 이를 이용하면 인간이 생각만으로 팔다리 또는 컴퓨터로 연결된 장치, 기기들을 움직일 수 있게 된다.[17] 미국의 전기자동차 회사 테슬라(Tesla)의 CEO 일론 머스크(Elon Musk)가 설립한 뉴로테크놀로지(neuro-technology) 기업인 뉴럴링크(Neuralink)는 두뇌에 이식된 칩과 외부 컴퓨터와 인터페이스를 통해서 생각만으로 전자기기를 다룰 수 있도록 뇌 이식용 칩을 개발 중으로, 원숭이가 조이스틱과 같은 도구 없이 생각만으로 비디오 게임을 하는 실험 영상이 보도되었다. 일반 사회 속에도 BCI 기술이 관심을 불러일으키면서,[18] 우리 실생활에 BCI가 등장할 날이 가까이 왔다는 기대감을 가지게 한다. 일론 머스크는 동물 실험을 토대로 사지마비 장애인이 컴퓨터와 스마트폰을 이용할 수 있게 하고, 하반신 마비 환자가 걸을 수 있도록 하는 것을 목표로 BCI를 개발 중이라고 밝혔다. 이처럼 민간 영역에서의 BCI가 주로 사지마비 환자의 신체 활동을 보조하고 복원하는 데 주안을 두는 연구개발이 진행 중이라면, 군대의 경우에도 BCI 기술을 가지고 전투에서 활용할 수 있는 군사적 목적으로 군인에게 인간 증강 기술을 적용하는 연구개발이 한창으로서,[19] 미국 국방부 계획에 의하면 BCI는 인공시각, 인공청각과 연결되는 형태로 개발되어 통상의 인간의 능력을 넘어서는 사이보그 병사가 현실에 등장하는 날도 그리 멀지 않았다.[20]

---

16 생명공학정책연구센터, "미국 DARPA BTO의 역할 및 기능", 「BioINwatch(BioIN+Issue+Watch)」, 2019.11.28, 2쪽.

17 임창환, 『바이오닉맨』, MID(엠아이디), 2018, 202-203쪽.

18 "뇌에 칩을 심은 원숭이, 조이스틱 없이 생각만으로 비디오 게임', 연합뉴스, 2021.4.10.일자 https://www.yna.co.kr/view/AKR20210410006400075 (검색일자: 2021.4.10.)

19 정선화, 최병철, "휴먼증강 기술 주요 동향과 R&D 시사점", 「ETRI Insight Report 2019-08」, 한국전자통신연구원 미래전략연구소 기술경제연구본부, 2019, 33쪽.

III. 군사적 목적의 인간 증강에 관한 윤리적·법적 논점

스포츠에서 경기력을 향상시키기 위해 마약류의 약품을 사용하는 것은 윤리적 인 관점에서 평가할 때 공정한 경쟁을 저해하는 속임수 내지 기만으로 평가되어 금지되지만, 전쟁에서는 스포츠 경기와는 다르게 군사적 목적을 위해서라면 마약 류 약품도 경우에 따라 사용될 수 있다. 군사 작전에서의 기술 및 훈련은 공정한 기회와 이로 인한 성공을 목표로 하는 것이 아니라 경쟁 우위를 달성해서, 적국으 로부터 국가를 방어하고 국민을 보호함을 목표로 하기 때문이다. 군사의 맥락이 아닌 일반 사회에서 건강한 사람의 인지적·정서적·동기적 기능을 향상시키려는 개입으로서 신경향상(neuro-enhancement) 기술은 안전성, 불평등의 문제, 강제성 의 문제, 진정성의 문제 등의 윤리적 쟁점을 가진다.[21] 반면 군사적 목적의 인간 증강 기술은 일반 사회에서의 신경향상에서 사용되는 기술과 유사하게 생리학적 (biochemical) 또는 약리학적 방식, 외골격 로봇·의족·의수·인공 안구와 같은 보철물(prosthetic) 기술, BCI와 같은 사이버네틱스(cybernetics)[22] 기술을 활용하고 있지만, 기술 사용으로부터 야기되는 윤리적인 논점은 일반 사회에서와 유사하면 서 다른 면이 있다.

첫 번째, 생리학적 또는 약리학적 방식의 인간 증강 기술로 최근 많이 사용되는 약물은 모나피닐(monafinil), 암페타민(amphetamine)[23] 등이다. 원래 기면증(발작성 수 면) 치료제로 개발된 모나피닐은 건강한 사람에게는 증강 약물(cognitive-enhancer, '신

---

20 Peter Emanuel, et al, Cyborg Soldier 2050: Human/ Machine Fusion and the Implications for the Future of the DoD, CCDC CBC-TR-1599, 2019; 박성원 등, "트랜스휴먼 시대에 따른 미래직업세계 연구", 『정책연구 2017-21』, 2017, 100쪽; 글로벌 트렌드 보고서와 미래학자 등의 전 문가들은 2037년 미래 시나리오로서, 과학기술로 무장한 슈퍼 군인이 등장할 것으로 예측하고 있다.

21 신희건, 엄주희, "신경향상 기술이 제기하는 난제 – 신경법학의 기반 연구를 위한 윤리적 쟁점 검 토", 『미래의료인문사회과학』 제3권 제1호, 2020, 42-44쪽.; enhancement는 '향상'이나 '증강' 모 두 사용할 수 있지만, 선행 연구들에서 우선 사용한 용어를 존중하기 위하여 human enhancement 는 '인간 증강'으로, neuro-enhancement는 '신경향상'이라는 용어를 사용하였다.

22 사이버네틱스는 일반적으로 생명체, 기계, 조직 또는 이들의 조합을 통해 통신과 제어를 연구하는 것이다.

23 암페타민(amphetamine)은 매우 강력한 중추신경 흥분제로서 각성작용을 일으키는 합성 화합물질 이다. 기분을 좋게 하면서 피로감을 줄여주고 에너지가 상승하는 느낌을 주기 때문에 오남용의 위 험이 있다. 내성과 정신적 의존성이 생기고 중단시 금단증상을 유발한다. 향정신성의약품인 마약류 로 분류되고, 우리나라는 의약품으로 허가되지 않았지만 해외에서는 기면증 치료제, 주의력결핍 과 잉행동장애(ADHD) 치료제로도 사용된다(출처: 약학정보원, 약물백과).

경향상 약물'로도 칭한다)로 사용되어 집중력, 각성효과[24]와 업무실행 능력을 향상시키는 효과가 있다고 밝혀졌고, 미국[25]과 프랑스의 군대[26]에서 사용이 승인되었으며, 영국과 캐나다에서도 군사적 목적으로 사용 가능성을 조사 중인 것으로 알려져 있다. 수면을 취하지 않아도 오랜 시간 동안 인지 능력을 유지할 수 있는 능력이 군사적 목적으로는 유용할 수 있겠지만 여기에는 윤리적·법적 논점이 존재한다. 즉 적군에 의해 억류된 증강 군인에게 모나피닐을 복용시켜서 수면을 박탈하는 것이 여전히 고문에 해당되는 비인도적이고 모욕적인 처우로 취급되는지 여부 즉, 고문을 받지 아니할 권리로 표현되는 기본권의 침해 여부, 거절하면 명령 불복종으로 불이익 취급받을 수도 있는 군대 환경에서 이러한 수면 증강 기술을 당사자가 거부할 수 있는지 여부, 즉 인간 증강에 관한 임상 연구와 실험적인 임상시험에서 설명에 근거한 동의권이 군대라는 환경에서 어느 정도 작동할 수 있는지 등의 논점이 있다.

두 번째, 사이버네틱스 분야는 군대에 많은 기술적 진보를 제공하고 있는데, 신경 인터페이스 시스템으로도 알려진 BCI는 키보드, 조이스틱 등의 기기들을 수동 입력하지 않아도 생각만으로 조작이 가능하도록 한다. 인터페이스는 외과적으로 뇌에 이식할 수도 있고 또는 두피에 단순히 올려두는 형태로 전극(electrodes)를 사용하여 사용자의 뇌 신호를 컴퓨터 제어 장치를 작동하는 명령으로 변환하여 기록한다. 이 기술은 생각으로 드론을 조작하는 것과 같이 외부 장치를 능동적으로 제어하고 대량의 데이터에서 이상 징후를 무의식적으로 감지하는 뇌의 힘을 이용함으로써 정보를 수동적으로 가려내는데 사용된다.[27]

세 번째, 보철물 기술도 최근 크게 발전하여 과학자들은 의족, 의수로부터 감각 피드백(sensory feedback)을 제공할 수 있는 보철물,[28] 즉 생각 제어 모션(thought-

---

24 수면을 취하지 않아도 인지능력이 떨어지지 않고 오랫동안 깨어있을 수 있는 능력을 말한다.

25 Efthimios Parasidis, "Human Enhancement and Experimental Research in the Military," Connecticut Law Review 44, no. 4 (April 2012): pp.1119-1120. 미국 국방부와 DARPA에서 지원하는 연구 프로젝트로서 군인들이 72시간 이상 깨어있게 만들 수 있는 약물을 개발했다.

26 "캡틴 아메리카 비켜! 프랑스 '수퍼 솔저' 추진 군인에 약물·칩 주입 등 허용", 조선일보, 2020.12.11. 일자.
https://www.chosun.com/international/europe/2020/12/11/NRTAZHPGVFEHVAR67F5ICVD DHE/(검색일자: 2021.4.10.).

27 예컨대 미군과 DARPA에서 개발한 인지기술 위협경보시스템(Cognitive Technology Threat Warning System)은 잠재의식이 위협을 평가할 때 신호를 보내기 위하여 뇌파를 감지하는 시스템이다. Neal Ungerleider, DARPA's Cybernetic Binoculars Tap Soldiers' Brains to Spot Threats, FAST COMPANY (Sept. 21, 2012). http://www.fastcompany.com/3001501/darpas-cybernetic-binoculars-tap-soldiers-brains-spot-threats.(검색일자: 2021.4.1.).

controlled motion)을 제공하기 위해 신경 인터페이스나 신경 말단을 사용하여 보철물을 연결시키는 형태29와 보통의 시력을 가진 사람들에게 증강된 시력을 제공하고 시력을 잃은 사람들에게 보통 시력으로 복원하는 안구 보철물30로 개발되고 있다. 또한 전술한 바와 이미 록히드 마틴의 HULC와 같은 외골격 로봇이 군대에서 사용되고 있다.

이상의 인간 증강 기술의 적용에서도 군인의 자율성이 어느 정도로 구현될 수 있는지의 문제 즉 설명에 근거한 동의권이 군인에게도 적용될 수 있는지,31 인간 증강 기술의 위험과 이득에 대해서 누가 평가하고 형량해야 하는지32, 전역할 때 증강된 기술을 제거하고 복원해야 되는지, 증강 군인 본인이 제거 증강 이전으로의 복원을 거부할 수 있는지 등의 윤리적 · 법적 논점을 내포하고 있다.33 증강기술을 임상시험을 통해서 개발하게 되기 때문에 군인을 연구대상자로 하는 연구가 진행될 때는 군대라는 특수한 취약성이 고려되어야 한다. 엄격한 상명하복의 명령체계에 따라 운영되는 집단으로서 군인은 연구 참여를 결정하는데 충분한 자율성을 보장받지 못할 가능성이 있기 때문이다.34

---

28 David Talbot, An Artificial Hand with Real Feelings, MIT TECHNOLOGY REVIEW (Dec. 5, 2013).
   https://www.technologyreview.com/s/522086/an-artificial-hand-with-real-feelings/(검색일자: 2021.4.1.).

29 Katie Drummond, Prosthetics Breakthrough Might Fuse Nerves with Fake Limbs, WIRED (Feb. 27, 2012), https://www.wired.com/2012/02/nerve-prosthetics/(검색일자: 2021.4.1.).

30 Philip Sherwell, Blind Man Describes Joy at Seeing Wife for First Time in Decade Thanks to "Bionic Eye," THE TELEGRAPH (LONDON) (Feb. 24, 2015).
   http://www.telegraph.co.uk/news/worldnews/northamerica/usa/11433149/Blind-man-describes-joy-at-seeing-wife-for-first-time-in-decade-thanks-to-bionic-eye.html. (검색일자: 2021.4.1.).

31 엄주희, "뇌신경과학 연구에서 연구대상자 보호: 인격주의 생명윤리적 고찰", 『인격주의 생명윤리』 제9권 제2호, 2019, 97-98쪽.

32 Maxwell J. Mehlman; Jessica W. Berg, "Human Subjects Protections in Biomedical Enhancement Research: Assessing Risk and Benefit and Obtaining Informed Consent," Journal of Law, Medicine and Ethics 36, no. 3 (Fall 2008): pp.546-559.

33 CCDC CBC-TR-1599, Cyborg Soldier 2050: Human/Machine Fusion and the Implications for the Future of the DOD, https://community.apan.org/wg/tradoc-g2/mad-scientist/m/articles-of- interest/300458 (검색일자: 2021.2.2.)

34 박상민, "우리나라 군 연구기관의 기관생명윤리위원회 운영 현황과 군인 연구대상자 추가 보호 방안", 『인격주의 생명윤리』 제10권 제1호, 2020, 44-46, 55-56쪽.

IV. 군사적 목적의 인간 증강과 기본권

증강된 형태의 인간은 약리적인 방식이든, 사이버네틱스의 방식이든, 어떤 방식으로 증강이 되었던 여전히 근본적으로 인간이라는 지위를 가지고 있다. 인간 증강이 적용된 군인도 모든 기본권의 주체이자 국가로부터 근본적 권리를 보장받아야 할 대상이다.[35] 상술한 세 가지 방식의 인간 증강 기술, 즉 약물을 투여해서 인지적, 신체적 능력을 증강하는 형태의 약리적인 방법, 사이버네틱스 분야로 BCI 기술, 보형물을 부착하는 형태의 증강 기술을 기본권적 논점과 연결을 시도한다.[36]

1. 생명권

생명권은 평상시나 전쟁과 같은 무력충돌 중에 모두 군인에게 적용되지만 후자의 경우는 상황에 따라서 실질적으로 축소될 수 있다. 적법한 전쟁 행위로 인한 죽음을 제외하고는 생명권은 경시될 수 없는 권리이다. 생명권은 국가가 정당한 사유 없이 생명을 침해하는 것을 금지할 뿐만 아니라, 국가가 합리적으로 가능한 상황에 따라서 최대한 생명을 보호하기 위한 법 체계와 제도를 수립할 의무가 있다는 것을 의미한다. 이는 생명권을 보호하기 위한 법률과 제도로 나타난다. 생명권을 보호하기 위하여 국가가 적절한 조치를 취해야 할 의무는 국가의 기본권 보호의무로부터 도출이 된다. 이 기본권 보호 의무에는 무력충돌, 테러로부터 안전 대책을 강구하고 과학기술의 발전에 따른 기술적 위험으로부터의 보호가 포함된다.[37] 군인의 생명권에 대해서도 이러한 국가의 보호의무가 유효하다. 군인은 국가

---

35 헌재 2020.9.24. 2017헌바157 등 결정(군인사법 제57조 제2항 제2호 위헌소원). 헌법재판소는 군인의 징계 처분에 영창을 규정한 군인사법 규정에 대한 위헌 사건에서 군인의 신체의 자유에 대하여 침해의 최소성 원칙을 위배하였고, 영장주의의 본질을 침해한다고 하여 위헌 결정한 바 있다. 군인의 신체의 자유라는 중대한 기본권 침해 여부에 대해서 다루면서, 민간에게 적용하는 기본권 침해 여부와 동일한 수준으로 엄격한 심사기준을 적용함을 볼 수 있다.

36 유전체 기술(genomic technology)도 군대에서 인간 증강 기술의 하나로 군인 모집, 훈련, 특성화, 업무수행에 있어서 연구개발·활용하고 있으나 본고의 검토 대상에서는 제외한다. 미군에서 활용하고 있는 게놈 유전체 기술에 관한 윤리적 법적·사회적·정책적 검토에 대해서는 다음의 논문이 있다: Maxwell J. Mehlman and Tracy Yeheng Li, "Ethical, legal, social, and policy issues in the use of genomic technology by the U.S. Military", Journal of Law and the Biosciences, (Advance Acess publication 2 September 2014), pp.244-280(doi:10.1093/jlb/lsu021).

37 이부하, "생명에 대한 기본권보호의무와 과소보호금지원칙", 『동아법학』 제62권, 2014, 2쪽. 기본권보호의무는 국가가 기본권적 법익을 제3자인 사인에 의한 위법한 가해나 가해의 위험으로부터 보호해야 하는 의무를 말하고, 독일 연방헌법재판소 판례에 의하면 낙태로부터 태아의 생명권 보호,

안보를 위해서나 무력 충돌 과정에서 필요하다면 생명을 걸고 희생할 수도 있을 것이고 기본권의 제한이 생기기도[38] 하지만, 이러한 기대 때문에 국가가 가지고 있는 자국의 군인의 생명권에 대한 책임이 제한되는 것은 아니다.

우리 법령에서 보자면, 「군인사법」은 군인의 사망의 경우 국가가 보상할 수 있는 사망자를 전사자, 순직자(제54조의2)로 분류하고, 전사나 공무로 인한 질병, 부상 또는 사망을 보상하고 있다(제54조) 증강 기술을 적용한 군인이 증강 기술의 부작용이나 오작동의 원인으로 사망한 경우는 「군인사법」 시행령 [별표8]의 순직자 분류기준표에서 2-1-11의 '전사에 해당하지 않는 대테러 또는 특수작전 수행 중 사망한 사람'으로 분류할 수 있을 것이다. 우리나라의 경우 국가적 정당방위 차원에서 징집된 군인에게 집총을 명하는 것이 타인의 생명권을 침해하지 않는다고 판단한 판례[39]를 제외하고는 군인의 생명권이라는 기본권에 대해서 직접 다루었던 판례가 존재하지 않지만, 해외 법원에서 몇 가지 판례를 찾아볼 수 있다. 영국 대법원의 경우는 유럽인권협약 제2조의 생명권이 자국의 군인의 사망을 막기 위해 정부에 적극적인 의무를 부과할지 여부와, 어느 정도까지 부과되는지에 대해 판단한 사례가 있다.[40] 무력 충돌시 국가가 군사 작전의 계획이나 수행과 관련하여 비현실적이거나 불균형적인 경우에는 적극적인 의무를 부과하는 것을 피해야하지만, 개인이 제2조 생명권의 보호를 받을 것으로 기대하는 것이 합리적인 경우라면 그러한 의무는 효력이 있는 것이라고 법원은 결론을 내렸다.[41] 그리고 정치적 판단과 정책적 이슈의 실행과 밀접한 관련이 있는 높은 수준의 명령에서 취해진 결정뿐 아니라, 적군과 직접 교전 중인 사람들에 의해 취해진 결정도 생명권 보호 조항의 범위에서 제외시켰다. 그러나 법원은 절충안을 제기하는 청구가 발생할 여지가 있음을 인정하면서, 적극적으로 무력 충돌에 종사하는 사람들과 당국에게 광범위한 판단의 재량이 있다고 판시하였다.[42] 견고하고 빠른 규칙은 설정될 수 없고, 각각

테러에 대한 국가의 안전대책 강구, 현대과학기술의 발전에 따른 시설의 위험과 기술적 위험으로부터의 보호를 들고 있다.

38 정문식, "생명권", 『헌정제도연구사업 Issue Paper 2018-01-02』, 2018, 15쪽.

39 헌재 2004.8.26, 2002헌가1 결정. '적대적인 무력집단의 전쟁야욕을 억제하고 국가적 정당방위 차원에서 징집된 자에게 집총을 명하는 것은 타인의 생명권을 침해하는 것이 아니다'라고 판시하였다.

40 Smith and Others v. Ministry of Defence [2013] UKSC 41, p.26.

41 ibid, p.28.

42 여기서 판단의 재량(margin of appreciation) 독트린은 개인의 자유와 관련하여 국가가 어떤 조치를 취할지에 관한 의무가 국가에게 부여된다는 법원의 태도를 의미하는 것으로서, 민주사회에서 개인의 인권에 대해 국가가 어떻게 조치할 필요가 있는지에 대해서는 국가 대 국가의 문제와는 다

의 사건이 사실에 근거하여 판단의 재량 행사를 요구하게 된다고 판시하였다.[43]

유럽인권재판소의 경우 군대에 의한 실험적인 기술의 사용에 관련된 사건 또는 실제로 유럽인권헌장 제2조 제1항의 생명권이 어느 범위까지 적극적으로 무력 충돌 상황에 종사하는 군인들에 대한 보호를 제공하는지에 대해 아직 검토 중에 있다. 그러나 생명권은 국가의 공익과 전투 중인 군인의 생명을 보호하는 것이 균형을 이루어야 한다는 점은 대체로 인정되고 있다. 운영의 맥락에서 보면 국가는 국익의 결정의 대하여 폭넓은 판단의 재량을 가지고 있다. 상술한 바와 같이, 전시 상황과는 다르게 훈련에 종사할 때에는 판단의 재량이 상당히 축소되어 국가의 생명권을 보호하기 위한 조치와 의무가 강화된다고 보인다.[44]

특정한 증강 기술의 사용함으로써 그 증강 기술의 영향으로 인해 본인이나 다른 군인들에게 사망의 결과를 가져오는 위험을 초래할 수 있다면, 생명권이 침해된 것으로 해석할 수 있다. 예컨대, 군인들을 연구 대상자로 실험·연구하는 군사적 실험의 경우에, 연구대상자들이 본인이 실험대상 중인지 인지하지 못하는 사이에 또는 실험에 동의하지 않는 사람들에 대해 실행되는 잔혹한 실험의 사례가 많이 존재한다.[45] 이러한 실험적인 증강 기술의 치명적인 부작용은 생명권의 침해를 야기할 수 있다는 것이다.

또한 훈련 중이던, 군사 작전에 종사 중이던 간에 특정 증강 기술의 영향으로 인하여 간접적으로 다른 군인의 사망을 일으킨 경우도 생명권 침해에 영향을 미칠

르다는 것을 법원이 인정하는 것이다. 유럽인권협약 해석원칙의 하나로 도입되어, 그 속성상 각종 인권기구들은 물론이고, ICJ(International court of Justice, 국제사법재판소), EU사법재판소, WTO분쟁해결기구, 국제해양법재판소 등에서도 적용된다. '판단의 재량'이 원칙이 아니라 독트린으로 불리는 이유는 법적 구속력 있는 이론이 아님을 시사한다. 회원국 간의 문화적 역사적 철학적 차이를 고려해서 유럽인권협약이 각 회원국에서 다르게 해석할 수 있다고 인정하는 것이다. 국가의 재량이 넓으면 개인에게 부여되는 보호의 기준이 낮아지는 반면, 국가당국의 재량이 좁으면 개인에게 부여되는 보호의 기준이 높아지는 함수관계가 있다; 김대순, "유럽인권재판소의 판단의 재량 독트린 법의 지배에 대한 위험인가", 『국제법학회논총』 제58권 제2호, 2013, 13–14, 17쪽.

43 Smith and Others v. Ministry of Defence [2013] UKSC 41, p28.

44 Smith and Others v. Ministry of Defence [2013] UKSC 41, pp.25–28.

45 Catherine L. Annas & George J. Annas, "Enhancing the Fighting Force: Medical Research on American Soldiers", 25 JOURNAL OF CONTEMPORARY HEALTH LAW AND POLICY 283 (2009); Efthimios Parasidis, "Human Enhancement and Experimental Research in the Military", 44 CONNECTICUT LAW REVIEW 1117 (2012); George J. Annas, "Protecting Soldiers from Friendly Fire: The Consent Requirement for Using Investigational Drugs and Vaccines in Combat", 24 AMERICAN JOURNAL OF LAW & MEDICINE 245,1998

수 있다. 예컨대 2002년 아프카니스칸 칸다하르에서 미 공군 F-16 조종사가 교전 중이던 탈레반 군대라고 여기고 캐나다 군대에 폭탄을 투하해서 캐나다 군인 4명이 사망하고 8명이 부상을 입은 사건은, 타르나크 농장 사건(Tarnak Farm incident)으로 알려져 있다.[46] 조종사들은 10시간 동안 순찰을 마치고 기지로 돌아오고 있던 중에 지대공사격의 발화로 추정된다고 보고하였다. 그 후 기지와의 의사소통 불량, 전투상황으로 인해 연기가 자욱한 상황, 무모한 행동까지 겹치면서 조종사 중 한 명이 캐나다 군대에 500 파운드의 레이저 유도 폭탄을 떨어뜨려 4명이 사망하고 8명이 부상을 입은 사건이다. 사건 이후 이어진 조사와 징계 절차에서, 이 조종사들은 상사로부터 임무 중에 암페타민을 복용하라는 말을 들었으며 사건 전에 덱스트로암페타민(dextroamphetamine)을 복용했다는 사실을 진술하면서 방어하였다. 재판 절차에서 암페타민 사용에 대한 새로운 정밀조사도 시행되었고 조종사들이 폭탄을 투하했던 칸다하르 근처에서 캐나다 군사훈련이 있었다는 사실을 통보받지 못했다는 이유를 들어 항변했지만, 이러한 변호는 받아들여지지 않았고 관련 조종사 2명이 표준 운영 절차와 임무 규칙에 따르지 않은 책임을 부담해야 했다. 그러나 장시간의 임무를 수행하기 위해 공군이 조종사들에게 암페타민을 사용하도록 하는 것이 목표물의 신원 확인을 기다리지 못하게 하고 자기방어를 위해 조치를 빨리 취해야 한다고 믿게 할 경향이 크다고 많은 의료 전문가들이 지적해왔다.[47] 국가는 군대의 행위에 대한 책임이 있을 뿐만 아니라, 자국 국민의 생명에도 어떠한 위험이 있는지에 대해 알아야 할 책무가 있다.[48] 다른 경우의 생명권 침해의 경우와 마찬가지로 국가가 효과적으로 충분하게 조사하지 않은 것으로도 생명권의 침해는 발생할 수 있다.[49] 조사는 독립적이고 철저하며 신속해야 하고, 책임성을 보장하기 위

46 Catherine L. Annas & George J. Annas, "Enhancing the Fighting Force: Medical Research on American Soldiers", 25 JOURNAL OF CONTEMPORARY HEALTH LAW AND POLICY 283 (2009) pp.293-297.

47 Maxwell J. Mehlman, "Enhanced Warfighters: Risk, Ethics, and Policy", Case Research Paper Series in Legal Studies Working Paper 2013-2, Jan. 2013. https://www.nytimes.com/2003/01/19/ us/threats-and-responses-military-bombing-error-puts-a-spotlight-on-pilots-pills.html(검색일자: 2021.4.1.).

48 Gonzalez ("Cotton Field") v. Mexico, Merits, Reparations and Costs, Judgment, Inter-Am. Ct. H.R. (ser. C) No. 205 (Nov. 16, 2009) (Garcia-Sayan, J., concurring, 3-15.

49 UN Human Rights Committee (HRC), CCPR General Comment No. 6: Article 6(Right to Life), p1, 30 April 1982, available at: https://www.refworld.org/docid/45388400a.html (검색일자: 2021.4.2.). 국가는 임의로 생명을 빼앗길 수 있는 상황으로 나아갈 수 있는 사람의 실종을 예방하기 위하여 특정하고도 효과적인 수단을 강구해야 한다. 더 나아가 생명권의 보호는 국

해 조사나 그 결과에 대해 충분한 공익 형량의 요소를 갖추고 있어야 한다.[50] 인간 증강 기술과 관련된 사망 사건에 대해서도 이러한 의무가 존재한다.

2. 신체적 완전성, 고문이나 비인도적인 대우를 받지 않을 권리

헌법이 보장하는 신체의 자유는 신체의 완전성에 대한 권리와 신체의 외형적인 형상이 훼손되지 아니할 권리, 즉 신체에 대한 불훼손권을 의미한다. 신체의 완전성은 외부로부터의 물리적인 힘이나 정신적인 위험으로부터 침해당하지 아니할 자유로 표현된다.[51] 인권을 규정하는 세계의 각종 협약과 헌장에는 신체의 완전성을 보호하는 규정을 가지고 있는데, 신체의 완전성의 권리는 고문받지 않을 권리, 노예 금지, 굴욕적인 대우에 대한 금지를 규정하는 형태로 나타난다. EU 기본권 헌장 제3조는 '모든 사람이 자신의 신체적, 정신적 완전성을 존중할 권리가 있다'고 규정함으로써 신체와 정신을 온전하게 유지할 권리를 보장하고 있다.[52] 우리 헌법도 신체의 자유(제12조 제1항)와 고문받지 않을 권리(제12조 제2항)를 명시하고 있고, 1995년에 비준한 「고문 및 그 밖의 잔혹 · 비인도적인 또는 굴욕적인 대우나 처벌의 방지에 관한 협약(Convention against Torture and Other Cruel, Inhuman or Degrading Treatment or Punishment: 이하 '고문 방지 협약'으로 칭한다)」에 의하여 고문 행위에 준하는 가혹 행위는 금지된다.[53] 우리나라뿐 아니라 인권 헌장과 인권협약에서는 신체적 완전성뿐만 아니라 안전에 대한 권리[54], 인도적 치료에 대한 권리[55], 노예 금지[56], 고문 및 비인도적 굴욕적 대우의 금지[57], 자유로

가가 효과적인 절차와 시설 · 기능을 갖추어 생명권의 침해를 포함할 수 있는 상황에서 실종된 사람의 사건을 철저히 조사해야 하는 것도 포함한다.

50 Al-Skeini v. United Kingdom, 2011-IV Eur. Ct. H.R. 99. Al-Skeini, Rodríguez v. Honduras, Merits, Judgment, Inter-Am. Ct. H.R. (Ser. C) No. 4, 172-177(July 29, 1988) 국가는 가해자의 신원에 상관없이 생명권에 대해 조사할 의무를 가진다고 판시하였다.

51 엄주희, "뇌신경윤리에 관한 법제 연구", 『법제』 통권 제683호, 2018, 15쪽. 헌재 1992.12.24, 92헌가8 결정.

52 엄주희, "4차 산업혁명 시대의 과학기술 발전에 따른 공법적 과제 - 신경과학 발전과 기본권 보호의 지형", 『연세법학』 제34호, 2019.12, 131쪽; EU 기본권 헌장 제3조 CHARTER OF FUNDAMENTAL RIGHTS OF THE EUROPEAN UNION (2010/C 83/02) "Art. 3 Right to the integrity of the person 1.Everyone has the right to respect for his or her physical and mental integrity."

53 전광석, 『한국헌법론』, 집현재, 2016, 333-334쪽. 고문방지협약은 다음을 참조: https://www.ohchr.org/EN/ProfessionalInterest/Pages/CAT.aspx(검색일자: 2021.4.1.).

54 세계인권선언(Universal Declaration of Human Rights: UDHR) 제3조.

55 미주인권협약(American Convention on Human Rights: ACHR) 제5조.

운 동의 없이 이루어지는 의료나 과학적 실험에 대한 금지[58] 등으로 신체의 자유와 그에 관련된 권리들을 보장한다.

군인에 대한 인간 증강은 두 가지 수준에서 신체적 완전성을 침해할 가능성에 대한 검토가 필요하다. 첫 번째는 군인이 인간 증강에 동의하거나 거부할 권리이고, 두 번째는 일단 증강 기술이 적용된 군인의 경우에 어떤 특정한 처우가 인권을 침해할 수 있는지에 대한 것이다. 첫 번째 검토 문제로서 인간 증강을 거부할 권리에 관한 문제는 주로 그 증강 기술의 특성과 법적 상태에 달려 있다. 약물 승인을 담당하는 당국으로부터 승인된 약물의 경우에는 전통적인 종래의 백신과 같은 방식으로 표준적인 사전배치 의료제도의 일환으로 운용될 수 있지만, 군대에서 실행될 수 있는 많은 실험적인 기술의 경우 군인에게 실험적 기술을 적용하는 것이 합법적인지에 대한 우려가 제기될 수 있다. 미국의 경우 실제로 실험적인 기술의 사용에 관해서는, 국가의 약물 승인 관청에 의해 아직 승인되지 않은 탄저균 백신(anthrax vaccine)을 강제 의무 접종하는 것에 대해서 많은 논란이 제기된 바 있다.[59] 군대의 일원인 자가 그러한 백신을 거부할 권리가 있는지 여부는 증강을 거부할 권리가 신체의 완전성의 권리의 범위에 속할 수 있는지에 달려 있다. 백신을 거부하는 군인은 군사 효율성에 대한 잠재적 위험으로 간주되고 예방 접종의 부족으로 특정 지역에서 복무에 적합하지 않다고 하여 부대에 배치되는 것이 금지될 수도 있다. 예컨대, 2003년에 중동에 배치된 약 40명의 호주 남녀 장병들이 탄저균 백신 접종을 거부한 후 호주로 복귀하라는 명령을 받았다.[60] 이 사례에서 징계 조치는 취해지지 않았지만, 일부 주에서는 접종을 거부했다는 이유로 관련 군인에 대한 징계 조치가 취해졌다.[61]

---

56 세계인권선언 제4조, 유럽인권협약 제4조, 미주인권협약 제6조.

57 시민적 및 정치적 권리에 관한 국제규약(International Covenant on Civil and Political Rights: ICCPR, 일명 'B규약') 제7조, 유럽인권협약 제3조, 미국인권협약 제5조 (2).

58 시민적 및 정치적 권리에 대한 국제 규약 제7조 후문(In particular, no one shall be subjected without his free consent to medical or scientific experimentation), 유럽인권협약 제15조

59 Peter Rowe, 『The Impact of Human Rights Law and Armed Forces』, Cambridge University Press, Cambridge, 2006, p.59.

60 Anthrax Jab Side-Effects Withheld, BBC NEWS (Feb. 21, 2004), http://news.bbc.co.uk/2/hi/asia-pacific/3509037.stm(검색일자:2021.4.1.).

61 Court-Martial for Refusing Anthrax Shot, NEW YORK TIMES (Apr. 5, 2003), https://www.nytimes.com/2003/04/05/nyregion/court-martial-for-refusing-anthrax-shot.html(검색일자: 2021.4.2.).

증강 기술이 실험적인 경우, 관련 당국에 의해 적법하게 사용 승인을 받은 경우보다는 당사자가 증강을 거부할 수 있는 여지가 더 많다. 즉 거부할 수 있는 권리의 범위가 더 넓다고 할 수 있다.62 이와 관련되어 법률적으로 어떻게 규정되어 있는가에 상관없이, 의료 윤리는 실험적 치료를 할 경우 대상자에게 설명에 근거한 동의(informed consent)를 요구한다. 그러나 군 위계질서가 발휘되는 상황에서는 진정한 의미에서 설명에 근거한 동의가 불가능하다는 심각한 우려가 제기되기도 한다.63 예컨대, 요청에 따르라고 고위 상관이 실제로 심적 압박을 가하거나 또는 군인들 스스로가 그렇게 인식하는 경우나, 또는 어떤 경우에는 의료 치료를 받으라고 하는 직접적인 명령이 있을 경우, 당사자인 군인은 이를 거부할 수 있는 자발적인 능력이 제한받게 된다.64

유럽과 미국의 경우에는 신체적 완전성에 대한 권리는 프라이버시권의 기능으로도 표현된다. 유럽인권재판소의 경우에 프라이버시권의 범위와 영역에 대한 선도적인 판례를 내놓고 있다. 프라이버시권은 국가가 모든 사람의 사생활과 가족의 생활 그리고 그들의 가정 및 통신을 존중하도록 요구한다.65 '사생활'이라는 용어가 '개인의 신체적·사회적 정체성의 관점'뿐 아니라 신체적·심리적 완전성도 포함되어 있다고 판시했다.66 미국의 법원도 프라이버시권의 하나로서, 의료적 치료를 거

---

62 우리나라 「군보건의료에 관한 법률」(약칭 군보건의료법)에 의하면 군인들에게 양질의 보건의료서비스를 제공하여 전력 증강에 이바지한다는 목적(제1조) 하에, 진료 요청할 때 정당한 사유 없이 거부나 기피하지 못하도록 보건의료접근권(제5조)을 보장하는 내용을 담고 있지만, 군인이 보건의료를 통해 시행되는 의료행위를 선택하거나 거부할 권리(설명에 근거한 동의, informed consent)는 명시하고 있지 않다. 보건의료에 관한 일반법적 성격의 법률인 「의료법」은 설명에 근거한 동의권(제24조의2 – 의료행위에 관한 설명)으로서, 생명의 위험을 구하기 위한 응급수술을 제외하고는 환자에게 행할 의료행위에 관해 의료인이 설명하고 동의를 받아야 할 의무를 부과한다.

63 Jo Bird & Greta Bird, "Human Rights and the Military: The Chemical Soldier", 30 ALTERNATIVE LAW JOURNAL 81, 81–85(2005). 원칙적으로는 군인들에게 보툴리눔 독소 예방접종(botulinum toxin vaccination)을 거부할 권리가 있지만, 현장에서는 그런 사실이 잘 전달되지 않는다고 지적한다.

64 미 공군의 경우에 설명에 의한 동의권을 명시한 동의서 양식에는 조종사가 덱스트린을 복용하는 것은 자유지만 암페타민 복용하는 것을 거부하면 지상근무로 전환될 수 있다고 명시한다는 점이다. 이것은 조종사의 커리어에 지대한 영향을 미치게 되기 때문에, 결과적으로 군인 본인의 자유로운 동의는 불가능해지는 결과가 된다. Naval Strike and Air Warfare Center, NAVMED P–6410, Performance Maintenance during Continuous Flight Operations: A Guide for Flight Surgeons 21 (NAVMED P–6410), Naval Strike and Air Warfare Center, 1 Jan 2000).

65 유럽인권협약 제8조, 시민적 및 정치적 권리에 관한 국제규약 제17조, 미주인권협약 제11조, EU 기본권 헌장 제7조(Respect for private and family life), 제8조(Protection of personal data), 제9조(Right to marry and right to found a family).

부할 수 있는 권리를 인정하고 있다.[66] 이와 같이 프라이버시권이 사람의 신체적 완전성에 관한 것이라는 점을 고려하면, 군대 배치의 사전요구사항으로서 증강 기술을 적용받도록 하거나, 그렇지 않으면 다른 직무를 수행하도록 요구하는 권리는 프라이버시권과도 연관이 있다. 오래전부터 적군이 화학 무기나 생물학적 무기를 사용한 것으로 의심되는 지역에 배치된 군인들에게, 국가가 군인들을 이러한 무기의 영향으로부터 보호하기 위해 의학적으로 처방된 약물이나 예방 접종을 하도록 요구하는 과정에서 프라이버시권 이슈가 발생해왔고,[68] 위에서 논의한 탄저균 백신 사례와 같이 신체에 대해 물리적 주입을 다루는 사례에 프라이버시권이 문제가 된다.[69] 다만 프라이버시권은 민간인이든 군인이든 절대적으로 보호되는 권리는 아니고, 제정된 법률에 의거하여 국가 안보와 같이 정당한 목적에 따라 국가에 필요가 인정되는 적정한 수단과 최소 수준으로 프라이버시권의 제한이 인정될 수 있다.[70]

두 번째로 검토할 부분은, 일단 증강 기술이 적용된 군인에게 가능한 처우가 어떤 것인지에 대한 것으로서, 수면 박탈이라는 주제를 살펴볼 필요가 있다. 수면 박탈은 유엔 인권기구로부터 오랜 기간 비난을 받아왔다.[71] 수면 박탈은 고문방지위원회(Committee against Torture: CAT)[72]를 포함하여 유럽인권재판소도 비인도

---

66 Pretty v. United Kingdom, 2002-III Eur. Ct. H.R. 154, p.33(61번). "As the Court has had previous occasion to remark, the concept of "private life" is a broad term not susceptible to exhaustive definition. It covers the physical and psychological integrity of a person.

67 In re Quinlan, 70 N.J. 10, 40, 355 A.2d 647, 663 (1976). 미국의 연명의료 중단에 관한 첫 법정 사건인 퀸란(Quinlan) 사건에서 치료 중단의 결정의 권리는 헌법적으로 인정되는 프라이버시권으로부터 도출된다고 판시하였다. 엄주희, "미성년자 연명의료 결정에 관한 소고: 미국에서의 논의를 중심으로", 『법학논총』 제41집, 2018.6, 11쪽. 미성년자의 연명의료 중단의 권리도 프라이버시권과 이와 관련된 신체의 완전성(integrity)으로부터 도출한다. 이 논문에서는 신체의 완전성을 '무결성'이라는 용어로 사용하였다.

68 Peter Rowe, 『The Impact of Human Rights Law and Armed Forces』, Cambridge University Press, Cambridge, 2006, p.59.

69 ibid.

70 유럽인권협약 제8조 제2항에서도 국가안보, 공공의 안전이나 경제적 안정, 무질서나 범죄의 예방, 건강과 도덕의 보호, 타인의 권리와 자유 보호라는 법익에서 민주사회의 필요성에 따라 제한될 수 있다고 규정하고 있다. 개인의 권리를 제한할 때에는 목적과 제한되는 사익 간의 균형을 이루어야 하는 비례의 원칙이 적용되어야 한다.

71 UN General Assembly, Fifty-ninth session Item 107 (a) of the provisional agenda, Human rights questions: implementation of human rights instruments, 'Report of the Special Rapporteur on torture and other cruel, inhuman or degrading treatment or punishment', U.N. Doc. A/59/324 (Sept. 1, 2004) p.6(17번).

72 UN과 연계된 8개의 인권 조약기구 중 하나로서, 유엔 고문 방지 협약의 당사국 이행을 감시하는

적이거나 굴욕적인 처우의 형태라고 판시해왔고,[73] 이스라엘 대법원도 심문의 방법으로 금지된다고 판시하였다.[74] 유럽인권재판소의 경우, 수면 박탈은 유럽인권협약 제3항에 따라 비인도적 처우의 범위에 속하는 최소 수준의 심각성을 능가하는 것으로서 강렬한 신체적, 정신적 고통을 일으켰다는 것을 인정했다.[75] 그러나 최소 수준의 심각성(minimum level of severity)에 대한 평가는 상대적이며, 치료의 성격과 맥락, 실행 방식 및 실행 방법, 지속 시간, 신체적, 정신적 영향 및 경우에 따라서는 피해자의 성별, 연령 및 건강 상태와 같은 사건의 모든 상황에 따라 달라진다.[76] 미국의 경우, 군인들에게 수면의 필요성을 줄어들게 만들거나 수면 부족의 유해한 영향을 상쇄하는 증강 기술은 미국 국방부로부터 자금이 지원되는 연구 프로젝트로 활발히 진행되고 있다.[77] 군인이 수면을 덜 필요로 할 수 있도록 하는 기술이 개발되거나, 수면 부족 중에 발생하는 인지 능력 부족, 정신 민첩성과 집중력의 감소 등의 해로운 영향을 상쇄하는 약물이 개발될 경우, 그러한 증강 약물을 군인에게 적용될 수 있다. 이를 수면 강화 기술이라고 칭해 본다. 상술하였듯이 인권의 측면에서 수면 박탈이 비인간적인 처우로 간주될 수 있고, 경우에 따라서는 고문 행위가 될 수 있는 금지된 기술로서 분류될 수 있기 때문에, 수면 강화 기술을 적용한 군인의 경우 어느 정도의 수준과 범주까지 수면 박탈이 승인될 수 있는지에 대한 문제가 제기될 수 있고, 이에 대해서는 전술한 증강 기술 거부권을 인정할 때와 마찬가지로 비례의 원칙을 적용하여 적정한 수준으로 결정되어야 한다.

인권 전문 기구이다.

73 Ireland v. United Kingdom, 25 Eur. Ct. H.R. (ser. A) p39 (167번) (1978).

74 HCJ 5100/94 Public Committee Against Torture in Israel v. State of Israel 53(4) PD 817, pp.28-29(31-32번) (1999) (Isr.), reprinted in 38 INTERNATIONAL LEGAL MATERIALS 1471 ; 용의자를 지치게 하고 파괴하려는 목적으로, 의도적으로 수면을 박탈하는 것은, 정당하고 합리적인 조사의 범위가 아니고, 필요성이 인정되는 이상의 방식으로 용의자의 존엄성과 권리를 침해하는 것이라고 판시하고 있다.

75 Ireland v. United Kingdom, ibid. (162번).

76 Soering v. United Kingdom, 161 Eur. Ct. H.R. (ser. A) (1989).p.32(100번).

77 미국의 경우 군대에서 수면부족을 상쇄할 수 있는 약물 개발 −부족한 수면을 극복하는 인지 증강 기술에 관한 연구가 진행되어 왔는데, 우리나라의 경우 수면에 관한 증강 기술이 아니라, 군인들의 수면과 정신 건강에 대한 연구가 – 군인의 수면 부족, 수면 박탈이 스트레스, 우울 등 전투력에 매우 부정적 영향을 준다는 연구 – 발견된다. 예컨대, 정진섭, 이상현, "군 병사들이 수면부족이 우울, 스트레스, 자살생각에 미치는 영향", 한일군사문화학회, 『한일군사문화연구』 26권, 2018.

3. 사생활의 자유, 사상·양심 및 표현의 자유

사이버네틱 임플란트(cybernetic implants)나 안구 보철물(optical prosthetics)과 같이 외부 세계와 뇌 사이의 정보를 중재하는 기술이나, 도덕적 증강(moral engineering 또는 moral enhancement) 기술[78]과 같이 자유로운 선택을 하는 뇌의 능력을 저해하는 인간 증강 기술은 이것을 사용하는 사람들의 인권에 영향을 미친다. 특히, 프라이버시 및 사생활에 관한 권리와 사상, 양심 및 표현의 자유에 대한 권리는 이러한 첨단 기술로 인해 새로운 도전을 맞게 된다. 사이버네틱 임플란트와 보철물의 경우에 안구 임플란트나 모니터링 기기로 신체에 부착된 장치와 외부 장치가 연결됨으로써 매 순간 개인의 사생활 영역의 일거수일투족을 기록, 수집, 관찰할 수 있는 장치들이 프라이버시 침해를 야기할 수 있기 때문이다. 이 임플란트나 모니터링 기기 안에는 데이터 기록 기능이 있거나 네트워크 또는 클라우드에 업로드할 수 있는 시스템에 연결되기 때문이다. 예컨대 헬멧 카메라나 구글 글래스(Google Glass)[79]와 같은 제품들의 경우에는 신체 외부에 착용하는 형태의 장치들을 사용자가 제거할 수 있는 반면, 임플란트 기술은 제거가 불가능하고 이미지 캡처 또는 녹화하는 기능을 가지고 있다. 그래서 사용자나 그와 접촉하는 사람들의 프라이버시를 보호하기 위해서는 임플란트 기술과 인터페이스를 개발하는 데 있어 엄격한 정책이 구비되어 있어야 한다. 신체에 이식된 임플란트나 보철물을 통해서 본인의 동의가 없는 상태로 사적으로 가족과 함께 하는 순간을 외부에서 관찰하고 기록하는 것은 명백히 군인의 사생활의 권리를 침해하게 된다. 사적인 가족 생활을 외부에서 일상적으로 감시하고 관찰하는 것이 사생활의 자유를 제한에 있어서 비례의 원칙에 위반되는 과도한 사생활의 권리의 침해로 볼 수 있는 것이다.

우리 헌법은 양심의 자유와 종교의 자유, 표현의 자유 등의 정신적 자유[80]를 보

---

78 Glenn Cohen, "This Is Your Brain on Human Rights: Moral Enhancement and Human Rights," Law & Ethics of Human Rights 9, no. 1 (2015): pp.1–41.

79 구글 글래스는 안경 모양의 기기를 착용한 후, 터치패드가 있는 안경테 측면을 건드리거나 고개를 천천히 위로 들면 활성화되어 음성인식 명령어를 인식하고 작동한다. 사진 촬영, 동영상 촬영, 구글 검색 등의 기능이 가능하다. 길을 걸으면 지도가 나타나기도 하고 하늘을 쳐다보면 날씨 정보가 나타나는 기능도 있다.

80 김철수, 『인간의 권리-인권사상·국내인권법·국제인권법』, 산지니, 2021, 563쪽. 김철수 교수는 자유권의 내용상 분류로서, 정신 활동에 있어서의 자유를 '정신적 자유'로 구분할 수 있다고 하면서, 사상·양심의 자유, 종교의 자유, 학문과 예술의 자유, 언론·출판·집회·결사의 자유(표현의 자유)를 포함하고 있다. 사생활의 비밀과 자유는 '사회적·경제적 자유'로 분류한다.

장하고 있고, 군인에게도 기본적으로 이러한 사상, 양심, 종교와 표현의 자유가 보장된다.[81] 헌법재판소에서도 불온서적 금지 사건[82], SNS에 대통령과 자신의 상관을 비난하는 내용을 게시한 것을 이유로 상관모욕죄로 기소된 뒤 제기한 헌법소원심판 청구 사건[83] 등을 통해 군인의 사상·양심의 자유, 표현의 자유를 기본권으로 확인한 바 있다. 세계인권선언을 비롯한 여러 인권협약들에서도 사상, 양심, 종교, 표현의 자유가 명시되어 있다.[84] 특히 알 권리는 자유로운 인격의 발현을 위하여 필요한 정보원에 접근하고 정보를 수집할 수 있는 자유로서, 인간의 존엄과 가치[85] 및 표현의 자유로부터 도출되는 기본권이다. 기밀 유지가 필요한 정보를 제외하고는 정보에 접근할 것을 요구할 수 있는 정보공개청구권으로 나타나거나[86], 보건의료적으로는 본인의 정신과 신체에 발생한 사실과 향후 예측되는 사실에 대해서도 접근할 수 있도록 설명에 의한 동의권(informed consent)의 전제가 되기도 한다.[87]

BCI의 발전과 이 기술을 도덕적 증강을 위한 목적으로 활용하는 것은, 인간이 생각의 자유를 누리고 이에 따라 양심, 윤리, 도덕에 대해 자유롭게 판단할 수 있는 능력에 영향을 미칠 수 있다는 점에서 기본권적 논점을 야기한다. 각자 개인 내면의 법관을 보호하려는 것을 목적으로 하는 것이므로 외부의 힘에 의해 내면의 소리에 따를 수 있는 자유에 제한이 가해진다면 인간 존엄성의 기초이자 뿌리로서의 양심의 자유에 제한이라고 할 수 있다.[88] 군 당국으로부터 투여받은 약물로 인해 군인이 도덕적 판단을 자유롭게 하지 못하게 된다면[89], 군인의 양심의 자유라는

---

81 「군인의 지위 및 복무에 관한 기본법」에도 군인이 국민으로서 일반 국민과 동일하게 헌법상 보장된 권리를 가진다고 (제10조 제1항) 하면서 평등대우의 원칙(제11조), 사생활의 비밀과 자유(제13조), 통신의 비밀보장(제14조), 종교생활의 보장(제15조) 등을 명시하고 있다. 다만 법률이 정한 군인의 의무에 따라 군사적 집무의 필요한 범위에서 제한될 수 있다(제10조 제2항).

82 헌재 2010.10.28. 2008헌마638 결정; 이재희, "군내 불온서적 금지에 대한 헌법재판소 결정과 불온서적 금지 헌법소원심판청구로 인한 징계 취소 대법원 판결에 대한 검토", 『헌법재판연구』 제5권, 2018.6, 247-248쪽.

83 양소연, "군인의 표현의 자유를 제한하는 법률에 대한 위헌심사- 헌재 2018.4.26. 2016헌마611 외 2개 결정에 대한 평석을 겸하여", 『언론과 법』 제18권 제3호, 2019, 142쪽.

84 세계인권선언 제18조(사상, 양심, 종교의 자유) 및 제19조(의견의 자유와 표현의 자유), 유럽인권협약 제9조, 시민적 및 정치적 권리에 관한 국제규약 제18조(제1항 사상, 양심, 종교의 자유, 제2항 표명의 자유) 등.

85 헌재 1991.5.13, 90헌마133 결정.

86 전광석, 『한국헌법론』, 집현재, 2014, 356쪽; 헌재 1989.9.4, 88헌마22 결정.

87 엄주희, "보건의료법학과 헌법의 교차점- 보건의료 규범에 관한 헌법적 고찰", 『인권법평론』 제24호, 2020.2, 175쪽.

88 엄주희, "뇌신경윤리에 관한 법제 연구", 『법제』 통권 제683호, 2018, 20쪽.

근본적인 자유는 침해된 것이라고 할 수 있다. 유럽인권재판소의 경우에 실제로 과거에 사상 통제 문제에 대한 판례가 있다. 코키나키스 사건[90]에서, 법원은 심각한 영적 강요나 세뇌의 경우에 법원은 그러한 행위가 유럽인권협약 제3조의 고문 및 비인간적 또는 모욕적인 대우 금지 조항을 위반하는 것이라고 하면서도 동시에 사상, 양심 및 종교의 자유에 대한 권리와도 관련되어 있다고 판시하고 있다. 또한 군의 위계질서 구조 덕분에 고위 장교의 영향을 받는 군인이 처한 고유의 취약성에 대해서 인정하는 판례가 있다.[91]

표현의 자유 권리는 생각의 자유에 대한 권리와 밀접한 관련이 있다. 예컨대 유럽인권협약 제10조는 "모든 사람은 표현의 자유에 대한 권리를 가진다. 이 권리에는 의견을 가질 자유와 정보를 받을 자유와 공공이나 다른 어떤 기구의 간섭 없이 누릴 자유를 포함한다"고 규율한다.[92] 미주인권협약에서 명시하는 표현의 자유가 단순히 외부의 간섭을 배제하는 수동적인 권리가 아니라 정보에 대한 실질적인 접근성을 보장하는 것이라고 하면서 이중적 측면으로 해석되고 있다.[93] 이 밖에도 많은 인권 헌장에서 표현의 자유에 대해 이와 유사한 문구를 포함하고 있다.[94] 군인들도 이러한 권리에서 예외가 되는 것은 아니고 원칙적으로 기본권이 인정되지만, 사상, 표현의 자유 등의 일반적인 자유권은 국가 안보의 이유로 권리가 제한될 수 있다. 군사적 맥락에서 가장 일반적인 예외사항은 국가 안보를 훼손할 가능

---

89 군인이 도덕적 판단을 자유롭게 한다는 것의 의미를 잘 설명하고 있는 문헌은 C.S.Lewis, 『Mere Christianity』, Harpercollins, 2001, pp.148-149. 전쟁에 나가게 된 세 군인이 있는데 위험 앞에서 누구나 느끼는 평범하고 자연스러운 두려움을 가지고 있지만, 한 사람은 도덕적 노력으로 그 두려움을 이기고 용감하게 전투에 나가고, 나머지 두 사람은 도덕적으로 아무리 노력해도 전투에 나가기가 어려워서 정신분석학자 의사에게 치료를 받게 되어 첫 번째 남자와 같은 상태가 되었다. 그렇지만 이 두 사람 중 하나는 "두려움 증상이 없어져서 다행이다. 이제 나라를 위해 의무를 다해야겠다."고 하고, 한 사람은 "적의 포화가 떨어지는 전쟁판에서 어느 정도 냉정을 찾게 된 건 기쁜 일이지만 그래도 내 이익을 먼저 챙기기 위해 위험한 일은 되도록 다른 삶에게 미루겠다는 결심을 변함이 없지. 겁을 덜 내게 돼서 정말 좋은 건 전보다 훨씬 효과적으로 실속도 챙기고 남도 속일수가 있지."라고 판단할 수 있다는 것이다. 후자의 경우를 전자처럼 판단하게 만들기 위해 약물을 투여한다면 개인의 도덕적 판단에 개입하는 것이 된다는 것이다.

90 Kokkinakis v. Greece, 260 Eur. Ct. H.R. (ser. A) (1993). p.11(31번).

91 Larissis and Others v. Greece, 1998-I Eur. Ct. H.R. 362.

92 김철수, 『인간의 권리』, 산지니, 2021, 694-695쪽.

93 Reyes v. Chile, Merits, Reparations, and Costs, Judgment, Inter-Amer. Ct. H.R. (ser. C) No. 151 (Sept. 19, 2006) pp.38-46(61-103번).

94 세계인권선언 제19조, 시민적 및 정치적 권리에 관한 국제규약 제19조(제1항 의견을 가질 권리 제2항 표현의 자유), 미주인권협약 제13조 등.

성이 존재하는 군인의 정보 발간이나 공개를 금지하기 위하여, 통상 출판이나 대외 발표를 금지하는 형태로 제한이 가해진다.[95] 군인이 정보의 원천과 본인의 뇌를 중재하는 형태의 사이버네틱 임플란트, 즉 BCI를 장착하는 경우에는 공공기관의 간섭 없이 정보를 수신받고 전달하는 데에 방해를 발생시키거나, 국가에 의한 중간 개입이 일어나도록 할 수 있기 때문에, 사상의 자유, 표현의 자유에는 제한이 생기게 된다. 전투기 조종사를 위한 헤드업 디스플레이와 BAE Systems의 Q-Warrior 증강 현실 헬멧 등의 군인 병력에게 추가 정보를 제공하는 기술은 많이 있으며[96], 이 기술들이 표현의 자유의 권리에 영향을 미치지는 않을 것으로 보인다. 반면 증강 현실(augmented reality)과 반대로 축소 현실(diminished reality) 기술은 정보 과부하를 방지하기 위해 데이터를 필터링하기 위한 기술로 개발 중이고.[97] 이 기술은 임플란트 또는 보철물이 시야에서 시각적 정보를 제거하거나 군인에게 타겟팅 정보를 제공하도록 설계될 수 있기 때문에 공권력의 간섭 없이 정보를 주고받을 수 있는 표현의 자유를 제한할 수도 있다. 독일의 일메나우 기술 대학(Technical University of Ilmenau)에서 개발한 축소 현실 기술은 소프트웨어는 스마트 유리 또는 콘택트렌즈에 의해 시각적 정보의 삭제를 하도록 고안되었다.[98]

---

95 「군인의 지위 및 복무에 관한 기본법」에서는 제14조(통신의 비밀보장) 제2항에서 "군인은 작전 등 주요임무수행과 관련된 부대편성·이동·배치와 주요직위자에 관한 사항 등 군사보안에 저촉되는 사항을 통신수단 및 우편물 등을 이용하여 누설하여서는 아니 된다." 제16조(대외발표 및 활동)에서 "군인이 국방 및 군사에 관한 사항을 군 외부에 발표하거나, 군을 대표하여 또는 군인의 신분으로 대외활동을 하고자 할 때에는 국방부장관의 허가를 받아야 한다. 다만, 순수한 학술·문화·체육 등의 분야에서 개인적으로 대외활동을 하는 경우로서 직무수행에 지장이 없는 경우에는 그러하지 아니하다."라고 명시한다. Peter J.Rowe, The impact of human rights law on armed forces 59 (2006), pp.57-58.

96 Allen Mcouffee, At Last, a Google Glass for the Battlefield, WIRED (Feb. 24, 2014). http://www.wired.com/2014/02/battlefield-glass/.;BAE Systems demonstrates tomorrow's soldier systems, today, BAE Systems(23 Sep 2014). https://www.baesystems.com/en/article/bae-systems-demonstrates-tomorrowrsquos-soldier-s ystems-today(검색일자: 2021.5.1.).

97 DARPA-initiated augmented cognition program.National Research Council (US) Committee on opportunities in Neuroscience for future army applications, opportunities in Neuroscience for future army applications 117 (2009) (DOI: 10.17226/12500)

98 Evgeny Morozov, The Perils of Perfection, NEW YORK TIMES, Mar. 3, 2013. https://www.nytimes.com/2013/03/03/opinion/sunday/the-perils-of-perfection.html(검색일자: 2021.4.1.).
Thirty-five Arguments against Google Glass, RELUCTANT HABITS (Mar. 14, 2013). http://www.edrants.com/thirty-five-arguments-against-google-glass/(검색일자: 2021.4.1.).

인간과 기계의 공진화에 따른 사회·경제·정치의 함의를 연구하는 미래학자의 연구에 의하면 "당신이 도시에서 노숙자를 보고 싶지 않다고 결정하고, 이 소프트웨어를 사용하여 당신의 콘택트렌즈에 그것을 적용하게 되면, 당신은 노숙자를 전혀 볼 수 없게 된다."[99]고 한다. 이런 축소 현실 기술이 정보 과부하가 걸린 군대에서 사용될 경우, 현재 작업 중인 일에 집중할 수 있도록 타게팅 되지 않은, 즉 관련 없는 정보를 제거하는 데 사용될 가능성이 있다. 국가 안보와 관련된 경우에는 표현의 자유에 다소간 제한되는 것도 불가피할 수는 있지만, 입법자와 정책 입안자들은 이 기술이 표현의 자유에 미치는 영향을 감안하여 법익의 균형이 유지되도록 해야 한다. 특히 이러한 유형의 기술이 관련자인 군인의 인권뿐 아니라 공격의 예방과 비례성과 같은 무력충돌 원칙을 담은 법을 준수할 수 있는 군인의 능력에도 영향을 미칠 것을 인식하여야 한다.

4. 증강된 군인을 민간인 사회로 재통합하는 측면에서의 문제

(1) 증강 부분의 제거와 관련된 문제

증강된 군사들이 복무를 마치고 민간인 신분으로 일반 사회에 복귀할 때 민간인으로 돌아가는 군인들의 권리와 증강된 전역 군인들의 존재가 사회 속에 미치는 광범위한 영향에 대해서, 다음과 같이 증강된 부분의 제거 여부와 증강된 군인에 대한 민간의 차별 문제를 통해 살펴볼 수 있다.

첫 번째는 증강된 군인들이 군대를 떠날 때 증강된 부분은 어떻게 해야 하는지 여부이다. Lin은 연구 논문(2013)에서[100] 민간 사회의 일반 직장에서 전역 군인에게 불공정한 혜택을 주지 않도록 하기 위하여, 증강된 군인이 민간인 사회에 다시 통합되기 전에, 증강된 부분을 제거해야 하는지 여부에 대한 설문 연구를 실시하였다. 그러나 증강된 부분을 제거해야 되는지 여부에 관한 법적으로 명확히 정해져 있는 것은 아니다. 예컨대 의료기기의 소유권과 의료기기로부터 수집된 데이터의 소유권에 대해서도 법적으로 명확하게 정해져 있는 것은 아니다.[101] 소유권의

---

99 Parag Khanna & Ayesha Khanna, The Pleasure and Danger of Augmented Reality, BIG THINK,
   http://bigthink.com/hybrid-reality/the-pleasure-and-danger-of-augmented-reality (검색일자: 2021.4.1.).
100 Patrick Lin, Maxwell J. Mehlman & Keith Abney, Enhanced Warfighters: Risk, Ethics and Policy (2013): 71, http://ethics.calpoly.edu/greenwall_report.pdf.

관점에서, 임플란트(implant) 기술과 의족, 의수와 같은 보철물(prosthesis)은 밀접하게 연결된 기술이기는 하지만 차이가 있을 수 있다. 일부 기술은 군대의 소유물로 간주될 수 있어 군대를 나오기 전에 해당 군인에게 제거해야 될 필요가 있는 것도 있고, 경우에 따라 민간에 더 적합한 버전으로 대체되도록 해야 할 필요가 있다. 심박조율기(pacemaker), 팔뚝 보철물(forearm prothesis), 이식형 제세동기(implantable defibrillator)와 같이 군인 본인의 신체의 일부가 되어 본인의 소유가 된 것으로 보는 것이 더 적절한 경우도 있다. 그러므로 신체 내에 이식하는 형태로 구현된 증강기술의 경우, 이식된 부분을 제거함으로써 발생하는 생리적 효과를 알아보고 기준을 설립하기 위해서는 신중한 연구가 필요하다. 예컨대, 뇌에 이식된 모든 사이버네틱 기술이나 BCI는 뇌가 새로운 기술에 적응함에 따라 신경 경로의 정상적인 기능을 방해할 수 있다. 뇌가 이전 경로를 재확립하거나 뇌가 기술의 손실을 대체할 수 없게 된다면, 임플란트를 후속적으로 제거하면 신경학적 손상을 야기할 수 있다. 따라서 증강 부분의 제거는 잠재적으로 군인에게 신체적 완전성을 훼손당하지 않을 권리를 침해하고 적절한 보건의료 수준을 유지해야 하는 보건에 관한 권리를 침해한 것이 될 수 있다. 여기에서 보건에 관한 권리는 본인의 건강에 위해를 당할 경우 이를 방어하고 배제를 청구할 수 있는 자유권의 성격과 국민 전반의 보건의료 수준을 유지·증진을 위한 배려를 요구할 수 있는 사회적 기본권의 성격이 모두 존재한다.[102] 또한 군인에게 증강된 부분을 제거할 경우에, 정도가 심한 경우에는 비인도적이고 가혹한 처우에 해당될 수도 있게 되어 고문을 받지 아니할 권리를 침해하는 경우가 생길 수 있다.

이와 같이 신체·생리적 해악 이외에도, 증강된 부분을 제거함으로써 이에 따르는 심리·정신적 효과도 세심한 주의가 필요하다. 군인이 사용해온 증강 부분의

---

101 「제대군인 지원에 관한 법률」(약칭: 제대군인법)은 제20조의2에서 전상이나 공상을 입은 군인의 경우에 상이처 수술로 인해 보철구가 필요한 경우에는 지급할 수 있도록 정하고 있지만, 증강의 경우에 전상이나 공상으로 발생한 것이 아니라 전투력을 목적으로 보통의 신체를 증강한 것인 경우에, 보철물의 소유권이 누구에게 있는지 명확히 정해진 법령은 현재 존재하지 않는다. 데이터의 소유권에 대해서도 「개인정보 보호법」상 정보 주체로서의 권리는 존재하겠지만, 데이터를 이전해달라는 적극적인 권리를 인정해야 하는지에 대한 논의가 진행 중이고, 입법적으로 명확하게 할 필요가 있다. 엄주희, "인공지능 의료와 법제", 『한국의료법학회지』 제28권 제2호, 2020, 67-68쪽.

102 신체의 완전성에 대한 권리는 헌법상 보장된 신체의 자유에 해당이 되고, 보건의료 수준을 적정히 유지해야 하는 권리는 헌법상의 보건의 권리에 해당된다. 엄주희, "4차 산업혁명 시대의 과학기술 발전에 따른 공법적 과제 – 신경과학 발전과 기본권 보호의 지형", 『연세법학』 제34호, 2019.12, 131-132쪽; 엄주희, 보건의료법학과 헌법의 교차점-보건의료 규범에 관한 헌법적 고찰", 『인권법평론』 제24호, 2020.2, 178-179쪽.

유형과 기간에 따라서, 증강된 능력이 본인의 자아 정체성의 일부가 될 수 있으므로 증강된 부분이 제거되면 가혹한 트라우마를 남기게 될 수 있다. 신체적 완전성의 훼손일 뿐 아니라 군인의 심리적 정체성에도 부정적인 영향을 미침으로써 정신적 완전성의 침해를 가져오게 된다. 따라서 군사적으로 최적화된 증강 기술을 일반인에게 적합한 대체품으로 교체할 때에도, 원래 증강 기술과 유사한 기능성의 제공을 보장하고 있는지 주의를 기울일 필요가 있다.[103]

(2) 사회적 차별 문제

전역 군인을 민간 사회로 재통합하는 것이 사회에 미치는 영향에 대한 우려는, 사회에서의 증강된 전역 군인에 대해 어떻게 평가하고 처우하는지 여부와 관련되어 있다. 예컨대, 증강 기술을 몸에 활용한 전역 군인이 취업시장에서 우월한 입지를 차지한다고 평가될 경우, 보통 사람들의 일자리에 중대한 위협이 된다고 여겨지게 된다면, 증강 인간이라고 인식된 전역 군인에 대해서 사회적으로 차별하는 경향이 나타날 가능성이 있다. 물론 이러한 반응은 군대에서 민간 사회로 특정 기술의 얼마나 침투해 있는지 그 수준에 따라 달라질 것이다. 애초에 민간 기술로 시작하여 보편화된 기술인데 군대가 이를 적용한 경우에는, 이러한 증강 기술이 사회에 더 잘 수용될 가능성은 있다. 국가는 증강된 군인도 다른 국민과 차별 없이 권리와 자유를 누리도록 보장할 의무가 있다. 우리 헌법은 법 앞의 평등과 정치적·경제적·문화적 생활의 모든 영역에 있어서 차별을 받지 않도록 보장한다. (헌법 제11조 제1항) 증강된 능력을 가진 사람을 새로운 사회적 신분이나 새로운 인종으로 취급하여 사회적으로 배척되거나 배제되지 않도록 하는 의무가 있다. 합리적이지 않고 정당화되지 않은 차별적 국가 행위의 부작위를 요구할 수 있는 주관적 공권으로서, 증강 군인이 다수로부터 분리되고 다른 신체적 특성을 가졌다고 해서 소수자로서 차별되지 않도록 해야 한다.[104] 다만 평등의 원칙이 절대적인 권리가 아니기 때문에 유사한 상황에서 개인 간의 구별이 객관적이고 합리적인 정당

---

103 뇌와 몸의 감각을 연계시킬 수 있는 능력을 가진 최첨단 기계로 몸을 제어할 수 있던 군인에게, 그런 능력이 없는 단순한 기계 물질로 대체하는 것은 당사자에게 심리·정신적 트라우마를 유발할 수 있으므로 주의를 기울여야 한다는 것이다. 예컨대, 생각으로 제어 가능한 형태의 팔뚝 보형물 (mind-controlled forearm prosthetic)을 이식, 사용하던 군인이 전역한다고 해서, 불활성 기계 발톱(inert mechanical claw)으로 대체하도록 강제해서는 안 된다는 것이다.

104 이우영, "대의제 민주주의에서 소수자 보호의 헌법적 의의와 구조", 『서울대학교 법학』 제48권 제3호, 2007, 176-177쪽.

성을 가지고 있는 경우에는 차별이라고 보지 않는다. 이는 다른 처우를 하는 이유, 목표와 그 효과와 관련하여 평가되어야 한다.[105] 증강 군인을 다른 사람과 다르게 처우를 하는 것이 합법적이어야 하고, 합리적인 정당성을 가지고 있어야 한다. 예컨대, 이미지 녹음이 가능한 광학 임플란트로 인해 고용이 거부된 전역 군인의 경우, 취업해서 종사하고자 하는 일이 민감정보 또는 기밀정보를 가지고 해야 하는 일에 관련된 것이었을 경우에는 차별을 받았다는 주장은 받아들여지기 어려울 것이다. 기밀정보를 다루는 직업의 경우에 제3자에게 정보가 유출될 수 있는 위험을 방지하기 위한 목적은 합법적인 목적으로 간주될 수 있기 때문에, 합법적인 목적으로 증강이 없는 보통 사람을 고용하기로 한 결정은 적절하고 합당하다고 평가될 수 있다는 것이다. 반면 증강 전역 군인의 특성에 맞추어 안전 관리직, 경비 근무 등을 그들이 수행하기에 적합한 직종으로 분류할 수 있는 곳에 우선 채용의 기회가 법적으로 주어지는 것도 타당한 처우가 될 수 있다.[106]

V. 결론

4차 산업혁명과 첨단과학의 발전이 군사력과 국가 안보의 형태에도 획기적인 변화를 가져오면서, 첨단 무기의 발전뿐만 아니라 인간 증강 기술이 군인에게 적용되기에 이르렀다. 국민의 생명과 안전을 보장하는 국가 안보를 위해서는 피할 수 없는 발전의 하나이지만, 본고는 그 역시도 국민의 한 사람으로서 보호받아야 할 군인의 기본권적 측면과 세계의 인권협약들에서 나타나는 기본적 인권에서 살펴봐야 할 지점들을 검토하였다. 기본권 중의 기본권인 생명권, 인간의 존엄과 가치부터 사상, 양심의 자유, 표현의 자유 등의 자유권과 군인의 사회 재통합시에 살펴봐야 할 평등권과 사회적 차별의 문제까지, 군인이 보장받아야 할 기본권 문제에 대해서 해외에서 실제 발생한 신경과학 적용 사례를 검토하고 우리 헌법의 렌즈를 통해 문제의식을 확인하고 이를 고찰하였다. 앞서 인간 증강 기술을 군대에 도입한 미국의 경우, Patrick Lin 등의 연구자들은 군인의 인간 증강 기술 도

---

105 엄주희, "보건의료법학과 헌법의 교차점 - 보건의료 규범에 관한 헌법적 고찰", 『인권법평론』 제24호, 2020.2, 186-188쪽.

106 『제대군인 지원에 관한 법률』 제15조가 특수직종 우선 고용을 규율하고 있는데, 여기에 증강 전역 군인을 특수직종 우선고용의 대상으로 포함함으로써, 증강 전역 군인이 사회적으로 배척되거나 차별되지 않도록 입법적으로 해결할 수 있을 것이다.

입에 있어 기준을 삼을 수 있는 프레임워크를 다음과 같이 제시하였다.[107] 1) 합법적인 군사적 목적의 존재해야 한다. 2) 인간 증강의 합리적 필요성: 동일한 군사적 목표를 위해서 비용이 덜 들고 대체할 수 있는 수단이 있는지를 검토가 필요하다 3) 인간 증강 기술 도입이 가져오는 위험보다 이득이 크도록 이를 비교 형량하되, 증강 기술 적용 대상인 군인 본인뿐 아니라 군대 조직, 임무, 국가에게 누적될 수 있는 위험과 이득이 모두 고려되어야 한다. 4) 인간 증강 기술이 적용된 군인의 존엄성 유지되도록 해야 한다. 5) 고전적인 의료윤리의 원칙 중 하나로서, 증강 기술이 적용되는 군인의 부담(피해)을 최소화하여야 한다. 6) 동의 획득: 증강기술에 관하여 연구대상을 할 때나 증강기술을 적용하려고 할 때 연구윤리에 따라 본인의 자발적인 동의를 취득해야 한다. 이를 위해서 IRB(기관 생명윤리위원회)가 옴부즈만을 임명하는 등 추가 조치를 취할 수 있다. 7) 투명성: 국가 안보에 부합하는 범위 내에서 군 당국이 인간 증강 실험이나 적용의 위험이 알려진 이익이나 잠재적 이익보다 크다고 판단하는 이유를 포함하여 인간 증강과 관련된 연구와 그 적용 현황에 대해 국민에게 알려야 한다. 8) 위험과 이득의 공정한 배분: 증강 기술 적용으로 인한 개개인에게 가해지는 위험이나 이득이 소수에게만 집중되지 않도록, 예컨대 추첨을 통한 방법과 같이 공정한 기회를 주고, 모든 군인이 증강 기술에 접근할 수 없다면, 증강 기술 적용에 따른 성과가 그 증강 군인에게만 유리하게 반영되지 않도록 해야 한다는 형평성을 의미한다. 또한 증강 기술의 적용으로서 대상자에게 상당한 위험이 발생하는 경우도 이런 위험을 자발적으로 수용하는 대상자에게 이에 상응하는 보상을 해주어야 한다. 9) 상급자의 책임: 상급자가 지나치게 위험한 증강 기술을 취하도록 괴롭히는 행위가 발생할 수 있는 가능성을 고려하여 비윤리적이거나 불법적인 지휘명령에 대해서는 책임을 묻는 시스템을 갖추어야 한다는 것이다.

이를 참고해본다면, 우리 군대에서 인간 증강 기술을 도입할 때에도 증강 군인 당사자에게 이루어질 수 있는 기본권의 제한을 감안하여, 과잉금지의 원칙, 비례의 원칙의 법리와 동일한 원리로서 합당한 군사적 목적의 정당성을 가지고 있어야 하고, 위험과 이득의 비교 형량을 통해 인간 증강 기술의 수단의 적합성을 가지도록 하고, 증강 기술을 입은 군인 당사자의 존엄성을 유지할 수 있는 조치를 취하

---

107 Patrick Lin, Maxwell J. Mehlman & Keith Abney, Enhanced Warfighters: Risk, Ethics and Policy(2013): pp.66-76, http://ethics.calpoly.edu/greenwall_report.pdf.

면서, 당사자에게 충분한 설명과 상담이 주어진 것을 전제로 본인의 자발적인 동의를 통해서 이루어져야 할 것이다. 군대의 위계질서 때문에 상급자의 권위와 억압에 의해 인간 증강 기술이 부당하고 비윤리적으로 사용되지 않도록 감시 통제하는 보호 장치를 갖추고, 인간 증강 기술의 운용과 관련하여 지속적으로 투명성을 보장하고 증강 군인의 행위에 대한 책임 문제에 대한 고려와 정비가 이루어야 한다.[108] 또한 군인의 안전한 복무뿐 아니라 증강 군인이 사회 복귀시에도 안전하게 시민으로서의 삶을 누릴 수 있도록 하는 점도 고려되어야 한다. 그동안 SF 영화를 통해서 첨단 과학의 옷을 입은 군인들이 많이 등장했었지만, 앞으로는 현실에서 증강된 군인의 모습을 보게 될 것으로 예상된다. 과학의 힘으로 증강된 군사력을 뽐내는 데 기울인 관심만큼, 이제는 증강 기술을 입은 군인들이 제대 후 인간으로서의 존재가 무시되는 것은 아닌지, 인간으로서의 기본권이 잘 보장되고 있는지에 대한 관점도 놓쳐서는 안 된다. 인간과 기계의 공존 시대에 군인의 신분으로부터 언젠가 사회로 복귀해야 하는 시민 '제복을 입은 시민'으로서[109] 인간에 대한 보호의 문제에 대해서도 주의를 기울여야 할 때이다.

◆ 『東亞法學』 第91號, 2021, 27-64쪽

---

108 Susan W. Brenner, "Humans and Humans: Technological Enhancement and Criminal Responsibility," Boston University Journal of Science & Technology Law 19, no. 2 (2013): pp.215-285.

109 송기춘, "군인의 인권보장을 위한 기본원칙과 방향", 『민주법학』 제42호, 2010.

색 인

[ㄱ]

감염병	115
개인정보	117, 119
개인정보자기결정권	187, 210
개인정호 보호법	232
거버넌스	117, 204
건강 격차	239
건강권	98
고문받지 않을 권리	255
공권력	130
공익	85, 130
공진화	206, 217, 264
과소보호금지원칙	19, 68, 97, 123
과잉금지원칙	107, 180, 198
국가윤리위원회	50
국가의 보호의무	105
권력적 사실행위	127
규범조화적 방법	73
규범조화적 해석	95
기본권 주체성	6
기본권보장의무	19, 67
기본권보호의무	69, 92, 124, 125, 168
기본권의 충돌	95

[ㄴ]

낙태	38, 84, 88
낙태죄	84, 103, 105

내재적 한계	92
뇌-기계 인터페이스	243
뇌과학	203
뇌사	3, 23
뇌신경과학	203

[ㄷ]

대리 결정	162
데이터	130
동의권	157, 224
디엔에이법	192
디지털 전환	204
디지털 치료제	219, 222
디지털 트랜스포메이션	204
디지털화	232

[ㅁ]

마음 읽기	207, 214
마이데이터	235
말기 진정요법	44, 45
말기환자	10
맞춤 아기	186
맞춤형	208
모를 권리	121
모자보건법	84, 89, 103
무죄추정의 원칙	194, 196
민감정보	183, 184, 187, 232

[ㅂ]

바이러스 115
바이오 204
방어권 11, 19, 67
배아 3
백신 256
법과 윤리 6
법익균형성 198
법익형량 95
법치주의 169
베이비박스 63, 66, 75, 80
보건에 관한 권리 124, 239
복지국가원리 69
불평등 239, 240
비대면화 208
비례원칙 97
비밀출산 76, 77, 78, 80
비인도적 굴욕적 대우의 금지 255
비인도적이고 가혹한 처우 265
빅데이터 117, 125, 203, 223, 224, 232

[ㅅ]

사생활의 권리 260
사생활의 비밀과 자유 210
사전연명의료의향서 161
4차 산업혁명 203
사형제도 45
사회보장 165
사회보장법제 69
사회적 기본권 124
삶의 질 56, 58
상호적 자기결정 224
생각의 자유 262
생명 정치 27

생명결정론 239
생명과학 153
생명권 3, 17, 18, 21, 67, 85, 105, 251
생명윤리법 195
생명윤리위원회 174, 268
설명에 근거한 동의 257
설명에 의한 결정 54
설명에 의한 동의 88
설명에 의한 동의권 105
설명의무 157, 230
수단의 적합성 109, 120, 166
시민의회 100
신경윤리 204
신경향상 248
신고 237
신뢰보호의 원칙 169
신체불훼손권 215
신체에 대한 불훼손권 255
신체의 안정성 16
신체의 온전성 215
신체의 완전성 255
신체의 자유 13, 210, 215
신체적 완전성 256
실체적 적법절차 29
심리적 연속성 213, 215

[ㅇ]

안락사 8, 44, 52
알 권리 73, 121
암페타민 248, 254
양심과 종교의 자유 33
양심의 자유 33, 107, 261
연구 대상자 253
연명의료 154

연명의료결정법 154, 155
연명의료계획서 159, 161
연명치료 3, 7
연명치료의 중단 8
연방헌법재판소 48
열거되지 아니한 자유 17
열거되지 않은 권리 34
영아 64
영아유기 65
완전성에 대한 권리 257
웰다잉 58
유전자 178, 183
유전정보 183, 237
유전정보차별금지법 194
윤리위원회 173, 176
의료법 170
의료윤리 52, 53, 172, 257, 268
의사조력자살 7, 10, 25, 34, 37, 52, 154
이익형량 157
이중 효과 45
익명출산 77, 78, 80
인간 증강 243, 268
인간 증강 기술 251
인간으로서의 존엄과 가치 23
인간의 존엄과 가치 9, 12, 21, 228
인간의 존엄성의 권리 47
인격권 49, 71, 105, 118, 130, 187, 228
인격성 185
인공지능 125, 203
인공지능 의료 219
인공지능 챗봇 219, 222
인공호흡기 3
인권 65, 267

인도적 치료에 대한 권리 255
인지적 자유권 210, 213, 217
임신갈등상담소 77, 80
임종 과정 159
임종기 174
입법 재량 19
입법부작위 3
입양 79
입양특례법 74

[ㅈ]
자기결정권 9, 28, 50, 71, 80, 85, 105, 109, 224
자기책임의 원리 93, 228
자살 18, 29, 30, 36
자연권 91
자연법 11
자연사 23, 26, 164
자유권 28, 45, 265
자율성 50, 59, 169, 185
적법절차 29, 179
적법절차원리 195
적법절차조항 38, 40, 42
정보 주체 117, 191
정보통신기술 243
정신적 완전성 213, 214, 255
정신적 완전성의 권리 213
조력사망 25
조력자살 49, 54
존엄사 3, 10, 26, 52
죽을 권리 32, 34, 35, 46
죽음의 질 58, 154
증강 기술 258, 260, 266, 268
진단 238

집회의 자유 120

[ㅊ]
체계정당성 97, 101, 154, 176
초기배아 4
최선의 이익 157
치료 238
치료거부권 9
치료거부의 권리 40

[ㅋ]
코로나 223

[ㅌ]
태아 3, 85

[ㅍ]
평등권 29, 30
평등의 원리 239
표현의 자유 263
프라이버시 119, 179
프라이버시 보호 187
프라이버시권 37, 47, 179, 213, 257, 258
피해의 최소성 109, 120, 166

[ㅎ]
행복추구권 23, 71
허가 237

헌법불합치 103
헌법소원 3, 48, 84
헌법질서 92
형성 중인 생명 6
호스피스 · 완화의료 33, 155
혼인과 가족의 보호 70
후견제도 171
훼손당하지 않을 권리 16

[B]
BCI 206, 247, 248
BMI 206

[C]
CT 207

[D]
DBS 216
DNA 178, 183

[F]
fMRI 207

[P]
PET 208

[U]
UN아동권리협약 72

엄주희 juheelight@gmail.com

연세대 법학과를 졸업하여 같은 대학교에서 법학 석사와 헌법 전공으로 박사 학위를 취득하고, 건국대학교 전임교수로 융합인재학과에서 법학을 가르치고 있다. 2019년 한국공법학회 신진 학술상을 수상하였으며, 한국헌법학회 기획이사, 한국공법학회 연구위원, 한국의료법학회 학술이사, 국가 호스피스연명의료위원회 위원, 한국부패방지법학회 이사, 사이버커뮤니케이션학회 이사 등으로 활동하고 있다.

헌법과 생명

초판발행	2021년 9월 17일
지은이	엄주희
펴낸이	안종만 · 안상준
편 집	정수정
기획/마케팅	장규식
표지디자인	BEN STORY
제 작	고철민 · 조영환
펴낸곳	(주)**박영사**
	서울특별시 금천구 가산디지털2로 53, 210호(가산동, 한라시그마밸리)
	등록 1959. 3. 11. 제300-1959-1호(倫)
전 화	02)733-6771
f a x	02)736-4818
e-mail	pys@pybook.co.kr
homepage	www.pybook.co.kr
ISBN	979-11-303-4005-0 93360

copyright©엄주희, 2021, Printed in Korea

* 파본은 구입하신 곳에서 교환해 드립니다. 본서의 무단복제행위를 금합니다.
* 저자와 협의하여 인지첩부를 생략합니다.

정 가   18,000원